本书感谢2023年广西大学应用经济学学科交叉科研项目“‘双碳’背景下中国—东盟生态经济发展与合作路径研究”(2023JJJXC19)、广西高校中青年教师科研基础能力提升项目“文明城市创建对企业绿色行为的影响及其对广西的启示研究”(2023KY0009)以及广西高校统计与管理交叉科学重点实验室的资助。

我国信用债市场债券违约研究

基于“刚性兑付”打破的证据

潘柳芸 ◎ 著

中国财经出版传媒集团
中国财政经济出版社
北京

图书在版编目（CIP）数据

我国信用债市场债券违约研究：基于“刚性兑付”打破的证据／潘柳芸著. --北京：中国财政经济出版社，2024.2

ISBN 978-7-5223-2674-0

Ⅰ.①我… Ⅱ.①潘… Ⅲ.①债券市场-研究-中国 Ⅳ.①F832.51

中国国家版本馆 CIP 数据核字（2024）第 033677 号

责任编辑：温彦君　　责任校对：张　凡
封面设计：智点创意　　责任印制：史大鹏

我国信用债市场债券违约研究
——基于“刚性兑付”打破的证据
WOGUO XINYONGZHAI SHICHANG ZHAIQUAN WEIYUE YANJIU
JIYU GANGXINGDUIFU DAPO DE ZHENGJU

中国财政经济出版社 出版

URL：http：//www.cfeph.cn
E-mail：cfeph@cfeph.cn

社址：北京市海淀区阜成路甲 28 号　邮政编码：100142
营销中心电话：010-88191522
天猫网店：中国财政经济出版社旗舰店
网址：https：//zgczjjcbs.tmall.com
中煤（北京）印务有限公司印刷　各地新华书店经销
成品尺寸：170mm×240mm　16 开　24.75 印张　367 000 字
2024 年 2 月第 1 版　2024 年 2 月北京第 1 次印刷
定价：88.00 元
ISBN 978-7-5223-2674-0
（图书出现印装问题，本社负责调换，电话：010-88190548）
本社质量投诉电话：010-88190744
打击盗版举报热线：010-88191661　QQ：2242791300

前 言

为实体经济提供金融支持服务是证券市场的最关键职能。促进证券市场健康有序发展，提高证券市场对实体经济的金融支持能力一直是我国政府工作的重点。无须经过烦琐、漫长、困难重重的上市程序，融资成本较低，所有企业均可参与等优点的存在，使债券融资正日益受到企业的青睐，成为企业重要的直接融资手段，我国债券市场直接融资功能的重要性逐渐凸显。作为全球第二大债券市场，我国债券市场一直在不断地发展进步，债券市场规模也越来越庞大，截至 2020 年年末，我国债券市场存量达到 114.3 万亿元，突破百万亿元大关，债券市场在为实体经济提供金融支持方面作出了很大的贡献。然而，由于我国债券市场起步较晚，以及我国法律制度建设较落后等原因，导致我国债券市场远远落后于西方发达国家，仍存在许多需要完善的地方，在我国债券市场蓬勃发展的背后也隐藏着一些问题。信用债的“刚性兑付”、政府兜底、“隐性担保”预期、信息不对称、发行人付费评级模式下的利益冲突、信用评级参差不齐、债券市场缺乏有效的风险定价机制，以及债券市场配套制度建设的不完善等都极大地阻碍了我国债券市场的发展，也影响了我国债券市场对实体经济金融支撑作用的充分发挥。如何对这些缺陷进行修复，推动我国债券市场的良性发展，以充分发挥债券市场对实体经济的反哺作用是我国债券市场目前需要迫切解决的问题。

由于“刚性兑付”以及“隐性担保”的存在，我国信用债一直被认为是安全系数较高的投资工具，从而债券的违约风险一直被各方所忽视，直到2014年“11超日债”违约事件的爆发打破了我国债券市场“刚性兑付”的神话，债券实质性违约开始引发全社会的广泛关注。对债券违约进行深入研究，有利于更好地防范债券市场信用风险，促进我国债券市场的健康有序发展，提高债券市场对我国实体经济的金融支持作用。但是已有研究尚缺乏对我国债券违约影响因素的探讨，而且也鲜有研究从发债企业角度考察债券违约的经济后果，这就为笔者提供了一个很好的研究契机。本书基于破窗理论、不完全契约理论、信息不对称理论、委托代理理论、利益相关者理论，深入研究了债券违约的影响因素和经济后果，利用2014—2019年发行公司债、企业债、中期票据、短期融资券、定向工具的发债企业经验数据，从经营活动、融资活动、投资活动和公司治理等内部视角以及从外部市场竞争、地区发展等外部视角深入考察了债券违约的影响因素，从企业融资成本、企业投资行为以及审计意见的角度考察了债券违约对发债企业的经济后果，本书得出以下主要研究结论：

首先，研究了企业的内部因素和外部因素对企业债券违约的影响。内部因素方面，研究发现，过度投资越严重、存在存贷双高现象、真实盈余管理程度越高以及经营风险越高的企业，更可能发生债券违约；而且，公司治理水平越低（即信息质量水平越差，代理成本越高）的发债企业，发生债券违约的概率也越高；此外，发债企业面临的市场竞争越激烈，发生债券违约的概率越高，而地区金融发展水平则有助于抑制债券违约现象的发生。在采用Heckman两阶段估计等方法控制了可能存在的内生性问题后，该部分的研究结论仍成立。进一步分析发现，主体评级能够缓解内外部不利因素对债券违约的正向影响，并且能够促进地区发展水平对债券违约的抑制作用。具体而言，主体评级能够削弱异常投资活动、异常融资活动、异常经营活动、不健全的公司治理以及市场竞争对债券违约之间的正向关系，并且能够促进地区发展水平与债券违约之间的负向关系，表明我国的主体评级能够在一定程度上反映企业的风险，支持了评级有用观。

其次，研究了债券违约对发债企业融资成本的影响。结果发现，债券违约与未来融资成本之间存在显著的正向关系，相较于未发生债券违约的企业，发生债券违约的企业未来的债务融资成本和未来债券融资成本均显著更高。而在主体评级越高的发债企业中，债券违约与未来债务融资成本和未来债券融资成本的正向关系更小，即主体评级缓解了债券违约对未来融资成本的影响。在采用 Heckman 两阶段模型、控制遗漏变量、改变倾向得分匹配方法、控制年度和行业交互固定效应等方法控制了内生性问题后，该部分的研究结论仍成立。通过横截面分析发现，在大股东掏空越严重、代理成本越高以及民营企业中，债券违约与未来融资成本之间的正向关系更为显著。进一步分析发现，债券违约还加大了发债企业的借款交易成本，降低了发债企业的商业信用融资。研究结论表明，对于债券违约的企业，需要承担失信成本，具体表现为债权人和投资者会提高债券违约企业未来的资金回报，要求债券违约企业支付更高的融资成本和更高的交易成本，并且商用信用方面的融资也会减少。

再次，研究了债券违约对发债企业投资行为的影响。结果发现，债券违约与未来投资机会之间存在负向关系，与未来非效率投资之间存在正向关系，说明债券违约会削弱发债企业未来的投资机会，加重发债企业的非效率投资行为。在采用 Heckman 两阶段估计、控制遗漏变量等方法控制了内生性问题后，该部分研究结论仍成立。进一步发现，相较于代理成本低的企业、国有企业以及市场竞争低的企业，在高代理成本、民营企业以及市场竞争激烈的发债企业中，债券违约对未来投资机会和非效率投资的影响更为显著。

最后，研究了债券违约对发债企业审计意见的影响。结果发现，债券违约与审计意见之间存在正向关系，说明相较于债券未发生违约的企业，债券违约企业更容易收到非标准审计意见。主体评级越高的发债企业中，债券违约与审计意见之间的正向关系显著更小，说明主体评级能够缓解债券违约对审计意见的影响。在采用 Heckman 两阶段模型、核匹配等方法控制了内生性问题后，该部分的主要研究结论仍成立。异质性检验表明，在大股东掏空越严重的企业和民营企业中，债券违约与审计意见之间的正向关系更为显著。本书还考察了债券违约是否会导致企业审计费用增加。结果表明，债券违约会导致企业的审计费用增加，相较于债券未违约的企业，债券违约企业会面临更高的审计收费，说明审计师会对债券违约企业要求更高的风险溢价作为补偿，表明审计监督可以在债券违约治理中充分发挥外部治理作用。

本书的学术贡献主要体现在：(1) 拓展了债券违约的研究视角。基于我国信用债市场债券违约的经验数据，探讨债券违约的影响因素，从企业内部经营活动、融资活动、投资活动、公司治理、外部市场竞争以及地区发展水平等多重视角创新了关于债券违约影响因素的研究，从融资成本、投资机会、非效率投资以及审计意见维度探讨了债券违约给发债企业带来的经济后果，为关于债券违约经济后果的研究提供了新的认识视角。(2) 从债券违约角度考察了真实盈余操纵活动的经济后果，为关于盈余管理经济后果的研究提供了新的思路，加深了对真实盈余管理操纵活动经济后果的认识和理解。(3) 为关于信用评级质量的研究提供了增量贡献。本书发现主体评级能够缓解内外部不利因素与债券违约之间的正向关系，在考察了主体评级在债券违约与融资成本之间的调节作用后，发现主体评级能够缓解债券违约与融资成本之间的正向关系，同时发现主体评级能够缓解内外部不利因素与债券违约之间的正向关系，也能够缓解债券违约与融资成本以及审计意见之间的正向关系，支持了评级有用论的观点，为关于信用评级质量的研究提供了增量贡献。(4) 丰富了关于融资成本影响因素的研究。本书发现债券违约发生后债权人的自我保护意识会有所提高，为了保护自身的权益，银行等金融机构会对债券发生违约的发债企业要求更高的债务融资成本，对于债券违约的发债企业，债券投资者也会在未来要求更多的溢价来作为惩罚，丰富了关于企业融资成本的研究。(5) 扩充了关于非效率投资的相关研究。本书发现在债券违约发生后，为了降低债券违约对自身利益的不利影响，管理层会“乱作为”，从事非效率投资行为，拓展了关于非效率投资影响因素和动机的研究。(6) 从债券违约视角弥补了关于审计意见和审计费用影响因素的相关研究。本书发现债券违约会导致企业更容易收到非标准审计意见，从债券违约的角度出发为关于审计意见和审计费用的研究提供了新的研究视角，丰富了关于审计治理效应的文献。

此外，本书还为发债企业、信用评级机构、债券投资者、债权人以及监管部门提供了有价值的借鉴：(1) 本研究有助于发债企业深刻理解债券违约的影响因素与经济后果。本研究表明，不合理的经营活动、融资活动以及投资活动都可能会增加债券违约风险，不健全的公司治理水平以及弱信息质量环境也会加大违约发生的可能，而债券违约的发生不仅会使企业面临来自债权人和投资者的信任危机，还会导致企业更可能收到非标准审计意见。这些研究结论为发债企业提高债券违约警惕，加强债券信用风险管理提供了参考。(2) 对信用评级机构提高信用评级质量具有重要借鉴意义。本研究发现，主体评级越高的企业遭受到债券违约的冲击越小，说明主体评级能够在一定程度上反映企业的违约风险。(3) 对债券投资者防范债券信用风险具有重要的意义，有助于债券投资者更加直观地认识债券违约。(4) 为加强债券违约的治理以及加强对债券信用风险的管理提供了理论参考，也为我国债券市场建设，进一步促进我国债券市场的健康发展提供了有益借鉴。(5) 为审计机构发挥审计的监督治理作用提供了经验证据。

目　录

第 1 章　导论 ……………………………………………… (1)

1.1　研究背景与意义 …………………………………… (1)

1.2　研究内容、研究框架与研究方法 ………………… (6)

1.3　研究创新与贡献 …………………………………… (9)

第 2 章　理论基础与文献综述 ……………………………… (13)

2.1　理论基础 …………………………………………… (13)

2.2　文献综述 …………………………………………… (19)

2.3　本章小结 …………………………………………… (42)

第 3 章　制度背景与现状描述 ……………………………… (44)

3.1　制度背景 …………………………………………… (44)

3.2　现状描述 …………………………………………… (46)

3.3　本章小结 …………………………………………… (50)

第 4 章　债券违约影响因素研究 …………………………… (51)

4.1　引言 ………………………………………………… (51)

4.2　理论分析与研究假设 ……………………………… (54)

4.3　研究设计 …………………………………………… (63)

4.4　实证结果分析 ……………………………………… (68)

4.5　本章小结 …………………………………………… (99)

第5章 债券违约对融资成本的影响 …………………………………（101）
5.1 引言 ……………………………………………………………（101）
5.2 理论分析与研究假设 ………………………………………（103）
5.3 研究设计 ……………………………………………………（106）
5.4 实证结果分析 ………………………………………………（112）
5.5 本章小结 ……………………………………………………（164）

第6章 债券违约对企业投资的影响 …………………………………（167）
6.1 引言 ……………………………………………………………（167）
6.2 理论分析与研究假设 ………………………………………（169）
6.3 研究设计 ……………………………………………………（170）
6.4 实证结果分析 ………………………………………………（174）
6.5 本章小结 ……………………………………………………（197）

第7章 债券违约对审计意见的影响 …………………………………（198）
7.1 引言 ……………………………………………………………（198）
7.2 理论分析与研究假设 ………………………………………（200）
7.3 研究设计 ……………………………………………………（204）
7.4 实证结果分析 ………………………………………………（208）
7.5 本章小结 ……………………………………………………（224）

第8章 结论与建议 …………………………………………………（226）
8.1 研究结论 ……………………………………………………（226）
8.2 政策建议 ……………………………………………………（228）
8.3 研究局限 ……………………………………………………（231）
8.4 未来展望 ……………………………………………………（232）

附录1 公司债券发行与交易管理办法 ……………………………（234）
附录2 中国人民银行 发展改革委 证监会关于公司信用类债券
违约处置有关事宜的通知 ……………………………………（253）

附录3　企业债券管理条例 …………………………………………（259）
附录4　中华人民共和国证券法 ………………………………………（264）
附录5　中华人民共和国公司法 ………………………………………（313）

参考文献 ……………………………………………………………（362）

第1章

导　论

1.1　研究背景与意义

1.1.1　研究背景

股票市场和债券市场是多层次资本市场的主要构成部分，为实体经济的发展提供了直接的融资方式，股票市场和债券市场的发展状况在一定程度上反映了一个国家证券市场的发达程度，也在一定程度上反映了证券市场对实体经济的反哺效应。改革开放后，我国债券市场开始兴起，在我国经济不断发展进步的过程中，政府、企业等主体对于融资需求的增加，使我国债券融资地位也在逐渐提升。根据 Wind 数据库的统计，2012 年，我国债券市场总存量不足 30 万亿元，而截至 2021 年 2 月 21 日，我国债券市场总存量达到 114.84 万亿元，突破百万亿元大关，其中利息债存量 64.70 万亿元，信用债存量 39.27 万亿元，2012 年至 2021 年 10 年间我国债券市场存量增长接近 4 倍。而在 2012 年我国股票市场的总市值约为 26.75 万亿元，2021 年 2 月 21 日，我国股票市场的总市值增长到 88.98 万亿元，尽管我国股票市场也得到了不断发展，但是股票市场的增长速度和市场规模均低于债券市场。图 1－1 为截至 2021 年 2 月我国证券市场各类型证券的占比情况，从图中可知，目前我国证券市场中，债券比重已经超过了一半，占比达到 50.30%，股票占比仅为 39.72%，远低于债券占比。目前，我国债券融资占比已经超过股票融资，成为我国企业的重要直接融资方式。

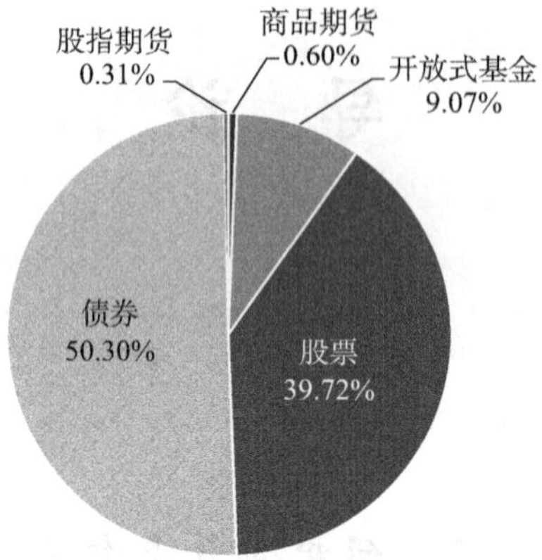

图 1－1　我国证券市场各类型证券的占比情况[①]

深化债券市场对实体经济的金融保障功能，提高金融服务效率，促进债券市场健康发展是推进我国多层次资本市场改革的重点。相较于发达国家较完善的债券市场，我国的债券市场起步较晚，发展缓慢，仍存在着许多缺陷，"刚性兑付"和"隐性担保"预期的存在使我国债券的违约风险一直被忽略。直到 2014 年 3 月 5 日，"11 超日债"因无法按期支付利息发生实质性违约，该违约事件的发生使我国债券市场"刚性兑付"的幻想破灭。自从第一例债券违约事件爆发后，我国债券市场违约事件层出不穷，不断蔓延。

根据 Wind 数据库的统计，2014—2020 年，我国债券市场一共有 582 只债券发生实质性违约，债券违约涉及金额高达 5245.41 亿元。债券违约种类包括中期票据、定向工具、企业债、公司债等常见的债券融资方式，也涉及可交换债等不常见的债券类型，总体而言，我国债券违约事件主要集中在私募债、一般中期票据以及一般公司债。其中，私募债违约只数为

① 数据来源于 Wind 数据库。

146 只，占总违约的 25. 09%，一般中期票据违约只数为 135 只，占总违约的 23. 20%，一般公司债违约只数为 138 只，占总违约的 23. 71%。债券违约主体涉及民营企业和国有企业。此外，不止非上市发债企业发生债券违约，许多上市企业发行的债券也出现了违约的状况。2020 年，东旭光电（股票代码：000413）、康得新（股票代码：002450）、泰禾集团（股票代码：000732）、永泰能源（股票代码：600157）等多家上市发债企业涉及债券违约事件。债券违约愈演愈烈，涉及面越来越广，违约规模越来越庞大，因此，加强对债券违约的治理，进一步防范信用债风险刻不容缓。我国近几年的政府工作报告中一直强调要将防范金融风险作为政府工作的重要内容，其中，2017 年的政府工作报告中指出要“有序化解处置突出风险点”、“筑牢金融风险‘防火墙’”，2019 年的政府工作报告中则将加强对我国金融风险的及时监测以及预警，完善我国金融风险的防范作为当年政府工作报告的重要内容，2020 年的政府工作报告中也提及要防范和化解风险，防止金融风险的积聚。在这样的背景下，研究债券违约的影响因素和经济后果有助于加深对债券违约的深刻认识和理解，对完善债券违约治理机制，防范债券信用风险，维护资本市场秩序具有重要的意义。

债券违约频发引发了学者们对债券违约的广泛关注，但由于违约样本的有限性，国内目前基于我国信用债市场真实违约事件的研究尚少，仅有的几篇关于我国债券市场真实违约事件的研究中，黄小琳等（2017）研究了债券违约对涉事债券评级机构的影响；彭叠峰和程晓园（2018）探讨了“11 超日债”违约事件发生后公司债的发行定价；张春强等（2019）研究了债券违约的信用风险传染效应。从已有研究可知，目前关于我国债券真实违约事件的研究主要从行业层面、评级机构层面进行探讨，鲜有研究从发债企业层面进行研究，这就为笔者提供了研究契机。前期盈余管理行为无疑是企业埋下的“雷”，发债企业盈余操纵活动是否会影响企业未来债券的还本付息能力，并最终诱发债券的违约？债券违约频发又会对发债企业造成怎样的经济后果？本书试图对以上问题进行探讨，在我国债券市场违约事件频发的背景下，使用我国债券市场真实违约数据研究债券违约的影响因素和经济后果，具有重要的实践指导意义和理论意义。

1.1.2 研究意义

首先，对于发债企业而言，本研究有助于发债企业深刻理解债券违约的影响因素与经济后果，为发债企业加强债券信用风险管理提供参考。异常投资活动、异常融资活动以及异常经营活动都会加大发债企业发生债券违约的可能，而管理层为了满足个人私利而从事的盈余管理操纵行为，也会加大发债企业发生债券违约的可能。鉴于此，企业应该加强高管团队建设，在聘请高管时不仅需要考察高管的业务能力，还应该加强对高管职业道德的考察，加强对管理层行为的监督。债券违约是一种严重的诚信缺失行为，会极大地损害发债企业的根本利益，本书发现债券违约会导致发债企业未来面临更高的融资成本，并且还会削弱企业寻找投资机会的能力，加大企业未来的非效率投资行为，导致企业更可能收到非标准审计意见，加大企业的审计费用。鉴于债券违约会导致严重经济后果，发债企业应该加强对所发行债券的管理，加强对债券违约风险的及时监测。企业应该通过提高自身的市场竞争力和盈利能力来加强企业偿债能力，而不是依赖于政府的“刚性兑付”和“隐性担保”，根据自身的经营情况和偿还能力进行适度举债，切莫过度发债，以防止违约风险的积累，导致债券违约的发生。而建立完善的内部控制制度和公司治理机制，降低信息不对称是监督管理层行为，加强债券信用风险管理的关键。

其次，对于信用评级机构而言，本书对信用评级机构提高信用评级质量具有重要借鉴意义。高质量的信用评级能够为投资者和债券市场传递有关债券信用风险的信息。本书发现主体评级能够缓解内外部不利因素对债券违约关系的影响，以及缓解债券违约对企业未来融资成本、投资行为、审计意见产生的负面影响，表明我国的主体评级能够在一定程度上反映企业的风险，支持了我国债券市场上主体评级有用观。为了更好地发挥主体评级的作用，评级机构应该继续保持独立的中介地位，不断提高信用评级质量，使信用评级能够充分反映债券的信用风险，降低发债企业与债权人以及投资者之间的信息不对称，促进我国债券市场的良性健康有序发展。与此同时，评级机构也需要提高自身的评级能力以及对债券风险的识别能力，勤勉尽责，对发债企业进行深入的尽职调查，以防止发债企业的故意欺瞒。

再次，对于债券投资者而言，本书对债券投资者防范债券信用风险具有重要的意义，有助于债券投资者更加直观地认识债券违约。债券违约的发生表明“刚性兑付”和“隐性担保”的存在并不能完全防止债券违约的发生，债券投资者应该提高债券信用风险意识，提高自身的风险识别能力以及风险应对能力，切勿盲目投资，保持理性的投资判断思维。由于发债企业与投资者之间的信息不对称，投资者往往只能依靠评级机构给出的信用评级作出投资决策，调整投资策略，但是，投资者也应该理性看待评级机构的信用评级，不要过度依赖于信用评级，应该提高独立判断的能力和投资能力，切实保护好自身权益。

从次，对于审计机构而言，本书为审计师发挥外部监督治理作用提供了经验证据，为发挥审计在公司治理中的治理效应提供了可供参考的方向。本书发现对于债券违约的企业，审计师更倾向于出具非标准审计意见，并且也会要求更高的收费，表明在债券违约的治理中审计师充分发挥了外部审计治理的作用。审计师应该继续保持独立的审计地位，根据企业的真实财务状况出具客观、真实、可靠的审计意见，为利益相关者提供高质量的财务报告，坚决杜绝审计意见购买行为。

最后，对于相关监督部门而言，本书对债券违约的治理以及债券信用风险的管理提供了理论参考，为进一步促进我国债券市场的健康发展提供了有益借鉴。债券违约的发生一方面可能是由于宏观经济环境的不确定性对企业带来的影响，另一方面也可能是由于发债企业自身的机会主义自利行为所致，本书发现发债企业的盈余管理自利行为会导致债券违约的发生。鉴于此，相关监管部门在未来不仅应该加强对企业发债过程的审核评估，严格对企业发债的管理，还应该加强对债券后续信用风险的管理，防范债券信用风险。鉴于本书发现债券违约会导致的经济后果，应建立完善的债券违约治理机制，切实保障投资者的利益；加强对评级机构和承销商等中介机构的监督，增强对中介机构的信誉约束机制，提高债券市场的定价效率和评级质量，以充分发挥债券市场对实体经济的反哺作用。

1.2 研究内容、研究框架与研究方法

1.2.1 研究内容

第1章导论。主要介绍本书的研究背景、研究意义，概述本书的主要研究内容，说明本书采取的研究方法，总结本书可能存在的研究创新与研究贡献。

第2章理论基础与文献综述。本部分介绍了本书研究中的相关理论，包括委托代理理论、破窗理论、信息不对称理论、不完全契约理论、利益相关者理论等，为本书提供了理论基础。并且对国内外已有的关于盈余管理、债券违约、融资成本以及非效率投资的文献进行梳理，评述已有研究中存在的不足，为后续的研究提供参考。

第3章制度背景与现状描述。本部分对目前我国债券市场的发展进程和制度安排进行了概述，并且分析了我国债券市场的现状以及我国债券市场违约现状，以期对本书的研究背景有更深入的认识，为后续的研究提供现实基础。

第4章债券违约影响因素研究。本部分主要从内部因素和外部因素两个维度研究了债券违约的可能影响因素，其中，内部因素方面主要是围绕异常经营活动、异常融资活动、异常投资活动以及信息质量和代理成本角度展开；外部因素方面主要是围绕外部市场竞争以及外部经济环境角度展开；此外，本部分还探讨了主体评级在债券违约影响因素中所发挥的调节作用。

第5章债券违约对融资成本的影响。本部分从债权人视角考察了债权人对于债券违约企业的惩罚，主要基于企业融资成本视角考察了债券违约的经济后果，研究了债券违约与企业融资成本之间的关系。另外，本部分探讨了主体评级在其中所发挥的作用，检验了评级有用观在债券违约中是

否具有信息增量作用。最后，本部分检验了在不同的异质性环境下债券违约对企业融资成本的影响是否会存在差异，具体从大股东掏空、代理成本以及产权性质三个维度进行了分析。

第6章债券违约对企业投资的影响。本部分基于企业未来非效率投资行为的视角考察了债券违约的经济后果，考察了债券违约与企业未来非效率投资之间的关系，此外，本部分还从企业投资者的视角考察了投资者对债券违约企业是否会作出惩罚，即考察债券违约企业在未来是否会面临更少的投资机会。

第7章债券违约对审计意见的影响。本部分从审计意见的视角考察了债券违约的经济后果，研究了债券违约对企业审计意见以及审计费用的影响。

第8章结论与建议。本部分总结了本书的研究结论，根据研究结论提出了相应的对策建议，并指出研究中存在的局限性，为未来可能的研究进行了展望，指出了未来努力的方向。

1.2.2 研究方法

本书采用规范研究和实证研究相结合的方法，在理论和文献的基础上进行逻辑分析，并利用统计分析的结果予以支持。综合运用了财务会计学、公司金融学、计量经济学等多学科知识。

(1) 规范研究

在初始研究阶段，运用规范研究方法有利于加深对所研究问题的认识和理解，为更深入的研究提供方向。本书首先运用规范研究方法对已有的相关研究成果进行了回顾和评述，指出已有研究中存在的不足之处，并在借鉴参考前人研究的基础上，指出本书进一步的研究空间。例如，发现已有文献多是通过构建结构性模型预测债券的预期违约风险，鲜有文献从债券实质性违约角度来衡量债券的违约风险，而关于债券违约的影响因素研究中，鲜有研究直接考察债券违约对发债企业自身的影响。基于此，本书经济后果分析部分，从融资成本和非效率投资、审计意见等维度考察了债券违约对发债企业自身的影响。本书还运用规范研究方法对研究中的理论支撑进行了具体说明，结合本书的研究问题，运用破窗理论、不完全契约理论、委托代理理论、信息不对称理论以及利益相关者理论为后续的研究奠定了理论基础。

其次，运用规范研究方法对我国债券市场的发展概况进行了分析，以进一步了解我国债券市场的发展情况，并分析了我国债券市场的发展现状。尽管我国债券市场目前是全球第二大债券市场，但是我国债券市场的发展仍远远落后于发达国家，特别是在制度建设方面仍存在许多需要完善的地方。目前，我国债券市场债券违约的情况较为严重，债券违约涉及的金额也越来越大，加强对债券违约的治理，防范信用债风险刻不容缓。

最后，从上述规范性分析中得出本书的研究问题，通过理论逻辑推导与研究设计对研究问题进行探讨，利用我国信用债市场的经验数据开展相应的统计分析。

（2）实证研究

本书采用的实证研究方法主要包括描述性统计、单变量分析、相关性分析、均衡性检验以及多元回归分析。描述性统计中对主要变量的最小值、最大值、均值、中位数以及标准差进行了描述，以便对数据结构有一定的了解。单变量分析中，按照债券违约变量进行分组对主要变量进行均值差异检验，观察在债券违约样本以及债券未发生违约的样本中主要变量的均值是否存在显著差异。此外，利用相关性分析方法观察变量之间的相关性，并检验变量间是否存在显著的共线性问题。通过均衡性检验检查PSM匹配过程是否有效。本书采用的多元回归分析方法包括OLS模型、Progit模型、Logit模型以及PSM等，通过多元回归分析方法对本书提出的研究假设进行检验。本书利用STATA15.1和STATA16.0软件对数据进行统计与实证分析。

1.3 研究创新与贡献

本书基于我国近几年来频发的信用债市场债券违约事件，对债券违约的影响因素和经济后果进行了深入的分析和探讨，以期为我国相关监管部门规范我国债券市场秩序提供理论依据，为利益相关者防范信用债违约风险提供借鉴，为相关领域的研究提供更多的经验证据。本书可能具有以下几点创新与贡献：

1.3.1 拓展了债券违约的研究思路

已有关于债券违约影响因素的研究，大多是从债券违约风险的角度进行探讨，而且较多关注宏观层面因素对债券违约风险的影响。目前尚未有研究使用我国债券市场信用债违约样本考察债券违约的影响因素，近年来，我国债券市场上频发的债券违约事件为本书提供了很好的研究情景和研究样本，这使本书能够基于我国信用债市场债券违约的经验数据，探讨债券违约的影响因素。本书从企业的内部特征和外部特征两个层面系统地探讨了债券违约的影响因素，内部特征方面，具体地从企业异常投资活动、异常经营活动、异常融资活动以及公司治理角度切入。盈余管理是管理层的自利行为，管理层为了满足个人私利，有强烈的动机从事盈余管理行为，因此在公司治理角度本书关注了隐蔽性更高、危害性更大的真实盈余管理行为，从真实盈余操纵活动的视角考察了债券违约的影响因素，丰富了关于债券违约影响因素的研究。外部特征方面则关注了企业面临的市场竞争以及地区的金融发展水平对债券违约的影响，扩充了关于债券违约影响因素的研究。已有关于我国债券违约经济后果的研究主要从行业层面、评级机构层面进行探讨，鲜有研究从发债企业层面进行考察，目前仅王宏博（2020）从二级市场风险溢价角度考察了债券违约对发债企业自身的影响，本书则从融资成本、非效率投资以及审计意见维度探讨了债券违约对发债企业造成的经济后果，为关于债券违约经济后果的研究提供了新的思路。

1.3.2 为盈余管理经济后果研究提供了新的视角

本书从债券违约角度丰富了关于盈余管理行为经济后果的研究。盈余管理的危害已经得到了已有文献的证实，但是已有研究更多关注的是盈余管理对企业业绩的影响，已有研究从企业创新、投资效率、融资成本等角度考察了盈余管理行为的经济后果。本书则从债券违约角度考察了盈余操纵活动的经济后果，为关于盈余管理经济后果的研究提供了另一视角。相较于应计盈余管理，真实盈余管理更加隐蔽，并且危害性更大。已有研究表明，越来越多的企业转向采用真实盈余管理行为进行利润操纵，因此本书关注到了管理层真实盈余管理行为对企业债券违约的影响，加深了对真实盈余管理经济后果的认识和理解。

1.3.3 为关于信用评级质量的研究提供了增量贡献

信用评级是投资者制定投资策略的重要依据，也是相关监管部门制定政策的重要参考，但是由于长期以来，我国信用评级市场一直实行的是发行人付费的评级模式，在该种评级模式下信用评级的质量参差不齐，导致信用评级的有效性受到了许多学者的质疑，学术界围绕信用评级质量开展了激烈的探讨，并形成了评级有用论和评级无用论两种立场。本书试图基于债券违约情境考察主体评级的作用，不仅在研究债券违约的影响因素时考察主体评级的调节作用，而且在考察债券违约的经济后果部分同样考察了主体评级的调节作用。在影响因素检验中，本书考察了主体评级对内外部影响因素与债券违约关系的调节作用，发现主体评级能够缓解企业内部以及外部不利因素与债券违约之间的正向关系。在经济后果检验中，本书发现主体评级能够缓解债券违约与融资成本以及审计意见之间的正向关系，支持了评级有用论的观点，为关于信用评级质量的研究提供了增量贡献。

1.3.4 丰富了融资成本影响因素的研究

本书为债券违约影响企业的债务融资成本和债券融资成本提供了重要依据，丰富了关于融资成本影响因素的研究。银行借款和债券融资都是企业的重要融资活动，融资成本的高低决定了企业的融资效率，从而会对企业的后续经营活动产生至关重要的影响。目前尚未有研究从债券违约的维度探讨债务融资成本，尽管债券违约是发生在债券层面，只是影响了债券的还本付息，但是本书的研究结论却表明，债券违约发生后债权人的自我保护意识会有所提高，为了保护自身的权益，银行等金融机构会对债券发生违约的发债企业要求更高的债务融资成本，而且对于债券违约企业，在未来的债权融资过程中也需要支付比其他企业更多的贷款交易成本，从债券违约角度扩展了关于企业债务融资影响因素的文献。此外，本书还丰富了关于债券融资成本的研究。目前关于债券融资成本的文献更多地聚焦于公司治理方面，主要探讨的是公司治理因素对债券融资成本的降低效应，本书则从债券违约的维度进行考察，发现债券违约也会影响债券未来的发行定价，对于债券违约的发债企业，债券投资者会在未来要求更多的溢价来作为惩罚，丰富了关于债券融资成本的研究。

1.3.5 扩充了非效率投资的相关研究

投资活动是企业重要的经济活动，但是投资效率低下，非效率投资行为严重是我国企业中普遍存在的问题，极大地制约了我国实体经济的健康发展（王仲兵和王攀娜，2018）。非效率投资也是管理层的一种自利行为，已有关于投资效率的研究更多聚焦于公司治理因素层面或是宏观经济层面，且更多探讨的是非效率投资的治理效应，其实探讨非效率投资的动机有助于更加深入地了解非效率投资行为，从而才能更好地对非效率投资进行治理。本书发现在债券违约发生后，为了降低债券违约对自身利益的不利影响，管理层会“乱作为”，从事非效率投资行为。企业不仅应该加强对管理层的监督管理，还应该建立完善的投资决策机制，防止管理层为了谋取私利从事非效率投资行为，损害企业和投资者利益。监管部门也应该加强对企业投资过程的监督和管理，促进实体经济的健康发展。

1.3.6 扩充了关于审计意见的相关研究

本书扩展了关于审计意见和审计费用影响因素的研究。审计机构作为企业与外界之间信息沟通的桥梁，应该保持独立的地位，为利益相关者提供高质量的财务报告，但是审计意见购买行为的存在使审计师的独立性备受质疑。本书扩充了关于审计意见和审计费用影响因素的相关研究，并且还为关于审计机构治理作用的文献提供了经验证据。已有关于审计意见影响因素的研究主要是从审计机构特征、公司治理、市场监管等角度切入，本书则从债券违约的角度为关于审计意见的相关研究提供了新的研究视角。本书发现审计师作为企业的重要外部治理机制，能够对企业的债券违约行为产生治理作用，具体表现为：对于债券违约的企业，审计师更可能会出具非标准审计意见，并且还会要求更高的审计费用，表明审计监督在公司治理中发挥了积极的外部治理作用。

第2章

理论基础与文献综述

2.1 理论基础

2.1.1 破窗理论

Wilson 和 Kelling（1982）提出的破窗理论源于犯罪心理学，破窗理论认为当现实中发生不良现象时，如果没有及时对不良现象加以控制和遏制，会导致更多的人效仿，最终会导致不良现象愈演愈烈，难以制止。例如，当有一栋建筑的窗户被别人打碎后，如果没有及时对被打破的窗户进行修补，将会导致更多的窗户被打碎。破窗理论表明示范性的纵容行为会导致更多的不良现象发生。实际上，破窗理论现象在现实生活中无处不在，而在经济活动中，也存在着破窗理论现象。

债券违约事件的连续爆发也属于破窗效应。2014 年“11 超日债”的违约成为我国债券市场第一例违约事件，打破了我国债券市场零违约的纪录，随后越来越多的债券被爆出发生违约事件，无法按时还本付息。事实上，我国债券市场早就存在弊端，我国政府以及金融机构一开始对无法按时偿还利息债券的兜底行为，被更多的发债企业看到，导致越来越多的发债企业利用政府的兜底行为作为偿债保障，不考虑自身偿债能力毫无顾忌地发行债券。而由于兜底行为的存在，投资者也肆无忌惮地进行投资。最后，债券的信用风险越积越多，“刚性兑付”的神话被打破，导致债券违约的出现。

2.1.2 不完全契约理论

不完全契约理论是在产权理论和交易成本经济学的基础上发展起来的，其主要奠基者是格罗斯曼、哈特以及莫尔，三位学者建立的不完全契约理论因此也被人们称为 GHM 模型，即用这三位学者的名字对该理论进行了命名。不完全契约理论认为，由于现实生活中人们理性是有限的，也无法掌握完全对称的信息，未来交易活动又存在着不确定性，这就使交易双方初始无法在确定所有的特殊权利后签订完全契约。由于明晰契约的成本过于高昂，现实中契约因其内生因素使不完全契约才是常态。一般来说，现实中存在的三个方面成本会使契约变得不完全（Tirole，1999）：第一，现实中存在着太多的不确定因素，但是作为社会个体的人的理性却并非无限的，因此当事人难以准确预见未来将会发生的状况，由此产生了预测成本；第二，即使契约当事人能够对未来发生的事情进行预测，但是契约双方将各种可以预见的情况在契约中予以明确，并最终达成一致协议，需要高昂的缔结成本；第三，契约中的关键信息对于契约双方来说都是可观察的，可是外部第三方（如法庭）可能难以对此进行证实，由此产生了第三种成本，即证实成本。不完全契约理论认为不能完全确定各种或然状态，或需要通过再谈判解决自然状态下出现的各种问题，因此明晰事前特殊权利更为关键，应以事前权利为基础设计机制。基于这一思想，Aghion 和 Bolton（1992）首次将不完全契约理论用于证券设计上，并提出了证券设计应以控制权为中心，这为金融契约理论开辟了新的研究思路。在此之后，许多学者将不完全契约理论在债券分析中的应用进一步拓展到多时期和多利益相关者研究，如 Berglöf 和 Thadden（1994）、Dewatripont 和 Tirole（1994）以及 Hart 和 Moore（1994）等。

实际上，企业发行的债券就是一种不完全契约。企业作为债务人与资金提供者即债权人签订契约，约定债权人将一定的资金让渡给债务人使用，到期后债务人则会将本金与约定利息归还给债权人。债权人获得的利息来源于企业的经营利润，也就是说，该企业经营绩效的好坏将决定债权人能否按照契约获得相应的约定利息。如果该企业经营不善导致亏损甚至破产，那么债权人有可能损失利息甚至本金。购买企业债券的债权人会积极关注企业的经营业绩、盈利能力和偿债能力，以免企业发生经营风险而使债权人利益受到牵连。但是，企业披露虚假经营信息、操纵盈余的行为会使双方信息不对称，可能会误导债权人对企业经营风险的预判。由此可见，由于债券的不完全契约属性使企业会计信息质量显得非常关键，稳健的会计信息质量可以客观公允地反映企业真实的经营情况，从而减少信息不对称性给债权人带来的损失。

2.1.3　信息不对称理论

信息不对称理论最早由西方经济学家 Akerlof（乔治·阿克罗夫）、Spence（迈克尔·斯彭斯）以及 Stigliz（约瑟夫·斯蒂格利茨）提出。其中，Akerlof 关注了商品交易市场中的信息不对称问题，而 Spence 关注了劳动力市场中的信息不对称问题，Stigliz 关注的则是金融市场中的信息不对称问题。信息不对称理论的提出对 MM 理论形成了挑战，信息不对称理论认为，在市场经济活动中，由于不同的市场参与者所能获取信息的渠道以及获取信息量的不同，导致市场参与者能够掌握的信息存在一定的差异，最终交易双方掌握信息资源的不对等破坏了市场的正常秩序，获取更多信息的市场参与者在市场交易中具有明显的信息优势，能够更容易从市场中获益，而获取较少信息的市场参与者由于信息的匮乏，往往容易在市场交易中受损。因此，信息不对称理论表明，提高信息透明度，降低信息不对称不仅有助于保护市场参与者的利益，而且有利于维护正常的市场秩序，促进经济的发展。

实际上，在经济活动中，信息不对称问题无处不在。在本书的研究中，股东与管理层之间，发债企业与债券投资者之间，发债企业与评级机构之间，以及发债企业与外部监督者之间都存在信息不对称问题。股东与管理层之间的信息不对称问题体现在股东作为企业的所有者无法对企业进行直接的管理，只能委托管理层代为管理企业的日常生产经营业务，由于股东并不直接对企业进行管理，对企业的生产经营状况并不完全掌握，管理层则更加了解企业的生产经营状况，这就导致了股东与管理层之间的信息不对称。股东与管理层之间信息不对称的存在使股东难以对管理层进行有效的监督，管理层可能会为了私利进行盈余管理、非效率投资等自利行为，最终损害股东以及发债企业的利益。发债企业与债券投资者之间的信息不对称体现在发债企业作为发行债券的一方，掌握着本企业以及债券的全部信息，处于信息优势地位，而债券投资者作为购买债券的一方，只能从发债企业的公开信息和评级机构或是分析师的信息以及市场信息中了解发债企业的相关情况，处于明显的信息劣势一方。发债企业与债券投资者之间信息不对称问题的存在，可能会使发债企业利用信息优势，在债券发行以及生产经营过程中欺瞒债券投资者，使债券投资者的利益遭到损害。作为中介机构的评级机构只能从发债企业披露的信息中了解发债企业的状况，故而发债企业与评级机构之间也存在信息不对称，而为了获得更高的信用评级，发债企业可能会故意向评级机构隐瞒自身的状况，信息不对称的存在使评级机构无法得知发债企业的真实情况。发债企业与外部监督者之间也存在信息不对称问题，作为外部人的外部监督者能够获取到的发债企业信息具有有限性，发债企业与外部监督者之间信息不对称的存在限制了外部监督者对发债企业的监督管理。如果外部监督者能够掌握更多的关于企业经济活动的信息，就能够及时对企业的盈余管理、非效率投资等行为进行有效监督，就可以避免企业从事这些有损公司利益、有损投资者利益、破坏经济健康有序发展的行为。其实，债券违约的爆发在一定程度上反映了信息不对称问题，如果发债企业的透明度较高，就可以受到债券投资者等外部监督者的有效监督，从而在发债企业一开始出现违约风险时就可以采取有效的解决方法防范违约风险的继续恶化，从而可以避免债券违约事件的发生。

2.1.4　委托代理理论

委托代理理论是制度经济学契约理论中的一个分支，也是从信息不对称理论延伸而来的。委托代理理论主要研究的是委托代理关系，即委托人与代理人签订契约，委托人雇用代理人为其服务，授予代理人一定的决策权利，同时根据代理人的服务支付一定报酬。与不完全契约理论不同，委托代理理论假定委托人和代理人之间的契约是完全契约，是可以明晰事先权利，确定各种或然状态下代理人的权利和职责的契约，因此委托代理理论更加强调代理人的事后监督。然而，现实中委托人的核心利益目标与代理人追求的自身发展目标并不能够完全一致，就会导致代理人出现逆向选择和道德风险，由此引发委托代理问题。逆向选择是基于事前非对称信息博弈的模型而得，代理人基于因其工作便利更具备信息优势，在决策上容易过度自信采取冒进行为，不利于委托人利益，例如会过度投资、操作盈余等。道德风险是基于事后非对称信息的模型，委托人由于信息劣势无法充分监督代理人行为，导致代理人作出损害委托人利益的消极决策。管理层作为委托代理关系中的代理人，应该遵循委托代理理论，以股东利益最大化和公司价值最大化为目标对企业进行管理，不能以个人私利为目的损害企业和股东的利益，出现逆向选择和道德风险问题。

在债券违约中，委托代理问题非常普遍。债券实际上是债券投资者作为委托人，委托企业管理者代理其管理资产的一种契约。债券违约意味着委托人的本金和约定利息遭受损失，因此如何降低违约风险是委托人关心的实际问题。相较于外部投资者，企业管理层作为代理人根据企业经营状况和未来发展前景掌握着更加充分的信息优势，有可能会为了谋求自身发展利益，采取暗箱操作等手段使外部投资者利益受损。根据委托代理理论，在债券契约中可以协调委托人和代理人的利益诉求一致性，设计一定的激励机制鼓励代理人为委托人争取更大收益，从而降低债券违约风险，保护投资者利益。

在债券投资者与评级机构之间也存在委托代理关系。此时，债券投资者作为委托人，聘请评级机构作为代理人评估审核发债企业，从而为债券投资者提供真实可靠的评估信息帮助其判别债券质量，降低信息不对称性。因此，评级机构应该尽职尽责，在对发债企业进行深入调查和了解之后，再进行主体评级和债券评级，为投资者提供准确、高质量的信用评级，减少投资者的信息不对称，而且还应该保持独立的中介地位，不与发债企业合谋，损害投资者的利益。评级机构有可能会与发债企业串通一气，帮助发债企业隐瞒不利信息，提供虚假的评估报告，误导债券投资者在非对称信息下作出投资决策。评级机构的不尽责和违规行为导致债券投资者无法辨别评估信息的准确性，债券投资者在误信评级机构的不实报告后会以此为准按照平均价格购买企业债券。在这种情况下，质量差的债券价格被高估，而质量好的债券价格却被低估。那么，被低估的债券就会退出债券市场，产生逆向淘汰的“驱除良币”效应，最终债券市场上只剩下质量差的债券而沦为“柠檬市场”，失去外部投资者的信任和投资，不利于债券市场发展。

2.1.5 利益相关者理论

利益相关者理论最早由 Freeman 在 1984 年提出，在其所著的《战略管理：利益相关者管理的分析方法》一书中，首先提出了利益相关者理论。虽然 Freeman 最早提出了利益相关者理论，但其实早在 1959 年 Penrose 在自己所著的《企业成长理论》一书中就提到企业应该包含人力资产和人际关系，这一观点为后来利益相关者理论的提出奠定了基础。利益相关者理论否定了企业只是股东所有的传统观念，该理论认为企业的经营管理与各个利益相关者息息相关，企业在经营管理过程中应该考虑各个利益相关者的利益，而不是仅仅考虑股东的利益。根据利益相关者理论，企业的利益相关者不仅包括企业股东，还包括公司员工、上游的供应方、下游的零售方、消费者、投资者、市场竞争者、政府机构、社会团体等个体或组织。Freeman（1984）还根据不同利益相关者在企业中所拥有权利的差异，将上述利益相关者概括为所有权利益相关者、经济依赖型利益相关者以及社会型利益相关者，其中所有权利益相关者包括企业的股东、董事、管理层等，经济依赖型利益相关者包括企业员工、银行等债权人、投资者、上游的供应方、下游的零售方、消费者、市场竞争者等，社会型利益相关者包括政府机构、社会团体、媒体等。

根据利益相关者理论，企业应该以利益相关者利益最大化为目标，在生产经营中权衡好各方的利益，不得仅顾及自己的私利，而枉顾甚至伤害他方的利益。在本书中，盈余管理和非效率投资都属于管理层的自利行为，不仅损害了公司利益，而且损害了利益相关者的利益，违背了利益相关者原则。此外，债券违约也损害了利益相关者的利益。

2.2 文献综述

2.2.1 债券违约的研究现状

(1) 债券违约的概念界定

债券违约的内涵和定义目前尚未有统一定论。目前主要根据相关的评级机构如标准普尔和穆迪给出界定。标准普尔认为企业的债券违约主要包含全面性违约、外力干预性违约以及选择性违约三个方面，其中全面性违约是最为普遍的违约类型，主要是指由于发行人无法自身偿还所有债务而发生的违约，由于该种界定下的违约包含了各种债务类型，因此称之为全面性违约；外力干预性违约主要是指并非由于发行人的自身因素导致的违约，而是由于外部的政府部门或是其他主体对发行人所发行债务进行干预而产生的违约情形；选择性违约主要是指发行主体选择性地对于某类特定的债券进行违约，其中最常见的一种选择性违约是“削价交易”，主要是指债务人不偿还原有的债券，而是以一种新的组合来取代旧的债券。这种“削价交易”模式往往被用来缓解公司的重大财务危机以及破产风险。评级机构穆迪则认为，公司债务违约主要有以下几种判断标准：一是债务人没有在规定的日期内还本付息；二是债务人已经接近破产或者被相关部门接管；三是债务人发生了不利于债权人的交换行为。具体来讲，债权人发行新的债权凭证，如发行优先股、普通股或者低票息低面值的债券从而取代原有的债券，进而达到降低履约义务和违约风险的目的。

债券违约又可分为实质性违约和非实质性违约。对于实质性违约，银行系统和银监部门都给出了定义。我国银监会将未清偿信贷债务超过债务人未清偿债务 5% 以上的债务认定为实质性债务违约。另外，《公司债券受托管理人处置公司债券违约风险指引》中明确规定，当发行人偿还公司债券本息存在重大不确定性时可认定为预计违约，发行人未如期足额偿还公司的债券本息时可认定为实质违约。本书中的债券违约是指债券的实质违约。在此，根据我国《公司债券受托管理人处置公司债券违约风险指引》中的定义界定债券实质违约，即债券实质违约是指债券发行主体不能按照事先达成的债券协议履行其还本付息义务的行为。

（2）债券违约风险的衡量

①基于 Merton/KMV 违约距离模型计算预期违约概率（Bharath and Shumway，2008；Goyal and Wang，2013；Acharya et al.，2012）。Merton（1974）的期权结构模型为企业债券信用风险估值提供了理论基础，该模型假设公司只发行一种零息债券，当债券的面值高于公司资产价值时，企业将会触及违约。之后，在期权定价模型的基础上发展出 KMV 模型，该模型从市场指标和财务指标两个方面来计算公司债务违约的概率。具体来看，从公司股东的角度出发，公司股东获得的权益可以看作看涨期权，公司债务可以看作看跌期权，在此基础上将公司的股权价值、股权波动率等指标加入模型中，从而根据计算的结果来评估公司的信用风险。随后，许多研究在该模型的基础上计算债券违约的风险。

Bharath 和 Shumway（2008）利用默顿违约距离模型预测违约，研究了基于 Merton（1974）债券定价模型的默顿违约距离模型的准确性和贡献。他们的研究结论表明，虽然默顿违约距离模型不能提供足够的统计量来预测违约的可能性，但它的函数形式对于预测违约是有用的。默顿违约距离模型应用了 Merton（1974）债券定价模型的框架，在该框架中，公司股权是对公司潜在价值的看涨期权，执行价格等于公司债务的面值。在该模型下，无论是企业的潜在价值，还是其波动性，都无法被直接观察到。在模型的假设下，均可通过迭代求解非线性方程组，由权益值、权益波动率等几个可观测变量来推断。在推断出这些值之后，该模型指定违约概率是 Z 分数的正常累积密度函数，具体取决于公司的基础价值、公司的波动性和公司的面值。

有学者指出 Merton（1974）提出的结构模型存在许多缺陷。Liao 等（2009）发现，Merton（1974）模型忽略了信息不对称问题。周宏等（2012）认为该模型计算出的公司债务违约的概率过于理性化，与公司实际情况不符，特别是估算出的公司信用利差和实际利差差距较大，并将信息不对称情况纳入模型，构建了企业债券信用风险估计模型。王向荣等（2018）以保险公司为研究样本，比较了 KMV 模型和 Z 模型对公司债券违约风险的估算情况，发现 KMV 模型的准确度略高于 Z 模型。

②使用 Z-score 模型衡量违约风险（Scherr and Hulbert，2001；Acharya et al.，2012）。Altman（1968）利用多元判别法构建了 Z-score 模型来估算公司债务违约的概率。该模型具体将公司的流动比率、资产周转率、盈利水平等财务指标根据不同的权重计算综合数值，并且与违约的值域进行比较，进而得出企业债务违约的概率。Z-score 指标从企业层面衡量违约的风险，Z-score 值越大，表示企业发生违约可能性越小。随后，许多学者也使用该指标衡量违约风险，如 Scherr 和 Hulbert（2001）、林晚发等（2019）等都使用 Z-score 模型衡量违约可能性。

③使用债券信用评级衡量违约风险。标准普尔和穆迪等评级公司针对不同的历史信用级别开发出了债务违约概率的统计模型，并且在每年公布公司的违约概率统计结果以及信用评级迁移矩阵。方红星等（2013）使用债券发行时的信用评级衡量债券的违约风险，研究了债券违约风险对债券利差的影响。彭叠峰和程晓园（2018）也直接使用债券信用评级衡量债券的违约风险，研究了“11 超日债”违约事件后债券信用风险对债券信用利

差的影响。

也有一些学者在研究中同时使用了多种违约风险指标进行研究。Goyal 和 Wang（2013）在研究负债期限对违约风险变动的影响时，使用资产波动性和违约距离衡量违约风险，其中资产波动性与违约正相关，基于 DTD 模型的违约距离与违约负相关。Acharya 等（2012）同时使用 KMV 模型、Altman 模型计算而得的 Z-score、Zmijewski's 模型估计可能的违约率。

此外，也有学者使用其他指标衡量违约风险，如 Altman 和 Edward（1989）研究了一种衡量违约风险的替代方法，并提出一种合适的方法来评估固定收益投资者在整个债券质量类别中的风险收益。这种方法类似于精算师评估人类死亡率的方式，根据该方法可以衡量债券的预期死亡率和由此产生的损失率。他们采用该方法研究了债券的未来表现，发现所有债券评级在未来 10 年的表现都优于无风险美国国债，而且尽管死亡率相对较高，但 B 级和 CCC 级证券在发行后的头 4 年表现优于所有其他评级类别，而 B 级证券在发行后的头 4 年表现优于所有其他评级类别。

Duffie 和 Lando（2001）基于结构模型分析框架，将企业资产价值的不完全信息加入风险度量模型中，进而计算出公司债务违约的概率和债券的信用价差。Schwert（2017）使用信用违约互换（CDS）衡量债券违约；Giesecke 等（2011）使用发生财务困境的公司发行的公司债券市场总面值的百分比衡量债券违约率。冷奥琳等（2015）和李志辉等（2017）直接使用债券信用利差衡量债券的违约风险。曹勇等（2016）根据公司发行债券的信用利差，利用 Logistic 模型计算除了市场隐含的公司违约的概率。吴建华等（2017）构建模型识别出公司财务报告中的信息对于资产价值的扭曲，进一步推导了信息偏误下的资产价值的条件分布、公司债务违约概率以及公司信用价差的表达式。

（3）债券违约影响因素研究

已有研究中直接关注债券违约影响因素的研究较少，许多文献关注了债务违约的影响因素，例如，Beaver（1966）研究了资产负债率、流动比率等基本财务指标对债务违约的影响，发现资产负债率越高的企业更可能发生债务违约，流动比率越大的企业发生债务违约的概率越低。Ohlson（1980）则关注了企业的破产风险，发现资产规模、经营资金占比以及收入增长速度都与破产风险显著负相关。Becchetti 和 Sierra（2003）研究了生产效率对破产风险的影响，发现生产效率的提高能够显著降低企业的破产风险。吴世农和卢贤义（2001）将财务困境当作违约行为，并选取了 16 个基本财务指标来预测财务困境。叶志锋和胡玉明（2009）考察了盈余管理和债权人保护对债务违约的影响，发现盈余管理与债务违约显著正相关。

直接关注债券违约影响因素的研究中，主要从宏观角度和微观角度进行了考察。宏观角度层面，Moore（1961）研究了经济周期对企业债券违约的影响，研究认为经济周期的变化会影响企业的破产概率，经济发展越繁荣，企业破产的概率越小，债券违约的概率也就越小，信用风险也越低，反之亦然。Altman（1983）研究发现实际的 GDP、S&P 指数等也会影响公司的债券违约，GDP、S&P 指数和公司债券的信用利差显著负相关，国家宏观经济形势越好，公司债券违约的概率越低。进一步，Thomas（1998）探讨了宏观层因素对债券违约的影响，这些因素包括社会失业率、GDP 增长率、长期利率水平、汇率、储蓄水平、政府财政支出等，并建立了综合指标来衡量债券违约的可能性。

Giesecke 等（2011）使用美国 1866—2008 年的数据，研究了金融和宏观经济变量对违约率的预测程度。他们发现，股票回报率、股票回报率波动性和 GDP 的变化是违约率的有力预测因素，其他宏观经济变量，如通货膨胀率、消费和工业生产增长率，不能预测未来的违约率；信用利差对随后的违约率并没有多强的预测能力。他们还发现，信用利差并不会随着实际违约率的变化而调整。作者在文章中还检验了违约率的上升是否与高信用利差有关，结果没有发现信用利差对当前违约率有影响的证据。

国内方面，学者们主要关注了宏观经济不确定性、隐性担保、宏观政策、经济周期等因素对债券违约的影响。周宏等（2011）研究了宏观经济不确定性对债券信用风险的影响，研究发现，经济不确定性越高，公司债券违约风险越高，在金融危机爆发后公司的信用风险会显著变高。汪莉和陈诗一（2015）在已有研究基础上使用我国城投债数据研究了政府隐性担保对债券违约风险的影响，研究发现，区域经济发展状况较差时，政府的隐形担保并不影响债券利率，政府的隐形担保不会改变投资者对债券未来违约风险的预期。王永钦等（2016）通过将城投债的收益率分解为流动性风险部分和违约风险部分从而识别出城投债中的违约风险，考察了货币政策等宏观经济政策、省份风险以及国家主权风险对城投债违约风险的影响。但是他们是基于地方政府债券的视角开展研究，并未关注到企业债券的违约情况。姚红宇和施展（2018）发现地方GDP增速与债券违约显著负相关。罗朝阳和李雪松（2020）研究了金融周期和全要素生产率对债券违约的影响，发现全要素生产率越高的企业发生债券违约的概率越低，而金融周期则与债券违约存在正向关系。

微观角度层面，已有研究主要探讨了基本财务指标、资本结构、债券自身属性等因素对债券违约的影响。Christoper（2010）研究了公司股权价值对公司债券违约概率的影响，研究发现，公司的股权价值占总资产的比重与公司债券违约的概率显著正相关。Goyal和Wang（2013）考察了负债期限结构对债券违约风险的影响，他们采用资产波动性和债券违约距离作为债券违约风险的衡量指标，研究发现，短期负债会降低发债企业的资产波动性，增加债券违约的距离，即短期负债可以降低债券的违约风险。Acharya等（2012）研究了现金持有与违约风险的关系，发现现金储备较高的公司短期内违约的可能性较小，但内生决定的流动性可能与长期违约的可能性呈正相关。即从长期而言，现金持有量越大，信用风险水平就越高，而不是越低。McDonald（1998）关注了债券自身属性对违约风险的影响，研究发现，发债主体的信用评级能够降低违约风险，但是他们发现发债的规模以及债券期限对债券违约风险的影响不大。不过，Zhang（2010）却得出了不一样的结论，Zhang（2010）研究发现债券的发行期限会影响违约风险，发债的期限会影响投资者的情绪和风险偏好，进而影响违约的风险。Hsu等（2003）研究发现债券的收益率、期限结构以及主体信用评级等也是债券违约风险的潜在影响因子。此外，还有学者从风险承担角度研究了债券违约风险的影响因素，Kuang和Qin（2013）指出CEO风险承担水平的提高会加大企业的债券违约风险。

李志辉等（2017）研究了独立董事兼任对债券违约风险的影响，发现独董兼任会加大债券的违约风险。冷奥琳等（2015）研究了公司对外担保对违约风险的影响，研究发现，当公司具备完善的风险防控体系时，公司对外担保并不会提高债券的违约风险；当国有企业的担保风险管理不足或者存在利益输送时，会提高担保公司的债券违约风险。艾春荣等（2015）研究发现公司的流动性会显著提高债券违约风险，对于公司的债券利差也具有显著的影响。姚红宇和施展（2018）发现传统财务预测模型难以准确地预测债券的真实违约状况，他们在传统模型的基础上添加了公司因素以及地方经济因素后构建了离散时间风险模型，发现离散时间模型对债券违约的预测能力更高。他们发现盈余能力以及公司规模都与债券违约负相关，还发现国有企业和上市公司发生债券违约的概率更低。

（4）债券违约经济后果研究

Acharya 等（2007）使用美国 1982—1991 年的违约数据研究了违约后公司是否能够更快恢复，他们发现所在行业发生困境的违约公司更难以从违约中恢复。已有的一些研究从债券信用利差中包含的违约风险信息角度研究债券违约。Dionne 等（2010）研究了公司债券信用利差中的违约风险因素，发现债券信用利差中的违约风险占比与事前估计违约可能性时投入的期限结构有关，债券信用利差中大约 76% 可用违约来解释。他们还发现债券信用利差中违约占比与恢复率变动以及估计违约可能性时采用的数据筛选方法相关。

国内研究方面，方红星等（2013）使用债券发行时的信用评级衡量债券的违约风险，研究了债券违约风险对债券信用利差的影响，发现债券违约风险越高，债券的信用利差越大。李楠和陈暮紫（2018）使用穆迪评级机构基于 KMV 模型计算的行业违约概率数据，考察了债券违约概率与工业增加值之间的因果关系，他们发现债券违约风险具有顺经济周期的特征，债券违约概率与工业增加值之间存在非线性的双向因果关系，一方面工业增加值会导致债券违约概率的非线性提高，另一方面债券违约也会对工业增加值产生影响，他们还发现债券违约概率越高，宏观经济景气指数越低。

由于违约样本的有限性，国内目前基于我国债券市场真实违约事件的研究尚少，仅有的几篇关于我国债券市场真实违约事件的研究中，黄小琳等（2017）研究了债券违约对涉事债券评级机构的影响，他们发现所评级债券发生违约的涉事评级机构并未因为违约事件而提高评级标准，相反，涉事评级机构给出的信用评级反而显著高于非涉事评级机构，但是这些涉事评级机构的市场份额在违约后呈现下降趋势，说明投资者会对涉事评级机构的高估评级行为作出惩罚。彭叠峰和程晓园（2018）发现“11 超日债”违约事件发生后，国有与非国有公司债之间、高评级与低评级公司债之间信用利差的差距显著拉大。张春强等（2019）研究了债券违约的信用风险传染效应，发现行业内发生债券违约会导致该行业企业的债券信用利差增加，表明债券违约信用风险具有行业传导效应。特别地，当行业内企业违约次数更多、距离发债时间越近时，企业债券信用利差显著更高；相对于其他类型产业，劳动密集型产业中债券违约风险传染效应更强烈。王叙果等（2019）使用地方国企信用债数据研究发现，债券违约存在省内传染效应，债券违约事件发生后，会导致同省企业的主体评级下降；并且债券违约还会降低主体评级对信用利差的负向影响。

不同于已有研究主要聚焦于一级市场，王宏博（2020）考察了债券违约对二级市场风险溢价的影响，发现债券违约发生后，二级市场上的投资者会提出更高的风险溢价要求，并且二级市场的风险溢价还存在异质性，在民营企业、债券未进行担保的企业以及流动性差的企业中，二级市场的投资者会对债券提出更高的风险溢价，他们还发现债券违约对二级市场风险溢价的影响存在市场传染效应。

综上，目前国内外对于债券违约的定义并没有统一的界定标准，学者们多是参考债券评级机构的定义对债券违约进行界定。债券违约分为债券预期违约和债券实质性违约，相较于预期违约，实质性违约对企业和投资者造成的损害更大，因此有必要在概念上进行严格区分。此外，许多研究没有将债券违约与一般的债务违约（破产风险、财务困境等）进行严格区分，笼统地将两者混为一谈。尽管债券也属于企业债务的一种，但是债券不管是在发行上还是在监管上，都有别于一般性的债务，在研究过程中有必要将两者严格区别开来，不可混为一谈。

已有研究发现，宏观经济因素和微观经济因素都会影响债券的违约风险，微观因素层面主要从资本结构（如股权占比、现金持有、负债期限结构）、债券本身因素（如债券发行日期、债券利率、债券期限）、公司风险（如风险承担水平、担保风险）、公司治理（如董事会独立性）等角度进行了考察。纵观已有研究可知，关于债券违约影响因素的研究多是从单一方面进行研究，缺乏全面性、系统性的研究体系。

而关于债券违约的经济后果，已有研究发现，债券违约风险会增加企业的债券信用利差，并且债券违约具有行业风险传染效应；所评级债券涉及违约的评级机构在未来的市场份额会显著下降。从已有的研究可知，这些文献多是通过构建结构性模型预测债券的预期违约风险，鲜有文献从债券实质性违约角度来衡量债券的违约风险，直接考察实质性违约后果。此外，目前的研究更多关注行业、省份等外部层面的经济后果，少有文献直接关注债券的实质性违约对发债企业自身的影响。

2.2.2 盈余管理研究现状

(1) 盈余管理定义

盈余管理是指通过各种手段对会计盈余进行操纵的行为。盈余管理又可以进一步划分为应计盈余管理和真实盈余管理。应计盈余管理是对公司收入确认时点、折旧方法、成本计量模式、资产减值准备等基本会计政策选择的调整或是会计估计的变更，达到调整利润的目的，实际上并不直接对企业现金流产生影响。而真实盈余管理则是对企业真实经营活动的操纵，通过对各项费用、销售活动以及生产活动的操纵进行盈余调整，或是通过关联交易等方式调整利润。因此，本质上，应计盈余管理活动并未违背会计准则，而真实盈余管理则直接改变了企业的经营行为，改变了企业经济活动的实质，影响了公司实际现金流，使公司偏离了最优经营方向（Roychowdhury，2006）。

越来越多研究表明，公司参与应计盈余管理的频率呈下降趋势，而参与真实盈余管理活动的频率则呈上升趋势（Graham et al.，2005；Cohen et al.，2008）。这是因为应计盈余管理更容易被外部监督者发现，也更容易被处罚（Graham et al.，2005；Cohen and Zarowin，2010）。而真实盈余管理活动则相对而言更加隐蔽，违规成本也更低廉，被发现的成本更大，故而被审计师、监管部门等外部监督者发现的概率更低（Cohen et al.，2008），而且即使被发现也很难在法庭上举证（Francis et al.，2016）。因此相较于应计盈余管理，公司更倾向于进行真实盈余管理活动。Graham 等（2005）对超过 400 位公司高管进行现场采访和问卷调查后发现，管理层更倾向于通过真实活动而不是应计活动来进行盈余操纵，即使事前知道这些真实盈余管理活动会牺牲公司长期价值。80% 参与调查的高管表示会通过削减研发支出、广告支出以及维修支出等真实盈余管理活动来达到盈余目标，接近 50% 高管表示会通过为客户提高优惠条件促进购买活动来达到盈余目标。

（2）盈余管理动机研究

Graham 等（2005）的调查研究表明，78% 被调查的高管表示为了避免短期动荡会牺牲公司的长期价值来平滑盈余或是达到盈余目标。公司高管认为达到盈余标准的动机有：股价驱动动机，通过达到或超过盈余标准来提高股票的市场表现，提升股价；利益相关者动机，利益相关者如顾客、供应商以及债权人，通过达到或超过盈余标准来提高公司在利益相关者中的声誉，从而与利益相关者建立更好的交易关系；职业担忧动机，许多管理者进行盈余管理是出于对自身职业生涯的担忧，无法达到盈余标准可能会被认为是管理者的管理失败，因此，为了避免失去工作，管理者有强烈的动机通过盈余管理行为来实现盈余目标。

总体而言，根据已有研究，管理层可能会出于以下几种主要动机从事盈余管理行为：

①达到发行上市资格，或是避免退市。Loughran 和 Ritter（1995）指出首次公开发行上市是企业进行盈余管理的重要时机。由于中国资本市场起步较晚，发展较为缓慢，市场规模较小，使 IPO 资格成为稀缺性资源（杨丹，2004）。为了保证发行上市企业的资质，我国监管部门会对企业的发行上市资格进行相应的硬性规定，例如，要求在 IPO 前三年企业的利润持续大于 0，并且必须有审计机构出具的标准审计意见等。Graham 等（2005）、王亚平等（2005）、吴联生等（2007）等的研究都表明为了保住企业盈利的状况，企业会通过盈余管理手段进行利润包装。为了达到发行上市的资格，提高发行价格，管理层有动机进行盈余操纵。张宗益和黄新建（2003）最早考察了 IPO 下我国企业的盈余管理行为，发现企业在 IPO 前后均存在明显的盈余管理行为。蔡春等（2013）发现，在 IPO 过程中企业会同时通过应计盈余管理和真实盈余管理活动来进行业绩管理。学者们发现，在股票的增发过程中，管理层也有强烈的动机从事盈余管理活动（Cohen and Zarowin，2010；Caton et al.，2011；李增福等，2011）。

此外，为了保住股票的发行资格，避免退市，企业也会通过盈余管理手段进行利润“润色”，操纵利润。陆建桥（1999）、张昕（2008）等的研究都为退市动机的盈余管理行为提供了经验证据。蔡春等（2012）发现被作出退市警告的上市企业为了改善公司经营状况，会同时采取应计盈余管理和真实盈余管理手段来操纵利润，他们发现这些企业进行盈余管理的手段越隐蔽，对经营业绩的改善越大。

②满足分析师盈余预测。达到分析师盈余预测结果能够提高企业股票的回报率（Kasznik et al.，2002），提高股价（Skinner and Sloan，2002）。因此，为了满足分析师的盈余预测，企业也会采取盈余管理的方式美化财务报表，操纵盈余（王福胜等，2014）。Taylor 和 Xu（2010）发现企业会通过真实盈余管理手段进行盈余粉饰以使企业的盈余达到分析师的预测值。

③达到发债条件。债券发行也会触发管理层的盈余管理行为（Caton et al.，2011）。为了达到债券发行准入门槛，以及为了获得更高的信用评级，发债企业有强烈的动机进行盈余操纵。Demirtas 等（2013）研究了企

业首次发债前的盈余管理行为，他们发现企业在发债前存在显著正向的盈余管理行为。Caton 等（2011）研究了企业在债券首次发行和增发过程中的盈余管理行为，他们的研究结论表明，为了获得债券首次发行和增发的机会，以及为了降低债券的发行成本，企业在增发前会通过向上调整应计项目夸大业绩表现；而在债券增发完成后，企业盈余管理的动机消失并停止盈余操纵行为。特别地，他们发现主体信用评级在 B- 以上的企业更倾向于向上调整盈余。

④达到评级要求。为了保护投资者的利益，在债券的发行过程中会对发债企业的主体评级和债券的评级作出特定的要求，而企业的盈利状况是评级机构进行评级认定的重要标准（李琦等，2011），为了达到评级的要求，获取更高的评级，发债企业可能会通过向上调整盈余增加利润。已有研究表明，企业盈余与债券评级呈显著的正相关关系（Adams et al.，2003；DeBoskey and Gillett，2013）。为了获得更高的信用评级，发债企业有强烈的动机从事操纵活动，以达到迎合评级机构标准的目的（Caton et al.，2011；顾小龙等，2017；刘娥平和施燕平，2014）。这些操纵活动包括盈余管理操纵和非盈余管理操纵。顾小龙等（2017）研究了风险承担调整策略对发债企业首次信用评级的影响，他们发现，为了获得更高的评级，评级对象会主动迎合评级机构的需求，在首次信用评级前会向下调整企业的风险承担水平。

Jiang（2008）的研究表明，企业的经营业绩达到预期标准时，评级机构调高信用评级的可能性更大。Demirtas 等（2013）使用美国样本研究发现，为了追求高信用评级，企业首次评级前会通过盈余管理手段向上操纵利润，在之后利润会出现反转。Ali 和 Zhang（2008）研究发现，企业为了获得更高的信用评级，会通过向上盈余管理和降低会计稳健性等手段操纵盈余。特别地，评级接近边界的企业盈余操纵的动机更大，因为这些企业的管理层面临着更大的盈余压力。他们的结果表明，相较于评级范围在 A 至 A- 的债券，当债券评级范围在 A- 至 BBB+之间时，企业进行盈余操纵的可能性更大。

此外，还有研究发现避税也是企业管理层进行盈余管理的动机之一。

李增福和郑友环（2010）发现为了减少所得税的缴纳，企业会在预期税率变动时进行盈余管理。

（3）盈余管理经济后果研究

已有关于盈余管理经济后果的研究主要聚焦于以下几个方面：

①抑制创新。盈余管理对创新的抑制作用主要体现在真实盈余管理方式上。朱红军等（2016）利用中国“微利”和“微增”上市公司数据研究发现，企业对研究支出进行的真实盈余管理行为会导致企业未来的创新水平下降。朱湘忆（2020）也发现，相较于其他方式的研发支出缩减手段，采用真实盈余管理手段进行的研发缩减手段在后期对企业创新水平的危害程度更大，真实盈余管理降低了企业的研发效率。

②增加企业资本成本。Cohen 等（2008）对比了萨班斯法案出台前后企业的应计和真实盈余管理行为，发现盈余管理行为会使企业未来面临更高的资本成本。Kim 和 Sohn（2013）研究了真实盈余管理行为对企业资本成本的影响，发现两者存在显著的正向关系。王亮亮（2013）基于我国1999—2011 年上市公司样本，考察了真实盈余操纵行为对企业权益资本成本的影响，验证了盈余管理会导致企业的权益资本成本增加的观点。在这些研究的基础上，罗琦和王悦歌（2015）使用 2006—2010 年我国 A 股上市公司样本基于企业的成长性差异研究了企业的真实管理行为对权益融资成本的影响，发现在不同的成长性企业中，真实盈余管理对企业权益资本成本的影响也存在差异，在高成长性的企业中，真实盈余管理操纵活动可以降低高成长性企业的权益资本成本，但是却会提高低成长性企业的权益资本成本。

③降低企业未来的经营业绩（蔡春等，2013；王福胜等，2014；等）。Gunny（2010）发现在实施真实盈余管理活动的后三年，企业的盈余和现金流都会显著减少。何威风等（2019）以中国央企实施的 EVA 考核作为准自然实验，研究了 EVA 考核下企业的盈余管理行为，发现 EVA 下企业从事的应计盈余管理行为和真实盈余管理行为都损害了央企的业绩。朱红军等（2016）还发现，企业对研究支出进行的真实盈余管理行为会加重企

业的税收负担，降低企业的经营业绩，损害企业的未来价值。

根据这些研究证据可知，应计盈余管理活动和真实盈余管理活动都会导致企业业绩的下降，但是有些研究却发现这两种利润操纵方式对企业业绩影响的程度存在差异。具体而言，应计盈余管理和真实盈余管理对企业业绩的影响主要存在以下两个方面的不同：其一，相较于应计盈余管理，真实盈余管理对企业业绩的危害程度更大（Roychowdhury，2006）。Cohen和Zarowin（2010）发现应计盈余管理和真实盈余管理都会对公司增发新股后的业绩产生负面影响，但是真实盈余管理活动导致的业绩下降程度更大。其二，应计盈余管理主要是对短期业绩产生影响，真实盈余管理则主要是对企业的长期业绩产生影响。Vorst（2016）使用研发支出削减后的逆转行为以及管理销售费用削减后的逆转行为衡量管理层蓄意进行的真实盈余管理活动，研究了真实盈余管理对公司长期经营业绩的影响，发现真实盈余管理会降低公司未来2—5年的长期业绩。蔡春等（2013）以中国IPO企业为研究样本，研究了企业在IPO过程盈余管理的经济后果，发现应计盈余管理对企业短期业绩的影响显著更大，而真实盈余管理对企业长期业绩的影响显著更大。王福胜等（2014）对比研究了两种盈余管理方式对企业未来经营业绩的负面影响差异，也得出了同样的结论。但是王福胜等（2014）还发现，微利企业和盈余微增长企业的应计盈余管理行为可以提高企业的未来业绩，而微利企业和盈余微增长企业的真实盈余管理行为却会降低企业的未来业绩。

④损害企业价值。盈余管理行为最终会损害企业的未来价值（Cohen and Zarowin，2010）。蔡春等（2012）利用我国ST企业样本数据发现，ST企业的真实盈余管理行为使企业的未来价值受到了重创，致使这些企业在未来可能会再次面临被摘牌的可能。

⑤其他方面的经济后果。李彬和张俊瑞（2010）发现真实盈余管理行为中的销售操纵行为降低了股东未来的获利能力，并且还会导致企业的投资水平下降。蔡春等（2015）发现具有审计背景高管企业从事的盈余管理行为会导致企业的审计费用增加。王晓亮等（2019）从企业真实盈余管理的角度也发现盈余管理越严重的企业，审计机构会要求更高的收费。马永

强等（2014）发现企业为了获得更多贷款而进行的盈余管理行为会导致信贷机构的风险增加。此外，盈余管理行为还会加大企业的代理成本，使企业的代理问题更加严重（Zang，2012）。

2.2.3 存贷双高研究现状

存贷双高是近几年来我国资本市场上出现的一种异象，具体表现为企业在财务报表上存在大额的货币资金，但是仍然进行巨额举债，货币资金不足以弥补借款利息的一种资金错配现象，比较具有代表性的存在存贷双高现象的企业是康得新以及东旭光电。存贷双高根源于转型经济环境中债务融资制度特征的影响（戴璐和汤谷良，2007），随着资本市场上出现存贷双高的企业越来越多，存贷双高也越来越受到实务界和理论界的关注。目前基于存贷双高的研究主要聚焦于考察存贷双高的影响因素以及经济后果。

影响因素方面，国内学者从多个角度开展了研究。在关于企业为何会高额持有现金方面，彭桃英和周伟（2006）以及杨兴全和孙杰（2007）给出了解释。彭桃英和周伟（2006）发现企业会基于权衡角度制定现金持有政策，杨兴全和孙杰（2007）则发现企业的财务特征、股权结构、董事会特征等都是影响企业现金持有的重要因素。但是这两篇文章只是探讨了企业现金持有，只能从一定程度上解释为何企业会高额持有现金，并未涉及贷款层面。戴璐和汤谷良（2007）深入剖析了上海科技与东盛科技两家公司的存贷双高现象，他们分析认为存贷双高现象背后的实质是大股东的利益侵占，大股东为了满足个人私利，高额举债来进行低效率的投资。戴璐（2010）发现存贷双高现象背后反映的是银企合谋，制度环境的不健全以及银行内部治理机制的缺失为银企合谋提供了温床，使大股东能够通过存贷双高手段来侵占企业利益。邱静和高冉（2021）的研究也支持了大股东掏空的观点。

朱莲美等（2017）从银企关系以及集团管控角度分析了企业出现存贷双高现象的原因，他们发现企业集团对于资金的管控能力越差，企业发生存贷双高现象的可能性越高，银企关系越密切，企业发生存贷双高现象的可能性也越高。此外，他们还发现盈利能力越强、股权集中度越高、投资需求越小的企业发生存贷双高现象的可能性越高。与朱莲美等（2017）的研究类似，张素英和刘伟建（2020）也认为集团管控是影响存贷双高的重要动因，他们认为应该区分集团主动持有资金以及集团被动持有资金两个维度对存贷双高进行治理。杜雨烟（2020）以东旭光电债权违约为例，从财务管理、公司治理以及业务投资等角度分析了存贷双高的成因，发现受限资金过度、投资效率低下、高股权质押、股权过度集中是导致东旭光电出现存贷双高的重要原因。毛建辉（2023）则基于数字化转型考察了存贷双高的治理，研究发现，数字化转型能够降低企业的存贷双高，相较于非技术方面的数字化转型，技术层面的数字化转型更能够对存贷双高发挥抑制作用。李娜和邵剑兵（2023）也得出了同样的结论，他们发现数字化转型主要是通过弱化代理问题、强化内部 ESG 治理机制、缓解企业融资约束以及弱化经济政策不确定性的影响等途径作用于企业存贷双高。与以上研究不同，武龙（2022）却认为存贷双高背后的本质是企业的信贷留存行为，他认为非效率财务行为、财务舞弊以及短贷长投等企业行为都并非企业出现存贷双高的动因。

经济后果方面，学者们从资本市场后果、审计后果、财务风险、公司治理等多方面展开了研究。窦超等（2022）指出存贷双高背后反映的可能是企业财务造假与大股东掏空的真相，他们以 2007—2019 年沪深 A 股上市公司为研究样本从股价崩盘风险角度考察了企业存贷双高的经济后果，研究发现，相较于不存在存贷双高的企业，存贷双高企业更可能发生股价崩盘风险。他们还发现，提高高管持股比例、健全公司治理环境、提高信息披露水平以及加强管理层权力能够有效缓解存贷双高与股价崩盘风险之间的负向关系。杨李娟等（2023）以及贾秀彦和吴君凤（2023）都从审计意见角度考察了存贷双高可能会对企业造成的经济后果。其中，杨李娟等（2023）认为存贷双高现象往往意味着企业的信息质量越差、真实盈余管理水平越高，因此相较于不存在存贷双高的企业，存贷双高企业更可能被审计师出具非标准审计意见，他们还发现审计师能够准确识别企业存贷双高的程度以及类型。贾秀彦和吴君凤（2023）则发现存贷双高现象增加了审计师的审计风险，因此对于存贷双高企业审计师更加可能出具非标准审计意见，他们还发现未来偿债难度以及关联交易会加大存贷双高企业被出具非标准审计意见的可能性，而较健全的公司治理环境可以缓解存贷双高企业被出具非标准审计意见的可能性。林擘（2021）考察了存贷双高对创业板上市企业的影响，发现存贷双高会导致企业的财务违规风险加大，CEO 权力寻租力度越大，存贷双高对财务违规风险的负向影响更为显著，而股权制衡则有助于缓解 CEO 权力寻租对存贷双高与财务违规风险之间关系的加强作用。张瑞丽和刘中华（2020）发现相较于不存在存贷双高的企业，存贷双高企业盈余管理程度越高，分析师预测误差度和分歧度越高。

2.2.4　融资成本现状

（1）债券融资成本

债券融资成本（债券信用利差）[①] 历来都是学者们关注的重点问题，根据传统理论，债券投资者所需承担的违约风险决定了债券信用利差，但是学者们在后来的研究中发现，违约风险并不能完全解释债券信用利差。

Dionne 等（2010）研究了公司债券信用利差中的违约风险因素，发现债券信用利差中的违约风险占比与事前估计违约可能性时投入的期限结构有关，债券信用利差中大约 76% 可用违约来解释。他们还发现债券信用利差中违约占比与恢复率变动以及估计违约可能性时采用的数据筛选方法相关。Elton 等（2001）以及 Huang 和 Huang（2012）等学者则发现债券信用利差中包含的违约风险因素比重更低。Elton 等（2001）使用具有违约风险的公司债券和没有违约风险的政府债券数据进行了对比研究，发现预期违约只在公司债券信用利差中占很小的比重，而州税收差异解释了公司债券信用利差的很大部分，剩下的债券信用利差则与通常用来解释普通股溢

① 已有研究中，基本上都是使用债券信用利差来衡量债券的融资成本，而且绝大多数关于债券融资成本的研究中都使用了债券信用利差的提法，因此本书在进行文献回顾时，未对两者进行区分。

价的因素基本一致。Huang 和 Huang（2012）使用结构模型研究了债券信用利差与违约风险的相关性，即考察债券信用利差中有多少可以归因于信用风险。他们发现，违约风险只占债券信用利差的一小部分（已有研究称为债券信用利差之谜），特别地，投资级债券（即 Baa 以及更高级别的债券）的信用利差中只有 20% 可以用违约风险来解释。Schwert（2017）研究了市政债券流动性与违约风险的关系，他使用了三种不同的、复合的方法将市政债券信用利差分解为违约和流动性部分，第一种方法是利用交易数据估计流动性，第二种方法是利用信用违约互换（CDS）数据衡量违约，第三种方法是一种准自然实验，评估违约风险在预还款事件前后的变化。他发现在调整免税状态后，违约风险占平均利差的 74% ~84% 。他认为违约风险因素在市政债券信用利差中占比大的原因是因为市政债券发生违约的概率小，因此一旦有违约的风险，投资者就会要求更高的风险溢价。

根据这些研究，影响债券融资成本的因子除了信用风险还存在其他因素，随后许多研究纷纷开始探讨债券融资成本的影响因素。概括而言，已有关于债券融资成本影响因素的研究，主要从以下几个方面进行探讨：

①信息质量。学者们发现信息质量越高的企业，债券融资成本越低，而信息不对称则会加大发债企业的债券融资成本。Yu（2005）使用 AIMR 的披露等级衡量发债企业的财务透明度，研究发现财务透明度能够显著降低发债企业的债券融资成本。Liao 等（2009）则使用 PIN 模型以及买卖价差来度量管理层与债券投资者之间的信息不对称，发现信息不对称程度显著加大了企业的债券融资成本。Lu 等（2010）探讨了信息不对称对公司债券融资成本的影响，发现信息不对称程度越高的企业，债券投资者会要求更高的风险溢价。

国内研究方面，周宏等（2012）以 2008—2011 年我国非上市企业发行的企业债为研究样本，考察了发债企业与投资者之间的信息不对称对债券融资成本的影响，他们以无形资产占比衡量信息不对称程度，研究发现发债企业与投资者之间的信息不对称程度越大，债券融资成本越高。方红星等（2013）则以自愿披露正面内控报告作为高信息质量的衡量指标，发现自愿披露正面内控报告的企业（即高信息质量企业），债券融资成本显著更小。常莹莹和曾泉（2019）则从环境信息透明度角度进行了探讨，他们发现发债企业的环境信息透明度越高，债券投资者所要求的风险溢价越低，即环境信息透明度可以降低企业的债券融资成本，他们还发现信用评级是其中的影响机制。

②公司治理。公司治理可以降低企业的债券融资成本已经得到了许多研究的证实，公司治理能够通过降低债券投资者的代理成本（Alzman and Suarez，2003；Bhojraj and Sengupta，2003），以及降低发债企业与债券投资者之间的信息不对称从而降低债券融资成本（Kanagaretnam et al.，2007；Cormier et al.，2010）。Klock 等（2005）从公司章程中的反收购条款角度考察了公司治理对债券融资成本的影响，他们发现反收购条款的有效性与债券融资成本显著负相关。Chava（2009）也从反收购角度切入，发现公司治理结构中的反收购强度越大，债券融资成本反而越低。

国内研究方面，林晚发等（2018）以我国 2008—2015 年在上海证券交易所和深圳证券交易所发行的公司债经验数据发现，高管有过人大或是政协委员任职经历的企业，债券融资成本更低。欧阳才越等（2017）以 2007—2015 年我国公司债数据探讨了控股股东股权质押对债券融资成本的影响，发现控股股东股权质押与债券融资成本之间存在显著的正向关系，他们还发现控股股东股权质押对债券融资成本的正向影响在地处东部地区的企业、高崩盘风险企业以及高管理层能力企业中更为显著。李志辉等（2017）检验了独立董事兼任对债券融资成本的影响，发现独立董事加大了债券的融资成本，他们还发现机构持股能够降低独立董事兼任对债券融资成本的正向影响。敖小波等（2017）则关注了内部控制质量，他们使用 2008—2015 年在交易所发行的公司债经验数据，研究发现内部控制质量可以通过提高企业的主体信用评级和债券信用评级，进而降低企业债券融资成本。

不同于上述研究从单一的公司治理维度开展研究，周宏等（2018）利用 2008—2016 年我国上市公司发行的公司债数据直接考察了公司治理对债券融资成本的影响，他们通过选取两职合一、独立董事占比、董事会持股比例、高管持股比例、第一大股东持股比例、董事会规模、监事会规模以及前三名高管总薪酬八个公司治理指标运用主成分分析法构建了公司治理综合指标，研究发现公司的治理水平越高，债券的融资成本越低，而提高企业业绩、降低管理层与债券投资者之间的信息不对称是公司治理水平对债券融资成本影响的作用机制。

③信用评级。何平和金梦（2010）以2007—2009年我国企业债数据为研究样本，以债券内部收益率衡量债券的融资成本，发现主体信用评级和债券信用评级都能够降低企业的债券融资成本，不过，债券信用评级对债券融资成本的降低效应显著更大。王安兴等（2012）也发现信用评级越高，企业的债券融资成本越低。张奕等（2014）发现主体评级和债券信用评级都能降低债券信用风险溢价，不过债券信用评级的降低效应更大。李明明和秦凤鸣（2015）利用2012—2014年我国中小企业私募债数据，研究发现信用评级降低了中小企业私募债的融资成本，而且信用评级对中小企业私募债的降低效应在民营企业以及未披露财务信息的私募中更为显著。

区别于以上研究，寇宗来等（2015）认为已有信用评级与债券融资成本关系的研究都未能处理好内生性问题，如联立性问题、遗漏变量问题等，因此他们设置了信用评级的工具变量（即评级市场竞争程度），发现在采用工具变量控制内生性问题后，信用评级对债券融资成本的降低效应有所下降，并且未能在统计上通过检验。

④宏观经济因素。Nejadmalayeri等（2013）研究了美国的萨班斯—奥克斯利法案对美国发债企业债券融资成本的影响，发现萨班斯—奥克斯利法案能够降低安然事件对债券融资成本的正向影响。金鹏辉（2010）使用1993—2008年38组跨国数据考察了公司债券市场的发展对公司债券融资成本的影响，使用境内企业债未偿付余额与GDP之比衡量公司债券市场发达程度，发现公司债券市场越发达，融资成本越低。周宏等（2011）发现宏观经济不确定性会导致企业的债券信用利差加大。韩鹏飞和胡奕明（2015）以2007—2012年我国国有上市企业发行的债券研究了政府隐性担保对债券融资成本的影响，结果发现政府隐性担保降低了企业的债券融资成本。徐光等（2019）考察了2018年我国出台的民营企业债务融资支持

工具政策对民营发债企业债券融资成本的影响，发现该政策的出台能够显著降低民营发债企业的债券融资成本。

此外，也有一些学者从其他方面考察了债券融资成本的影响因素，如承销商评级（林晚发等，2019）、诚信（杨国超和盘宇章，2019）、客户集中度（王雄元和高开娟，2017）、承销商与审计师合谋（吕怀立和杨聪慧，2019）、股票市场投资者情绪（徐浩萍和杨国超，2013）、企业社会责任（周宏等，2016）、分析师预测和分析师关注（林晚发等，2013）、担保（钟辉勇等，2016）。

（2）债务融资成本

已有关于债务融资成本的研究主要探讨了债务融资成本的影响因素，这些影响因素主要聚焦于以下几个方面：

①公司治理。公司治理对债务融资成本的降低效应已经得到了许多研究的证实。Pittman 和 Fortin（2004）发现聘请“六大”的企业债务融资成本显著更低，说明高质量审计有利于降低企业的债务融资成本。Bhojraj 和 Sengupta（2003）从机构持股和董事会独立性两方面考察了公司治理对债务融资成本的影响，发现机构持股和董事会独立性都能够降低企业的债务融资成本。Anderson 等（2004）也考察了董事会独立性对债务融资成本的影响，也发现了董事会独立性对债务融资成本的降低效应，除此之外，他们还考察了董事会规模以及审计委员会规模对债务融资成本的影响，结果发现董事会规模以及审计委员会规模对债务融资成本也具有显著的降低效应。吴先聪等（2020）以及王皓非和钱军（2021）都探讨了股权质押对债务融资成本的影响。吴先聪等（2020）利用 2011—2018 年我国 A 股上市企业经验数据开展研究，研究发现控股股东股权质押与债务融资成本显著正相关，而高质量审计能够在控股股东股权质押与债务融资成本关系之间起到缓解作用。王皓非和钱军（2021）则使用我国 2014—2019 年上市公司数据，研究发现大股东股权质押比例越高，企业的债务融资成本越高，他们发现代理成本以及信息不对称是大股东股权质押影响债务融资成本的中介机制。陆贤伟等（2013）考察了董事网络对债务融资成本的影响，发

现当企业面临的融资约束越高时，处于董事网络中心有助于企业降低债务融资成本，发现当企业面临的融资约束越高并且代理成本更高时，处于董事网络中心也有助于企业降低债务融资成本，但是，单独考察董事网络对企业债务融资成本的影响时，两者之间的关系并不显著。

Kim 等（2011）研究了萨班斯—奥克斯利法案下内部控制缺陷披露对债务融资成本的影响，他们发现披露内部控制缺陷的企业债务融资成本显著更高，进一步，相较于内部控制缺陷没有那么严重的企业，存在重大内部控制缺陷的企业债务融资成本更高，而且披露公司层面内部控制缺陷比披露会计层面内部控制缺陷面临更高的债务融资成本。林钟高和丁茂桓（2017）则以我国上市公司样本考察内部控制缺陷对债务融资成本的影响，也发现内部控制缺陷会导致企业的债务融资成本提高，他们还探讨了内部控制缺陷修复的影响，发现内部控制缺陷得以修复后，企业的债务融资成本会有所下降。陈汉文和周中胜（2014）从内部控制角度进行了探讨，发现内部控制质量能够降低企业的债务融资成本，他们还发现在民营企业、金融市场欠发达地区以及高产品市场竞争企业中，内部控制质量对债务融资成本的影响更加显著。

②信息质量。Sufi（2007）和 Ivashina（2009）都考察了信息不对称程度对债务融资成本的影响，均发现信息不对称程度越大的企业，需要承担更高的债务融资成本。李志军和王善平（2011）发现在货币政策趋紧时期，信息披露质量越高的企业能够获得的银行贷款越多，并且债务融资成本更低。Spiceland 等（2015）也发现，信息披露质量降低了债权人与企业之间的信息不对称，因而对于信息披露质量高的企业，债权人要求的贷款利率更低。黄静如和刘永模（2020）发现媒体关注提高了企业的会计稳健性，从而使企业的债务融资成本得以降低。

③宏观经济层面。Mojon 等（2002）利用欧洲上市公司数据研究发现，货币政策趋紧时期，企业需要面临更高的债务融资成本。赵建华等（2020）利用我国制造企业上市公司数据研究发现，在货币政策趋紧时期，企业的贷款成本更高，他们还发现地区的金融发展能够降低企业债务融资成本。魏志华等（2012）发现金融生态环境的改善可以降低企业的债务融

资成本。林钟高和丁茂桓（2017）发现加强对内部控制的监督力度，能够使企业的内部控制缺陷得以更快修复，从而有助于降低企业的债务融资成本。余海跃和康书隆（2020）发现地方债务扩张加大了企业的债务融资成本。张伟华等（2018）探讨了利率市场化对企业债务融资成本的影响，发现利率市场化改革有助于企业降低债务融资成本。钱雪松等（2019）利用《物权法》出台提供的准自然实验考察了担保物权制度改革对企业债务融资成本的影响，他们发现《物权法》的出台降低了高固定资产企业的债务融资成本，并且在高金融市场化程度地区，《物权法》对债务融资成本的降低效应显著更大。

2.2.5　非效率投资研究现状

已有研究从微观层面以及宏观层面对非效率投资的影响因素进行了探讨，微观层面的因素可以概括为公司治理和信息质量两个方面。

（1）公司治理。公司治理对企业非效率投资的抑制作用已经得到了许多研究的证实（Kang et al.，2006；Chen et al.，2017；陈运森和谢德仁，2011）。张会丽和陆正飞（2012）发现公司治理水平的提高可以缓解子公司高现金持有对集团公司过度投资的正向影响。王兵等（2018）考察了内部审计总监兼任监事会成员对企业投资效率的影响，发现审计总监兼任监事能够抑制企业的非效率投资行为，具体表现在审计总监兼任监事缓解了企业的投资不足，并且降低了企业的过度投资。覃家琦（2010）发现战略委员会的设立可以抑制企业的过度投资，说明设立战略委员会有利于抑制企业的非效率投资。刘慧龙等（2014）则探讨了两职合一与盈余管理的交互作用对非效率投资的影响，发现在两职合一的企业中，管理层的盈余管理行为会加大企业的非效率投资。詹雷和王瑶瑶（2013）发现当企业的管理激励较低时，管理层为了谋取私利，会从事非效率投资行为，进行过度投资。但是，吕峻（2019）却发现在民营企业中，加大对管理层的激励可能显著降低企业的非效率投资，但是在国有企业中，管理激励与非效率投资之间并不存在直接的正向关系。

（2）信息质量。信息不对称会导致企业的非效率投资（潘敏和金岩，2003），提高信息质量有助于抑制企业的非效率投资行为。Biddle 等（2009）发现会计信息质量越高，企业的非效率投资程度越低，会计信息质量有助于提高企业的投资效率。Chen 等（2011）则考察了财务信息披露对投资效率的影响，发现财务信息披露质量与投资效率之间存在显著的正向关系。Watts（2003）发现会计稳健性越高，企业的过度投资程度越低。Hu 等（2014）发现会计稳健性降低了企业信息不对称，进而降低了企业的投资不足程度。但是上述研究都是基于国外样本，张悦玫等（2019）则以我国 2007—2015 年的上市企业数据，考察了在我国会计稳健性对非效率投资的影响，发现在我国会计稳健性也能显著降低企业的非效率投资行为。程新生等（2012）发现非财务信息披露能够降低企业的投资不足，但是却会导致企业的过度投资。袁振超和饶品贵（2018）利用我国 2003—2014 年上市企业样本考察了会计信息可比性对企业投资效率的影响，发现会计信息可比性能够降低企业的非效率投资，提高企业的投资效率，他们还发现在民营企业中会计信息可比性对非效率投资的降低效应更大。

（3）宏观经济层面。万良勇（2013）利用我国 2001—2010 年 A 股上市企业经验数据探讨了法治环境对企业投资效率的影响，发现地区法治环境越好，企业的投资不足程度以及过度投资越低，说明法治水平的提高能够显著降低企业的非效率投资行为。刘海明和曹廷求（2017）发现信贷供给增加会加重企业的非效率投资，而在高宏观经济不确定性时期，信贷供给增加对非效率投资的影响更小。王仲兵和王攀娜（2018）则考察了我国 2010 年出台的卖空机制对企业非效率投资的影响，发现卖空机制出台后，企业的非效率投资行为得到了抑制。

2.3 本章小结

目前，国内外对于债券违约的定义并没有统一的界定标准，学者们多是参考债券评级机构的定义对债券违约进行界定。债券违约分为债券预期违约和债券实质性违约，相较于预期违约，实质性违约对企业和投资者造成的损害更大。已有研究发现，宏观经济因素和微观经济因素都会影响债券的违约风险，微观因素层面主要从资本结构（如股权占比、现金持有、负债期限结构）、债券本身因素（如债券发行日期、债券利率、债券期限）、公司风险（如风险承担水平、担保风险）、公司治理（如董事会独立性）等角度进行了考察。已有关于盈余管理经济后果的研究对盈余管理的危害基本取得了一致的认识，但是这些研究更多聚焦于企业业绩、企业创新、企业价值等方面，而且更多考察的是 IPO 或再融资下盈余管理行为的经济后果。只有较少的研究关注到发债企业的盈余管理，且这些研究更多关注的是应计盈余管理。对于发债前盈余管理行为的经济后果，目前已有研究考察了发债时的盈余管理行为对债券发行时的信用评级以及融资成本的影响，也有学者考察了发债企业盈余管理行为对发债企业业绩的影响，但是尚未有研究从债券违约视角对发债企业的盈余管理行为进行探讨。也尚未有研究从企业内部以及外部视角进行研究，纵观已有研究可知，已有关于债券违约影响因素的研究多是从单一方面进行研究，缺乏全面性、系统性的研究体系。

而关于债券违约的经济后果，已有研究发现，债券违约风险会增加企业的债券信用利差，并且债券违约具有行业风险传染效应；所评级债券涉及违约的评级机构在未来的市场份额会显著下降。纵观已有的研究可知，已有文献多是通过构建结构性模型预测债券的预期违约风险，鲜有文献从债券实质性违约角度来衡量债券的违约风险。此外，目前的研究更多关注行业、省份等外部层面的经济后果，少有文献直接关注债券的实质性违约对发债企业自身的影响。

已有关于融资成本、非效率投资以及审计意见影响因素的研究，概括起来可以总结为公司治理、信息质量以及宏观经济三个层面，从已有研究可知，目前尚未有研究从债券违约角度考察债券融资成本、债务融资成本以及非效率投资的影响因素。

第3章

制度背景与现状描述

3.1 制度背景

尽管我国在20世纪50年代已经开始发行国债，但由于种种原因，60年代末国债被停止发行。改革开放后，随着我国国债的恢复发行，以及企业债券的出现才使我国债券市场得以真正兴起。图3-1列示了我国债券市场的大致发展历程，概括而言，我国债券市场的发展可以划分为三个阶段：第一阶段为1982—1987年，该阶段是我国债券市场萌芽时期。1983年我国开始发行企业债，1986年我国启动了柜台交易市场，允许通过柜台进行债券的买卖业务，但是此时债券市场的债券类型较为单一，债券管理方面的法律法规也比较匮乏。直到1987年我国发布《企业债券管理暂行条例》，才开始正式从制度上规范我国企业债的管理。第二阶段为1991—2005年，在该阶段我国债券市场得到了一定的发展。1990年年末上交所和深交所的设立，使我国的债券交易场所从柜台市场转向交易所市场；1994年，我国设立了政策性银行，规定由政策性银行负责金融类债券的发行；1995年，我国开始实行国债招标发行，标志着我国债券发行的市场化。随着企业债券市场的发展壮大，1993年，我国正式出台了《企业债券管理条例》，强化对企业债的发行和管理，该条例规定，企业必须具有一定的偿债能力才能进行企业债的发行。第三阶段为 2005 年至今，该阶段属于我国债券市场的蓬勃发展阶段。在该阶段，短期融资债券、公司债、中期票据以及中小企业私募债的发行，使我国债券市场类型更具多样性，企业的债券融资方式更加多元化，并且债券融资规模逐渐超过股票融资规模，债券的社会融资地位不断提升，债券市场也得到了完善。2015 年，我国证监会发布了《公司债券发行与交易管理办法》，从法规层面规范了公司债的发行和监管，该办法规定，发债企业在公司债的债券募集说明书中应当明确债券可能出现违约的情形，并且还应当明确债券发生违约后的相关违约责任认定以及承担方式。为了推动我国债券市场改革，促进我国债券市场与国际市场的接轨，健全我国债券市场的制度，在该阶段我国政府不断推进债券市场的对外开放。2019 年 2 月 22 日，我国内地与香港债券市场互联互通机制（简称“债券通”）的开通，实现了我国债券市场的对外开放，使我国资本市场的对外开放范畴更加全面。

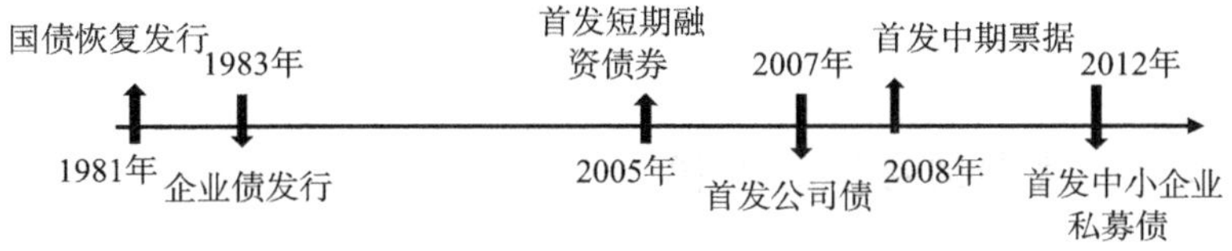

图 3－1　我国债券市场大致发展历程

按照债券发行主体的不同，可以将债券分为国债和信用债。国债是指以政府为主体发行的债券，具有安全性高、不存在信用风险、收益率低等特点。信用债则是以企业为主体发行的债券，信用债的收益远高于国债，与此同时，信用债也具有很高的信用风险，可能会出现债券的违约。但是，由于我国债券市场历来充斥着“刚性兑付”、“隐性担保”的预期，导致我国信用债背后的违约风险未能引起大家的足够重视，而且已有许多关于债券的相关法规中都未对债券违约进行相应的规定。直到 2019 年 12 月底，中国人民银行、国家发展改革委以及证监会才联合发布了《关于公司信用类债券违约处置有关事宜的通知（征求意见稿）》，向社会公众征求关于我国信用债违约的相关处置意见。2020 年 8 月，《关于公司信用类债券违约处置有关事宜的通知》才开始正式实施。《关于公司信用类债券违约处置有关事宜的通知》中明确了债券违约的处置应该遵循底线思维原则、市场化和法治化原则、各方尽职尽责原则以及平等自愿原则，提出了债券违约的多样化处置方式以及完善债券违约处置机制，通知中还明确了违约各方的责任和义务，并且指出在债券违约的处置过程中要保护好债券投资者的利益。此外，在我国信用债市场，不同的债券由不同的部门进行监管，我国证监会负责公司债的监督和管理，国家发展改革委负责企业债的监督和管理，中国人民银行负责中期票据、短期融资券等非金融企业债务融资工具的监督和管理，形成了监管分割的三足鼎立局面，实际上，监管的分散化在一定程度上加大了我国信用债券的管理难度，容易导致监管不到位。

3.2 现状描述

3.2.1 我国债券市场现状

尽管我国债券市场在制度建设和完善方面还远落后于西方发达国家，但是我国债券市场规模却领先于许多发达国家，截至2020年12月31日，我国债券市场总存量为114.3万亿元，突破百万亿元大关，目前我国债券市场已经成为全球第二大债券市场。

表3-1报告了截至2020年年末，我国各个类型债券交易所债券存量统计情况。从表中可知，2020年年末我国银行间市场的债券存量最多，银行间市场有32379只债券，占债券总数量的56.76%，债券余额446750.74亿元，占总债券余额的39.08%。上交所的债券存量次之，一共有12871只债券，占债券总数量的比重为22.56%，涉及债券金额为111759.42亿元。而深交所的债券数量为3612只，占债券总数量的比重为6.33%，债券余额为25426.41亿元，占总余额的比重为2.22%。从表3-1可以看出，我国债券市场中银行间市场的债券规模最大，其次是上交所。

表 3－1　我国债券存量统计表

名称	债券数量（只）	债券数量比重（%）	债券余额（亿元）	余额比重（%）
银行间	32379	56.76	446750.74	39.08
上交所	12871	22.56	111759.42	9.78
深交所	3612	6.33	25426.41	2.22
银行间、交易所	7678	13.46	264826.73	23.17
银行间、柜台	139	0.24	120666.60	10.56
银行间、交易所、柜台	164	0.29	157293.03	13.76
其他	204	0.36	16337.45	1.43

注：数据来源于 Wind 数据库，截至 2020 年 12 月 31 日。

根据债券的发行主体以及是否存在信用风险，可以将债券划分为信用债和政府债。信用债是政府部门之外的主体发行的债券，信用债存在信用风险，发生违约的概率也更高。表 3－2 报告了 2020 年年末我国信用债市场中企业债、公司债、中期票据、短期融资券以及定向工具的存量情况。从表中可知，2020 年年末，我国债券市场中债券存量最多的是公司债，其次是中期票据和定向工具。具体地，2020 年年末企业债的存量为 2603 只，占债券市场总量的 4.56%，债券余额为 22703.92 亿元，占总债券余额的 1.99%。公司债的存量为 8976 只，占债券市场总量的 15.73%，债券余额为 89266.04 亿元，占总债券余额的 7.81%。中期票据的存量为 6261 只，占债券市场总量的比重超过了 10%，债券余额为 74775.23 亿元，占总债券余额的 6.54%。短期融资券的存量为 2292 只，占债券市场总量的 4.02%，债券余额为 20929.33 亿元，占总债券余额的 1.83%。定向工具的存量为 2980 只，占债券市场总量的 5.22%，债券余额为 21473.44 亿元，占总债券余额的 1.88%。

表 3－2　我国信用债存量统计表

债券类型	债券数量（只）	债券数量比重（%）	债券余额（亿元）	债券余额比重（%）
企业债	2603	4.56	22703.92	1.99
公司债	8976	15.73	89266.04	7.81

续表

债券类型	债券数量（只）	债券数量比重（%）	债券余额（亿元）	债券余额比重（%）
中期票据	6261	10.98	74775.23	6.54
短期融资券	2292	4.02	20929.33	1.83
定向工具	2980	5.22	21473.44	1.88

注：数据来源于 Wind 数据库，截至 2020 年 12 月 31 日。

3.2.2 我国债券违约现状

2014 年 3 月 4 日，深交所发布上海超日太阳能科技股份有限公司（简称“超日太阳”，股票代码：002506）关于无法按期支付其在 2012 年发行的公司债（简称“11 超日债”）第二期利息的公告，公告称“11 超日债”在第二期应向债券投资者支付利息 8980 万元人民币，但是由于公司存在不可控的因素，导致公司只有能力支付其中的 400 万元，剩余的 8580 万元人民币无法按期支付，宣告了“11 超日债”发生实质性违约，成为我国债券市场上第一例债券违约事件。

自从我国债券市场首例违约事件爆发后，越来越多的债券被曝无法按时还本付息，发生实质性违约。根据 Wind 数据库的统计，2014—2020 年我国债券市场一共有 582 只债券发生了实质违约。图 3－2 为我国债券违约的年份趋势图。从图中可知，从 2014 年到 2020 年，我国债券市场的违约事件整体上呈逐年增长的趋势，在债券违约爆发的首年（即 2014 年），我国有 6 只债券发生了违约，而到了 2015 年，发生违约的债券增加到 27 只，在 2016 年增加到 55 只。尽管在 2017 年我国债券市场的违约情况出现了下降的情况，当年只有 34 只债券涉及违约，但是 2018 年，债券违约只数几乎呈直线上升趋势，到了 2019 年，更是增加到历史最高点，仅 2019 年当年就有 185 只债券发生了违约，2020 年违约债券降低到了 150 只。

为了更进一步地了解我国债券违约的具体情况，本书还区分上市非上市、产权性质以及市场类型对我国 2014—2020 年发生的债券实质违约进行分类描述性统计。表 3－3 报告了分类描述性的结果。从表中可知，区分上市企业和非上市企业后的描述性统计结果表明，2014—2020 年我国上市企

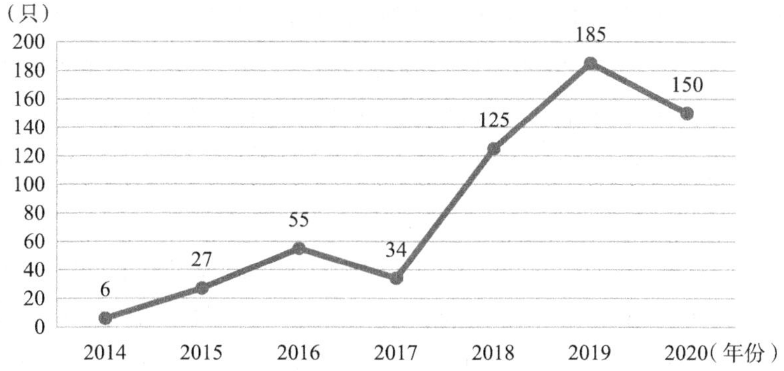

图 3－2　我国债券违约年份趋势图

业发行的债券中一共有 128 只债券发生了违约，占总违约样本的 21.99%，非上市企业发行的债券中一共有 454 只债券发生了违约，占总违约样本的 78.01%，说明目前的债券违约主要是发生在非上市企业中。区分产权性质后结果发现，2014—2020 年我国民营发债企业发行的债券中，有 466 只债券发生违约事件，占总违约样本的 80.07%，国有发债企业中发行的债券中一共有 116 只债券涉及违约，占总违约样本的 19.93%，说明相较于国有发债企业，民营发债企业中债券违约现象更为严重。区分市场的描述性统计结果表明，在上海证券交易所上市的债券中有 182 只债券发生了违约，占总违约样本的 31.27%，在深圳证券交易所上市的债券中有 123 只债券发生了违约，占总违约样本的 21.13%，而在银行间交易所上市的债券中有 277 只债券涉及违约事件，占总违约样本的 47.59%，区分市场的债券违约描述性统计结果表明银行间市场中债券违约的情况更多。

表 3－3　我国债券违约分类描述性统计表①

指标	区分上市非上市		区分产权性质		区分市场		
	非上市	上市	民企	国企	上海证券交易所	深圳证券交易所	银行间交易所
违约只数	454	128	466	116	182	123	277
违约占比（%）	78.01	21.99	80.07	19.93	31.27	21.13	47.59

① 数据来源于 Wind 数据库。

图3-3列示了2014—2020年我国债券违约事件涉及违约金额的年份趋势图。从图中可知，2014年我国债券市场发生的债券违约事件涉及金额为13.4亿元，2015年债券违约涉及金额增加到121.77亿元，2016年增加到391.77亿元，2017年随着债券违约只数的减少，债券违约涉及金额也有所降低。但是到了2018年，随着债券违约只数的增加，债券违约涉及金额也出现了大幅度的增加，增加到1207.77亿元，2019年继续呈增加趋势。尽管2020年我国债券违约的只数从2019年的185只减少到150只，但是债券违约涉及的金额却仍呈增长趋势，从2019年的1501.19亿元增加到1697.02亿元，达到了历史之最。总体上，我国债券违约涉及金额呈逐年增长的态势，说明债券违约的危害越来越大。

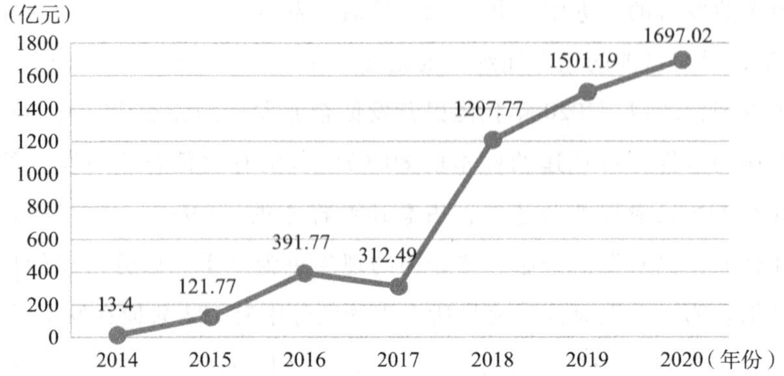

图3-3　我国债券违约涉及金额年份趋势图

3.3　本章小结

本章对我国债券市场的发展过程进行了回顾，并详细分析了我国债券市场的现状，目前我国债券市场存量已经突破百万亿元大关，说明近年来我国债券市场正在不断地发展壮大，但是在债券市场蓬勃发展的背后也隐藏着一定的问题，债券违约事件的爆发是其中的问题之一。从2014年我国爆发第一例债券违约事件后，债券违约的现象越来越多，涉及的违约金额也呈逐年增长的趋势，债券违约的危害越来越严重，已经极大地破坏了我国债券市场的健康发展。

第 4 章

债券违约影响因素研究

4.1 引言

防范金融风险，促进实体经济的健康发展是近年来我国政府工作的重点。2017 年我国政府工作报告中指出要“有序化解处置突出风险点”、“筑牢金融风险‘防火墙’”。2018 年我国政府工作报告中指出，要重视金融风险，严禁不合法、不合规的举债行为。2019 年政府工作报告中指出，要防范化解金融风险，加强金融风险监测预警和化解处置。2020 年的政府工作报告中也提及要防范和化解风险，防止金融风险的积聚。由此可见，我国金融风险不容忽视。

一直以来，我国债券市场上长期存在的“兜底”行为掩盖了债券的潜在违约风险，随着 2014 年我国爆发第一起债券违约案例后，债券违约事件近年来愈演愈烈，给我国资本市场带来了难以预料的风险挑战。根据 Wind 数据库的统计，2014—2020 年，我国债券市场一共有 582 只债券发生了实质性违约，涉及违约金额高达 5245. 41 亿元。债券违约逐渐呈现出违约类型常态化、违约范围广、违约规模大、违约数量逐年增长等特点，给我国经济带来了重大的创伤。在这样的背景下，考察债券违约的影响因素能够加深对债券违约的认识和了解，有助于更好地应对和化解金融风险，提高资本市场对实体经济的金融保障功能以及金融服务效率。

纵观已有研究可知，关于债券违约影响因素的研究多是从单一方面进行研究，缺乏全面性、系统性的研究体系，而且已有研究没有将债券违约与一般的债务违约（破产风险、财务困境等）进行严格区分，笼统地研究了债务违约的影响因素。因此，本章试图基于我国债券市场的真实违约事件，采用企业债券的实质性违约来界定债券违约，从企业的内部特征以及外部特征两个层面系统地探讨我国债券违约的影响因素。

本章利用2014—2019年发行公司债、企业债、中期票据、短期融资券、定向工具的发债企业经验数据，从企业的内部特征和外部特征两个层面系统探讨债券违约的影响因素，即考察何种特征的企业更可能会发生债券违约。研究发现，过度投资越严重、真实盈余管理程度越高、存贷双高以及经营风险越高的企业，更可能发生债券违约；而且，公司治理水平越低（即信息质量越差、代理成本越高）的发债企业，发生债券违约的概率也越高；本章还发现，发债企业面临的市场竞争越激烈，发生债券违约的概率越高，而地区发展水平则有助于抑制债券违约现象的发生。进一步分析发现，主体评级能够缓解过度投资、真实盈余管理、存贷双高、经营风险、公司治理以及市场竞争对债券违约的正向影响，并且能够促进地区发展水平对债券违约的抑制作用。在采用Heckman两阶段估计等方法控制了可能存在的内生性问题后，本章的研究结论仍成立。

本章主要有以下几点研究贡献：第一，丰富了关于债券违约的研究，弥补了现有关于债券违约影响因素研究的不足。现有研究中，更多关注的是宏观层面影响因素，关于微观层面影响因素的关注较少，并且更多的研究是从债券违约风险角度进行探讨，鲜有文献直接从真实债券违约的角度进行考察，本章则从企业的内部特征和外部特征两个层面系统性地探讨债券违约的可能影响因素，为关于债券违约影响因素的研究提供了全新的认识视角。第二，扩展了关于过度投资经济后果的研究。已有研究更多地考察过度投资的影响因素，关于过度投资经济后果的研究较少，本章则从债券违约的视角扩展了关于过度投资经济后果的研究。第三，丰富了关于真实盈余管理经济后果的研究。已有关于真实盈余管理经济后果的研究更多关注的是真实盈余管理对企业创新（朱红军等，2016；朱湘忆，2020），信贷资源配给（马永强等，2014），未来业绩（李增福等，2011；蔡春等，2013；王福胜等，2014）的影响，本章研究发现企业的真实盈余管理行为会加大发债企业发生债券违约的可能性，从债券违约的视角丰富了关于真实盈余管理经济后果的文献。第四，为关于存贷双高经济后果的研究提供了新的研究方向。目前的研究主要探讨了存贷双高对公司治理（张瑞丽和刘中华，2020）、财务违规风险（林擘，2021）等方面的影响，本章则从债券违约的角度加深了对存贷双高经济后果的认识和了解。第五，为关于评级机构评级质量的研究提供了增量贡献。已有研究对于主体评级的评级质量褒贬不一，许多学者都对评级机构的评级质量提出了质疑（Delianedis and Geske，2003；Bonsall et al.，2015；钟辉勇等，2016；王雄元和高开娟，2017），本章的研究结论却表明，主体评级能够缓解过度投资、真实盈余管理、存贷双高、经营风险、公司治理以及市场竞争对债券违约的正向影响，并且能够促进地区发展水平对债券违约的抑制作用。表明我国主体评级是有效的，主体评级能够识别企业的违约风险，为支持主体评级质量的文献提供了增量贡献。此外，本章研究还具有重要的实践意义，对发债企业和监管者防范债券违约风险，加强债券违约的治理具有一定的参考价值，也为我国防范金融风险，促进资本市场的健康有序发展提供了借鉴。

本章余下部分的结构安排如下：第二部分是理论分析与研究假设，在对已有研究和理论进行梳理的基础上，提出本章的研究假设。第三部分是研究设计，以 2014—2019 年发行公司债、企业债、中期票据、短期融资券、定向工具的企业为初始研究样本，通过选取变量，构建 Probit 回归模型，以公司特征因素、行业特征因素以及地区特征因素作为自变量，以债券违约作为因变量进行计量回归，考察企业债券违约的影响因素。第四部分是实证结果分析，对主要变量进行描述性统计和相关性分析，根据回归结果进行分析，进行内生性检验和稳健性检验，并进一步讨论主体评级在其中的调节作用。第五部分是本章小结，对本章的研究内容和研究结论进行总结，并根据研究结论提出实务建议。

4.2 理论分析与研究假设

4.2.1 异常投资活动与债券违约

企业投资效率低下是制约中国经济发展的重要原因（王仲兵和王攀娜，2018）。在无摩擦市场中，企业的投资活动取决于企业在市场中能够获得的投资机会，但是现实中并不存在无摩擦市场。从理论上来说，信息不对称问题和代理问题的存在都可能会导致逆向选择问题的出现，从而使企业的投资活动出现扭曲现象，导致投资低效率（Biddle and Hilary，2006）。根据委托代理理论，为了确保股东利益最大化，经理人应该遵循净现值规则，投资于净现值为正的项目，努力提高公司的投资效率（Brennan，2003）。但是由于股东与经理人之间目标函数的不一致，经理人可能会为了追求私人利益，构建个人商业帝国。当企业内部有充裕的现金流时，经理人可能会将资金投资于净现值为负的项目上（Jensen and Meckling，1976；Jensen，1986；刘银国等，2015）。而由于股东与经理人之间信息不对称的存在，股东无法及时有效地对经理人的过度投资行为进行监督，最终导致企业资源出现错配。

过度投资会给企业带来严重的负面影响。修宗峰和黄健柏（2013）发现过度投资会导致企业出现产能过剩。江轩宇和许年行（2015）以及林川（2016）都发现过度投资加剧了企业发生股价崩盘的风险，江轩宇和许年行（2015）还发现过度投资对股价崩盘的负面影响具有长期性。徐朝辉和周宗放（2016）研究发现，过度投资与企业的信用风险正相关，过度投资加大了企业的信用风险。周微等（2017）以我国央企数据研究发现，过度投资的企业更容易滋生腐败。最终，过度投资会导致企业的业绩出现波动，降低了企业的绩效（孙亮和周琳，2016；史青春和妥筱楠，2016），并且还会损害企业价值（杜兴强等，2011；蒋东生，2011；郭慧婷等，

2020）。

潘敏和金岩（2003）指出，过度投资是我国企业融资资金配置低效率的主要原因。过度投资违背了企业利润最大化的目标，管理层将大量资金用于扩大投资，盲目新增投资项目，使大量的可用资金被占用。一方面，过度投资时管理层往往只顾眼前利益，而忽略了项目的潜在风险，导致企业面临的风险增加（徐朝辉和周宗放，2016）。另一方面，由于投资项目的资金回收周期本身较长，过度投资使企业的债务与投资期限错配，降低了企业资金的流动性，严重时还可能会导致企业的资金链出现断裂，而当债务到期时，企业无可用资金用于偿还债务，从而加大了违约的风险。据此，提出以下研究假设：

假设 4 -1：过度投资程度越高的企业，更可能发生债券违约。

4.2.2 异常融资活动与债券违约

根据优序融资理论，企业在需要资金时应该首先考虑内源资金，在内源资金难以满足投资经营需要时，再进行外部债权融资和外部股权融资。但是，近年来，我国资本市场上出现了存贷双高的异象。存贷双高是指企业在大量持有现金的同时又高额举债的现象，属于企业融资活动异常的一种表现。在企业内部持有大量货币资金的同时，仍大举借债，打破了优序融资理论，存贷双高由此引起了广泛关注。已有的研究表明，现金持有水平过高或是过度负债都会加大企业的机会主义行为（Hennessy，2004；Dickinson，2011；Zhang et al.，2015）。存贷双高背后可能隐含着虚增货币资金、资金挪用、财务造假、业绩操纵以及大股东资金占用等财务舞弊现象（戴璐和汤谷良，2007；戴璐，2010）。戴璐和汤谷良（2007）在对上海科技与东盛科技进行案例分析后发现，企业存贷双高的本质是企业利用资金进行的过度扩张以及大股东的掏空。刘莉（2019）则以康美药业为案例研究发现，康美药业近年来一直存在着存贷双高的现象，尽管康美药业 2017 年和 2018 年财务报表上显示公司持有大量的资金，然而实际上这些资金已经被大股东占用，公司只能通过过度举债来维持，最终，2019 年康美药业因无法偿还债券本金和利息，导致债券违约。林擘（2021）以我国创业板上市公司为样本研究发现，存贷双高与企业财务违规风险显著正相关，说明与其他企业相比，存贷双高企业的财务违规风险显著更高。

尽管存贷双高企业大量持有现金，但是这些资金的用途受限，企业只能花费高额的利息费用大额举债，借旧还新，这种行为不仅增加了企业的融资成本，而且降低了企业资金配置效率。另外，存贷双高背后还可能隐含着资金暗箱操作和“暗度陈仓”的现象，容易导致逆向选择问题的出现（戴璐和汤谷良，2007），从而加剧了企业的财务风险。因此，相较于其他企业，存贷双高的企业更容易陷入财务困境，财务困境降低了企业按时还本付息的能力，从而可能导致企业出现违约风险。据此，提出以下研究假设：

假设 4 -2：存贷双高的企业，更可能发生债券违约。

4.2.3 异常经营活动与债券违约

盈余管理行为会降低企业的业绩，损害企业价值。根据委托代理理论，企业应该遵循委托代理关系，以公司价值最大化和股东利益最大化为原则开展经营活动，维护股东以及投资者的利益。但是出于各种自利动机，企业会通过盈余管理活动对企业利润进行操纵，如为了达到发行上市的要求，为了获得再融资资格，为了保住上市资质等。而发债企业的盈余管理行为也得到了许多研究的证实，根据已有研究，发债企业进行盈余管理的动机主要有两个方面：一是为了达到发债的业绩门槛要求，二是为了追求更高的信用评级以降低融资成本。盈利能力是债券未来还本付息的重要保证，是考核企业是否具备债券发行资格的重要条件。为了保障债券投资者的权益，债券的发行审核均对企业的盈利作出了明确要求，如上海证券交易所2018 年修订的《上海证券交易所公司债券上市规则》中要求公司债发行人在近三年实现的年均可分配利润必须高于债券年利息的 1.5 倍，并且上个期末的净资产必须大于 5 亿元。因此，债券发行会触发管理层的盈余管理行为（Caton et al.，2011）。

为了达到债券发行的准入门槛，确保债券的顺利发行，发债企业有强烈的动机通过盈余管理手段对利润进行操纵，这些操纵活动包括应计盈余管理活动和真实盈余管理活动（Graham and Harvey，2001；Caton et al.，2011；李琦等，2011；刘娥平和施燕平，2014）。Caton 等（2011）也发现在债券发行时以及在债券增发时，企业都会通过盈余操纵行为对利润进行操纵。蔡春等（2013）则发现，IPO 过程中，为了获得更高的发行价格，应计性操纵手段和真实性操纵手段并存。此外，盈利能力是评级机构进行信用评级的重要参考标准，已有研究发现，企业盈利能力与债券评级呈显著正相关关系（Jiang，2008；Adams et al.，2003；DeBoskey and Gillett，2013），因此管理层也会出于提高债券评级动机进行盈余管理操纵活动。马榕和石晓军（2015）以 2005—2011 年发债 A 股上市公司数据，研究了盈余管理对债券信用评级的影响，他们发现债券发行前的盈余管理水平越高，债券能够获得的信用评级越高，特别是对于监管较为薄弱的短期融资券，盈余管理对债券评级的正向影响更大。Demirtas 和 Rodgers（2013）使用美国样本数据发现，为了追求高信用评级，企业首次评级前会通过盈余管理手段向上操纵利润。而且，在法制水平不断发展，投资者保护逐渐完善的当下，应计盈余管理的操纵成本越来越高，发债企业可能会转向真实盈余管理进行利润操纵。

真实盈余管理是对公司真实经营活动的操纵，是企业经营活动异常的体现。Roychowdhury（2006）在 Dechow 等（1998）的基础上提出管理层主要通过异常经营活动现金流、异常产品成本和异常酌量性费用三类操纵活动进行真实盈余管理。真实盈余管理直接影响了公司实际现金流，使公司的经营活动偏离了最优经营方向，产生了实质性经济后果（Roychowdhury，2006）。Graham 等（2005）对超过 400 位公司高管进行现场采访和问卷调查后发现，大部分的管理层都会进行真实盈余管理活动操纵，即使事前知道这些真实盈余管理活动会牺牲公司长期价值。真实盈余管理是管理层对公司经营活动进行操纵的机会主义行为（Kim and Park，2014），是管理层短视的表现（Mizik and Jacobson，2007；Mizik，2010），最终会导致企业的业绩下降（Cohen and Zarowin，2010；蔡春等，2013；王福胜等，

2014）。Vorst（2016）使用研发支出削减后的逆转行为以及管理销售费用削减后的逆转行为衡量管理层蓄意进行的真实盈余管理活动，研究了真实盈余管理对公司长期经营业绩的影响，发现真实盈余管理会降低公司未来2—5年的长期业绩。蔡春等（2012）利用我国ST企业样本发现，ST企业的真实盈余管理行为使企业的未来价值受到了重创，致使这些企业在未来可能会再次面临被摘牌的可能。李增福等（2011）发现，在股票增发过程中，企业会通过应计性操纵活动和真实性操纵活动两种手段进行盈余操纵。盈余管理操纵活动在短期内可以提高企业的业绩，达到虚增利润的目的，使发债企业的财务报表变得更加“漂亮”，帮助企业欺骗投资者、审核部门以及评级机构（陈运森等，2014）。真实盈余管理操纵活动会降低企业盈余的质量（申慧慧等，2009；王克敏和廉鹏，2010），导致发债企业的业绩出现大“变脸”（李增福等，2011；逯东等，2015；等）。而业绩“变脸”势必加大了企业未来出现财务危机的可能性，从而会影响企业的正常偿债能力。

综上，债券发行人为了达到发债要求或为了满足高评级要求，有动机通过真实盈余管理手段对企业业绩进行粉饰和操纵，真实性操纵活动会对发债企业的真实业绩形成扭曲，在后期均会导致发债企业的业绩发生“变脸”，使企业的利润开始大滑坡，并且最终会降低发债企业的盈余质量，导致发债企业的财务状况出现恶化，而财务状况的下滑无疑会加大发债企业的财务风险，使企业的流动性下降，从而可能会影响企业未来的偿债能力。因此，真实盈余管理行为无疑都是发债企业埋下的“雷”，真实盈余操纵活动会影响发债企业对债券的还本付息能力，真实盈余操纵活动越严重的企业越容易诱发债券的违约。

此外，经营风险越高，表明企业的经营活动中存在太多的不确定性，经营越异常。经营风险是指企业由于战略选择、产品价格、销售手段等经营决策以及外部市场环境变化等而引发的未来收益不确定性。经营风险会影响企业的正常生产经营活动，导致企业的资金运动出现迟滞现象，影响企业资金的正常回流，增加企业的流动性风险，使企业难以获取足够的资金用于偿债（Seetharaman et al.，2002）。经营风险还会降低企业的业绩，增加企业破产的风险。而且，经营风险也会加大企业的外部融资成本（王化成等，2017），限制企业的外源性融资。因此，经营风险越高，企业的偿债能力下降，从而导致企业债券违约的风险提高。

综合以上分析，提出以下两个研究假设：

假设 4－3：真实盈余管理程度越高的企业，更可能发生债券违约。

假设 4－4：经营风险越高的企业，更可能发生债券违约。

4.2.4　公司治理与债券违约

信息不对称问题和代理问题的存在都可能会导致逆向选择和道德风险问题的出现，从而使企业的资本配置低效率（Stein，2003；Biddle and Hilary，2006）。因此，本章将从信息质量和代理成本两个方面来探讨公司治理对债券违约的影响。

在完备市场中，内部人与外部人之间的信息完全对称，每个人都享有相同的信息集（Myers and Majluf，1984）。然而，现实生活中的市场并非完美市场，内部人与外部人之间面临着信息不对称问题。信息质量越差，企业的信息不对称程度越高。一方面，信息不对称为企业的机会主义自利行为提供了"温床"，导致道德风险的产生。在信息不对称的情况下，企业更可能会作出有损投资者的行为，例如进行虚假信息披露，将大量资金用于扩大投资，盲目融资等（潘敏和金岩，2003）。由于信息不对称的存在，导致投资者无法掌握企业的真实情况，从而难以对企业进行监督（周宏等，2012），而且信息不对称也加大了审计师、评级机构以及相关监管部门等外部市场监督者对企业的监督成本和监督难度。因此，在信息质量越差的发债企业中，由于外部的监督机制受限，企业的还本付息行为难以受到监督，从而使债券违约的风险增加。另一方面，企业的信息质量越差，也会加大企业与银行之间的信息不对称，由于银行难以获取有关企业的真实状况，必然会加大企业的融资成本和融资难度（屈文洲等，2011），从而会使企业面临更严重的融资约束问题，当企业需要资金时更难以从外部融资，导致企业的违约风险上升。

根据经济人假设，经济活动个人的行为都是理性的，可是，在现实经济活动中不存在完全理性的经济主体。在委托代理理论框架下，管理层在开展投资活动过程中应该以股东利益最大化和企业价值最大化为目标。然而，高管也并非理性人（Roll，1986），由于股东与经理人之间目标函数的不一致，经理人可能会为了追求私人利益，追求职位上的晋升或是为了谋取个人私利而从事机会主义行为（Narayanan，1985；Hart and Moore，1994），“中饱私囊”，从而引发股东与管理层之间的代理问题（Jensen and Meckling，1976）。代理问题越严重的企业，企业的道德风险越大，管理层会为了获取私人利益，构建个人商业帝国，不顾企业的实际情况盲目扩张（杨兴全和吴昊旻，2011；刘胜强等，2015），由于盲目扩张使企业的大量资金被占用，这就加大了企业按时还款的难度，从而增加了企业的违约风险。

据此，本章提出以下研究假设：

假设4-5：信息质量越低的企业，更可能发生债券违约。

假设4-6：代理成本越高的企业，更可能发生债券违约。

4.2.5 外部市场环境与债券违约

市场竞争是一把双刃剑。代理成本理论认为，市场竞争作为企业的重要外部治理机制，能够对企业进行监督，有助于缓解企业的代理问题。激烈的市场竞争能够给企业形成无形的外界压力，根据标尺竞赛理论，当管理者被与其他类似的管理者进行比较时，为了避免落后，管理者不得不更加勤勉尽职，努力提高经营水平和企业竞争力。而且激烈的市场竞争还能够起到监督管理层机会主义行为的作用，降低股东的监督成本（Bettignies and Baggs，2005）。宋常等（2008）发现，产品市场竞争能够通过发挥外部市场监管作用，与企业内部的董事会监督形成互补关系。尹志宏等（2010）也发现产品市场竞争与内部治理机制之间存在替代效应或互补效应，一方面，产品市场竞争能够与大股东持股以及高管激励互为补充，另一方面，产品市场竞争能够替代董事会的监督治理作用。邢立全和陈汉文

(2013) 发现，产品市场竞争显著降低了企业的审计费用，支持了代理成本理论。根据代理成本理论，产品市场能够与内部治理机制之间形成替代效应或互补效应，弥补企业内部治理的不足，通过发挥外部治理机制对企业形成外部约束，降低企业内部人的道德风险和企业的代理成本。因此，如果产品市场竞争的代理成本效应发挥作用，那么产品市场竞争应该有助于降低企业的债券违约。

但是，竞争风险理论认为，市场竞争会加大企业的风险（DeFond and Park，1999）。市场竞争越激烈，产品市场上的竞争对手越多，企业缺乏定价能力，在市场上的竞争地位就会越弱，从而更容易遭受到来自对手的威胁，随时可能被竞争对手挤出局，最终加大企业的破产风险（Irvine and Pontif，2009）。吴昊旻等（2012）考察了产品市场竞争对股票异质性风险的影响，发现激烈的市场竞争加剧了股票的异质性风险。韩忠雪和周婷婷(2011) 以我国制造业上市公司样本研究发现，产品市场竞争会对我国制造业上市公司产生掠夺风险，为了应对激烈的产品市场竞争，企业需要储备更多的现金以备不时之需。滕飞等（2016）则发现，产品市场竞争加大了企业违规的倾向，处于激烈竞争行业的企业，更可能采取舞弊等行为，并且这些企业更难被稽查。Hou 和 Robinson（2006）发现产品市场竞争越激烈的企业，创新风险越高，更容易出现困境。根据竞争风险理论，市场竞争会加剧企业面临的风险，并且为了应对激烈的市场竞争，企业更可能高举债（钟田丽和范宇，2004），增加了企业的风险，因此，产品市场竞争越激烈的企业更容易发生债券违约。

据此，本章提出以下两个竞争性假设：

假设4-7a：市场竞争越激烈，企业发生债券违约的概率越低。

假设4-7b：市场竞争越激烈，企业发生债券违约的概率越高。

4.2.6　地区金融发展水平与债券违约

地区发展水平与企业的发展息息相关。已有研究发现，地区发展水平的提高能够更好地促进企业的发展。Bris 和 Cabolis（2002）以及唐建新和陈冬（2010）都发现地区的投资者保护水平有助于促进企业的并购绩效。郝颖等（2014）发现在发展水平越高的地区，企业投资与经济增长显著正相关。辛清泉和谭伟强（2009）发现地区市场化进程提高了国企高管的薪酬—业绩敏感性。修宗峰和黄健柏（2013）发现地区的市场化程度有助于抑制企业的过度投资行为，缓解企业的产能过剩问题。

地区的金融发展水平能够为企业提供良好的外部营商环境，有利于降低企业的融资成本，缓解企业的融资约束，使企业能够更加容易从外部获取所需的资金，并且在金融发展水平越高的地区，企业能够获得的贷款期限也显著越长（Demirgüç - Kunt and Maksimovic，1996；Love，2003；李增泉等，2008；刘行和叶康涛，2014）。Rajan 和 Zingles（1995）发现地区的金融发展水平与企业的融资成本负相关，表明地区金融发展水平的提高能够拓展企业的外源性融资，有助于降低企业的融资成本。罗正英等（2010）使用我国中小企业的数据研究发现，地区金融市场化程度与中小企业的银行信贷融资显著正相关。樊勇和王蔚（2014）发现，地区的市场化发展程度越高，企业的债务风险越低。谢军和黄志忠（2014）发现地区金融发展水平显著缓解了企业面临的融资约束。地区金融发展还有助于降低民营企业的信贷歧视，延长民营企业的贷款期限（陈耿等，2015）。

因此，在高金融发展水平的地区，企业更容易从外部获取所需的资金，并且能够以更低的融资成本进行贷款，融资约束程度更低，故而更少可能发生债券违约。此外，金融发展水平的提高还有助于缓解企业与投资者之间的信息不对称（Barclay and Smith，1995；Demirgüç - Kunt and Maksimovic，1998；修宗峰和黄健柏，2013），随着信息不对称的降低，投资者和外部监督者更能够对企业发挥监督作用，从而有利于抑制企业的债券违约。

据此，提出以下研究假设：

假设 4 - 8：地区的金融发展水平越高，企业发生债券违约的概率越低。

4.3　研究设计

4.3.1　样本选取与数据来源

本章的初始研究样本为 2014—2019 年发行公司债、企业债、中期票据、短期融资券、定向工具的企业，包括上市企业以及非上市企业。按照惯例，在此对初始样本进行如下处理：剔除金融、保险行业样本；剔除主要变量缺失的样本。在进行上述处理后，一共得到 16217 个样本，由于全样本观测较多，但是债券违约样本的观测占比较少，为了避免采用全样本进行回归会导致样本选择偏差，本章采用匹配方法为债券违约样本寻找配对样本，具体地，按照行业相同、年份相同、企业资产规模最为接近的原则进行配对。经过匹配后，一共得到 1317 个样本观测值，其中违约样本占比为 14.3%。此外，为了剔除异常值对研究结论造成的影响，对所有连续型变量进行了 1% ~99% 的 Winsor 缩尾处理。研究中所用到的数据来源于 Wind 数据库和 CSMAR 数据库，其中，债券违约数据和发债企业的基本财务数据来源于 Wind 数据库。

4.3.2　模型构建

在此，设置了模型（4 -1）检验本章提出的以上研究假设。模型中的因变量 Default 为债券违约哑变量，Influence 表示自变量，本章的自变量包括内部特征和外部特征两个维度，其中，内部特征包括过度投资（Overinvest）、存贷双高（CDH）、真实盈余管理（REM）、经营风险（VOL）、信息质量（Infor）以及代理成本（Adcost），外部特征包括产品市场竞争（Comp）。模型中的控制变量包括企业层面控制变量和债券层面控制变量。其中，企业层面控制变量包括：企业规模、资产负债率、总资产增长率、盈利性、经营活动现金流、企业年龄、是否上市、破产风险以及是否亏损，债券层面的控制变量包括：债券平均发行规模和债券平均期限。模型中还控制了年度固定效应（Year）以消除不可观测的随时间变动的因素对结果的影响，控制行业固定效应（Ind）以消除不可观测的随行业变动的因素对结果的影响。由于因变量 Default 为 0－1 哑变量，故采用 Probit 模型对模型（4－1）进行估计。

$$Default = \beta_0 + \beta_1 Influence + \sum_k \beta_k Controls + Year + Ind + \varepsilon \quad (4-1)$$

4.3.3 变量定义

（1）债券违约（Default）的定义

模型（4－1）中的因变量是债券违约变量，该变量的具体定义如下：若企业发行的债券在当年发生违约，则 Default 取值为 1，否则为 0。具体而言，违约事件包括：提前到期未兑付、未按时兑付利息、未按时兑付回售款、未按时兑付回售款和利息、未按时兑付本息、未按时兑付本金等，剔除未发生实质违约的技术性违约。

（2）自变量的定义

①过度投资（Overinvest）。借鉴王克敏等（2017）、张悦玫等（2017）、刘艳霞和祁怀锦（2019）等研究，本书采用 Richardson（2006）投资水平模型的残差来估算过度投资。当 Richardson 投资水平模型的残差小于 0 时，定义过度投资等于 0，当 Richardson 投资水平模型的残差大于 0 时，定义过度投资等于残差。在此，本书基于现金流量表计算企业的新增投资，即新增投资＝（购建固定资产、无形资产和其他长期资产支付的现金＋取得子公司及其他营业单位支付的现金净额－处置固定资产、无形资产和其他长期资产收回的现金净额－处置子公司及其他营业单位收到的现金净额）。而在稳健性检验中本书还使用了基于资产负债表计算的企业新增投资来估计 Richardson 投资水平模型。

②存贷双高（CDH）。借鉴戴璐和汤谷良（2007）、戴璐（2010）、张瑞丽和刘中华（2020）等研究，本书利用货币资金占比与有息负债占比来界定存贷双高，并以20%作为临界阈值。为了避免暂时性效应的干扰，以两年作为界定的时间标准，即如果企业连续两年的货币资金占比超过20%，并且有息负债占比也超过20%，则存贷双高（CDH）取值为1，否则取值为0。其中，货币资金占比等于货币资金除以总资产，有息负债占比等于有息负债除以总资产，有息负债包括短期借款、应付票据、一年内到期的长期借款、应付债券以及长期借款。

③真实盈余管理（REM）。Roychowdhury（2006）在Dechow等（1998）的基础上扩展了关于盈余管理的研究，构建了新的模型来估计公司的真实盈余管理。他提出管理层主要通过三类经营操纵活动进行真实盈余管理：销售操控、生产操控以及酌量性费用操控，如缩减研发开支、广告开支和维修开支等。三种操控方式分别用销售操控程度（Ab_CFO）、生产操控程度（Ab_PROD）和酌量性费用操控程度（Ab_DISEXP）来计量。借鉴Cohen等（2008）的做法，构建了真实盈余管理总程度的代理变量（REM），REM = RM_CFO + RM_PROD + RM_DISEXP，REM值越大，表明企业的真实性操纵行为越严重，真实盈余管理程度越高。

④经营风险（VOL）。本书采用企业近三年收益率的滚动标准差衡量企业的经营风险，该值越大，表明企业在生产经营过程中的不确定性越大，面临的经营风险越高，经营状况越差。

⑤信息质量（Infor）。借鉴李青原（2009）、陈大鹏等（2019）等研究，本书采用应计质量作为企业信息质量的代理指标，并使用修正的Jones模型计算得出的可操纵性应计利润绝对值衡量应计质量，可操纵性应计利润绝对值越大，表明公司盈余管理程度越高，应计质量越低，信息质量越差。

⑥代理成本（Adcost）。已有研究主要使用总资产周转率和管理费用率来衡量企业的代理成本，但是方政等（2017）指出，使用管理费用率作为代理成本的代理变量可能有失偏颇，因为管理费用中既包含了隐性福利等能够反映管理层机会主义行为的费用支出，但与此同时也包含了一些经营

过程中的必要支出，而在研究过程中难以将两者干净地剥离开来。在此借鉴李寿喜（2007）、方政等（2017）等研究，采用总资产周转率作为代理成本的衡量指标，总资产周转率等于企业的营业收入与总资产之比。值得注意的是，总资产周转率是代理成本的反向指标，该值越大，表明企业的代理成本越小，为了便于理解，本书在正式回归过程中将总资产周转率进行取相反数处理，生成新的代理成本变量（Adcost），即 Adcost 的值越大，表示企业内部的代理问题越严重，面临的代理成本越高。而在稳健性检验中，本书也尝试采用管理费用率作为代理成本的衡量指标。

⑦市场竞争（Comp）。借鉴徐虹等（2015）、陈胜蓝和马慧（2017）、权小锋和尹洪英（2017）等研究，本书采用 PCM 作为市场竞争的代理指标，PCM＝营业收入－营业成本－销售费用－管理费用）/营业收入，该值越大，表明企业在市场中的竞争地位越高，面临的市场竞争程度越低。值得注意的是，由于 PCM 是产品市场竞争的反向指标，为了便于理解和分析，本书在此对 PCM 取相反数作为产品市场竞争的衡量。

⑧地区金融发展水平（Financial）。借鉴刘行和叶康涛（2014）等研究，本书采用王小鲁等（2017）构建的地区金融发展指标衡量企业所在地区的金融发展水平，该指标的值越大，表示企业所在地区的金融发展水平越高。由于王小鲁等（2017）构建指标结束年份为 2016 年，因此，本书按照通常做法，将 2016 年后的数值用 2016 年代替。

（3）控制变量的定义

借鉴已有研究（吴育辉等，2020；罗朝阳和李雪松，2020；等），模型中包含了以下可能会影响债券违约的控制变量：①企业规模（Size），等于企业总资产的自然对数；②企业年龄（Age），借鉴肖淑芳和喻梦颖等（2012），企业年龄等于企业成立时间与当年的时间间隔除以 365；③资产负债率（Lev），等于企业的负债与总资产之比；④总资产增长率（Growth），等于企业总资产的增长率；⑤盈利性（ROE），等于企业的净资产收益率；⑥经营活动现金流（CFO），等于经总资产标准化的经营活动现金流；⑦破产风险（Z），本书借鉴林晚发等（2019），采用预警 Z 值衡量企业的破产风险，预警 Z 值越小，表明企业的破产风险越高；⑧是否亏损（Loss），哑变量，若企业上年发生亏损取值为 1，否则取值为 0；⑨是否上市（Listed），若发债企业是上市企业取值为 1，否则取值为 0；⑩债券平均发行规模（LnMIvalue），等于企业当年已发行债券规模均值的自然对数；⑪债券平均期限（MDura），等于企业当年已发行债券期限的均值。具体的变量定义详见表 4 - 1。

表 4 - 1　　　　主要变量定义表

变量名	变量符号	变量计算及说明
债券违约	Default	若企业发行的债券在当年发生违约，则 Default 取值为 1，否则为 0
过度投资	Overinvest	Richardson（2006）投资水平模型的残差大于 0，则 Overinvest 等于残差，残差小于 0，则 Overinvest 等于 0
存贷双高	CDH	哑变量，若企业连续两年货币资金占比超过 20%，且有息负债占比也超过 20%，则取值为 1，否则取值为 0
信息质量	Infor	修正 Jones 模型操纵性应计利润的绝对值
真实盈余管理	REM	借鉴 Roychowdhury（2006）真实盈余管理模型，等于销售操控程度（Ab_CFO）、生产操控程度（Ab_PROD）和酌量性费用操控程度（Ab_DISEXP）之和
经营风险	VOL	企业近三年收益率的滚动标准差
代理成本	Adcost	总资产周转率的相反数
总资产周转率	Turnover	营业收入与总资产之比
市场竞争	Comp	PCM 的相反数，PCM =（营业收入 - 营业成本 - 销售费用 - 管理费用）/营业收入
地区金融发展水平	Financial	王小鲁等（2017）构建的地区金融发展指标
企业规模	Size	企业总资产的自然对数
企业年龄	Age	企业成立时间与当年的时间间隔/365
资产负债率	Lev	负债/总资产
总资产增长率	Growth	（本年总资产 - 上年总资产）/上年总资产
盈利性	ROE	净利润/净资产
经营活动现金流	CFO	经营活动现金流/总资产
是否上市	Listed	若企业是上市公司取值为 1，否则取值为 0
破产风险	Z	等于预警 Z 值

续表

变量名	变量符号	变量计算及说明
是否亏损	Loss	若企业上年净利润小于0取值为1，否则取值为0
债券平均发行规模	LnMIvalue	企业当年已发行债券规模均值的自然对数
债券平均期限	MDura	企业当年已发行债券期限的均值

4.4 实证结果分析

4.4.1 描述性统计与单变量分析

(1) 全样本描述性统计

表4-2报告了全样本下主要变量的描述性统计结果。从表中可知，在全样本下，总样本量为16217个，但是由于计算过度投资和真实盈余管理过程中一些指标存在缺失，并且进行了滞后处理，导致这两个变量的样本量仅为12449个。其中，债券违约（Default）的均值为0.012，表明在全样本中有1.2%的样本涉及债券违约。过度投资（Overinvest）的均值为0.008，最小值为0.000，最大值为0.104，与已有研究基本一致。存贷双高哑变量（CDH）的均值为0.034，标准差为0.180，表明在全样本下3.4%的样本存在存贷双高的现象。真实盈余管理（REM）的均值为-0.004，标准差为0.113，最小值和最大值分别为-0.315和0.376，说明不同发债企业之间真实盈余管理的程度相差较大，描述性统计结果与刘宝华等（2016）基本一致。经营风险（VOL）的均值为0.009，最小值和最大值分别为0.000和0.102，表明不同企业的经营风险存在着一定的差异。信息质量（Infor）的均值为0.043，最小值和最大值分别为0.000和0.212，与刘宝华等（2016）、管考磊和张蕊（2019）、何威风等（2019）等研究中的描述性统计结果基本一致。代理成本变量——总资产周转率（Turnover）的均值为0.325，标准差为0.395，最小值和最大值分别为

0.005 和 2.082，说明不同企业的总资产周转率存在着一定的差异。地区金融发展水平（Financial）的均值为 0.510，最小值和最大值分别为 0.292 和 0.673，表明我国不同地区的金融发展水平存在着较大的差异。

表 4-2　　全样本下主要变量的描述性统计

Variables	N	mean	sd	min	max
Default	16217	0.012	0.108	0.000	1.000
Overinvest	12449	0.008	0.019	0.000	0.104
CDH	16217	0.034	0.180	0.000	1.000
REM	12449	-0.004	0.113	-0.315	0.376
VOL	16217	0.009	0.015	0.000①	0.102
Infor	16217	0.043	0.044	0.000	0.212
Turnover	16217	0.325	0.395	0.005	2.082
Comp	16217	0.114	0.311	-0.426	2.030
Financial	16165	0.510	0.106	0.292	0.673
Growth	16217	0.090	0.132	-0.363	0.517
Size	16217	24.046	1.109	21.627	27.223
Age	16217	17.232	6.818	3.693	35.833
Lev	16217	0.581	0.153	0.208	0.900
ROE	16217	0.039	0.070	-0.310	0.254
MDura	16217	4.754	2.062	0.740	10.000
Listed	16217	0.228	0.420	0.000	1.000
LnMIvalue	16217	20.539	0.627	18.826	22.110
CFO	16217	0.021	0.070	-0.233	0.214
Loss	16217	0.066	0.248	0.000	1.000
Z	16217	1.366	0.745	-0.091	4.054

（2）匹配后主要变量描述性统计

表 4-3 列示了根据行业相同、年份相同、企业资产规模相近的原则匹配后主要变量的描述性统计结果。从表中可知，匹配后一共获得 1317 个样

① 实际值为 0.0000515，为了保持表格中小数点位数的一致性，将该数值进行了四舍五入处理。

本观测值，匹配后债券违约变量的均值为 0. 143，表明匹配后样本中有 14. 3%的样本涉及债券违约。匹配后自变量的描述性统计结果与匹配前基本一致，其中，过度投资的均值为 0. 010，存贷双高的均值为 0. 060，真实盈余管理的均值为 -0. 013，经营风险的均值为 0. 016，信息质量的均值为 0. 042，总资产周转率的均值为 0. 458，市场竞争的均值为 0. 168。地区金融发展水平的均值为 0. 537，标准差为 0. 127，最小值为 0. 255，最大值为 0. 782。

控制变量方面，公司规模的均值为 23. 805，标准差为 0. 965，最大值和最小值分别为 27. 038 和 21. 627，说明不同发债企业的规模存在一定的差异。企业年龄的均值为 18. 903，标准差达到了 6. 472，最小值为 3. 751，最大值为 35. 833，说明在样本中发债企业的年龄存在较大的差异。资产负债率的均值为 0. 592，最大值为 0. 900，说明在样本中发债企业的资产负债率方面存在着较大的差异，但是超过一半的发债企业的资产负债率处于较高水平。企业成长性的均值为 0. 077，标准差为 0. 150，说明发债企业在成长性方面存在一定的差异，一些企业的成长性达到了 0. 517，而有些企业的成长性仅为 -0. 363，出现了负增长的态势。企业盈利性的均值为 0. 035，最小值为 -0. 310，最大值为 0. 254，说明不同的发债企业盈利能力也存在差异，样本企业中的盈利能力约为 3. 5%。债券平均期限的均值为 3. 908，标准差为 1. 798，最小值和最大值分别为 0. 740 和 10. 000，表明在样本中发债企业所发行债券的期限也不尽相同，最大的债券期限达到了 10 年。债券平均发行规模的均值为 20. 367，最小值 18. 826 和最大值 22. 110，两者相差不大，表明样本企业的发债规模不存在太大的差异。经营活动现金流的均值为 0. 033，表明样本中发债企业产生的经营活动现金流占比大约为 3. 3%，最小值为 -0. 233，表明样本中有些发债企业的经营活动现金流为负，存在入不敷出的情况。亏损变量的均值为 0. 118，表明在样本中有 11. 8%的样本观测在上期的净利润小于 0。是否上市哑变量（Listed）的均值为 0. 442，表明在样本中平均有 44. 2%的样本观测为上市企业。破产风险（Z）的均值为 1. 355，标准差为 0. 822，最小值和最大值分别为 -0. 091 和 4. 054。总体上，控制变量的描述性统计结果与已有研究基本一致。

表 4－3　　匹配后主要变量的描述性统计

Variables	N	mean	sd	min	max
Default	1317	0. 143	0. 350	0. 000	1. 000
Overinvest	1037	0. 010	0. 020	0. 000	0. 104
CDH	1317	0. 060	0. 238	0. 000	1. 000
REM	1037	－0. 013	0. 119	－0. 315	0. 376
VOL	1317	0. 016	0. 025	0. 000	0. 102
Infor	1317	0. 042	0. 043	0. 000	0. 212
Turnover	1317	0. 458	0. 389	0. 005	2. 082
Comp	1317	0. 168	0. 366	－0. 349	2. 030
Financial	1317	0. 537	0. 127	0. 255	0. 782
Growth	1317	0. 077	0. 150	－0. 363	0. 517
Size	1317	23. 805	0. 965	21. 627	27. 038
Age	1317	18. 903	6. 472	3. 751	35. 833
Lev	1317	0. 592	0. 156	0. 208	0. 900
ROE	1317	0. 035	0. 102	－0. 310	0. 254
MDura	1317	3. 908	1. 798	0. 740	10. 000
Listed	1317	0. 442	0. 497	0. 000	1. 000
LnMIvalue	1317	20. 367	0. 599	18. 826	22. 110
CFO	1317	0. 033	0. 061	－0. 233	0. 214
Loss	1317	0. 118	0. 322	0. 000	1. 000
Z	1317	1. 355	0. 822	－0. 091	4. 054

（3）单变量分析

表 4－4 列示了按照债券违约变量分组进行的均值差异检验结果。从表中可知，债券没有涉及违约的样本组中，过度投资的均值为 0. 010，而在债券违约样本组中均值为 0. 011，略高于债券未违约组，不过两者的均值差异检验并未能通过统计检验。存贷双高方面，在债券未违约组中，存贷双高的均值为 0. 052，而在债券违约组中均值为 0. 106，高于未违约组，且两者的均值差异检验在 5% 的水平上通过了检验。真实盈余管理方面，在债券未违约组中真实盈余管理指标 REM 的均值为 －0. 023，在债券违约组中真实盈余管理的均值为 0. 054，两者的差异在 1% 的水平下显著，表明债

券违约样本中真实盈余管理程度显著更高。从经营风险、信息质量以及产品市场竞争的均值差异检验结果来看，均是在债券违约组中显著更高，并且均值差异检验都在10%以下的水平通过了检验，表明在债券违约企业样本中，企业的经营风险更高，信息质量更差，代理成本更高，市场竞争更激烈。在债券未违约组中，地区金融发展水平变量的均值为0.542，而在债券违约组中，该变量的均值为0.502，略低于债券未违约组，两组的差异也在1%的水平上通过了检验。控制变量方面，除了企业规模、企业年龄、债券平均期限三个变量外，其余变量的均值在债券违约样本组和对照组之间都存在显著的差异。

表4-4　　单变量分析——均值差异检验

Variables	Default = 0		Default = 1		MeanDiff	t - Value
	G1 (0)	Mean1	G2 (1)	Mean2		
Overinvest	895	0.010	142	0.011	-0.001	-0.520
CDH	1129	0.052	188	0.106	-0.054	-2.303**
REM	895	-0.023	142	0.054	-0.077	-6.178***
VOL	1129	0.012	188	0.041	-0.028	-9.569***
Infor	1129	0.038	188	0.062	-0.024	-5.400***
Turnover	1129	0.466	188	0.413	0.053	1.923*
Comp	1129	0.120	188	0.452	-0.332	-6.321***
Financial	1129	0.542	188	0.502	0.041	3.865***
Growth	1129	0.088	188	0.008	0.080	5.180***
Size	1129	23.820	188	23.73	0.091	1.173
Age	1129	18.830	188	19.33	-0.495	-1.013
Lev	1129	0.574	188	0.699	-0.125	-11.062***
ROE	1129	0.044	188	-0.021	0.065	4.793***
MDura	1129	3.934	188	3.752	0.182	1.456
Listed	1129	0.425	188	0.543	-0.117	-2.988***
LnMIvalue	1129	20.340	188	20.51	-0.163	-4.082***
CFO	1129	0.036	188	0.018	0.018	3.410***
Loss	1129	0.090	188	0.282	-0.192	-5.636***
Z	1129	1.437	188	0.865	0.572	8.282***

注：***、**和*分别表示在1%、5%和10%的水平下显著。

（4）相关系数检验

表 4-5 报告了主要变量的相关系数检验情况。从表中可知，债券违约与过度投资之间的相关系数为 0.017，但是并未通过统计检验。存贷双高、真实盈余管理、经营风险、信息质量以及市场竞争与债券违约的相关系数均为正，且都在 1% 的水平下显著，表明存贷双高、真实盈余管理、经营风险、信息质量以及市场竞争与债券违约之间均存在正相关关系，初步验证了前文提出的研究假设，但是更多的证据还有赖于更进一步的回归分析。代理成本与债券违约之间的相关系数为 -0.048，在 10% 的水平下显著，但是由于总资产周转率是代理成本的反向指标，因此其实表明代理成本与债券违约也存在正相关关系。其余变量之间的相关系数均较小，表明本章回归模型中的各个变量之间不存在严重的共线性问题。未报告的共线性检验结果也表明，本章构建的回归模型中不存在严重的多重共线性问题。

表 4-5　相关系数检验

Variables	Default	Overinvest	CDH	REM	VOL	Infor	Turnover
Default	1.000						
Overinvest	0.017	1.000					
CDH	0.080***	0.020	1.000				
REM	0.221***	-0.082***	-0.058*	1.000			
VOL	0.401***	-0.029	-0.046*	0.271***	1.000		
Infor	0.193***	-0.022	-0.004	0.358***	0.433***	1.000	
Turnover	-0.048*	0.008	0.024	0.014	-0.005	0.000	1.000
Comp	0.317***	-0.075**	-0.059**	0.401***	0.524***	0.314***	-0.245***
Growth	-0.187***	0.259***	0.056**	-0.094***	-0.411***	-0.070**	-0.025
Size	-0.033	-0.015	-0.066**	-0.122***	-0.210***	-0.116***	0.047*
Age	0.027	0.030	0.023	-0.026	0.071***	0.020	0.045
Lev	0.281***	-0.048	-0.053*	0.220***	0.181***	0.131***	0.097***
ROE	-0.223***	0.099***	0.053*	-0.408***	-0.352***	-0.093***	0.172***
MDura	-0.035	-0.019	-0.083***	0.150***	0.026	0.095***	-0.332***
Listed	0.083***	0.058*	0.065**	-0.016	0.262***	0.101***	0.240***

续表

Variables	Default	Overinvest	CDH	REM	VOL	Infor	Turnover
LnMIvalue	0.095***	-0.064**	-0.051*	0.007	-0.003	-0.005	0.033
CFO	-0.101***	0.148***	0.074***	-0.687***	-0.064**	-0.248***	0.185***
Loss	0.208***	-0.081***	-0.092***	0.173***	0.378***	0.126***	-0.051*
Z	-0.243***	0.004	0.103***	-0.168***	-0.229***	-0.080***	0.437***
Variables	**Comp**	**Growth**	**Size**	**Age**	**Lev**	**ROE**	**MDura**
Comp	1.000						
Growth	-0.426***	1.000					
Size	-0.234***	0.215***	1.000				
Age	0.022	-0.046*	0.086***	1.000			
Lev	0.201***	-0.152***	0.361***	0.033	1.000		
ROE	-0.362***	0.317***	0.042	-0.026	-0.208***	1.000	
MDura	0.060**	0.020	-0.086***	-0.165***	-0.129***	-0.069**	1.000
Listed	0.074***	-0.052*	-0.299***	0.117***	-0.180***	0.008	-0.100***
LnMIvalue	-0.075***	0.009	0.623***	-0.009	0.224***	-0.028	0.198***
CFO	-0.235***	0.021	-0.007	0.082***	-0.166***	0.283***	-0.134***
Loss	0.357***	-0.314***	-0.035	0.077***	0.296***	-0.258***	0.046*
Z	-0.370***	0.208***	-0.200***	-0.026	-0.710***	0.413***	-0.051*
Variables	**Listed**	**LnMIvalue**	**CFO**	**Loss**	**Z**		
Listed	1.000						
LnMIvalue	-0.066**	1.000					
CFO	0.148***	0.022	1.000				
Loss	0.002	0.074***	-0.091***	1.000			
Z	0.209***	-0.149***	0.181***	-0.323***	1.000		

注：***、**和*分别表示在1%、5%和10%的水平下显著。

4.4.2 主回归结果分析

为了检验前文提出的研究假设，在此对模型（4-1）进行回归分析，表4-6报告了该部分的检验结果。表4-6中第（1）列列示了对过度投资与债券违约之间关系的检验结果，从表中可知，过度投资变量（Overinvest）的回归系数为 5.528，在 1% 的水平下显著为正，说明过度投资越严重的企业，更可能发生债券违约，表明异常的投资活动会加大企业的风险，并最终可能导致企业出现债券违约的状况。表 4-6 中第（2）列列示了对存贷双高与债券违约之间关系的检验结果，从表中可知，存贷双高变量（CDH）的回归系数为 0.798，在 1% 的水平下显著为正，说明相较于不存在存贷双高现象的企业，存在存贷双高现象的企业更可能发生债券违约，表明存贷双高会加大企业发生债券违约的可能性。表 4-6 中第（3）列列示了对真实盈余管理与债券违约之间关系的检验结果，从表中可知，真实盈余管理变量（REM）的回归系数为 1.860，在 5% 的水平下显著为正，表明真实盈余管理与债券违约之间存在显著的正向关系，真实盈余管理行为越严重的企业，发生债券违约的概率越大。表 4-6 中第（4）列列示了经营风险与债券违约之间关系的检验结果，从表中可知，经营风险变量（VOL）的回归系数为 15.326，在 1% 的水平下显著为正，说明经营风险越高的企业更可能发生债券违约。表 4-6 中第（5）列列示了信息质量与债券违约之间关系的检验结果，从表中可知，信息质量变量（Infor）的回归系数为 2.881，在 1% 的水平下显著为正，说明信息质量越差的企业，更可能发生债券违约，表明信息环境也是债券违约的影响因素之一。表 4-6 中第（6）列列示了代理成本与债券违约之间关系的检验结果，从表中可知，代理成本变量（Adcost）的回归系数为 0.712，在 5% 的水平下显著为正，说明代理成本越高的企业，发生债券违约的概率越大。表 4-6 中第（7）列列示了市场竞争与债券违约之间关系的检验结果，从表中可知，市场竞争变量（Comp）的回归系数为 0.704，在 1% 的水平下显著为正，说明企业面临的市场竞争越激烈，更可能发生债券违约，表明外部市场环境也是企业债券违约的重要影响因素，支持了产品市场竞争的经营风险理论。表 4-6 中第（8）列列示了地区金融发展水平与债券违约之间关系的检验结果，从表中可知，地区金融发展水平指标（Financial）的系数为 -1.144，在 1% 的水平下显著为负，说明企业所在地区的金融发展水平越高，企业发生债券违约的概率越低，地区的发展能够为企业提高强有力的经济保障。

表 4-6 主回归结果分析

Variables	(1) Default	(2) Default	(3) Default	(4) Default	(5) Default	(6) Default	(7) Default	(8) Default
Overinvest	5.528***							
	(2.69)							
CDH		0.798***						
		(2.95)						
REM			1.860**					
			(2.37)					
VOL				15.326***				
				(5.02)				
Infor					2.881***			
					(2.85)			
Adcost						0.712**		
						(2.09)		
Comp							0.704***	
							(3.84)	
Financial								-1.144***
								(-3.00)
Size	-0.337**	-0.421***	-0.259*	-0.255*	-0.376**	-0.441***	-0.348**	-0.451***
	(-2.24)	(-2.83)	(-1.69)	(-1.67)	(-2.57)	(-2.93)	(-2.22)	(-5.33)
Age	0.003	-0.001	0.002	0.001	0.000	0.002	0.003	0.004
	(0.19)	(-0.05)	(0.13)	(0.10)	(0.03)	(0.11)	(0.18)	(0.47)
Lev	2.988***	3.443***	2.418***	3.047***	3.278***	4.845***	3.517***	3.487***
	(3.14)	(4.14)	(2.58)	(3.58)	(3.96)	(4.64)	(4.32)	(6.88)
Growth	-0.270	-0.125	-0.238	-0.088	-0.145	-0.115	0.022	-0.104
	(-1.45)	(-1.04)	(-1.33)	(-0.81)	(-1.23)	(-0.95)	(0.18)	(-0.86)
ROE	-1.434**	-1.200**	-0.887	-0.444	-1.237**	-1.608***	-1.126**	-1.260**
	(-2.55)	(-2.24)	(-1.52)	(-0.85)	(-2.33)	(-3.06)	(-2.15)	(-2.57)
MDura	-0.110*	-0.099*	-0.112**	-0.089*	-0.102*	-0.118**	-0.099*	-0.115***
	(-1.95)	(-1.84)	(-2.01)	(-1.72)	(-1.95)	(-2.17)	(-1.84)	(-3.63)
Listed	0.260	0.227	0.255	0.111	0.206	0.257	0.193	0.178
	(1.04)	(0.97)	(1.02)	(0.47)	(0.89)	(1.11)	(0.85)	(1.50)
LnMIvalue	0.587***	0.663***	0.517**	0.471**	0.599***	0.667***	0.618***	0.657***
	(2.82)	(3.16)	(2.50)	(2.33)	(2.96)	(3.23)	(3.05)	(5.49)

续表

Variables	(1) Default	(2) Default	(3) Default	(4) Default	(5) Default	(6) Default	(7) Default	(8) Default
CFO	-1.303	-1.404	1.098	-0.840	-0.622	-0.671	-0.328	-1.304
	(-1.08)	(-1.31)	(0.67)	(-0.89)	(-0.67)	(-0.64)	(-0.31)	(-1.52)
Loss	0.251	0.248	0.226	-0.073	0.195	0.215	0.036	0.199
	(1.38)	(1.39)	(1.25)	(-0.40)	(1.12)	(1.26)	(0.21)	(1.39)
Z	-0.147	-0.088	-0.245	0.036	-0.018	0.335	0.088	0.008
	(-0.73)	(-0.54)	(-1.27)	(0.23)	(-0.12)	(1.57)	(0.55)	(0.08)
_cons	-6.652**	-6.552**	-6.603**	-6.727**	-6.421**	-7.207**	-7.756**	-5.344***
	(-2.04)	(-2.09)	(-2.05)	(-2.07)	(-2.06)	(-2.28)	(-2.45)	(-3.25)
Year	Yes	Yes	Yes	Yes	Yes	Yes	Yes	Yes
Ind	Yes	Yes	Yes	Yes	Yes	Yes	Yes	Yes
Pseudo_R^2	0.231	0.224	0.234	0.249	0.211	0.215	0.225	0.213
N	1037	1317	1037	1317	1317	1317	1317	1317

注：***、** 和 * 分别表示在 1%、5% 和 10% 的水平下显著。括号内为根据稳健标准误计算的 t 值。下同。

控制变量方面，在列（1）—列（8）中公司规模的回归系数均在 10% 以下的水平显著为负，表明公司规模越大的企业发生债券违约的概率越小。而资产负债率的回归系数均显著为正，且均在 1% 的水平下显著，说明企业的资本结构与债券违约之间存在显著的正相关关系，表明资产负债率越高的企业，更可能发生债券违约。盈利能力（ROE）的回归系数均为负，除了列（3）和列（4）不显著外，其他均在 10% 以下的水平通过了检验，表明盈利能力越强，企业的还债能力越强，因此企业发生债券违约的概率越低。债券平均期限的回归系数均显著为负，说明发行期限越长的债券，偿债风险越小，越不可能发生违约。债券平均发行规模的回归系数均显著为正，说明企业的发债规模越大，偿债压力越大，面临的风险更高，因此更可能发生债券违约。其他控制变量的回归系数虽不显著，但系数方向基本上都与理论相符。

总体而言，表 4-6 的回归结果验证了本章提出的研究假设，表明异常投资活动、异常融资活动、异常经营活动、公司治理环境、市场竞争以及地区发展水平都是影响企业债券违约的重要因素。

4.4.3 稳健性检验和内生性检验

为了验证表 4－6 的回归结果，本章进行以下稳健性检验和内生性检验。

（1）替换因变量

本章尝试改变因变量债券违约的界定方法，在本章前面的检验中，在对债券违约进行界定时，将债券违约的范围定义为提前到期未兑付、未按时兑付利息、未按时兑付回售款、未按时兑付回售款和利息、未按时兑付本息、未按时兑付本金、剔除触发交叉条款等几个方面，在此，尝试剔除触发交叉条款以及展期，重新对债券违约企业进行界定，并且重新按照行业相同、年份相同、企业资产规模相近的原则为违约样本选择与之匹配的配对样本，生成新的债券违约变量（Default2）。表 4－7 报告了替换因变量后的稳健性检验结果。从表中可知，替换因变量后过度投资、存贷双高、真实盈余管理、经营风险、信息质量、代理成本以及产品市场竞争的回归系数均显著为正，表明过度投资程度越高、存在存贷双高现象、真实盈余管理越严重、经营风险越高、信息质量越差、代理成本越高以及市场竞争越激烈的企业，发生债券违约的概率越高；地区金融发展水平的回归系数为－1.144，在 10% 的水平下显著，表明地区金融发展水平越高，企业越不可能发生债券违约。总体上，表 4－7 的回归结果表明在替换因变量后，本章的研究结论保持不变。

表 4－7　　替换因变量

Variables	(1) Default2	(2) Default2	(3) Default2	(4) Default2	(5) Default2	(6) Default2	(7) Default2	(8) Default2
Overinvest	5.606***							
	(2.77)							
CDH		0.796***						
		(2.99)						

续表

Variables	(1) Default2	(2) Default2	(3) Default2	(4) Default2	(5) Default2	(6) Default2	(7) Default2	(8) Default2
REM			1.667 **					
			(2.07)					
VOL				14.902 ***				
				(4.96)				
Infor					2.899 ***			
					(2.88)			
Adcost						0.731 **		
						(2.16)		
Comp							0.692 ***	
							(3.70)	
Financial								-1.144 *
								(-1.67)
Size	-0.292 **	-0.370 **	-0.217	-0.202	-0.324 **	-0.392 ***	-0.292 *	-0.451 ***
	(-1.97)	(-2.52)	(-1.43)	(-1.35)	(-2.25)	(-2.65)	(-1.90)	(-3.18)
Age	0.005	0.001	0.004	0.003	0.002	0.004	0.005	0.004
	(0.28)	(0.08)	(0.23)	(0.21)	(0.15)	(0.23)	(0.30)	(0.24)
Lev	2.983 ***	3.418 ***	2.452 ***	3.018 ***	3.238 ***	4.873 ***	3.465 ***	3.487 ***
	(3.12)	(4.08)	(2.59)	(3.53)	(3.88)	(4.65)	(4.23)	(4.25)
Growth	-0.265	-0.114	-0.234	-0.079	-0.136	-0.104	0.033	-0.104
	(-1.43)	(-0.95)	(-1.31)	(-0.73)	(-1.16)	(-0.87)	(0.27)	(-0.85)
ROE	-1.584 ***	-1.361 **	-1.104 *	-0.656	-1.406 ***	-1.774 ***	-1.325 **	-1.260 **
	(-2.81)	(-2.53)	(-1.87)	(-1.25)	(-2.63)	(-3.37)	(-2.53)	(-2.34)
MDura	-0.098 *	-0.084	-0.098 *	-0.075	-0.088 *	-0.105 *	-0.084	-0.115 **
	(-1.75)	(-1.58)	(-1.78)	(-1.47)	(-1.70)	(-1.95)	(-1.58)	(-2.16)
Listed	0.287	0.245	0.284	0.133	0.223	0.276	0.210	0.178
	(1.16)	(1.05)	(1.14)	(0.56)	(0.97)	(1.19)	(0.93)	(0.79)
LnMIvalue	0.498 **	0.558 ***	0.428 **	0.368 *	0.496 **	0.567 ***	0.508 **	0.657 ***
	(2.42)	(2.72)	(2.10)	(1.85)	(2.49)	(2.80)	(2.57)	(3.27)
CFO	-1.179	-1.390	1.019	-0.790	-0.585	-0.635	-0.298	-1.304
	(-0.97)	(-1.28)	(0.61)	(-0.83)	(-0.62)	(-0.60)	(-0.28)	(-1.19)

续表

Variables	(1) Default2	(2) Default2	(3) Default2	(4) Default2	(5) Default2	(6) Default2	(7) Default2	(8) Default2
Loss	0. 257	0. 260	0. 231	-0. 055	0. 207	0. 225	0. 048	0. 199
	(1. 40)	(1. 45)	(1. 26)	(-0. 30)	(1. 18)	(1. 30)	(0. 27)	(1. 15)
Z	-0. 127	-0. 067	-0. 215	0. 056	0. 001	0. 365*	0. 107	0. 008
	(-0. 63)	(-0. 41)	(-1. 12)	(0. 36)	(0. 01)	(1. 73)	(0. 67)	(0. 05)
_cons	-5. 991*	-5. 713*	-5. 905*	-5. 934*	-5. 598*	-6. 436**	-6. 874**	-5. 344*
	(-1. 83)	(-1. 83)	(-1. 83)	(-1. 83)	(-1. 80)	(-2. 04)	(-2. 18)	(-1. 72)
Year	Yes	Yes	Yes	Yes	Yes	Yes	Yes	Yes
Ind	Yes	Yes	Yes	Yes	Yes	Yes	Yes	Yes
Pseudo_R^2	0. 227	0. 218	0. 228	0. 241	0. 205	0. 208	0. 219	0. 213
N	1037	1317	1037	1317	1317	1317	1317	1317

（2）替换自变量

①改变过度投资的度量。本章还尝试改变自变量的衡量方法，进行稳健性检验。在本章前面的主回归检验中，在采用 Richardson（2006）投资水平模型估算过度投资时，基于现金流量表的数据计算企业的新增投资，在此，借鉴黄乾富和沈红波（2009）、李维安等（2017）等研究，试图基于资产负债表数据计算的企业新增投资来估计 Richardson（2006）投资水平模型，具体地，新增投资 =（固定资产 + 在建工程 + 无形资产）/总资产。表 4 -8 中第（1）列报告了改变过度投资衡量方法后的检验结果。从表中可知，采用资产负债表数据重新计算过度投资后，过度投资变量（Overinvest2）的回归系数为 5. 258，仍在 1% 的水平下显著，表明替换度量方法后，过度投资与债券违约之间的正相关关系仍存在，主回归的研究结论保持不变。

②改变存贷双高的度量。在表 4 -6 的检验中，本书以企业的货币资金占比和有息负债占比同时超过 20% 作为界定存贷双高的标准，但是，行业特征也可能会影响到存贷双高的界定（戴璐，2010；张瑞丽和刘中华，2020），因此为了控制可能的行业因素的影响，本书在此以行业的 75% 分位数作为界定存贷双高的临界阈值，即如果企业货币资金占比与有息负债

占比同时超过行业的75%分位数，则将该企业界定为存贷双高企业。表4-8第（2）列报告了该部分的检验结果。从表中可知，改变指标的衡量方法后，存贷双高（CDH2）的回归系数仍在10%的水平下显著为正，表明在控制行业特征的影响后，存贷双高会导致企业所发行的债券发生违约的结论仍稳健。此外，本书还借鉴张瑞丽和刘中华（2020）的研究，将应收票据也纳入高“存”的界定内容中，即以货币资金与应收票据之和占总资产的比重与有息负债占比来界定存贷双高，结果表明，本章的研究结论保持不变。

③改变经营风险的度量。以企业最近四年收益率的滚动标准差来衡量企业的经营风险，表4-8第（3）列报告了该部分的检验结果。从表中可知，改变经营风险的计算方法后，经营风险变量（VOL2）的回归系数仍在1%的水平下显著为正，与主回归结论一致。

④改变信息质量的度量。采用基于Jones模型计算的操纵性应计利润的绝对值来衡量企业的信息质量，同样地，该值越大，表明企业的信息质量越差。表4-8第（4）列报告了该部分的检验结果。从表中可知，改变信息质量的计算方法后，信息质量变量（Infor2）的回归系数为2.888，在1%的水平下显著，结论仍稳健。

⑤改变代理成本的度量。在本章前面的检验中，本书采用总资产周转率作为代理成本的代理变量，在此，本书借鉴已有研究（罗炜和朱春艳，2010；江轩宇和许年行，2015），采用管理费用率衡量代理成本，管理费用率等于企业的管理费用与营业收入之比，管理费用率越高，表明企业的代理问题越严重，面临的代理成本越高。表4-8第（5）列报告了该部分的检验结果。从表中可知，改变衡量方法后，代理成本（Adcost2）的回归系数仍在5%的水平下显著为正，与主回归的结果保持一致，说明改变指标的衡量方法后，本章的研究结论仍是稳健的。

⑥改变市场竞争的度量。在此，采用行业内的公司数量（Ind_num）作为行业市场竞争的代理指标，行业内的公司数量越多，表明行业内的竞争越激烈。表4-8第（6）列报告了该部分的检验结果。从表中可知，Ind_num的回归系数为0.963，在5%的水平下显著为正，说明在改变市场

竞争的度量方法后，市场竞争与企业债券违约之间的正相关关系仍稳健。

⑦改变地区金融发展水平的度量。以地区的金融生态环境（Financial2）衡量企业所在地区的发展水平，金融生态环境水平也能在一定程度上反映一个地区的发展水平。表4-8第（7）列报告了该部分的检验结果。从表中可知，Financial2的回归系数为-0.671，在10%的水平下显著，与主回归结果一致，验证了前文提出的假设4-8。

表4-8 替换自变量

Variables	(1) Default	(2) Default	(3) Default	(4) Default	(5) Default	(6) Default	(7) Default
Overinvest2	5.258***						
	(3.19)						
CDH2		0.350*					
		(1.74)					
VOL2			16.502***				
			(4.91)				
Infor2				2.888***			
				(2.81)			
Adcost2					0.492**		
					(2.05)		
Ind_num						0.963**	
						(2.09)	
Financial2							-0.671*
							(-1.80)
Size	-0.338**	-0.388***	-0.243	-0.372**	-0.404***	-0.417***	-0.438***
	(-2.29)	(-4.51)	(-1.61)	(-2.55)	(-2.73)	(-2.85)	(-5.17)
Age	0.003	-0.002	0.001	0.000	0.000	0.001	0.003
	(0.18)	(-0.23)	(0.08)	(0.01)	(0.00)	(0.05)	(0.36)
Lev	3.060***	3.043***	3.056***	3.257***	3.538***	3.440***	3.477***
	(3.23)	(5.48)	(3.58)	(3.91)	(4.30)	(4.16)	(6.84)
Growth	-0.239	-0.137	-0.077	-0.126	-0.093	-0.121	-0.122
	(-1.30)	(-1.04)	(-0.69)	(-1.07)	(-0.75)	(-0.98)	(-1.01)

续表

Variables	(1) Default	(2) Default	(3) Default	(4) Default	(5) Default	(6) Default	(7) Default
ROE	-1.343**	-1.074**	-0.528	-1.310**	-1.357**	-1.257**	-1.258**
	(-2.41)	(-2.26)	(-1.01)	(-2.41)	(-2.49)	(-2.33)	(-2.56)
MDura	-0.114**	-0.103***	-0.087*	-0.101*	-0.102*	-0.098*	-0.109***
	(-2.05)	(-2.92)	(-1.68)	(-1.92)	(-1.93)	(-1.86)	(-3.42)
Listed	0.248	0.256**	0.102	0.204	0.225	0.228	0.195
	(1.00)	(2.25)	(0.43)	(0.89)	(0.98)	(0.99)	(1.63)
LnMIvalue	0.577***	0.615***	0.462**	0.597***	0.636***	0.629***	0.649***
	(2.81)	(4.96)	(2.30)	(2.94)	(3.15)	(3.11)	(5.44)
CFO	-1.554	-1.210	-0.887	-0.564	-0.997	-1.108	-1.224
	(-1.31)	(-1.38)	(-0.95)	(-0.60)	(-0.97)	(-1.08)	(-1.45)
Loss	0.254	0.238	-0.120	0.172	0.173	0.200	0.199
	(1.40)	(1.62)	(-0.64)	(0.98)	(1.00)	(1.15)	(1.39)
Z	-0.099	-0.092	0.043	-0.015	0.009	-0.024	-0.001
	(-0.50)	(-0.88)	(0.27)	(-0.10)	(0.05)	(-0.15)	(-0.01)
_cons	-6.610**	-6.461**	-6.857**	-6.364**	-6.626**	-7.704**	-5.720***
	(-2.02)	(-2.05)	(-2.11)	(-2.04)	(-2.13)	(-2.34)	(-3.48)
Year	Yes	Yes	Yes	Yes	Yes	Yes	Yes
Ind	Yes	Yes	Yes	Yes	Yes	Yes	Yes
Pseudo_R^2	0.235	0.216	0.253	0.210	0.208	0.207	0.208
N	1037	1299	1317	1305	1317	1317	1317

(3) 改变估计模型

在主回归的检验中，本书采用 Probit 估计方法对模型（4－1）进行估计，在此，尝试改变模型的估计方法，使用 Logit 估计方法对模型（4－1）进行估计，表 4－9 报告了该部分的回归结果。从表中可知，在改变模型的估计方法后，各个自变量的回归系数均在 10% 以下的水平显著，且回归系数方向也与主回归结果保持一致，说明改变模型估计方法并不会影响本章的主要研究结论，表明本章的研究结论是稳健的。

表 4 -9 改变模型估计方法

Variables	(1) Default	(2) Default	(3) Default	(4) Default	(5) Default	(6) Default	(7) Default	(8) Default
Overinvest	10. 609 **							
	(2. 47)							
CDH		1. 448 ***						
		(2. 89)						
REM			3. 163 **					
			(2. 24)					
VOL				26. 440 ***				
				(4. 68)				
Infor					5. 103 ***			
					(2. 77)			
Adcost						1. 345 **		
						(2. 13)		
Comp							1. 250 ***	
							(3. 71)	
Financial								-1. 144 *
								(-1. 67)
Size	-0. 635 **	-0. 771 ***	-0. 490	-0. 493	-0. 699 **	-0. 829 ***	-0. 640 **	-0. 451 ***
	(-2. 14)	(-2. 68)	(-1. 64)	(-1. 62)	(-2. 46)	(-2. 86)	(-2. 10)	(-3. 18)
Age	-0. 002	-0. 009	-0. 004	-0. 002	-0. 006	-0. 003	0. 001	0. 004
	(-0. 06)	(-0. 29)	(-0. 12)	(-0. 07)	(-0. 20)	(-0. 09)	(0. 02)	(0. 24)
Lev	5. 190 ***	6. 064 ***	4. 301 **	5. 530 ***	5. 843 ***	8. 709 ***	6. 305 ***	3. 487 ***
	(2. 81)	(3. 82)	(2. 38)	(3. 33)	(3. 55)	(4. 43)	(4. 02)	(4. 25)
Growth	-0. 461	-0. 184	-0. 391	-0. 147	-0. 243	-0. 194	0. 069	-0. 104
	(-1. 21)	(-0. 79)	(-1. 07)	(-0. 65)	(-1. 07)	(-0. 83)	(0. 28)	(-0. 85)
ROE	-2. 330 **	-2. 016 **	-1. 428	-0. 826	-2. 072 **	-2. 700 ***	-1. 909 **	-1. 260 **
	(-2. 13)	(-2. 04)	(-1. 29)	(-0. 86)	(-2. 08)	(-2. 81)	(-2. 02)	(-2. 34)
MDura	-0. 202 *	-0. 179 *	-0. 200 *	-0. 167 *	-0. 183 *	-0. 216 **	-0. 176 *	-0. 115 **
	(-1. 87)	(-1. 75)	(-1. 87)	(-1. 67)	(-1. 84)	(-2. 09)	(-1. 72)	(-2. 16)
Listed	0. 512	0. 449	0. 502	0. 206	0. 391	0. 508	0. 363	0. 178
	(0. 99)	(0. 94)	(0. 97)	(0. 42)	(0. 83)	(1. 08)	(0. 80)	(0. 79)

续表

Variables	(1) Default	(2) Default	(3) Default	(4) Default	(5) Default	(6) Default	(7) Default	(8) Default
LnMIvalue	1.059***	1.155***	0.916**	0.835**	1.053***	1.194***	1.074***	0.657***
	(2.62)	(2.89)	(2.30)	(2.08)	(2.69)	(3.00)	(2.80)	(3.27)
CFO	-2.933	-2.827	1.282	-1.772	-1.352	-1.484	-0.856	-1.304
	(-1.28)	(-1.44)	(0.41)	(-1.03)	(-0.82)	(-0.76)	(-0.44)	(-1.19)
Loss	0.388	0.397	0.334	-0.180	0.298	0.332	0.027	0.199
	(1.12)	(1.17)	(0.97)	(-0.51)	(0.90)	(1.04)	(0.08)	(1.15)
Z	-0.376	-0.238	-0.534	0.038	-0.092	0.563	0.106	0.008
	(-0.86)	(-0.71)	(-1.30)	(0.11)	(-0.27)	(1.34)	(0.33)	(0.05)
_cons	-10.942*	-10.337*	-10.709*	-10.806*	-10.194*	-11.715**	-12.591**	-5.344*
	(-1.79)	(-1.78)	(-1.80)	(-1.77)	(-1.76)	(-1.97)	(-2.16)	(-1.72)
Year	Yes	Yes	Yes	Yes	Yes	Yes	Yes	Yes
Ind	Yes	Yes	Yes	Yes	Yes	Yes	Yes	Yes
Pseudo_R^2	0.232	0.224	0.234	0.246	0.211	0.215	0.226	0.213
N	1037	1317	1037	1317	1317	1317	1317	1317

(4) 全样本回归

为了避免研究结论受样本选择偏差的影响，在主回归中本书按照行业相同、年份相同、企业资产规模相近的原则为债券违约样本寻找与之匹配的未违约样本，在此，本书尝试采用全样本进行回归，以检验在全样本下主回归中得出的研究结论是否依然成立，检验结果如表 4-10 所示。从表中可知，在全样本下，过度投资、存贷双高、真实盈余管理、经营风险、信息质量、代理成本以及市场竞争的回归系数均在 1% 的水平下显著为正，表明采用全样本进行检验后，本章的研究结论仍然稳健。地区金融发展水平的回归系数在 10% 的水平下显著为负，也与主回归的检验结果一致。总体而言，表 4-10 的回归结果表明，采用全样本进行检验并未改变本章的研究结论。

表 4-10 采用全样本检验

Variables	(1) Default	(2) Default	(3) Default	(4) Default	(5) Default	(6) Default	(7) Default	(8) Default
Overinvest	4.597***							
	(3.57)							
CDH		0.501***						
		(3.16)						
REM			1.753***					
			(3.30)					
VOL				12.800***				
				(6.56)				
Infor					1.711***			
					(3.12)			
Adcost						0.522**		
						(2.45)		
Comp							0.536***	
							(5.11)	
Financial								-0.918*
								(-1.79)
Size	-0.299***	-0.312***	-0.252***	-0.199***	-0.287***	-0.317***	-0.262***	-0.311***
	(-3.76)	(-4.00)	(-3.30)	(-2.70)	(-3.81)	(-4.01)	(-3.41)	(-4.02)
Age	0.007	0.005	0.007	0.003	0.004	0.005	0.004	0.006
	(0.80)	(0.54)	(0.80)	(0.39)	(0.48)	(0.58)	(0.49)	(0.66)
Lev	1.722***	1.974***	1.208**	1.793***	1.918***	2.997***	2.112***	2.017***
	(3.01)	(3.72)	(2.15)	(3.49)	(3.62)	(4.55)	(4.05)	(3.81)
Growth	-0.261*	-0.107	-0.205	-0.037	-0.111	-0.096	0.015	-0.102
	(-1.80)	(-1.09)	(-1.51)	(-0.50)	(-1.17)	(-1.03)	(0.19)	(-1.02)
ROE	-0.965***	-0.839**	-0.628*	-0.291	-0.845**	-1.097***	-0.653*	-0.808**
	(-2.77)	(-2.20)	(-1.74)	(-0.87)	(-2.29)	(-2.77)	(-1.85)	(-2.11)
MDura	-0.105***	-0.091***	-0.109***	-0.094***	-0.091***	-0.100***	-0.097***	-0.099***
	(-3.23)	(-3.11)	(-3.39)	(-3.30)	(-3.17)	(-3.33)	(-3.35)	(-3.39)
Listed	0.233	0.221	0.232	0.098	0.213	0.240*	0.218	0.216
	(1.53)	(1.60)	(1.52)	(0.67)	(1.55)	(1.73)	(1.60)	(1.57)

续表

Variables	(1) Default	(2) Default	(3) Default	(4) Default	(5) Default	(6) Default	(7) Default	(8) Default
LnMIvalue	0.440***	0.448***	0.416***	0.358***	0.427***	0.448***	0.419***	0.454***
	(3.42)	(3.55)	(3.28)	(2.94)	(3.47)	(3.55)	(3.50)	(3.69)
CFO	-1.286*	-1.023*	0.974	-0.922*	-0.658	-0.658	-0.655	-1.073*
	(-1.79)	(-1.66)	(0.95)	(-1.79)	(-1.31)	(-1.09)	(-1.09)	(-1.69)
Loss	0.147	0.161	0.116	-0.063	0.143	0.160	0.019	0.140
	(1.40)	(1.57)	(1.07)	(-0.58)	(1.40)	(1.58)	(0.19)	(1.39)
Z	-0.193*	-0.124	-0.272**	-0.025	-0.086	0.177	-0.003	-0.070
	(-1.67)	(-1.22)	(-2.53)	(-0.26)	(-0.86)	(1.21)	(-0.03)	(-0.71)
_cons	-4.470***	-4.624***	-4.722***	-5.644***	-4.864***	-5.223***	-5.488***	-4.409***
	(-2.73)	(-3.00)	(-2.93)	(-3.57)	(-3.18)	(-3.28)	(-3.66)	(-2.80)
Year	Yes	Yes	Yes	Yes	Yes	Yes	Yes	Yes
Ind	Yes	Yes	Yes	Yes	Yes	Yes	Yes	Yes
Pseudo_R^2	0.235	0.215	0.240	0.243	0.209	0.212	0.225	0.212
N	12449	16216	12449	16216	16216	16216	16216	16165

（5）Heckman 两阶段估计

为了控制自选择问题可能对本章研究结论造成的影响，本书尝试使用 Heckman 两阶段模型对模型（4－1）进行估计。表 4－11 报告了 Heckman 两阶段模型中第二阶段的估计结果。从表中的回归结果可知，在第二阶段回归中加入逆米尔斯比（IMR）后，各个自变量的回归系数均在 10% 以下的水平上显著，并且系数方向均与主回归结果中的回归系数一致，说明在控制可能存在的样本选择偏差问题后，本章主回归中的研究结论保持不变。

表 4－11　　Heckman 两阶段估计

Variables	(1) Default	(2) Default	(3) Default	(4) Default	(5) Default	(6) Default	(7) Default	(8) Default
Overinvest	5.456***							
	(2.66)							

续表

Variables	(1) Default	(2) Default	(3) Default	(4) Default	(5) Default	(6) Default	(7) Default	(8) Default
CDH		0.797***						
		(2.96)						
REM			1.840**					
			(2.30)					
VOL				16.296***				
				(5.39)				
Infor					2.866***			
					(2.91)			
Adcost						0.707**		
						(2.06)		
Comp							0.705***	
							(3.80)	
Financial								-1.146*
								(-1.68)
IMR	0.607	0.688	0.413	-1.779	0.083	0.511	-0.119	0.683
	(0.41)	(0.46)	(0.27)	(-1.31)	(0.06)	(0.37)	(-0.08)	(0.48)
Size	-0.522	-0.634	-0.386	0.309	-0.402	-0.599	-0.311	-0.662
	(-1.10)	(-1.34)	(-0.78)	(0.71)	(-0.90)	(-1.36)	(-0.67)	(-1.45)
Age	0.003	-0.001	0.002	0.001	0.000	0.002	0.003	0.004
	(0.20)	(-0.05)	(0.13)	(0.10)	(0.03)	(0.11)	(0.18)	(0.25)
Lev	4.594	5.278	3.515	-1.729	3.499	6.203*	3.198	5.307
	(1.13)	(1.30)	(0.85)	(-0.46)	(0.93)	(1.69)	(0.83)	(1.37)
Growth	-0.331	-0.194	-0.280	0.094	-0.153	-0.166	0.035	-0.173
	(-1.42)	(-1.01)	(-1.22)	(0.52)	(-0.85)	(-0.88)	(0.17)	(-0.94)
ROE	-1.964	-1.801	-1.252	1.144	-1.309	-2.051*	-1.023	-1.852
	(-1.37)	(-1.33)	(-0.84)	(0.90)	(-1.03)	(-1.71)	(-0.80)	(-1.46)
MDura	-0.156	-0.151	-0.144	0.048	-0.108	-0.157	-0.090	-0.167
	(-1.20)	(-1.16)	(-1.09)	(0.40)	(-0.88)	(-1.29)	(-0.70)	(-1.32)

续表

Variables	(1) Default	(2) Default	(3) Default	(4) Default	(5) Default	(6) Default	(7) Default	(8) Default
Listed	0. 365	0. 348	0. 327	-0. 208	0. 220	0. 347	0. 172	0. 298
	(1. 05)	(1. 04)	(0. 93)	(-0. 62)	(0. 68)	(1. 09)	(0. 54)	(0. 92)
LnMIvalue	0. 874	0. 991	0. 714	-0. 395	0. 639	0. 911	0. 561	0. 983
	(1. 15)	(1. 31)	(0. 92)	(-0. 57)	(0. 90)	(1. 28)	(0. 76)	(1. 34)
CFO	-1. 851	-2. 021	0. 699	0. 782	-0. 699	-1. 134	-0. 218	-1. 917
	(-0. 97)	(-1. 15)	(0. 30)	(0. 48)	(-0. 44)	(-0. 65)	(-0. 12)	(-1. 08)
Loss	0. 339	0. 349	0. 287	-0. 348	0. 207	0. 290	0. 018	0. 299
	(1. 19)	(1. 28)	(1. 00)	(-1. 42)	(0. 82)	(1. 13)	(0. 07)	(1. 14)
Z	-0. 158	-0. 100	-0. 252	0. 076	-0. 020	0. 323	0. 091	-0. 005
	(-0. 79)	(-0. 61)	(-1. 30)	(0. 47)	(-0. 13)	(1. 46)	(0. 56)	(-0. 03)
_cons	-9. 963	-10. 400	-8. 852	3. 225	-6. 882	-10. 064	-7. 093	-9. 168
	(-1. 07)	(-1. 10)	(-0. 96)	(0. 37)	(-0. 77)	(-1. 13)	(-0. 79)	(-1. 01)
Year	Yes	Yes	Yes	Yes	Yes	Yes	Yes	Yes
Ind	Yes	Yes	Yes	Yes	Yes	Yes	Yes	Yes
Pseudo_R^2	0. 231	0. 225	0. 234	0. 251	0. 211	0. 215	0. 225	0. 214
N	1037	1317	1037	1317	1317	1317	1317	1317

（6）双重聚类调整标准误

Petersen（2009）指出，按照个体层面和时间层面对标准差进行双重聚类调整可以同时控制自相关和异方差可能对研究结论造成的影响。在此，采用双重聚类调整标准误的方法进行稳健性检验，以控制自相关和异方差可能会对本章研究结论造成的影响。表 4-12 报告了采用双重聚类调整标准误方法后的检验结果。从表中可知，各个自变量的回归系数均在 10%以下的水平上显著，并且系数方向均与主回归结果中的回归系数一致，表明控制自相关和异方差问题后，本章的研究结论仍成立。

表 4-12　　双重聚类调整标准误

Variables	(1) Default	(2) Default	(3) Default	(4) Default	(5) Default	(6) Default	(7) Default	(8) Default
Overinvest	5.258***							
	(9.94)							
CDH		0.798***						
		(3.50)						
REM			1.860**					
			(2.37)					
VOL				15.326***				
				(5.75)				
Infor					2.881***			
					(2.70)			
Adcost						0.712**		
						(2.24)		
Comp							0.704***	
							(2.62)	
Financial								-1.144*
								(-1.78)
Size	-0.338**	-0.421**	-0.259	-0.255	-0.376**	-0.441**	-0.348**	-0.451***
	(-2.17)	(-2.45)	(-1.54)	(-1.63)	(-2.17)	(-2.54)	(-2.05)	(-2.66)
Age	0.003	-0.001	0.002	0.001	0.000	0.002	0.003	0.004
	(0.22)	(-0.05)	(0.15)	(0.10)	(0.03)	(0.12)	(0.18)	(0.25)
Lev	3.060***	3.443***	2.418**	3.047***	3.278***	4.845***	3.517***	3.487***
	(3.11)	(4.27)	(2.41)	(3.48)	(4.02)	(4.88)	(4.61)	(4.39)
Growth	-0.239	-0.125	-0.238	-0.088	-0.145	-0.115	0.022	-0.104
	(-0.79)	(-0.61)	(-0.84)	(-0.45)	(-0.73)	(-0.58)	(0.10)	(-0.47)
ROE	-1.343*	-1.200	-0.887	-0.444	-1.237	-1.608**	-1.126	-1.260
	(-1.75)	(-1.45)	(-1.09)	(-0.67)	(-1.60)	(-2.05)	(-1.31)	(-1.57)
MDura	-0.114**	-0.099**	-0.112**	-0.089*	-0.102**	-0.118***	-0.099**	-0.115***
	(-2.41)	(-2.18)	(-2.41)	(-1.94)	(-2.28)	(-2.68)	(-2.17)	(-2.61)
Listed	0.248	0.227	0.255	0.111	0.206	0.257	0.193	0.178
	(0.91)	(0.92)	(0.93)	(0.48)	(0.87)	(1.06)	(0.84)	(0.74)

续表

Variables	(1) Default	(2) Default	(3) Default	(4) Default	(5) Default	(6) Default	(7) Default	(8) Default
LnMIvalue	0.577***	0.663***	0.517**	0.471**	0.599***	0.667***	0.618***	0.657***
	(3.03)	(3.19)	(2.55)	(2.48)	(2.95)	(3.24)	(3.07)	(3.27)
CFO	-1.554	-1.404	1.098	-0.840	-0.622	-0.671	-0.328	-1.304
	(-1.08)	(-1.39)	(0.77)	(-0.99)	(-0.69)	(-0.58)	(-0.39)	(-1.16)
Loss	0.254	0.248	0.226	-0.073	0.195	0.215	0.036	0.199
	(1.06)	(1.04)	(1.00)	(-0.35)	(0.89)	(0.94)	(0.16)	(0.85)
Z	-0.099	-0.088	-0.245	0.036	-0.018	0.335	0.088	0.008
	(-0.42)	(-0.50)	(-1.02)	(0.22)	(-0.11)	(1.45)	(0.61)	(0.05)
_cons	-6.770**	-6.680**	-6.957***	-7.077**	-6.584**	-7.356***	-8.135***	-5.314**
	(-2.47)	(-2.46)	(-2.59)	(-2.55)	(-2.47)	(-2.68)	(-2.94)	(-2.00)
Year	Yes	Yes	Yes	Yes	Yes	Yes	Yes	Yes
Ind	Yes	Yes	Yes	Yes	Yes	Yes	Yes	Yes
N	1037	1317	1037	1317	1317	1317	1317	1317

(7) 控制省份固定效应

本书还尝试在对模型（4-1）进行估计时控制省份固定效应，以控制省份层面随时间变化的不可观测因素可能对研究结论造成的影响。表 4-13 报告了控制省份固定效应后的估计结果。从表中可知，在控制省份固定效应后，各个自变量的回归系数方向均与主回归结果一致，且均通过了统计检验，表明在控制省份层面随时间变化的不可观测因素的影响后，本章主回归的研究结论保持不变。

表 4-13　　　控制省份固定效应

Variables	(1) Default	(2) Default	(3) Default	(4) Default	(5) Default	(6) Default	(7) Default	(8) Default
Overinvest	4.457**							
	(2.09)							
CDH		1.028***						
		(3.50)						

续表

Variables	(1) Default	(2) Default	(3) Default	(4) Default	(5) Default	(6) Default	(7) Default	(8) Default
REM			1.872**					
			(2.23)					
VOL				16.262***				
				(4.71)				
Infor					2.820**			
					(2.42)			
Adcost						0.974***		
						(2.86)		
Comp							0.715***	
							(3.70)	
Financial								-3.897*
								(-1.92)
Size	-0.385**	-0.481***	-0.303*	-0.283*	-0.434***	-0.516***	-0.407**	-0.492***
	(-2.43)	(-3.15)	(-1.82)	(-1.81)	(-2.84)	(-3.29)	(-2.54)	(-3.23)
Age	-0.001	-0.008	-0.002	-0.005	-0.006	-0.005	-0.003	-0.006
	(-0.05)	(-0.47)	(-0.10)	(-0.28)	(-0.32)	(-0.28)	(-0.19)	(-0.33)
Lev	3.169***	3.707***	2.577**	3.269***	3.556***	5.776***	3.788***	3.820***
	(3.05)	(4.18)	(2.49)	(3.68)	(4.08)	(5.64)	(4.34)	(4.37)
Growth	-0.117	0.008	-0.118	0.038	-0.001	0.045	0.182	0.014
	(-0.66)	(0.06)	(-0.67)	(0.33)	(-0.00)	(0.36)	(1.42)	(0.11)
ROE	-1.578***	-1.334**	-1.040*	-0.607	-1.376**	-1.859***	-1.247**	-1.421***
	(-2.75)	(-2.39)	(-1.80)	(-1.05)	(-2.52)	(-3.50)	(-2.26)	(-2.60)
MDura	-0.100*	-0.107*	-0.102*	-0.097*	-0.103*	-0.124**	-0.101*	-0.099*
	(-1.72)	(-1.85)	(-1.75)	(-1.78)	(-1.90)	(-2.29)	(-1.84)	(-1.83)
Listed	0.326	0.277	0.321	0.149	0.238	0.312	0.204	0.242
	(1.22)	(1.10)	(1.20)	(0.59)	(0.96)	(1.22)	(0.82)	(0.97)
LnMIvalue	0.531**	0.632***	0.459**	0.383*	0.548***	0.641***	0.582***	0.585***
	(2.41)	(2.88)	(2.05)	(1.91)	(2.62)	(3.07)	(2.79)	(2.79)
CFO	-1.819	-1.772*	0.530	-1.129	-0.980	-0.944	-0.771	-1.594
	(-1.54)	(-1.70)	(0.34)	(-1.20)	(-1.03)	(-0.91)	(-0.74)	(-1.54)

续表

Variables	(1) Default	(2) Default	(3) Default	(4) Default	(5) Default	(6) Default	(7) Default	(8) Default
Loss	0.245	0.305	0.214	-0.024	0.229	0.259	0.061	0.239
	(1.27)	(1.61)	(1.12)	(-0.12)	(1.25)	(1.43)	(0.33)	(1.32)
Z	-0.170	-0.126	-0.268	0.076	0.007	0.486**	0.095	0.014
	(-0.77)	(-0.73)	(-1.28)	(0.47)	(0.04)	(2.40)	(0.58)	(0.09)
_cons	-4.517	-4.512	-4.452	-4.457	-4.265	-5.617	-5.857*	-0.729
	(-1.21)	(-1.23)	(-1.19)	(-1.24)	(-1.19)	(-1.56)	(-1.65)	(-0.18)
Year	Yes	Yes	Yes	Yes	Yes	Yes	Yes	Yes
Ind	Yes	Yes	Yes	Yes	Yes	Yes	Yes	Yes
Provin	Yes	Yes	Yes	Yes	Yes	Yes	Yes	Yes
Pseudo_R^2	0.279	0.283	0.282	0.299	0.262	0.272	0.275	0.260
N	912	1159	912	1159	1159	1159	1159	1164

4.4.4　进一步分析

评级机构作为企业与投资者之间的桥梁，应该为投资者提供及时、准确的评级信息，以供投资者作出正确的投资决策。但是，现有研究关于评级机构评级质量的评价却褒贬不一。特别是在安然事件和世通事件爆发后，信用评级的及时性和准确性问题引发了公众的广泛质疑。已有对于信用评级的研究存在评级有用观和评级无用观两种立场。一些学者认为评级机构给出的信用评级并未能真实反映企业的信用风险和违约风险（即评级无用观），评级机构与企业之间可能存在评级购买行为，信用评级存在高估的现象。另外一些研究却发现评级机构能够识别出企业的风险，并且在评级中对企业的风险予以反映（即评级有用观）。基于信用评级作用的不确定性，本章试图在研究债券违约的影响时进一步分析信用评级的调节作用。如果企业的信用评级是有效可信的，那么应该可以观察到信用评级能够缓解过度投资、存贷双高、真实盈余管理、经营风险、信息质量、代理成本以及市场竞争与债券违约之间的正向关系，能够加强地区金融发展水平与债券违约之间的负向关系。为了检验信用评级的调节作用，本章构建了模型（4-2）。模型中，Mrating 表示主体评级哑变量，借鉴王雄元和张春强（2013）的研究，当发债企业的主体评级为 AAA 级别时，Mrating 取值为 1，否则取值为 0。Influence × Mrating 表示各个影响因素变量与主体评级变量的交乘项，其他变量的定义同模型（4-1）。

$$Default = \beta_0 + \beta_1 Influence \times Mrating + \sum_k \beta_k Controls + Year + Ind + \varepsilon \quad (4-2)$$

表 4-14 报告了主体评级调节作用的检验结果。从表中第（1）列可知，过度投资与主体评级的交乘项 Over_Mrating 的回归系数显著为负，说明主体评级能够缓解过度投资对债券违约的正向影响。第（2）列中，存贷双高与主体评级交乘项 CDH_Mrating 的回归系数为 -3.781，在 1% 的水平下显著，说明主体评级缓解了存贷双高与债券违约之间的正向关系。第（3）列中，真实盈余管理与主体评级交乘项 REM_Mrating 的回归系数在 1% 的水平下显著为负，说明主体评级削弱了真实盈余管理与债券违约之间的正向关系，表明主体评级也能够抑制真实盈余管理对债券违约的影响。第（4）列中，经营风险与主体评级交乘项 VOL_Mrating 的回归系数也在 1% 的水平下显著为负，说明主体评级能够识别企业的风险，从而有效地缓解经营风险对债券违约的影响。此外，信息质量、代理成本以及市场竞争与主体评级的交乘项回归系数均在 5% 的水平下显著为负，说明主体评级也能够削弱信息质量、代理成本以及市场竞争与债券违约之间的正向关系。在第（8）列中，地区金融发展水平与主体评级之间的交乘项 Fin_Mrating 的回归系数为 -2.885，在 1% 的水平下显著，说明主体评级加强了地区金融发展水平对债券违约的负向影响，表明在地区金融发展水平越高的地区，主体评级越高，企业发生债券违约的可能性越小。

总体而言，表 4-14 的回归结果表明，主体评级能够削弱异常投资活动、异常融资活动、异常经营活动、不健全的公司治理以及市场竞争对债券违约之间的正向关系，并且能够促进地区金融发展水平与债券违约之间的负向关系，表明我国的主体评级能够在一定程度上反映企业的风险，支持了评级有用观。

表 4－14　主体评级的调节作用

Variables	(1) Default	(2) Default	(3) Default	(4) Default	(5) Default	(6) Default	(7) Default	(8) Default
Overinvest	55.129***							
	(3.33)							
Over_Mrating	-51.333***							
	(-3.04)							
CDH		4.508***						
		(12.33)						
CDH_Mrating		-3.781***						
		(-8.30)						
REM			2.760***					
			(3.02)					
REM_Mrating			-6.691***					
			(-4.28)					
VOL				17.476***				
				(6.06)				
VOL_Mrating				-23.480***				
				(-3.81)				
Infor					3.523***			
					(3.42)			

续表

Variables	(1) Default	(2) Default	(3) Default	(4) Default	(5) Default	(6) Default	(7) Default	(8) Default
Infor_Mrating					-7.273 **			
					(-2.09)			
Adcost						0.359		
						(0.94)		
Adcost_Mrating						-10.442 ***		
						(-3.95)		
Comp							1.036 ***	
							(2.88)	
Comp_Mrating							-1.229 ***	
							(-2.80)	
Financial								-1.539 **
								(-2.14)
Fin_Mrating								-2.885 ***
								(-2.62)
Mrating	-1.342 **	-2.213 ***	-1.525 ***	-0.795	-0.979 *	1.387 *	-1.720 ***	-2.249 ***
	(-2.39)	(-8.59)	(-2.94)	(-1.50)	(-1.80)	(1.83)	(-5.97)	(-8.37)
Size	-0.260	-0.358 **	-0.158	-0.219	-0.312 **	-0.395 **	-0.321 **	-0.341 **
	(-1.63)	(-2.33)	(-0.94)	(-1.33)	(-2.02)	(-2.45)	(-2.02)	(-2.22)

续表

Variables	(1) Default	(2) Default	(3) Default	(4) Default	(5) Default	(6) Default	(7) Default	(8) Default
Age	0.007	0.006	0.008	0.006	0.004	0.006	0.007	0.015
	(0.43)	(0.36)	(0.44)	(0.37)	(0.23)	(0.33)	(0.44)	(0.94)
Lev	2.874***	3.082***	2.256**	2.872***	3.129***	4.257***	3.082***	3.077***
	(2.82)	(3.70)	(2.25)	(3.26)	(3.69)	(3.98)	(3.65)	(3.68)
Growth	-0.236	0.036	-0.235	-0.051	-0.126	-0.109	0.086	0.070
	(-1.29)	(0.33)	(-1.33)	(-0.46)	(-1.08)	(-0.88)	(0.75)	(0.62)
ROE	-1.740***	-1.154**	-1.022*	-0.763	-1.444***	-1.697***	-1.461**	-1.420**
	(-3.08)	(-1.99)	(-1.70)	(-1.47)	(-2.78)	(-3.15)	(-2.13)	(-2.48)
MDura	-0.139**	-0.088*	-0.158***	-0.131**	-0.135**	-0.150***	-0.090*	-0.139**
	(-2.31)	(-1.65)	(-2.66)	(-2.44)	(-2.47)	(-2.60)	(-1.66)	(-2.40)
Listed	0.323	0.154	0.307	0.128	0.251	0.258	0.134	0.130
	(1.30)	(0.69)	(1.21)	(0.54)	(1.09)	(1.07)	(0.60)	(0.59)
LnMIvalue	0.732***	0.653***	0.693***	0.661***	0.753***	0.809***	0.594***	0.800***
	(3.41)	(3.28)	(3.12)	(3.17)	(3.53)	(3.67)	(3.06)	(3.89)
CFO	-1.362	0.220	1.515	-1.150	-0.837	-1.111	0.395	0.204
	(-1.08)	(0.22)	(0.84)	(-1.18)	(-0.87)	(-1.02)	(0.41)	(0.19)
Loss	0.290	-0.084	0.339*	-0.052	0.253	0.326*	-0.225	-0.064
	(1.61)	(-0.41)	(1.85)	(-0.28)	(1.44)	(1.86)	(-1.02)	(-0.32)

续表

Variables	(1) Default	(2) Default	(3) Default	(4) Default	(5) Default	(6) Default	(7) Default	(8) Default
Z	-0.105	0.031	-0.172	0.071	0.025	0.252	0.108	0.180
	(-0.45)	(0.19)	(-0.76)	(0.41)	(0.14)	(1.10)	(0.66)	(1.04)
_cons	-11.366***	-5.538*	-12.567***	-11.323***	-10.976***	-10.836***	-5.785*	-8.339**
	(-2.89)	(-1.71)	(-3.19)	(-2.98)	(-2.96)	(-2.91)	(-1.75)	(-2.19)
Year	Yes	Yes	Yes	Yes	Yes	Yes	Yes	Yes
Ind	Yes	Yes	Yes	Yes	Yes	Yes	Yes	Yes
Pseudo_R^2	0.281	0.335	0.280	0.288	0.242	0.252	0.331	0.357
N	1037	1317	1037	1317	1317	1317	1317	1317

4.5 本章小结

近年来，债券违约事件频发，债券违约受到了理论界和实务界的普遍关注，在此背景下，本章利用2014—2019年发行公司债、企业债、中期票据、短期融资券、定向工具的发债企业经验数据从企业的内部特征和外部特征两个维度考察了债券违约的影响因素。内部特征方面，研究发现过度投资越严重、真实盈余管理程度越高、存在存贷双高现象以及经营风险越高的企业，更可能发生债券违约；而且，公司治理水平越低（即信息质量越差，代理成本越高）的发债企业，发生债券违约的概率也越高；外部特征方面，发现发债企业面临的市场竞争越激烈，发生债券违约的概率越高，而地区金融发展水平则有助于抑制债券违约现象的发生。进一步分析发现，主体评级能够缓解过度投资、真实盈余管理、存贷双高、经营风险、公司治理以及市场竞争对债券违约的正向影响，并且能够促进地区金融发展水平对债券违约的抑制作用。在采用Heckman两阶段估计等方法控制可能存在的内生性问题后，本章的研究结论仍成立。

根据本章的研究结论，提出以下几点建议：第一，债券违约的爆发暴露了公司在经营管理上和公司治理上的诸多弊端，一方面，公司应该加强对自身经营活动以及投融资活动的监督，根据自身的实际情况发债，避免盲目融资，坚持期限匹配原则，并且要及时监控债务的偿还能力，避免债务逾期。另一方面，应该构建完善的内部公司治理体系，提高信息质量，缓解企业的代理问题。第二，企业管理层并非理性人，管理层可能会为了保护自身的利益，从事过度投资和真实盈余管理等机会主义行为。基于此，企业应该加强高管团队建设，加强和完善企业投资决策机制和融资决策机制，建立对高管行为的监督机制，强化对高管非理性行为的惩戒机制，进一步约束管理层的非理性行为。第三，债券违约既会受企业内部特征的影响，也会受企业外部特征的影响，各地区应该努力提高本地区的经济发展水平，加快地区的市场化进程，为当地企业的发展提供良好的营商环境。第四，相关监管部门应提高防范金融风险的能力，建立系统性、完整性、及时性的金融风险防控机制，加强对债券市场风险的监督和管理，应该通过建立完善的债券投资者保护机制，切实保护债券投资者的切身利益。

第5章

债券违约对融资成本的影响

5.1 引言

由于我国资本市场起步晚以及市场发展不完善等原因，导致我国企业普遍面临着融资难和融资贵的问题（钱雪松等，2019），尽管近年来我国政府采取多项货币政策已在一定程度上缓解了企业的融资困境，但融资约束以及融资成本的居高不下仍是制约我国企业成长发展的瓶颈（Claessens and Tzioumis，2006），极大地削弱了我国企业的市场竞争力。切实降低我国企业的融资成本，解决企业融资难、融资贵问题成为近年来政府工作的重点，也成为理论界关注的焦点。2019 年的政府工作报告中指出，要切实降低我国企业尤其是中小微企业的融资成本，解决企业融资难、融资贵的问题。在这样的背景下，探讨企业融资成本的影响因素具有重要的现实意义和理论意义。

我国债券违约事件的发生，引发了学术界和实务界的广泛关注。但是由于研究样本量的局限性，学术界关于债券违约的研究寥寥无几。已有关于债券违约经济后果的研究中，鲜有研究直接从企业债券实质违约的视角考察债券违约对企业自身造成的经济后果，而是更多地考察违约事件对涉事相关方的影响。“11 超日债”引发了投资者对我国债券市场定价合理性的质疑（彭叠峰和程晓园，2018），那么，债券违约后，市场上的债券投资者是否会对违约企业作出惩罚，从而在发债企业未来的债券融资中要求更高的溢价呢？债权融资也是企业重要的融资来源，债券违约是否会对发债企业未来的债权融资产生影响呢？这些都是亟待解决的问题。此外，已有关于融资成本的研究更多地将债务融资和债券融资割裂开来，而本章则试图从债券违约维度同时对这两种融资成本进行考察。

本章利用 2014—2019 年发行公司债、企业债、中期票据、短期融资券、定向工具的发债企业经验数据，考察债券违约对发债企业融资成本的影响。研究发现，债券违约不仅会加大发债企业未来的债券融资成本，而且会加大发债企业未来的债务融资成本。而在主体评级越高的发债企业中，债券违约与融资成本之间的正向关系更弱。在使用 Heckman 两阶段模型、控制遗漏变量、改变倾向得分匹配方法、控制年度和行业交互固定效应等方法控制内生性问题后，本章的主要研究结论未发生改变。横截面的分析表明，债券违约对未来融资成本的影响存在异质性，本章发现在大股东掠夺越严重、代理成本越高以及民营企业中，债券违约与未来融资成本之间的正向关系更为显著。进一步的检验表明，债券违约还会加大企业未来在债务融资过程中的交易成本，并且降低企业未来的商业信用融资。

相较于已有研究，本章主要具有以下几点研究贡献：第一，提供了债券违约与未来融资成本之间有价值的经验证据，增进了关于债券违约经济后果的认识和理解。已有关于我国债券违约经济后果的研究中，由于样本量的问题，基本上都是将债券违约作为一个事件，探讨该事件发生后，对涉事评级机构的评级和市场份额的影响，以及债券违约的行业传染效应和地区传染效应等。本章则是直接以发债企业是否发生债券违约来界定债券违约变量，从未来融资成本视角切入，直接考察债券违约的经济后果，并发现债券违约会导致企业未来的债务融资成本和债券融资成本增加，对已有关于债券违约经济后果的研究提供了增量贡献。第二，为考察主体评级的质量提供了新的视角和证据。已有研究对于主体评级的评级质量褒贬不一，许多学者都对评级机构的评级质量提出了质疑（Delianedis and Geske，2003；Bonsall et al.，2015；钟辉勇等，2016；王雄元和高开娟，2017），本章的研究结论却表明，主体评级越高的发债企业，债券违约与未来融资成本之间的正向关系显著更弱，表明主体评级能够识别企业的违约风险，为支持主体评级质量的文献提供了进一步的经验支撑。第三，扩展了关于债务融资成本的研究。目前尚未有研究从债券违约的维度探讨债务融资成本，尽管债券违约只是影响了债券的还本付息，但是本章的研究结论却表明，债券违约发生后债权人的自我保护意识也会有所提高，为了保护自身的权益，会对债务人要求更多的债务融资成本。并且本章的进一步分析还发现，对于债券违约企业，在未来的债权融资过程中也需要支付比其他企业更多的贷款交易成本，从债券违约角度扩展了关于企业债务融资影响因素的文献。第四，丰富了关于债券融资成本的文献。目前关于债券融资成本的文献更多地聚焦于公司治理方面，主要探讨的是公司治理因素对债券融资成本的降低效应，本书则从债券违约的维度进行考察，发现债券违约也会影响债券未来的发行定价，对于债券违约的发债企业，债券投资者会在未来要求更多的溢价来作为惩罚，丰富了关于债券融资成本的研究。

本章剩余部分的结构安排如下：第二部分是理论分析与研究假设，在对已有研究和已有理论进行梳理的基础上，提出本章的研究假设。第三部分是研究设计，以 2014—2019 年发行公司债、企业债、中期票据、短期融资券、定向工具的企业为初始研究样本，通过选取变量，构建线性回归模型，对本章提出的研究假设进行检验。第四部分是实证结果分析，对本章研究中的主要变量进行描述性统计和相关性分析，对模型的检验结果进行回归分析，进行内生性检验和稳健性检验验证本章研究结论的稳健性，并进一步讨论债券违约对未来融资成本影响的异质性。第五部分是本章小结，对本章的研究内容和研究结论进行总结，并根据研究结论提出建议。

5.2　理论分析与研究假设

5.2.1　债券违约对融资成本的影响

金融契约的出现和存在与信任密不可分，信任作为一种非正式制度可以减少道德风险，降低信息不对称（杨国超和盘宇章，2019），有利于交易双方更快地缔结契约，最终可以降低交易的成本（Arrow，1969；刘凤委，2009；杨国超和盘宇章，2019），诚信的企业能够获得更多的银行贷款（张敦力和李四海，2012；Chen et al.，2016）。显然，债券违约是一种严重的失信行为，债券违约的发生违背了契约精神，会导致企业发生信任危机，使企业的声誉受损，加大了企业的道德风险，导致银行等金融机构以及投资者对企业的信任程度下降，因此会对这些企业提出更高的风险补偿（Guiso et al.，2008）。杨国超和盘宇章（2019）以发债企业被最高法列为“失信被执行人”作为企业失信的衡量，发现发债企业的失信行为会提高债券融资成本。而且债券违约还加大了债权人的信贷风险，增加了债权人的信息搜集成本和监督成本，债权人担忧自身也可能会受到波及，从而在后续的贷款活动中会变得更加谨慎。为了避免自身的利益受到损害，减少未来的损失，对于债券发生违约的发债企业，债权人和投资者对这些企业未来的融资会要求更高的资金回报。

对风险的感知是影响投资者进行风险定价的重要因素。债券违约事件的发生使投资者对企业违约风险的感知变得更加敏感（彭叠峰和程晓园，2018），而且也会使市场上的投资者对于未来的债券投资更加悲观。McLean 和 Zhao（2014）研究发现，低落的投资者情绪会增加债券和股票的发行成本，加剧企业面临的融资约束。黄小琳等（2017）发现涉事评级机构的市场份额在违约后出现了下降趋势，说明违约事件发生后投资者会对涉事评级机构作出惩罚。债券违约加大了债券投资者对违约风险的担忧和恐慌。债券发生违约后，企业的还本付息能力下降，违约风险更高，为了降低违约的损失，投资者会在未来对债券违约企业要求更高的风险回报和补偿（王叙果，2019；王宏博，2020），从而使这些企业的融资成本增加，融资难度加大。方红星等（2013）发现，随着债券违约风险的增加，债券投资者会对债券发行人要求更高的风险溢价。彭叠峰和程晓园（2018）发现“11 超日债”违约事件发生后，国有与非国有公司债之间、高评级与低评级公司债之间信用利差的差距显著拉大。张春强等（2019）发现行业内发生债券违约会导致该行业内企业的债券信用利差增加。王宏博（2020）则发现债券违约发生后，二级市场上的投资者会要求更高的风险溢价。因此，对于债券违约的企业，债券投资者预期的风险更高，从而可能会在未来采用“用脚投票”的方式进行惩罚，会对这些企业提出更高的溢价作为风险补偿，要求这些企业支付更高的融资成本。故本章预计相较于债券未发生违约的发债企业，债券发生违约的发债企业未来的债券融资成本显著更高。

综合以上分析，提出本章的研究假设：

假设 5 - 1：相较于债券未发生违约的发债企业，债券发生违约的发债企业未来的债务融资成本更高。

假设 5 - 2：相较于债券未发生违约的发债企业，债券发生违约的发债企业未来的债券融资成本更高。

5.2.2　主体评级的调节作用

信用评级是投资者用来判断发债企业违约风险大小的重要依据。根据已有研究对信用评级提出的两种质疑，信用评级在债券违约与未来融资成本关系之间的作用可能存在两个方面。

一方面，债券违约事件的发生，也会使信用评级的质量以及信用评级的可信度受到债权人以及债券投资者的质疑，对于高评级企业反而会要求更高的资金回报。债券投资者和债权人对企业和评级机构失去了信心，信用评级的“信用”背书作用随着债券违约的发生而不复存在，从而降低了债券投资者和债权人与发债企业之间的信息透明度。为了弥补信息透明度低可能带来的风险，债券投资者和债权人会提出更高的风险回报作为补偿。王叙果等（2019）发现债券违约会削弱主体评级对信用利差的降低作用。因此，主体评级越高，债券违约与未来融资成本之间的正向关系会更强。

另一方面，主体评级能够反映企业的违约风险，债权人和债券投资者更加信赖主体评级高的企业，故对于评级高的发债企业会要求更低的资金回报。特别是在债券违约事件发生后，债券市场上的投资者以及债权人对发债企业的信任遭到重创，不再轻易相信发债企业，反而可能会更加依赖评级机构的评级，从而对于主体评级越高的发债企业，债权人和债券投资者未来要求的回报更低。因此，主体评级越高，债券违约与未来融资成本之间的正向关系会更弱。

根据以上分析，本章提出以下两个竞争性假设：

假设 5 - 3a：在其他条件不变的情况下，主体评级会加强债券违约与未来融资成本之间的正向关系。

假设 5 - 3b：在其他条件不变的情况下，主体评级能够缓解债券违约与未来融资成本之间的正向关系。

5.3 研究设计

5.3.1 样本选取与数据来源

(1) 样本选取与来源

本章的初始研究样本为 2014—2019 年发行公司债、企业债、中期票据、短期融资券、定向工具的企业，包括上市企业以及非上市企业。按照惯例，在此对初始样本进行如下处理：剔除金融、保险行业样本；剔除主要变量缺失的样本。此外，为了剔除异常值对研究结论造成的影响，对所有连续型变量进行了 1% ~99% 的 Winsor 缩尾处理。研究中所用到的数据来源于 Wind 数据库和 CSMAR 数据库，其中，债券违约数据和发债企业的基本财务数据来源于 Wind 数据库。

(2) 倾向得分匹配 (PSM)

进行了初始的数据处理后，在债务融资成本的检验中获得 11541 个样本观测值，其中债券违约样本占比为 1.11%，由于债券违约样本的观测占比较低，为了避免采用全样本进行回归会导致样本选择偏差，本章采用倾向得分匹配方法为债券违约样本寻找配对样本。具体地，按照 1∶5 的原则进行样本配对，并将卡尺设置为 0.1，选取以下变量作为协变量，包括：企业规模、企业年龄、资产负债率、总资产增长率、盈利性、经营活动现金流以及是否亏损等变量，还包括债券平均发行规模和债券平均期限。为了保证 PSM 匹配的有效性，本书还对 PSM 匹配的协变量进行了均衡性检验。图 5－1 报告了 PSM 匹配前后对照组和控制组中协变量的均衡性检验结果。根据 Rosenbaum 和 Rubin（1983）、邵敏和包群（2011）的研究，PSM 匹配后协变量的标准化偏差小于 20 表明匹配效果较好。图 5－1 显示在匹配之前（Unmatched）对照组和控制组之间协变量的偏差较大，匹配后（Matched）协变量的标准化偏差小于 10，进一步验证了 PSM 匹配的有效性。剔除未匹配的样本后，最后在债务融资成本的检验中一共得到 766 个样本观测值，其中债券违约样本占比为 16.6%。

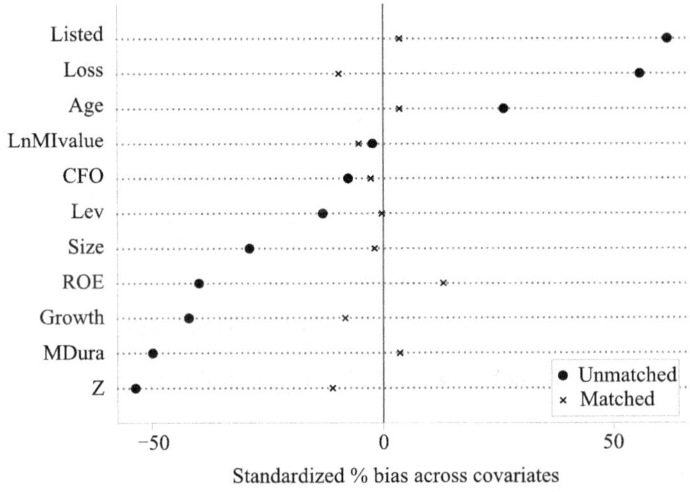

图 5－1　债务融资成本检验中 PSM 匹配前后对照组和控制组中协变量标准化偏差趋势图

在进行了初始的数据处理后，在债券融资成本的检验中一共获得 9754 个样本观测值，同样地，由于全样本较多，债券违约样本较少，为了避免样本选择偏差的存在，按照 1∶5 的原则进行样本配对，选取企业规模、企业年龄、资产负债率、总资产增长率、盈利性、经营活动现金流以及是否亏损等变量，以及债券平均发行规模和债券平均期限等可能会影响企业债券违约的变量作为 PSM 匹配的协变量，并将卡尺设置为 0.1。为了保证 PSM 匹配的有效性，本书还对 PSM 匹配的协变量进行了均衡性检验。图 5 - 2 报告了 PSM 匹配前后对照组和控制组中协变量的均衡性检验结果。从图中可知，在匹配前（Unmatched）协变量的标准化偏差都较大，而在匹配后（Matched）协变量的偏差都较小，表明 PSM 匹配是有效的。剔除未匹配的样本后，最后在债券融资成本的检验中一共得到 555 个样本观测值，其中债券违约样本占比为 17.7%。

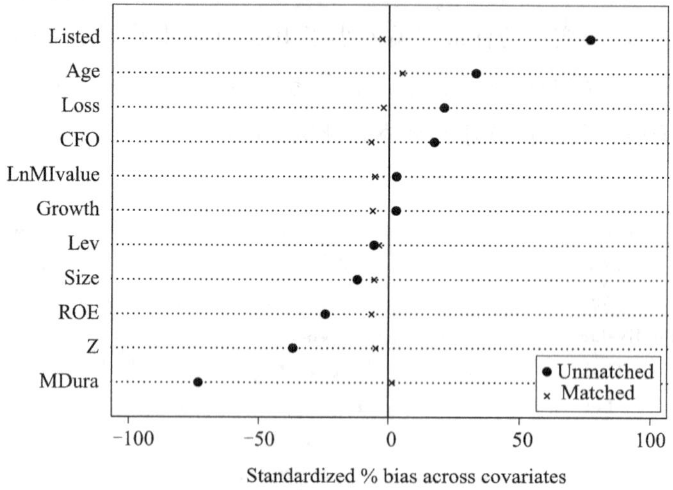

图 5 - 2 债券融资成本检验中 PSM 匹配前后对照组和控制组中协变量标准化偏差趋势图

5.3.2 模型构建

本书构建了模型（5 - 1）考察债券违约对企业未来债务融资成本的影响，以检验本章提出的假设 1 是否成立。模型中的自变量为债券违约变量（Default），因变量为领先一期的债务融资成本（Debtcost）。借鉴陈汉文和周中胜（2014）、潘爱玲等（2019）等研究，模型中控制了以下可能会影响企业债务融资成本的因素，包括：企业规模、资产负债率、总资产增长率、盈利性、经营活动现金流、两职合一、无形资产占比、股权制衡度。模型中还控制了年度固定效应（Year）以消除不可观测的随时间变动的因素对结果的影响，控制行业固定效应（Ind）以消除不可观测的随行业变动的因素对结果的影响。为了避免可能存在的反向因果关系等内生性问题会干扰本章的研究结论，故在此对因变量进行了领先一期处理。在稳健性检验中，本书也尝试了不对因变量进行领先处理，直接采用当期的数据进行回归。

$$Debtcost_{t+1} = \beta_0 + \beta_1 Default + \sum_k \beta_k Controls + Year + Ind + \varepsilon \tag{5-1}$$

本书构建了模型（5-2）考察债券违约对企业未来债券融资成本的影响，以检验本章提出的假设2是否成立。模型中的自变量为债券违约变量（Default），因变量为领先一期的债券融资成本（Bondcost）。借鉴王雄元和高开娟（2017）、林晚发等（2018）、杨国超和盘宇章（2019）等研究，本书控制了以下可能会影响企业债券融资成本的因素，具体包括：企业规模、资产负债率、总资产增长率、盈利性、经营活动现金流、第一大股东持股比例、债券平均期限、债券平均发行规模。模型中还控制了年度固定效应（Year）以消除不可观测的随时间变动的因素对结果的影响，控制行业固定效应（Ind）以消除不可观测的随行业变动的因素对结果的影响。为了避免可能存在的反向因果关系等内生性问题会干扰本章的研究结论，故在此对因变量进行了领先一期处理。在稳健性检验中，本书也尝试了不对因变量进行领先处理，直接采用当期的数据进行回归。

$$Bondcost_{t+1} = \beta_0 + \beta_1 Default + \sum_k \beta_k Controls + Year + Ind + \varepsilon \tag{5-2}$$

为了检验假设5-3a和假设5-3b是否成立，在模型（5-1）和模型（5-2）的基础上，构建了如下调节变量模型，如模型（5-3）和模型（5-4）所示。模型（5-3）中，因变量为企业的债务融资成本，自变量为债券违约（Default），调节变量为主体评级（Mrating），控制变量同模型（5-1）。模型（5-4）中，因变量为企业的债券融资成本，自变量为债券违约，调节变量为主体评级，控制变量同模型（5-2）。

$$Debtcost_{t+1} = \beta_0 + \beta_1 Default + \beta_2 Default \times Mrating + \beta_3 Mrating +$$

$$\sum_k \beta_k Controls + Year + Ind + \varepsilon \quad (5-3)$$

$$Bondcost_{t+1} = \beta_0 + \beta_1 Default + \beta_2 Default \times Mrating + \beta_3 Mrating + \sum_k \beta_k Controls + Year + Ind + \varepsilon \quad (5-4)$$

5.3.3 变量定义

(1) 债务融资成本定义

借鉴李广子和刘力（2009）、陈汉文和周中胜（2014）、张成思和刘贯春（2018）、徐思等（2019）、谢获宝等（2019）等学者的研究，本书采用两种方式来计算企业的债务融资成本：①Debtcost1，等于企业利息支出占企业的长短期借款之比；②Debtcost2，等于企业利息支出占企业的有息负债之比。

(2) 债券融资成本定义

已有关于债券融资成本的研究中，基本上都是使用债券信用利差来衡量企业的债券融资成本，在此，借鉴杨国超和盘宇章（2019）、徐思等（2019）等学者的研究，本书使用债券信用利差来衡量企业的债券融资成本。债券信用利差等于债券发行时的票面利率与同期发行的同期限国债收益率之差，并借鉴周宏等（2012）以及王雄元和高开娟（2017）的研究，采用线性插值法计算同期限的国债收益率。由于计算出的债券信用利差属于债券层面的数据，很多发债企业发行的债券不止一只，因此还需要将债券信用利差归集到企业层面，故本书借鉴常莹莹和曾泉（2019）等研究，构建了以下两个企业层面的债券融资成本指标：①Bondcost1，等于企业当年所发行的所有债券的信用利差中位数；②Bondcost2，等于按企业发行规模加权平均的债券信用利差。

(3) 债券违约定义

债券违约变量（Default）的具体定义如下：若企业发行的债券在当年

发生违约，则 Default 取值为1，否则为0。具体而言，违约事件包括：提前到期未兑付、未按时兑付利息、未按时兑付回售款、未按时兑付回售款和利息、未按时兑付本息、未按时兑付本金等，剔除未发生实质违约的技术性违约。

（4）控制变量定义

本章控制变量的具体定义如下：①企业规模（Size），企业总资产的自然对数；②资产负债率（Lev），等于企业的负债与总资产之比；③总资产增长率（Growth），等于企业总资产的增长率；④盈利性（ROE），等于企业的净资产收益率；⑤经营活动现金流（CFO），等于经总资产标准化的经营活动现金流；⑥两职合一（Chairceo），哑变量，若企业的董事长和总经理为同一个人，取值为1，否则取值为0；⑦无形资产占比（Intang），等于无形资产占总资产的比例；⑧股权制衡度（ER），等于第二大股东持股比例与第一大股东持股比例之比；⑨第一大股东持股比例（Top1），等于第一大股东所持股份的占比；⑩债券平均期限（MDura），等于企业当年已发行债券期限的均值；⑪债券平均发行规模（LnMIvalue），企业当年已发行债券规模均值的自然对数。变量的具体定义见表5-1。

表5-1　　主要变量定义表

变量名	变量符号	变量计算及说明
债务融资成本	Debtcost1	利息支出/（长期借款+短期借款）
	Debtcost2	利息支出/有息负债，有息负债=长期借款+短期借款+应付债券
债券融资成本	Bondcost1	企业当年所发行的所有债券的信用利差中位数
	Bondcost2	按企业发行规模加权平均的债券信用利差
债券违约	Default	若企业发行的债券在当年发生违约，则 Default 取值为1，否则为0
主体评级	Mrating	当发债企业的主体评级为AAA级别时，Mrating 取值为1，否则取值为0
企业规模	Size	企业总资产的自然对数
资产负债率	Lev	负债/总资产

续表

变量名	变量符号	变量计算及说明
总资产增长率	Growth	（本年总资产 - 上年总资产）/上年总资产
盈利性	ROE	净利润/净资产
经营活动现金流	CFO	经营活动现金流/总资产
无形资产占比	Intang	无形资产/总资产
股权制衡度	ER	第二大股东持股比例/第一大股东持股比例
第一大股东持股比例	Top1	第一大股东所持股份额/总股数
两职合一	Chairceo	董事长和总经理为同一个人取值为1，否则取值为0
债券平均发行规模	LnMIvalue	企业当年已发行债券规模均值的自然对数
债券平均期限	MDura	企业当年已发行债券期限的均值

5.4 实证结果分析

5.4.1 描述性统计与单变量分析

（1）匹配后描述性统计

表5-2列示了按照PSM配对后债务融资成本回归中变量的描述性统计结果。从表中可知，匹配后的样本量为766个，领先一期的债务融资成本 $DebtCost1_{t+1}$ 的均值为0.104，标准差为0.122，最大值为0.813，表明不同企业的债务融资成本差异较大；领先一期的债务融资成本 $Debtcost2_{t+1}$ 的均值为0.066，标准差为0.050，最大值为0.233，总体上，债务融资成本的描述性统计结果与已有研究（陈汉文和周中胜，2014；谢获宝等，2019）结果基本一致。债券违约变量（Default）的均值为0.166，表明在匹配后样本中债券违约观测的占比为16.6%。

表5-2 债务融资成本回归变量描述性统计

variables	N	mean	sd	min	p50	max
$Debtcost1_{t+1}$	766	0.104	0.122	0.000	0.077	0.813
$Debtcost2_{t+1}$	766	0.066	0.050	0.000	0.058	0.233
Default	766	0.166	0.372	0.000	0.000	1.000
Size	766	23.920	1.102	21.627	23.779	27.223
Lev	766	0.634	0.143	0.208	0.649	0.900
Growth	766	0.062	0.145	-0.363	0.060	0.517
ROE	766	0.003	0.116	-0.310	0.022	0.254
CFO	766	0.044	0.871	-2.898	0.088	2.401
Chairceo	766	0.110	0.313	0.000	0.000	1.000
Intang	766	0.059	0.083	0.000	0.032	0.463
ER	766	0.240	0.304	0.000	0.089	0.992

控制变量方面，企业规模（Size）的均值为23.920，说明在样本企业中企业的规模平均在23.920左右，标准差为1.102，最大值和最小值分别为27.223和21.627，表明不同的发债企业在规模方面存在一定的差异。资产负债率（Lev）的均值为0.634，说明样本企业的资产负债率平均在63.4%的水平，资产负债率的标准差为0.143，中位数为0.649，最大值为0.900，表明不同发债企业的负债水平相差较大，超过一半样本企业的资产负债率大于0.649。总资产增长率（Growth）的均值为0.062，最小值为-0.363，最大值为0.517，说明一些发债企业的资产出现了负增长，并且不同发债企业的总资产增长率相差较大。盈利能力指标（ROE）的均值为0.003，最小值和最大值分别为-0.310和0.254，说明不同发债企业的盈利能力存在着较大的差别，一些发债企业甚至出现了亏损的状况。两职合一（Chairceo）的均值为0.110，中位数为0.000，说明在样本企业中有11%的发债企业的董事长和总经理由同一人担任。无形资产占比（Intang）的均值为0.059，说明样本企业的无形资产平均占比为5.9%，最小值为0.000，最大值为0.463，表明不同样本企业的无形资产比重也存在一定的差异。股权制衡度（ER）的均值为0.240，中位数为0.089，最大值为0.992，表明不同企业的股权制衡度存在较大的差别。

表5-3报告了债券融资成本回归中变量的描述性统计结果。从表中可知，领先一期的债券融资成本 $Bondcost1_{t+1}$ 的均值为2.678，表明在样本企业中，发债企业的债券信用利差约为2.678%，样本企业发行的债券存在一定的溢价，相较于国债，企业发行的债券存在一定的风险。领先一期的债券融资成本 $Bondcost2_{t+1}$ 的均值为2.701，标准差为1.129，最大值和最小值分别为4.994和0.635，说明不同发债企业的债券信用利差存在较大的差异。控制变量方面，债券平均期限（MDura）的均值为3.431，标准差为1.629，最大值和最小值分别为10.000和0.740，表明不同企业所发行的债券的期限相差较大。债券平均发行规模（LnMIvalue）的均值为20.567，表明在样本企业中，企业的平均发债规模为20.567。第一大股东持股比例（Top1）的均值为0.664，最小值为0.129，最大值为1.000，说明在样本企业中第一大股东持股情况也不尽相同。其余变量的描述性结果与表5-2基本一致，也与已有研究基本相同，在此不再赘述。

表5-3 债券融资成本回归变量描述性统计

variables	N	mean	sd	min	p50	max
$Bondcost1_{t+1}$	555	2.678	1.142	0.671	2.529	5.020
$Bondcost2_{t+1}$	555	2.701	1.129	0.635	2.537	4.994
Default	555	0.177	0.382	0.000	0.000	1.000
Size	555	24.055	1.014	21.627	23.991	27.223
Lev	555	0.635	0.131	0.260	0.641	0.900
Growth	555	0.110	0.145	-0.363	0.093	0.517
ROE	555	0.025	0.098	-0.310	0.030	0.254
CFO	555	0.179	0.788	-2.898	0.171	2.401
Top1	555	0.664	0.319	0.129	0.673	1.000
MDura	555	3.431	1.629	0.740	3.000	10.000
LnMIvalue	555	20.567	0.614	18.826	20.561	22.110

（2）单变量分析

表5-4列示了按照债券违约变量分组对债务融资成本回归中相关变量

进行的均值差异检验结果。从表中可知，在债券未发生违约的样本中，领先一期的债务融资成本变量 $Debtcost1_{t+1}$的均值为0.090，在债券违约样本中该指标的均值为0.174，远大于债券未违约的样本，并且两者的差异在1%的水平下通过了检验。$Debtcost2_{t+1}$的均值在债券未违约样本中为0.059，在债券违约样本中为0.101，两者的差异也在1%的水平下通过了检验。总体而言，在债券违约样本中债务融资成本显著更高。控制变量中，只有资产负债率、两职合一（Chairceo）、无形资产占比（Intang）以及股权制衡度（ER）的均值差异检验通过了检验。

表5-4 债务融资成本单变量分析

Variables	Default = 0		Default = 1		MeanDiff
	G1 (0)	Mean1	G2 (1)	Mean2	
$Debtcost1_{t+1}$	639	0.090	127	0.174	-0.085***
$Debtcost2_{t+1}$	639	0.059	127	0.101	-0.042***
Size	639	23.940	127	23.84	0.096
Lev	639	0.626	127	0.674	-0.048***
Growth	639	0.059	127	0.075	-0.016
ROE	639	0.007	127	-0.014	0.021
CFO	639	0.031	127	0.109	-0.077
Chairceo	639	0.080	127	0.260	-0.180***
Intang	639	0.056	127	0.075	-0.018*
ER	639	0.207	127	0.405	-0.198***

注：***、**和*分别表示在1%、5%和10%的水平下显著。

表5-5列示了按照债券违约变量分组对债券融资成本回归中相关变量进行的均值差异检验结果。从表中可知，在债券未发生违约的样本组中，领先一期的债券融资成本变量 $Bondcost1_{t+1}$的均值为2.481，而在债券违约组中，$Bondcost_{t+1}$的均值大于债券未违约组的均值，为3.594，两组均值的差异在1%的水平下通过了检验。从另一个债券融资成本变量的均值差异检验也可看出，$Bondcost2_{t+1}$在债券未违约样本组的均值为2.502，而在债券违约样本组的均值为3.629，债券违约样本组的均值也高于非违约组，

两者的均值差异在1%的水平下通过了检验。概括而言，债券融资成本的单变量分析表明在债券违约样本中债券的融资成本显著高于债券未违约样本。控制变量方面，只有资产负债率和第一大股东持股比例变量的均值差异结果通过了检验。

表5-5　　债券融资成本单变量分析

Variables	Default = 0		Default = 1		MeanDiff
	G1 (0)	Mean1	G2 (1)	Mean2	
$Bondcost1_{t+1}$	457	2.481	98	3.594	-1.112***
$Bondcost2_{t+1}$	457	2.502	98	3.629	-1.127***
Size	457	24.05	98	24.08	-0.026
Lev	457	0.629	98	0.664	-0.035**
Growth	457	0.111	98	0.108	0.003
ROE	457	0.0270	98	0.015	0.012
CFO	457	0.182	98	0.163	0.019
Top1	457	0.717	98	0.416	0.301***
MDura	457	3.406	98	3.550	-0.144
LnMIvalu	457	20.56	98	20.62	-0.063

注：***、**和*分别表示在1%、5%和10%的水平下显著。

(3) 相关系数检验

表5-6报告了债务融资成本回归中相关变量的相关系数检验结果。从表中可知，债券违约变量Default与领先一期的债务融资成本变量$Debtcost1_{t+1}$的相关系数为0.305，且在1%的水平下通过了检验，债券违约变量Default与另一个领先一期的债务融资成本变量$Debtcost1_{t+2}$的相关系数为0.271，也在1%的水平下通过了检验，初步表明债券违约与债务融资成本之间存在正向的关系，更多的证据还有待于更进一步的回归分析。表中除了$Debtcost1_{t+1}$与$Debtcost2_{t+1}$的相关系数较高外，其他变量的相关系数均小于0.4。

表 5-6　　债务融资成本回归中相关变量的相关系数检验

	$Debtcost1_{t+1}$	$Debtcost2_{t+1}$	Default	Size	Lev	Growth	ROE
$Debtcost1_{t+1}$	1.000						
$Debtcost2_{t+1}$	0.918***	1.000					
Default	0.305***	0.271***	1.000				
Size	0.011	-0.012	-0.034	1.000			
Lev	-0.096***	-0.127***	0.001	0.242***	1.000		
Growth	-0.091**	-0.076**	-0.063**	0.271***	0.137***	1.000	
ROE	-0.098***	-0.085**	-0.052*	0.057*	0.046	0.324***	1.000
CFO	0.039	0.038	-0.005	-0.013	-0.148***	-0.160***	0.159***
Chairceo	0.136***	0.110***	0.232***	-0.084***	-0.055*	-0.017	-0.013
Intang	-0.011	-0.005	0.073**	0.046	0.048	0.015	-0.036
ER	0.101***	0.111***	0.254***	-0.097***	-0.105***	-0.026	0.022
	CFO	Chairceo	Intang	ER			
CFO	1.000						
Chairceo	-0.013	1.000					
Intang	0.122***	-0.059*	1.000				
ER	0.083***	0.006	0.015	1.000			

注：***、** 和 * 分别表示在 1%、5% 和 10% 的水平下显著。

表 5-7 报告了债券融资成本回归中相关变量的相关系数检验结果。从表中可知，债券违约变量 Default 与领先一期的债券融资成本变量 $Bondcost1_{t+1}$ 的相关系数为 0.372，且两者的相关系数在 1% 的水平下通过了检验，表明债券违约与债券融资成本之间存在正相关的关系，Default 与另一个债券融资成本变量 $Bondcost2_{t+1}$ 的相关系数也显著为正，进一步验证了债券违约与债券融资成本之间的正相关关系。$Bondcost1_{t+1}$ 和 $Bondcost2_{t+1}$ 的相关系数较高，这是由于这两个指标的计算依据相同，除此之外，其余变量的相关系数都较低，表明模型（5-2）的设定不存在严重的多重共线性问题。

表 5－7　　债券融资成本回归中相关变量的相关系数检验

	$Bondcost_{t+1}$	$Bondcost2_{t+1}$	Default	Size	Lev	Growth	ROE
$Bondcost1_{t+1}$	1.000						
$Bondcost2_{t+1}$	0.986***	1.000					
Default	0.372***	0.381***	1.000				
Size	-0.236***	-0.225***	0.010	1.000			
Lev	0.035	0.057	0.041	0.175***	1.000		
Growth	-0.019	-0.003	-0.007	0.135***	0.079*	1.000	
ROE	-0.127***	-0.120***	-0.047	0.022	-0.119***	0.356***	1.000
CFO	-0.151***	-0.151***	-0.009	-0.027	-0.217***	-0.208***	0.176***
Top1	-0.206***	-0.206***	-0.360***	0.241***	0.180***	0.017	-0.045
MDura	0.176***	0.183***	0.034	-0.086**	0.317***	0.027	-0.141***
LnMIvalue	-0.181***	-0.172***	0.039	0.676***	0.176***	-0.054	0.005
	CFO	Top1	MDura	LnMIvalue			
CFO	1.000						
Top1	-0.059	1.000					
MDura	-0.090**	0.092**	1.000				
LnMIvalue	0.054	0.070*	0.232***	1.000			

注：***、**和*分别表示在1%、5%和10%的水平下显著。

5.4.2　主回归结果分析

（1）假设5－1和假设5－2的检验：债券违约对融资成本的影响

为了检验债券违约对企业未来债务融资成本的影响，即检验假设5－1，本书对模型（5－1）进行了回归分析，为了控制内生性的影响，本书在研究中对因变量进行了领先一期处理。表5－8报告了债券违约对未来债务融资成本影响的回归结果，其中第（1）列和第（2）列为未加入任何控制变量，只控制了年度和行业固定效应时的回归结果，第（3）列和第（4）列为加入可能会影响债务融资成本的因素，并控制了年度和行业固定效应后的回归结果。从第（1）列和第（2）列可知，在未控制任何变量时，债券违约（Default）与两个债务融资成本变量（$Debtcost1_{t+1}$，$Debtcost2_{t+1}$）之间的回归系数分别为 0.050 和 0.026，且均在 1% 的水平下显著为正，初步说明债券违约会导致企业未来的债务融资成本增加。第（3）列和第（4）列中，为了控制其他因素的影响，在回归中加入了控制变量，从表中可知，当加入控制变量后，债券违约（Default）对债务融资成本（$Debtcost1_{t+1}$，$Debtcost2_{t+1}$）的回归系数分别为 0.051 和 0.027，也均在 1% 的水平下显著，说明在控制其他因素的影响后，债券违约会加大企业未来债务融资成本的结论仍保持不变。总体而言，表 5－8 的回归结果表明，债券违约会导致企业未来面临的债务融资成本上升，相对于没有发生债券违约的发债企业，发生债券违约的发债企业在未来进行债务融资时，会被投资者要求支付更高的融资成本，验证了本章提出的研究假设 5－1。

表 5－8　　债券违约对债务融资成本的影响

	(1)	(2)	(3)	(4)
	$Debtcost1_{t+1}$	$Debtcost2_{t+1}$	$Debtcost1_{t+1}$	$Debtcost2_{t+1}$
Default	0.050***	0.026***	0.051***	0.027***
	(5.30)	(5.76)	(6.03)	(6.81)
Size			0.002	－0.000
			(1.17)	(－0.02)
Lev			－0.071***	－0.047***
			(－4.68)	(－5.47)
Growth			－0.014	－0.001
			(－1.03)	(－0.12)
ROE			－0.066***	－0.038***
			(－3.20)	(－4.07)
CFO			0.007***	0.004***
			(2.65)	(3.38)
Chairceo			0.014	0.005
			(1.45)	(0.99)
Intang			－0.011	－0.006
			(－0.56)	(－0.52)

续表

	(1) $Debtcost1_{t+1}$	(2) $Debtcost2_{t+1}$	(3) $Debtcost1_{t+1}$	(4) $Debtcost2_{t+1}$
ER			-0.002	-0.000
			(-0.29)	(-0.07)
_cons	-0.032***	-0.006	-0.068*	-0.000
	(-3.46)	(-1.31)	(-1.67)	(-0.02)
Year	Yes	Yes	Yes	Yes
Ind	Yes	Yes	Yes	Yes
R^2_adj	0.504	0.572	0.538	0.603
N	766	766	766	766

注：***、** 和 * 分别表示在 1%、5% 和 10% 的水平下显著。括号内为根据个体聚类调整标准误计算的 t 值。

表 5-9 报告了债券违约对企业未来债券融资成本影响的回归结果。表中第（1）列和第（2）列为只控制年度和行业固定效应，没有加入任何控制变量时的回归结果，第（3）列和第（4）列为加入可能会影响债券融资成本因素后的回归结果。从第（1）列和第（2）列可知，在只控制年度和行业固定效应的情况下，债券违约（Default）对未来债券融资成本（$Bondcost1_{t+1}$、$Bondcost2_{t+1}$）的回归系数分别为 1.031 和 1.051，且均在 1% 的水平下显著，说明在未考虑其他因素的情况下，债券违约与未来债券融资成本存在显著的正相关关系。第（3）列和第（4）列中，当借鉴已有研究控制其他可能会影响债券融资成本的因素后，债券违约对未来债券融资成本的回归系数分别为 0.931 和 0.941，较之未加入控制变量时有所降低，但回归系数仍在 1% 的水平下显著，说明在控制可能会影响债券融资成本的因素后，债券违约仍会加剧发债企业未来的债券融资成本。总体而言，表 5-9 的回归结果表明，发生债券违约的企业，未来的债券融资成本会显著更高，债券投资者对这些企业会要求更高的回报作为风险补偿，验证了本章提出的研究假设 5-2。

表 5 - 9　　债券违约对债券融资成本的影响

	(1)	(2)	(3)	(4)
	$Bondcost1_{t+1}$	$Bondcost2_{t+1}$	$Bondcost1_{t+1}$	$Bondcost2_{t+1}$
Default	1.031 ***	1.051 ***	0.931 ***	0.941 ***
	(5.70)	(5.98)	(5.63)	(5.77)
Size			-0.084	-0.079
			(-1.15)	(-1.09)
Lev			0.216	0.456
			(0.48)	(1.01)
Growth			-0.090	0.013
			(-0.24)	(0.04)
ROE			-0.873	-0.797
			(-1.65)	(-1.51)
CFO			-0.120 *	-0.111 *
			(-1.85)	(-1.72)
Top1			-0.195	-0.202
			(-1.10)	(-1.18)
MDura			0.131 ***	0.132 ***
			(3.72)	(3.79)
LnMIvalue			-0.391 ***	-0.380 ***
			(-3.27)	(-3.17)
_cons	2.952 ***	2.974 ***	12.495 ***	12.108 ***
	(6.66)	(7.00)	(7.14)	(6.93)
Year	Yes	Yes	Yes	Yes
Ind	Yes	Yes	Yes	Yes
R^2_adj	0.174	0.179	0.278	0.281
N	555	555	555	555

注：***、** 和 * 分别表示在 1%、5% 和 10% 的水平下显著。括号内为根据个体聚类调整标准误计算的 t 值。

（2）假设 5 - 3a 和假设 5 - 3b 的检验：主体评级的调节作用

表 5 - 10 报告了主体评级在债券违约与企业未来融资成本关系之间的

调节作用，表中第（1）列和第（2）列报告了以未来债务融资成本作为因变量的回归结果，其中第（1）列中，债券违约与主体评级交乘项（Default_Mrating）的回归系数为 -0.055，且在1%的水平下显著，第（2）列中债券违约与主体评级交乘项（Default_Mrating）的回归系数为 -0.022，也在1%的水平下显著，表明主体评级缓解了债券违约与未来债务融资成本之间的正向关系。第（1）列和第（2）列中债券违约（Default）与未来债务融资成本变量（$Debtcost1_{t+1}$、$Debtcost2_{t+1}$）之间的回归系数均在1%的水平下显著为正，与表5-8的回归结果一致。

表5-10　　主体评级的调节作用

	(1)	(2)	(3)	(4)
	$Debtcost_{t+1}$	$Debtcost2_{t+1}$	$Bondcost1_{t+1}$	$Bondcost2_{t+1}$
Default	0.055***	0.028***	0.800***	0.811***
	(6.26)	(6.91)	(5.04)	(5.22)
Default_Mrating	-0.055***	-0.022***	-0.752***	-0.778***
	(-5.04)	(-4.21)	(-3.81)	(-3.90)
Mrating	0.012*	0.004	-1.021***	-1.022***
	(1.70)	(1.08)	(-8.02)	(-8.10)
Size	-0.000	-0.001	0.085	0.090
	(-0.13)	(-0.54)	(1.10)	(1.19)
Lev	-0.065***	-0.045***	0.147	0.390
	(-4.32)	(-5.21)	(0.37)	(0.96)
Growth	-0.012	-0.000	-0.231	-0.128
	(-0.92)	(-0.05)	(-0.64)	(-0.36)
ROE	-0.070***	-0.039***	-0.761	-0.687
	(-3.39)	(-4.17)	(-1.47)	(-1.34)
CFO	0.007***	0.004***	-0.091	-0.081
	(2.81)	(3.49)	(-1.43)	(-1.29)
Chairceo	0.013	0.005		
	(1.39)	(0.94)		
Intang	-0.013	-0.007		
	(-0.69)	(-0.62)		

续表

	(1) $Debtcost_{t+1}$	(2) $Debtcost2_{t+1}$	(3) $Bondcost1_{t+1}$	(4) $Bondcost2_{t+1}$
ER	-0.001	0.000		
	(-0.11)	(0.07)		
Top1			-0.240	-0.248
			(-1.36)	(-1.46)
MDura			0.123***	0.123***
			(3.63)	(3.72)
LnMIvalue			-0.254**	-0.242**
			(-2.33)	(-2.23)
_cons	-0.024	0.013	5.940***	5.535***
	(-0.44)	(0.43)	(3.19)	(3.05)
Year	Yes	Yes	Yes	Yes
Ind	Yes	Yes	Yes	Yes
R^2_adj	0.542	0.604	0.354	0.359
N	766	766	555	555

注：***、** 和 * 分别表示在 1%、5% 和 10% 的水平下显著。括号内为根据个体聚类调整标准误计算的 t 值。

表 5-10 中第（3）列和第（4）列报告了以未来债券融资成本作为因变量的回归结果。第（4）列中债券违约与主体评级交乘项（Default_Mrating）的回归系数为 -0.752，第（5）列中债券违约与主体评级交乘项（Default_Mrating）的回归系数为 -0.778，两者均在 1% 的水平下显著，说明主体评级缓解了债券违约与未来债券融资成本之间的正向关系。在第（3）列和第（4）列中债券违约（Default）与未来债券融资成本变量之间的回归系数都在 1% 的水平下显著为正，与表 5-9 的基准回归结果一致。

综上，债券违约会导致企业未来的债务融资成本和债券融资成本上升，但是主体评级能够缓解债券违约与未来融资成本之间的正向关系，在高主体评级中，债券违约对企业未来融资成本的影响显著更小。

5.4.3 内生性检验

(1) Heckman 模型

尽管为了避免样本选择偏差，本书采用了 PSM 方法进行样本的匹配，但是，为了进一步控制研究中的内生性问题，本书尝试采用 Heckman 两阶段模型进行重新估计。在 Heckman 模型的第一阶段中，以债券违约作为因变量，并控制了可能会影响债券违约的因素，包括企业规模、企业年龄、资产负债率、总资产增长率、盈利性、经营活动现金流、是否亏损、债券平均发行规模以及债券平均期限等，计算出逆米尔斯比，在第二阶段中加入逆米尔斯比（IMR）作为控制变量。

表 5-11 报告了债券违约与融资成本回归中 Heckman 模型第二阶段的回归结果，第（1）列和第（2）列为当因变量为领先一期债务融资成本时的回归结果，第（3）列和第（4）列为当因变量为领先一期的债券融资成本时的回归结果。从第（1）列和第（2）列中可知，在控制了 IMR 后，两个债务融资成本变量（$Debtcost1_{t+1}$、$Debtcost2_{t+1}$）的回归系数都在 1% 的水平下显著为正。第（3）列和第（4）列中，两个债券融资成本变量（$Bondcost1_{t+1}$、$Bondcost2_{t+1}$）的回归系数也均在 1% 的水平下显著为正。表 5-11 的回归结果表明，在使用 Heckman 两阶段模型控制样本选择偏差问题后，主回归中的结果仍保持不变。

表 5-11 Heckman 模型——债券违约与融资成本

	(1)	(2)	(3)	(4)
	$Debtcost1_{t+1}$	$Debtcost2_{t+1}$	$Bondcost1_{t+1}$	$Bondcost2_{t+1}$
Default	0.052***	0.027***	0.945***	0.956***
	(6.05)	(6.88)	(5.80)	(5.96)
IMR	0.018	0.023**	-0.571	-0.533
	(1.15)	(2.42)	(-1.63)	(-1.52)

续表

	(1) $Debtcost1_{t+1}$	(2) $Debtcost2_{t+1}$	(3) $Bondcost1_{t+1}$	(4) $Bondcost2_{t+1}$
Size	0.002	-0.000	-0.054	-0.047
	(1.00)	(-0.46)	(-0.73)	(-0.64)
Lev	-0.054**	-0.023*	-0.552	-0.272
	(-2.49)	(-1.75)	(-0.82)	(-0.40)
Growth	-0.020	-0.006	0.051	0.150
	(-1.44)	(-0.89)	(0.14)	(0.41)
ROE	-0.068***	-0.038***	-0.644	-0.580
	(-3.24)	(-4.05)	(-1.20)	(-1.09)
CFO	0.006**	0.003**	-0.115*	-0.106
	(2.23)	(2.37)	(-1.74)	(-1.61)
Chairceo	0.014	0.005		
	(1.45)	(0.97)		
Intang	-0.011	-0.006		
	(-0.59)	(-0.55)		
ER	-0.002	-0.000		
	(-0.22)	(-0.00)		
Top1			-0.109	-0.119
			(-0.60)	(-0.68)
MDura			0.093**	0.097**
			(2.25)	(2.35)
LnMIvalue			-0.457***	-0.444***
			(-3.79)	(-3.68)
_cons	-0.079*	-0.013	14.044***	13.523***
	(-1.86)	(-0.56)	(7.05)	(6.82)
Year	Yes	Yes	Yes	Yes
Ind	Yes	Yes	Yes	Yes
R^2_adj	0.539	0.607	0.279	0.282
N	749	749	533	533

注：***、** 和 * 分别表示在 1%、5% 和 10% 的水平下显著。括号内为根据个体聚类调整标准误计算的 t 值。

表 5－12 报告了 Heckman 模型下主体评级在债券违约与融资成本关系中的调节作用。从表中可知，当因变量为债务融资成本（$Debtcost1_{t+1}$、$Debtcost2_{t+1}$）时，主体评级与债券违约交乘项（Default_Mrating）的回归系数均为负数，且都在 1% 的水平下显著，与表 5－10 的回归结果一致。当因变量为债券违约成本（$Bondcost1_{t+1}$、$Bondcost2_{t+1}$）时，主体评级与债券违约交乘项（Default_Mrating）的回归系数也均在 1% 的水平下显著为负。表明在使用 Heckman 模型控制样本选择偏差问题后，主体评级能够缓解债券违约与融资成本之间的正向关系的结论仍成立。

表 5－12　　Heckman 模型——主体评级的调节作用

	(1)	(2)	(3)	(4)
	$Debtcost1_{t+1}$	$Debtcost2_{t+1}$	$Bondcost1_{t+1}$	$Bondcost2_{t+1}$
Default	0.055***	0.028***	0.895***	0.898***
	(6.28)	(6.96)	(5.56)	(5.68)
Default_Mrating	－0.055***	－0.022***	－0.727***	－0.738***
	(－5.09)	(－4.32)	(－3.41)	(－3.38)
Mrating	0.012*	0.004	－1.083***	－1.080***
	(1.69)	(1.05)	(－8.49)	(－8.52)
IMR	0.018	0.024**	－0.729**	－0.715**
	(1.20)	(2.46)	(－2.58)	(－2.54)
Size	－0.000	－0.001	－0.046	－0.033
	(－0.21)	(－0.81)	(－0.75)	(－0.56)
Lev	－0.046**	－0.020	－0.733	－0.477
	(－2.20)	(－1.55)	(－1.22)	(－0.80)
Growth	－0.018	－0.006	0.221	0.307
	(－1.35)	(－0.84)	(0.62)	(0.86)
ROE	－0.071***	－0.039***	－0.688	－0.617
	(－3.43)	(－4.16)	(－1.30)	(－1.18)
CFO	0.006**	0.003**	－0.084	－0.076
	(2.36)	(2.46)	(－1.22)	(－1.13)
Chairceo	0.013	0.004	－0.035	0.012
	(1.39)	(0.92)	(－0.23)	(0.08)

续表

	(1) $Debtcost1_{t+1}$	(2) $Debtcost2_{t+1}$	(3) $Bondcost1_{t+1}$	(4) $Bondcost2_{t+1}$
Intang	-0.014	-0.007	-0.528	-0.483
	(-0.74)	(-0.65)	(-1.17)	(-1.10)
ER	-0.000	0.001	-0.138	-0.121
	(-0.02)	(0.15)	(-0.79)	(-0.70)
_cons	-0.037	-0.001	5.156***	4.773***
	(-0.66)	(-0.03)	(3.49)	(3.30)
Year	Yes	Yes	Yes	Yes
Ind	Yes	Yes	Yes	Yes
R^2_adj	0.543	0.607	0.345	0.350
N	749	749	533	533

注：***、**和*分别表示在1%、5%和10%的水平下显著。括号内为根据个体聚类调整标准误计算的 t 值。

（2）按照 1∶3 进行倾向得分匹配[①]

在本章前面的检验中，为了控制样本选择偏误，本书按照 1∶5 的原则为每一个债券违约样本寻找匹配样本，在此本书尝试改变倾向得分匹配的比例，按照 1∶3 的原则进行样本匹配。表 5-13 报告了按照 1∶3 原则进行倾向得分匹配后债券违约与企业未来融资成本的回归结果。第（1）列和第（2）列中，债券违约（Default）与领先一期的债务融资成本（$Debtcost1_{t+1}$、$Debtcost2_{t+1}$）的回归系数均在 1% 的水平下显著为正，与主回归结果一致。第（3）列和第（4）列中，债券违约（Default）与领先一期的债券融资成本（$Bondcost1_{t+1}$、$Bondcost2_{t+1}$）的回归系数也为正，均在 1% 的水平下显著，也与主回归结果一致。总体上，表 5-13 表明改变 PSM 的匹配方法后，本章的主要研究结论并未受到影响。

① 此外，本书还尝试按照 1∶2 进行匹配，以及按照核匹配和半径匹配的方式进行匹配，结果均与主回归结论一致。

表 5-13　按照 1:3 进行倾向得分匹配——债券违约与融资成本

	(1) $Debtcost1_{t+1}$	(2) $Debtcost2_{t+1}$	(3) $Bondcost1_{t+1}$	(4) $Bondcost2_{t+1}$
Default	0.047***	0.025***	0.960***	0.972***
	(5.70)	(6.34)	(5.55)	(5.66)
Size	0.002	-0.000	-0.001	0.003
	(0.83)	(-0.07)	(-0.02)	(0.04)
Lev	-0.090***	-0.056***	0.633	0.841
	(-4.81)	(-5.31)	(1.13)	(1.47)
Growth	-0.025	-0.008	-0.093	-0.014
	(-1.55)	(-0.91)	(-0.22)	(-0.03)
ROE	-0.083***	-0.045***	-0.900	-0.881
	(-3.42)	(-4.46)	(-1.59)	(-1.53)
CFO	0.005	0.003**	-0.094	-0.084
	(1.60)	(2.10)	(-1.23)	(-1.09)
Chairceo	0.021*	0.007		
	(1.83)	(1.26)		
Intang	-0.022	-0.011		
	(-0.91)	(-0.74)		
ER	0.004	0.005		
	(0.42)	(0.96)		
Top1			0.017	-0.021
			(0.08)	(-0.10)
MDura			0.161***	0.158***
			(3.44)	(3.39)
LnMIvalue			-0.482***	-0.465***
			(-3.08)	(-2.96)
_cons	-0.064	0.003	12.506***	12.022***
	(-1.24)	(0.09)	(5.65)	(5.41)
Year	Yes	Yes	Yes	Yes
Ind	Yes	Yes	Yes	Yes
R^2_adj	0.571	0.634	0.339	0.336
N	534	534	380	380

注：***、** 和 * 分别表示在 1%、5% 和 10% 的水平下显著。括号内为根据个体聚类调整标准误计算的 t 值。

表 5－14 报告了按照 1∶3 原则重新进行倾向得分匹配后主体评级的调节作用检验结果。从表中第（1）列和第（2）列的回归结果中可知，债券违约与主体评级交乘项（Default_Mrating）的回归系数分别为 －0.055 和 －0.022，两者均在 1% 的水平下显著，与主回归中的结果保持一致。第（3）列和第（4）列中，当因变量为领先一期的债券融资成本时，Default_Mrating 的回归系数也在 1% 的水平下显著为负，说明在改变 PSM 的匹配方法后，主体评级能够缓解债券违约与债券融资成本之间的正向关系的研究结论仍保持不变。

表 5－14　按照 1∶3 进行倾向得分匹配——主体评级的调节作用

	(1)	(2)	(3)	(4)
	$Debtcost1_{t+1}$	$Debtcost2_{t+1}$	$Bondcost1_{t+1}$	$Bondcost2_{t+1}$
Default	0.051***	0.026***	0.858***	0.871***
	(6.02)	(6.51)	(5.13)	(5.27)
Default_Mrating	－0.055***	－0.022***	－1.021***	－1.057***
	(－4.65)	(－3.98)	(－4.97)	(－4.95)
Mrating	0.015	0.005	－0.938***	－0.938***
	(1.59)	(1.10)	(－5.88)	(－5.85)
Size	－0.001	－0.001	0.102	0.107
	(－0.29)	(－0.59)	(1.09)	(1.18)
Lev	－0.081***	－0.052***	0.764	0.980**
	(－4.45)	(－5.03)	(1.62)	(2.01)
Growth	－0.022	－0.007	－0.104	－0.025
	(－1.43)	(－0.82)	(－0.26)	(－0.06)
ROE	－0.086***	－0.047***	－1.036**	－1.022*
	(－3.59)	(－4.57)	(－1.99)	(－1.95)
CFO	0.006*	0.004**	－0.077	－0.066
	(1.74)	(2.21)	(－1.00)	(－0.86)
Chairceo	0.020*	0.007		
	(1.73)	(1.18)		
Intang	－0.024	－0.012		
	(－1.02)	(－0.81)		

续表

	(1) Debtcost1$_{t+1}$	(2) Debtcost2$_{t+1}$	(3) Bondcost1$_{t+1}$	(4) Bondcost2$_{t+1}$
ER	0.005	0.005		
	(0.56)	(1.07)		
Top1			-0.034	-0.073
			(-0.15)	(-0.34)
MDura			0.132***	0.129***
			(2.98)	(2.93)
LnMIvalue			-0.241*	-0.221
			(-1.72)	(-1.58)
_cons	-0.010	0.021	5.390**	4.881**
	(-0.13)	(0.53)	(2.28)	(2.12)
Year	Yes	Yes	Yes	Yes
Ind	Yes	Yes	Yes	Yes
R^2_adj	0.576	0.635	0.413	0.411
N	534	534	380	380

注：***、** 和 * 分别表示在 1%、5% 和 10% 的水平下显著。括号内为根据个体聚类调整标准误计算的 t 值。

(3) 控制遗漏变量

为了控制遗漏变量对本章的研究结论可能造成的影响，当因变量为领先一期的债务融资成本时，在模型中加入以下控制变量，以控制公司治理因素、宏观经济因素以及债券层面的因素可能会对研究结论带来的影响，这些控制变量包括是否是十大审计、发债企业所在地的 GDP 增长率、企业的平均发债规模以及债券的平均期限。当因变量为领先一期的债券融资成本时，在模型中加入以下可能会影响研究结论的控制变量，包括是否是十大审计、两职合一、发债企业所在地的 GDP 增长率，以分别控制公司治理因素和宏观经济因素的影响。

表 5-15 报告了控制遗漏变量后债券违约对企业未来融资成本的回归结果。第（1）列和第（2）列中，当因变量为领先一期的债务融资成本

（$Debtcost1_{t+1}$、$Debtcost2_{t+1}$）时，债券违约（Default）的回归系数均在 1% 的水平下显著为正。第（3）列和第（4）列中，当因变量为债券融资成本时，债券违约（Default）的回归系数也都在 1% 的水平下显著为正。表 5－15 的回归结果表明，在控制可能的遗漏变量因素后，本章的主要研究结论未发生改变。

表 5－15　　控制遗漏变量：债券违约与融资成本

	(1)	(2)	(3)	(4)
	$Debtcost1_{t+1}$	$Debtcost2_{t+1}$	$Bondcost1_{t+1}$	$Bondcost2_{t+1}$
Default	0.052***	0.027***	0.848***	0.851***
	(6.14)	(7.04)	(5.11)	(5.15)
Size	0.003	0.002	-0.070	-0.063
	(1.10)	(1.40)	(-0.94)	(-0.85)
Lev	-0.068***	-0.043***	0.100	0.345
	(-4.21)	(-4.83)	(0.23)	(0.78)
Growth	-0.016	-0.005	-0.222	-0.121
	(-1.22)	(-0.66)	(-0.59)	(-0.32)
ROE	-0.067***	-0.039***	-0.825	-0.747
	(-3.25)	(-4.26)	(-1.59)	(-1.45)
CFO	0.007***	0.004***	-0.110*	-0.102
	(2.64)	(3.34)	(-1.75)	(-1.64)
Chairceo	0.013	0.004	0.014	0.061
	(1.42)	(0.89)	(0.09)	(0.41)
big10	0.002	0.002	-0.317***	-0.305***
	(0.68)	(0.86)	(-3.05)	(-2.98)
GDP_Growth	5.757***	3.816***	-1.243	-1.708
	(12.65)	(16.42)	(-0.14)	(-0.19)
MDura	-0.000	-0.000	0.122***	0.123***
	(-0.32)	(-0.65)	(3.49)	(3.56)
LnMIvalue	-0.004	-0.006**	-0.378***	-0.366***
	(-0.81)	(-2.27)	(-3.15)	(-3.05)
Intang	-0.011	-0.006		
	(-0.56)	(-0.52)		

续表

	(1) Debtcost1$_{t+1}$	(2) Debtcost2$_{t+1}$	(3) Bondcost1$_{t+1}$	(4) Bondcost2$_{t+1}$
ER	-0.002	-0.000		
	(-0.33)	(-0.11)		
Top1			-0.254	-0.268
			(-1.44)	(-1.56)
_cons	-0.491***	-0.246***	12.338***	11.901***
	(-7.04)	(-7.02)	(6.69)	(6.47)
Year	Yes	Yes	Yes	Yes
Ind	Yes	Yes	Yes	Yes
R^2_adj	0.537	0.607	0.292	0.295
N	766	766	555	555

注：***、**和*分别表示在1%、5%和10%的水平下显著。括号内为根据个体聚类调整标准误计算的t值。

表5-16报告了控制遗漏变量后主体评级的调节作用检验结果。从表中第（1）列和第（2）列可知，在控制可能的遗漏变量后，债券违约与主体评级（Default_Mrating）的回归系数分别为-0.055和-0.021，且都在1%的水平下显著。从第（3）列和第（4）列中可知，债券违约与主体评级（Default_Mrating）的回归系数也均在1%的水平下显著为负。说明在控制可能的遗漏变量后，主体评级能够缓解债券违约与融资成本之间正向关系的结论仍然成立，表明本章的主要研究结论不受遗漏变量问题的影响。

表5-16　　控制遗漏变量：主体评级的调节作用

	(1) Debtcost1$_{t+1}$	(2) Debtcost2$_{t+1}$	(3) Bondcost1$_{t+1}$	(4) Bondcost2$_{t+1}$
Default	0.056***	0.029***	0.742***	0.745***
	(6.40)	(7.15)	(4.62)	(4.70)
Default_Mrating	-0.055***	-0.021***	-0.627***	-0.648***
	(-4.98)	(-4.12)	(-3.02)	(-3.08)
Mrating	0.012*	0.005	-0.989***	-0.992***
	(1.85)	(1.47)	(-7.67)	(-7.76)

续表

	(1) $Debtcost1_{t+1}$	(2) $Debtcost2_{t+1}$	(3) $Bondcost1_{t+1}$	(4) $Bondcost2_{t+1}$
Size	0. 001	0. 001	0. 090	0. 097
	(0. 35)	(0. 79)	(1. 13)	(1. 25)
Lev	-0. 061***	-0. 040***	0. 048	0. 296
	(-3. 86)	(-4. 55)	(0. 12)	(0. 73)
Growth	-0. 015	-0. 004	-0. 323	-0. 223
	(-1. 11)	(-0. 57)	(-0. 89)	(-0. 61)
ROE	-0. 071***	-0. 040***	-0. 723	-0. 646
	(-3. 45)	(-4. 40)	(-1. 42)	(-1. 29)
CFO	0. 007***	0. 004***	-0. 085	-0. 076
	(2. 81)	(3. 47)	(-1. 35)	(-1. 23)
Chairceo	0. 013	0. 004	-0. 003	0. 045
	(1. 35)	(0. 84)	(-0. 02)	(0. 30)
big10	0. 003	0. 002	-0. 236**	-0. 223**
	(0. 82)	(0. 95)	(-2. 47)	(-2. 38)
GDP_Growth	5. 707***	3. 796***	0. 547	0. 097
	(12. 82)	(16. 39)	(0. 06)	(0. 01)
MDura	-0. 000	-0. 000	0. 116***	0. 117***
	(-0. 33)	(-0. 66)	(3. 46)	(3. 54)
LnMIvalue	-0. 004	-0. 006**	-0. 251**	-0. 238**
	(-0. 94)	(-2. 39)	(-2. 28)	(-2. 17)
Intang	-0. 013	-0. 006		
	(-0. 69)	(-0. 60)		
ER	-0. 001	0. 000		
	(-0. 15)	(0. 02)		
Top1			-0. 279	-0. 293*
			(-1. 56)	(-1. 70)
_cons	-0. 434***	-0. 223***	5. 983***	5. 519***
	(-5. 87)	(-5. 62)	(2. 99)	(2. 81)
Year	Yes	Yes	Yes	Yes
Ind	Yes	Yes	Yes	Yes
R^2_adj	0. 542	0. 608	0. 361	0. 366
N	766	766	555	555

注：***、** 和 * 分别表示在 1%、5% 和 10% 的水平下显著。括号内为根据个体聚类调整标准误计算的 t 值。

(4) 控制年度和行业交互固定效应

为了控制不可观测的随时间变动的因素对结果的影响，以及控制不可观测的随行业变动的因素对结果的影响，本书在模型（5-1）和模型（5-2）中控制了年度和行业固定效应，但是行业层面逐年变化的因素，如行业需求冲击等因素可能会影响企业的融资行为，故在此借鉴 Bai（2009）、Wang（2013）等研究，在模型（5-1）和模型（5-2）中控制了年度和行业联合效应以控制行业层面随时间变化的不可观测因素对研究结论可能造成的影响。

表5-17报告了控制年度和行业交互固定效应后，债券违约对企业未来融资成本的影响。表中第（1）列和第（2）列的因变量为领先一期的债务融资成本（$Debtcost1_{t+1}$、$Debtcost2_{t+1}$），从表中可知，债券违约 Default 的回归系数分别为 0.046 和 0.024，均在 1% 的水平下显著。表中第（3）列和第（4）列检验的是控制年度和行业交互固定效应后，债券违约对未来债券融资成本的影响，从表中可知，债券违约（Default）对 $Bondcost1_{t+1}$ 和 $Bondcost2_{t+1}$ 的回归系数也均在 1% 的水平下显著为正。表5-17的回归结果表明，在控制行业层面随时间变化的不可观测因素对研究结论可能造成的影响后，债券违约会加大发债企业未来债务融资成本和债券融资成本的结论仍然成立。

表5-17　控制年度和行业交互固定效应：债券违约与融资成本

	(1)	(2)	(3)	(4)
	$Debtcost1_{t+1}$	$Debtcost2_{t+1}$	$Bondcost_{t+1}$	$Bondcost2_{t+1}$
Default	0.046***	0.024***	1.017***	0.997***
	(5.46)	(6.54)	(5.85)	(5.97)
Size	0.002	0.000	-0.066	-0.049
	(1.36)	(0.37)	(-0.87)	(-0.64)
Lev	-0.052***	-0.042***	-0.103	0.329
	(-3.96)	(-5.76)	(-0.26)	(0.77)
Growth	-0.011	-0.006	-0.198	-0.039
	(-0.84)	(-1.02)	(-0.52)	(-0.10)

续表

	(1) Debtcost1$_{t+1}$	(2) Debtcost2$_{t+1}$	(3) Bondcost$_{t+1}$	(4) Bondcost2$_{t+1}$
ROE	-0.056***	-0.042***	-0.703	-0.595
	(-2.77)	(-4.86)	(-1.36)	(-1.12)
CFO	0.005**	0.004***	-0.159**	-0.146**
	(1.98)	(3.68)	(-2.43)	(-2.31)
Chairceo	0.011	0.004		
	(1.22)	(0.89)		
Intang	-0.010	-0.001		
	(-0.54)	(-0.08)		
ER	-0.002	0.000		
	(-0.31)	(0.04)		
Top1			-0.218	-0.172
			(-1.27)	(-0.99)
MDura			0.138***	0.143***
			(4.13)	(4.34)
LnMIvalue			-0.377***	-0.396***
			(-3.06)	(-3.22)
_cons	-0.017	0.021	11.675***	11.435***
	(-0.49)	(1.04)	(6.63)	(6.71)
Year × Ind	Yes	Yes	Yes	Yes
N	766	766	555	555

注：***、** 和 * 分别表示在 1%、5% 和 10% 的水平下显著。括号内为根据个体聚类调整标准误计算的 t 值。

表 5-18 报告了控制年度和行业交互固定效应后，主体评级的调节作用检验结果。表中第（1）列和第（2）列显示，在控制年度和行业交互固定效应后，债券违约与主体评级交乘项（Default_Mrating）的回归系数均为负数，分别为 -0.060 和 -0.026，且都在 1% 的水平下显著。表中第（3）列和第（4）列显示，在控制年度和行业交互固定效应后，当因变量为领先一期的债券融资成本时，Default_Mrating 的回归系数也都在 1% 的水平下显著为负，与主回归中的结果保持一致。表 5-18 的检验结果表明，

在控制年度和行业交互固定效应后，主体评级能够缓解债券违约与融资成本之间正向关系的结论未发生改变。

表 5-18 控制年度和行业交互固定效应：主体评级的调节作用

	(1)	(2)	(3)	(4)
	$Debtcost1_{t+1}$	$Debtcost2_{t+1}$	$Bondcost1_{t+1}$	$Bondcost2_{t+1}$
Default	0.049***	0.025***	0.839***	0.892***
	(5.79)	(6.50)	(5.26)	(5.36)
Default_Mrating	-0.060***	-0.026***	-0.725***	-0.664***
	(-5.79)	(-5.43)	(-3.85)	(-3.50)
Mrating	0.011*	0.004	-0.991***	-1.042***
	(1.66)	(1.30)	(-7.35)	(-8.13)
Size	0.000	-0.000	0.098	0.060
	(0.12)	(-0.35)	(1.17)	(0.77)
Lev	-0.046***	-0.033***	0.003	0.016
	(-3.52)	(-4.74)	(0.01)	(0.04)
Growth	-0.017	-0.005	-0.384	-0.097
	(-1.29)	(-0.78)	(-1.03)	(-0.26)
ROE	-0.065***	-0.040***	-0.695	-0.838*
	(-3.32)	(-4.64)	(-1.35)	(-1.70)
CFO	0.006**	0.004***	-0.115*	-0.110*
	(2.52)	(3.34)	(-1.76)	(-1.75)
Chairceo	0.010	0.004		
	(1.11)	(0.75)		
Intang	-0.017	-0.005		
	(-1.06)	(-0.60)		
ER	-0.000	0.001		
	(-0.05)	(0.18)		
Top1			-0.270	-0.302*
			(-1.56)	(-1.83)
MDura			0.129***	0.101***
			(3.93)	(3.03)
LnMIvalue			-0.249**	-0.171
			(-2.09)	(-1.51)

续表

	(1) $Debtcost1_{t+1}$	(2) $Debtcost2_{t+1}$	(3) $Bondcost1_{t+1}$	(4) $Bondcost2_{t+1}$
_cons	0.012	0.027	5.176***	4.665**
	(0.24)	(1.02)	(2.68)	(2.53)
Year × Ind	Yes	Yes	Yes	Yes
N	766	766	555	555

注：***、** 和 * 分别表示在 1%、5% 和 10% 的水平下显著。括号内为根据个体聚类调整标准误计算的 t 值。

(5) 控制年度和省份交互固定效应

每个省份每年的经济状况也会存在差异，这些差异可能会对企业的融资成本造成影响，因此，本书在此还尝试控制年度和省份交互固定效应，以控制省份层面随时间变化的不可观测因素对企业融资成本的影响。

表 5－19 报告了控制年度和省份交互固定效应后债券违约对企业未来融资成本的回归结果。从表中可知，第（1）列和第（2）列中，债券违约（Default）与两个未来债务融资成本变量（$Debtcost1_{t+1}$、$Debtcost2_{t+1}$）之间的回归系数均在 1% 的水平下显著为正，第（3）列和第（4）列中债券违约与两个未来债券融资成本变量（$Bondcost1_{t+1}$、$Bondcost_{t+1}$）之间的回归系数也显著为正，表明在控制省份层面随时间变化的不可观测因素的影响后，本章主回归的研究结论保持不变。

表 5－19　控制年度和省份交互固定效应：债券违约与融资成本

	(1) $Debtcost1_{t+1}$	(2) $Debtcost2_{t+1}$	(3) $Bondcost1_{t+1}$	(4) $Bondcost2_{t+1}$
Default	0.045***	0.024***	1.064***	1.023***
	(5.76)	(6.58)	(6.14)	(6.77)
Size	0.002	−0.000	−0.180**	−0.153**
	(1.16)	(−0.21)	(−2.31)	(−2.04)
Lev	−0.056***	−0.046***	−0.258	−0.010
	(−4.67)	(−6.44)	(−0.65)	(−0.03)

续表

	(1) $Debtcost1_{t+1}$	(2) $Debtcost2_{t+1}$	(3) $Bondcost1_{t+1}$	(4) $Bondcost2_{t+1}$
Growth	-0.019	-0.002	-0.131	-0.240
	(-1.44)	(-0.32)	(-0.36)	(-0.66)
ROE	-0.066***	-0.045***	-0.835	-0.265
	(-3.55)	(-5.36)	(-1.64)	(-0.56)
CFO	0.007***	0.005***	-0.175***	-0.187***
	(2.99)	(3.99)	(-2.65)	(-2.97)
Chairceo	0.013	0.005		
	(1.49)	(1.10)		
Intang	-0.021	-0.010		
	(-1.24)	(-0.95)		
ER	-0.001	-0.001		
	(-0.17)	(-0.29)		
Top1			-0.278	-0.262
			(-1.64)	(-1.56)
MDura			0.110***	0.098***
			(3.24)	(2.81)
LnMIvalue			-0.199	-0.196
			(-1.62)	(-1.61)
_cons	-0.015	0.021	10.835***	11.303***
	(-0.46)	(1.01)	(6.40)	(6.60)
Year × Province	Yes	Yes	Yes	Yes
N	763	763	554	554

注：***、** 和 * 分别表示在 1%、5% 和 10% 的水平下显著。括号内为根据个体聚类调整标准误计算的 t 值。

表 5-20 报告了控制年度和省份交互固定效应后，主体评级对债券违约与融资成本之间关系的调节作用检验结果。从表中可知，无论是因变量为未来的债务融资成本还是未来的债券融资成本，主体评级与债券违约的交乘项 Default_Mrating 的回归系数都在 1% 的水平下显著为负，表明在控制省份层面随时间变化的不可观测因素的影响后，主体评级对债券违约与融资成本之间正向关系的缓解作用仍存在。

表 5-20　控制年度和省份交互固定效应：主体评级的调节作用

	(1)	(2)	(3)	(4)
	$Debtcost1_{t+1}$	$Debtcost2_{t+1}$	$Bondcost_{t+1}$	$Bondcost2_{t+1}$
Default	0.046***	0.025***	0.812***	0.858***
	(6.04)	(6.62)	(5.23)	(5.52)
Default_Mrating	-0.036***	-0.016***	-0.913***	-0.734***
	(-4.32)	(-3.64)	(-3.49)	(-3.94)
Mrating	0.011*	0.005	-0.984***	-0.975***
	(1.80)	(1.49)	(-7.38)	(-7.98)
Size	-0.000	-0.001	-0.020	0.013
	(-0.20)	(-0.86)	(-0.24)	(0.17)
Lev	-0.050***	-0.044***	-0.293	-0.007
	(-4.47)	(-6.22)	(-0.77)	(-0.02)
Growth	-0.017	-0.001	-0.453	-0.320
	(-1.32)	(-0.21)	(-1.27)	(-0.86)
ROE	-0.067***	-0.045***	-0.404	-0.568
	(-3.71)	(-5.23)	(-0.85)	(-1.13)
CFO	0.006***	0.005***	-0.136**	-0.144**
	(2.78)	(3.93)	(-2.14)	(-2.38)
Chairceo	0.013	0.005		
	(1.50)	(1.14)		
Intang	-0.022	-0.011		
	(-1.31)	(-1.12)		
ER	-0.001	-0.001		
	(-0.23)	(-0.38)		
Top1			-0.334*	-0.287*
			(-1.96)	(-1.80)
MDura			0.090**	0.090***
			(2.56)	(2.74)
LnMIvalue			-0.083	-0.065
			(-0.71)	(-0.58)
_cons	0.019	0.038	0.772	3.720**
	(0.37)	(1.31)	(0.29)	(2.17)
Year × Province	Yes	Yes	Yes	Yes
N	763	763	554	554

注：***、** 和 * 分别表示在 1%、5% 和 10% 的水平下显著。括号内为根据个体聚类调整标准误计算的 t 值。

5.4.4 稳健性检验

为了验证本章研究结论的稳健性，在此进行以下稳健性检验。

（1）替换因变量

借鉴韩剑和严兵（2013）等研究，重新构建了以下两个债务融资成本指标：①应付利息与负债总额之比（Debtcost3）；②经过总资产标准化的利息支出（Debtcost4）。借鉴已有研究，重新构建了以下三个债券融资成本指标：①使用债券发行时的票面利率与同期发行的同期限国债收益率之差衡量信用利差，并将企业当年所发行债券的信用利差均值作为债券融资成本的衡量（Bondcost3）；②借鉴林晚发等（2018），以债券到期收益率与相同剩余期限国债收益率之差衡量债券的信用利差，并将企业当年所发行债券的信用利差中位数作为债券融资成本的衡量（Bondcost4）；③借鉴常莹莹和曾泉（2019），以按发行规模进行加权平均的票面利率作为债券融资成本的衡量（Bondcost5）。

表5－21报告了替换因变量后债券违约对未来融资成本影响的回归结果。从表中可知，当因变量为Debtcost3和Debtcost4时，债券违约变量（Default）的回归系数均为0.007，且都在1%的水平下显著为正。第(3)—第（5）列中，当替换债券融资成本变量后，债券违约的回归系数分别为0.934、1.839、2.461，且均在1%的水平下显著。总体上，表5－21的回归说明替换因变量后，本章主回归的研究结论保持不变，表明本章的主要研究结论不受变量度量差异的影响。

表5－21　　替换因变量：债券违约与融资成本

	(1)	(2)	(3)	(4)	(5)
	$Debtcost3_{t+1}$	$Debtcost4_{t+1}$	$Bondcost3_{t+1}$	$Bondcost4_{t+1}$	$Bondcost5_{t+1}$
Default	0.007***	0.007***	0.934***	1.839***	2.461***
	(7.40)	(7.39)	(5.69)	(8.38)	(10.48)
Size	-0.000	-0.000	-0.079	0.064	0.235**

续表

	(1) $Debtcost3_{t+1}$	(2) $Debtcost4_{t+1}$	(3) $Bondcost3_{t+1}$	(4) $Bondcost4_{t+1}$	(5) $Bondcost5_{t+1}$
	(-1.20)	(-0.90)	(-1.09)	(0.57)	(2.11)
Lev	0.001	0.002	0.439	-0.153	-0.226
	(0.36)	(1.18)	(0.98)	(-0.21)	(-0.27)
Growth	-0.006***	-0.006***	0.022	-0.400	-0.585
	(-3.24)	(-2.97)	(0.06)	(-0.73)	(-0.93)
ROE	-0.005*	-0.005*	-0.897*	-2.714***	-3.017***
	(-1.67)	(-1.71)	(-1.68)	(-3.22)	(-2.99)
CFO	-0.000	-0.000*	-0.113*	-0.121	-0.110
	(-1.51)	(-1.77)	(-1.74)	(-1.37)	(-1.08)
Chairceo	0.001	0.000			
	(0.72)	(0.43)			
Intang	0.005	0.006*			
	(1.40)	(1.86)			
ER	-0.001	-0.001			
	(-0.79)	(-0.73)			
Top1			-0.182	-0.122	-0.210
			(-1.05)	(-0.49)	(-0.75)
MDura			0.126***	-0.072	-0.059
			(3.66)	(-1.40)	(-1.12)
LnMIvalue			-0.379***	-0.392**	-0.621***
			(-3.17)	(-2.01)	(-3.13)
_cons	0.016***	0.014***	12.094***	8.385***	9.048***
	(2.80)	(2.61)	(6.86)	(3.41)	(3.31)
Year	Yes	Yes	Yes	Yes	Yes
Ind	Yes	Yes	Yes	Yes	Yes
R^2_adj	0.242	0.210	0.278	0.379	0.419
N	691	766	555	555	555

注：***、**和*分别表示在1%、5%和10%的水平下显著。括号内为根据个体聚类调整标准误计算的t值。

表5-22列示了替换因变量后主体评级调节作用的稳健性检验结果。

从第（1）列和第（2）列的回归结果中可知，当使用领先一期的 Debtcost3 和 Debtcost4 作为发债企业债务融资成本的代理指标时，主体评级与债券违约交乘项的回归系数均在 1% 的水平下显著为负。从第（3）—第（5）列的回归结果中可知，当使用领先一期的 Bondcost3、Bondcost4 以及 Bondcost5 作为发债企业债券融资成本的代理指标时，主体评级与债券违约交乘项的回归系数也都在 1% 的水平下显著为负。表明替换因变量后，主体评级在债券违约与融资成本关系之间所起到的缓解作用并未发生改变。

表 5-22　　替换因变量：主体评级的调节作用

	(1)	(2)	(3)	(4)	(5)
	$Debtcost3_{t+1}$	$Debtcost4_{t+1}$	$Bondcost3_{t+1}$	$Bondcost4_{t+1}$	$Bondcost5_{t+1}$
Default	0.007***	0.007***	0.809***	1.755***	2.375***
	(7.18)	(7.17)	(5.18)	(8.20)	(10.47)
Default_Mrating	-0.005***	-0.005***	-0.837***	-1.552***	-2.034***
	(-3.80)	(-3.84)	(-4.22)	(-5.38)	(-6.51)
Mrating	-0.001	-0.001	-1.005***	-0.914***	-1.046***
	(-0.99)	(-1.03)	(-7.85)	(-4.69)	(-4.73)
Size	-0.000	-0.000	0.088	0.216*	0.409***
	(-0.34)	(-0.10)	(1.13)	(1.81)	(3.50)
Lev	0.001	0.003	0.384	-0.095	-0.124
	(0.57)	(1.36)	(0.96)	(-0.14)	(-0.17)
Growth	-0.006***	-0.006***	-0.117	-0.524	-0.727
	(-3.34)	(-3.05)	(-0.32)	(-0.96)	(-1.16)
ROE	-0.005*	-0.005*	-0.794	-2.676***	-2.993***
	(-1.68)	(-1.69)	(-1.52)	(-3.23)	(-3.02)
CFO	-0.000	-0.000*	-0.084	-0.090	-0.074
	(-1.45)	(-1.72)	(-1.32)	(-1.03)	(-0.73)
Chairceo	0.001	0.000			
	(0.58)	(0.31)			
Intang	0.004	0.006*			
	(1.23)	(1.70)			
ER	-0.000	-0.000			
	(-0.61)	(-0.57)			

续表

	(1)	(2)	(3)	(4)	(5)
	$Debtcost3_{t+1}$	$Debtcost4_{t+1}$	$Bondcost3_{t+1}$	$Bondcost4_{t+1}$	$Bondcost5_{t+1}$
Top1			-0.229	-0.183	-0.287
			(-1.33)	(-0.76)	(-1.07)
MDura			0.118***	-0.082	-0.071
			(3.57)	(-1.60)	(-1.36)
LnMIvalue			-0.243**	-0.249	-0.451**
			(-2.24)	(-1.29)	(-2.36)
_cons	0.012	0.010	5.594***	2.069	1.690
	(1.57)	(1.42)	(3.03)	(0.81)	(0.61)
Year	Yes	Yes	Yes	Yes	Yes
Ind	Yes	Yes	Yes	Yes	Yes
R^2_adj	0.246	0.213	0.356	0.410	0.450
N	691	766	555	555	555

注：***、** 和 * 分别表示在 1%、5% 和 10% 的水平下显著。括号内为根据个体聚类调整标准误计算的 t 值。

(2) 替换自变量

在本章前面的检验中，在对债券违约进行界定时，将债券违约的范围定义为提前到期未兑付、未按时兑付利息、未按时兑付回售款、未按时兑付回售款和利息、未按时兑付本息、未按时兑付本金、剔除触发交叉条款等几个方面，在此尝试剔除触发交叉条款以及展期，重新对债券违约企业进行界定。

表 5-23 报告了改变债券违约的界定范围后，债券违约对企业未来融资成本影响的回归结果。从表中第（1）列和第（2）列可知，改变债券违约的界定范围后，债券违约（Default2）对领先一期的债务融资成本的回归系数仍在 1% 的水平下显著为正，从表中第（3）列和第（4）列中可知，债券违约对未来债券融资成本的回归系数也均在 1% 的水平下显著为正。表明改变债券违约的界定范围并不会改变本章的主要研究结论。

表 5 - 23　　替换自变量：债券违约对融资成本的影响

	(1) $Debtcost1_{t+1}$	(2) $Debtcost2_{t+1}$	(3) $Bondcost1_{t+1}$	(4) $Bondcost2_{t+1}$
Default2	0.051***	0.027***	0.931***	0.941***
	(6.03)	(6.81)	(5.63)	(5.77)
Size	0.002	-0.000	-0.084	-0.079
	(1.17)	(-0.02)	(-1.15)	(-1.09)
Lev	-0.071***	-0.047***	0.216	0.456
	(-4.68)	(-5.47)	(0.48)	(1.01)
Growth	-0.014	-0.001	-0.090	0.013
	(-1.03)	(-0.12)	(-0.24)	(0.04)
ROE	-0.066***	-0.038***	-0.873	-0.797
	(-3.20)	(-4.07)	(-1.65)	(-1.51)
CFO	0.007***	0.004***	-0.120*	-0.111*
	(2.65)	(3.38)	(-1.85)	(-1.72)
Chairceo	0.014	0.005		
	(1.45)	(0.99)		
Intang	-0.011	-0.006		
	(-0.56)	(-0.52)		
ER	-0.002	-0.000		
	(-0.29)	(-0.07)		
Top1			-0.195	-0.202
			(-1.10)	(-1.18)
MDura			0.131***	0.132***
			(3.72)	(3.79)
LnMIvalue			-0.391***	-0.380***
			(-3.27)	(-3.17)
_cons	-0.068*	-0.000	12.495***	12.108***
	(-1.67)	(-0.02)	(7.14)	(6.93)
Year	Yes	Yes	Yes	Yes
Ind	Yes	Yes	Yes	Yes
R^2_adj	0.538	0.603	0.278	0.281
N	766	766	555	555

注：***、**和*分别表示在1%、5%和10%的水平下显著。括号内为根据个体聚类调整标准误计算的t值。

表 5 - 24 报告了替换自变量后主体评级调节作用的稳健性检验结果。从表中可知，改变债券违约的界定范围后，不管因变量为领先一期的债务融资成本，抑或是领先一期的债券融资成本，主体评级与债券违约交乘项的回归系数都在 1% 的水平下显著为负，与主回归中的研究结论一致，表明替换自变量后，本章研究结论仍是稳健的。

表 5 - 24　　替换自变量：主体评级的调节作用

	(1)	(2)	(3)	(4)
	$Debtcost1_{t+1}$	$Debtcost2_{t+1}$	$Bondcost1_{t+1}$	$Bondcost2_{t+1}$
Default2	0.055***	0.028***	0.800***	0.811***
	(6.26)	(6.91)	(5.04)	(5.22)
Default2_Mrating	-0.055***	-0.022***	-0.752***	-0.778***
	(-5.04)	(-4.21)	(-3.81)	(-3.90)
Mrating	0.012*	0.004	-1.021***	-1.022***
	(1.70)	(1.08)	(-8.02)	(-8.10)
Size	-0.000	-0.001	0.085	0.090
	(-0.13)	(-0.54)	(1.10)	(1.19)
Lev	-0.065***	-0.045***	0.147	0.390
	(-4.32)	(-5.21)	(0.37)	(0.96)
Growth	-0.012	-0.000	-0.231	-0.128
	(-0.92)	(-0.05)	(-0.64)	(-0.36)
ROE	-0.070***	-0.039***	-0.761	-0.687
	(-3.39)	(-4.17)	(-1.47)	(-1.34)
CFO	0.007***	0.004***	-0.091	-0.081
	(2.81)	(3.49)	(-1.43)	(-1.29)
Chairceo	0.013	0.005		
	(1.39)	(0.94)		
Intang	-0.013	-0.007		
	(-0.69)	(-0.62)		
ER	-0.001	0.000		
	(-0.11)	(0.07)		
Top1			-0.240	-0.248
			(-1.36)	(-1.46)

续表

	(1) Debtcost1_{t+1}	(2) Debtcost2_{t+1}	(3) Bondcost1_{t+1}	(4) Bondcost2_{t+1}
MDura			0.123***	0.123***
			(3.63)	(3.72)
LnMIvalue			-0.254**	-0.242**
			(-2.33)	(-2.23)
_cons	-0.024	0.013	5.940***	5.535***
	(-0.44)	(0.43)	(3.19)	(3.05)
Year	Yes	Yes	Yes	Yes
Ind	Yes	Yes	Yes	Yes
R^2_adj	0.542	0.604	0.354	0.359
N	766	766	555	555

注：***、**和*分别表示在1%、5%和10%的水平下显著。括号内为根据个体聚类调整标准误计算的t值。

（3）全样本回归

为了避免研究结论受样本选择偏差的影响，在主回归中本书按照倾向得分匹配法（PSM）为债券违约样本找到与之匹配的未违约样本，在此，本书尝试采用全样本进行回归，以检验在全样本下主回归中得出的研究结论是否依然存在，检验结果如表5－25和表5－26所示。

表5－25　全样本回归：债券违约与融资成本

	(1) Debtcost1_{t+1}	(2) Debtcost2_{t+1}	(3) Bondcost1_{t+1}	(4) Bondcost2_{t+1}
Default	0.051***	0.027***	0.999***	1.039***
	(5.43)	(6.29)	(6.12)	(6.47)
Size	-0.001**	-0.000	-0.190***	-0.194***
	(-1.97)	(-0.81)	(-7.92)	(-8.13)
Lev	-0.048***	-0.033***	0.571***	0.607***
	(-10.08)	(-14.07)	(4.45)	(4.78)
Growth	-0.016***	-0.005***	0.403***	0.393***

续表

	(1) $Debtcost1_{t+1}$	(2) $Debtcost2_{t+1}$	(3) $Bondcost1_{t+1}$	(4) $Bondcost2_{t+1}$
	(-4.93)	(-2.89)	(4.50)	(4.45)
ROE	-0.007	0.000	-1.615***	-1.603***
	(-0.82)	(0.10)	(-6.73)	(-6.69)
CFO	0.004***	0.002***	-0.001	0.006
	(5.53)	(6.32)	(-0.07)	(0.36)
Chairceo	0.001	0.001		
	(0.65)	(1.14)		
Intang	0.009	0.004		
	(1.28)	(1.23)		
ER	0.001	0.002		
	(0.38)	(1.53)		
Top1			-0.114	-0.100
			(-1.55)	(-1.37)
MDura			0.069***	0.065***
			(6.23)	(5.88)
LnMIvalue			-0.281***	-0.266***
			(-6.64)	(-6.32)
_cons	0.031***	0.014**	12.759***	12.562***
	(2.77)	(2.38)	(21.80)	(21.50)
Year	Yes	Yes	Yes	Yes
Ind	Yes	Yes	Yes	Yes
R^2_adj	0.426	0.525	0.208	0.210
N	11541	11541	9754	9754

注：***、** 和 * 分别表示在 1%、5% 和 10% 的水平下显著。括号内为根据个体聚类调整标准误计算的 t 值。

根据表 5-25 第（1）列和第（2）列，在全样本回归下，债券违约与未来债务融资成本之间的回归系数仍在 1% 的水平下显著为正。根据表中第（3）列和第（4）列，在全样本回归下，债券违约与未来债券融资成本之间的回归系数也均在 1% 的水平下显著为正，说明在全样本下本章的主回归结论仍保持不变。

表 5 - 26 显示，在全样本回归下，主体评级对债券违约与债务融资成本之间的正向关系仍具有缓解作用，主体评级越高的企业，债券违约对未来债务融资成本的影响显著更小。同样地，主体评级对债券违约与债券融资成本之间的正向关系也具有缓解作用，主体评级越高的企业，债券违约对未来债券融资成本的影响显著更小。表 5 - 26 的研究结果与本章主要回归结果一致，表明在全样本下本章的主要研究结论仍是稳健的。

表 5 - 26　　全样本回归：主体评级的调节作用

	(1) $Debtcost1_{t+1}$	(2) $Debtcost2_{t+1}$	(3) $Bondcost1_{t+1}$	(4) $Bondcost2_{t+1}$
Default	0.053***	0.028***	0.915***	0.956***
	(5.53)	(6.26)	(5.91)	(6.35)
Default_Mrating	-0.048***	-0.019***	-0.849***	-0.840***
	(-4.86)	(-4.05)	(-5.29)	(-5.38)
Mrating	0.005***	-0.001	-0.838***	-0.830***
	(3.00)	(-0.80)	(-18.48)	(-18.43)
Size	-0.002***	-0.000	-0.035	-0.041*
	(-3.10)	(-0.13)	(-1.42)	(-1.67)
Lev	-0.046***	-0.033***	0.319**	0.358***
	(-9.51)	(-14.01)	(2.57)	(2.90)
Growth	-0.015***	-0.005***	0.307***	0.299***
	(-4.69)	(-2.93)	(3.57)	(3.52)
ROE	-0.009	0.001	-1.236***	-1.227***
	(-1.08)	(0.13)	(-5.35)	(-5.35)
CFO	0.004***	0.002***	0.001	0.008
	(5.51)	(6.34)	(0.08)	(0.53)
Chairceo	0.001	0.001		
	(0.79)	(1.07)		
Intang	0.009	0.003		
	(1.24)	(1.22)		
ER	0.001	0.002		
	(0.40)	(1.57)		
Top1			-0.139**	-0.125*
			(-2.01)	(-1.82)

续表

	(1) Debtcost1$_{t+1}$	(2) Debtcost2$_{t+1}$	(3) Bondcost1$_{t+1}$	(4) Bondcost2$_{t+1}$
MDura			0.063 ***	0.059 ***
			(6.10)	(5.73)
LnMIvalue			-0.204 ***	-0.189 ***
			(-5.16)	(-4.82)
_cons	0.057 ***	0.010	7.680 ***	7.530 ***
	(3.69)	(1.38)	(11.92)	(11.65)
Year	Yes	Yes	Yes	Yes
Ind	Yes	Yes	Yes	Yes
R^2_adj	0.427	0.525	0.262	0.264
N	11541	11541	9754	9754

注：***、** 和 * 分别表示在 1%、5% 和 10% 的水平下显著。括号内为根据个体聚类调整标准误计算的 t 值。

(4) 双重聚类调整标准误

Petersen (2009) 指出，按照个体层面和时间层面对标准差进行双重聚类调整可以同时控制自相关和异方差可能对研究结论造成的影响。在此，采用双重聚类调整标准误的方法进行稳健性检验，以控制自相关和异方差可能对本书研究结论造成的影响。检验结果如表 5-27 和表 5-28 所示。

表 5-27　　双重聚类调整标准误：债券违约与融资成本

	(1) Debtcost1$_{t+1}$	(2) Debtcost2$_{t+1}$	(3) Bondcost1$_{t+1}$	(4) Bondcost2$_{t+1}$
Default	0.051 **	0.027 **	0.931 ***	0.941 ***
	(2.30)	(2.39)	(4.76)	(5.13)
Size	0.002	-0.000	-0.084	-0.079
	(0.85)	(-0.02)	(-1.24)	(-1.16)
Lev	-0.071 **	-0.047 **	0.216	0.456
	(-2.36)	(-2.46)	(0.46)	(0.93)

续表

	(1) Debtcost1$_{t+1}$	(2) Debtcost2$_{t+1}$	(3) Bondcost1$_{t+1}$	(4) Bondcost2$_{t+1}$
Growth	-0.014	-0.001	-0.090	0.013
	(-0.70)	(-0.06)	(-0.25)	(0.03)
ROE	-0.066***	-0.038***	-0.873**	-0.797*
	(-3.47)	(-2.65)	(-2.14)	(-1.80)
CFO	0.007*	0.004*	-0.120*	-0.111
	(1.72)	(1.86)	(-1.85)	(-1.62)
Chairceo	0.014	0.005		
	(1.59)	(0.91)		
Intang	-0.011	-0.006		
	(-0.37)	(-0.45)		
ER	-0.002	-0.000		
	(-0.27)	(-0.06)		
Top1			-0.195	-0.202
			(-1.45)	(-1.54)
MDura			0.131***	0.132***
			(3.20)	(3.20)
LnMIvalue			-0.391***	-0.380***
			(-4.26)	(-3.85)
_cons	0.088*	0.059**	10.917***	10.530***
	(1.93)	(2.54)	(12.46)	(10.31)
Year	Yes	Yes	Yes	Yes
Ind	Yes	Yes	Yes	Yes
R^2_adj/ R^2	0.555	0.618	0.315	0.317
N	766	766	555	555

注：***、**和*分别表示在1%、5%和10%的水平下显著。括号内为根据个体聚类调整标准误计算的t值。

从表5-27中第（1）列和第（2）列可知，在采用双重聚类调整标准误方法按照个体层面和时间层面对回归中的标准差进行调整后，债券违约与领先一期的债务融资成本的回归系数分别为0.051和0.027，尽管显著性较个体聚类调整标准误下有所下降，但仍在5%的水平下显著。第（3）

列和第（4）列中，债券违约与领先一期的债券融资成本的回归系数均在1%的水平下显著为正。表 5－27 的回归结果表明，在采用双重聚类调整标准误方法后，债券违约会导致企业未来融资成本加大的研究结论仍然成立。

表 5－28 报告了采用双重聚类调整标准误方法后主体评级调节作用的稳健性检验结果。从表中可知，不管因变量为领先一期的债务融资成本，抑或是领先一期的债券融资成本，主体评级与债券违约交乘项的回归系数都在 1%的水平下显著为负，与主回归部分的结果保持一致。

表 5－28　双重聚类调整标准误：主体评级的调节作用

	(1)	(2)	(3)	(4)
	$Debtcost1_{t+1}$	$Debtcost2_{t+1}$	$Bondcost1_{t+1}$	$Bondcost2_{t+1}$
Default	0.097***	0.195***	0.800***	0.811***
	(2.88)	(2.88)	(4.68)	(5.24)
Default_Mrating	-0.137***	-0.274***	-0.752***	-0.778***
	(-3.64)	(-3.64)	(-3.18)	(-3.14)
Mrating	0.038***	0.075***	-1.021***	-1.022***
	(2.96)	(2.96)	(-7.81)	(-7.34)
Size	-0.016*	-0.032*	0.085	0.090*
	(-1.85)	(-1.85)	(1.55)	(1.68)
Lev	-0.120***	-0.241***	0.147	0.390
	(-2.80)	(-2.80)	(0.35)	(0.86)
Growth	-0.011	-0.022	-0.231	-0.128
	(-0.47)	(-0.47)	(-0.64)	(-0.33)
ROE	-0.137*	-0.275*	-0.761*	-0.687
	(-1.89)	(-1.89)	(-1.68)	(-1.42)
CFO	0.024***	0.049***	-0.091*	-0.081
	(2.70)	(2.70)	(-1.82)	(-1.55)
Chairceo	-0.011	-0.022		
	(-0.60)	(-0.60)		
Intang	-0.089**	-0.179**		
	(-2.29)	(-2.29)		

续表

	(1) Debtcost1$_{t+1}$	(2) Debtcost2$_{t+1}$	(3) Bondcost1$_{t+1}$	(4) Bondcost2$_{t+1}$
ER	0.002	0.004		
	(0.12)	(0.12)		
Top1			-0.240*	-0.248*
			(-1.75)	(-1.87)
MDura			0.123***	0.123***
			(2.98)	(2.93)
LnMIvalue			-0.254***	-0.242***
			(-3.77)	(-3.28)
_cons	0.455***	0.911***	4.388***	3.985***
	(2.74)	(2.74)	(3.79)	(3.43)
Year	Yes	Yes	Yes	Yes
Ind	Yes	Yes	Yes	Yes
R^2_adj/ R^2	0.196	0.196	0.389	0.394
N	766	766	555	555

注：***、**和*分别表示在1%、5%和10%的水平下显著。括号内为根据个体聚类调整标准误计算的t值。

此外，本书还尝试通过以下方式进行稳健性检验：①采用自体抽样1000次的方法调整标准误；②不对因变量进行领先处理；③同时控制年度、行业以及省份固定效应。以上稳健性检验的研究结果显示，本章的主要研究结论仍然成立，验证了本章主要研究结果的稳健性。

5.4.5 横截面分析

(1) 大股东掏空异质性检验

大股东应该对管理层进行监督，保护中小股东的利益，但是有些大股东可能会为了自身的私利而侵占公司利益，未能发挥应有的监督作用。在大股东掠夺越严重的发债企业，由于大股东对管理层的监督缺位，导致企业的代理问题更加严重，从而投资者对发债企业所要求的风险回报更高。因此，预计在大股东掏空严重的发债企业中，债券违约对未来融资成本的影响更大。借鉴已有研究，本书使用其他应收款与营业收入之比来衡量企业的大股东掏空程度，该值越大，表示企业内部的大股东掏空程度越高，代理问题越严重。在此，按照其他应收款与营业收入之比将样本划分为高大股东掏空组和低大股东掏空组，以检验在不同的大股东掏空情境下，债券违约对未来融资成本的影响是否会存在异质性。

表 5－29 报告了大股东掏空异质性的检验结果，其中第（1）—（4）列为因变量为领先一期的债务融资成本时的回归结果，第（5）—（8）列为因变量为领先一期的债券融资成本时的回归结果。从表中可知，当因变量为领先一期的债务融资成本 $Debtcost1_{t+1}$ 时，在大股东掏空严重的组中，债券违约（Default）的回归系数为 0.060，在 1% 的水平下显著，在低大股东掏空组中，债券违约的回归系数为 0.038，也在 1% 的水平下显著，但是，债券违约的回归系数在大股东掏空严重的样本组中更大，并且根据组间系数差异检验的结果，两个回归系数的组间系数差异在 10% 的水平下通过了检验，说明在大股东掏空严重的发债企业中，债券违约对未来债务融资成本的影响显著更大。第（3）列和第（4）列中，当因变量为 $Debtcost2_{t+1}$ 时的回归结果也验证了这一点。

根据第（5）列和第（6）列的回归结果，当因变量为领先一期的债券融资成本 $Bondcost1_{t+1}$ 时，在大股东掏空严重的样本组中，债券违约的回归系数为 0.748，在 1% 的水平下显著，在低大股东掏空的样本组中，债券违约的回归系数为 0.302，在 10% 的水平下显著。第（5）列和第（6）列的回归结果显示，在大股东掏空严重的样本中，债券违约的回归系数更大，并且组间系数差异在 10% 的水平下通过了检验，表明债券违约对企业未来债券融资成本的影响也在高大股东掏空组中更为显著。第（7）列和第（8）列中，当因变量为 $Bondcost2_{t+1}$ 时，也表明在高大股东掏空组中，债券违约对未来债券融资成本的影响显著更大。

表 5－29　　大股东掏空异质性检验

	(1)	(2)	(3)	(4)	(5)	(6)	(7)	(8)
	高掏空组 $Debtcost1_{t+1}$	低掏空组 $Debtcost1_{t+1}$	高掏空组 $Debtcost2_{t+1}$	低掏空组 $Debtcost2_{t+1}$	高掏空组 $Bondcost1_{t+1}$	低掏空组 $Bondcost_{t+1}$	高掏空组 $Bondcost2_{t+1}$	低掏空组 $Bondcost2_{t+1}$
Default	0.060***	0.038***	0.032***	0.019***	0.748***	0.302*	0.772***	0.391**
	(7.15)	(6.65)	(6.77)	(5.60)	(4.75)	(1.82)	(5.04)	(2.44)
Size	0.000	0.001	-0.001	-0.001	0.041	-0.065	0.030	-0.096
	(0.10)	(0.30)	(-0.39)	(-0.97)	(0.44)	(-0.69)	(0.33)	(-1.06)
Lev	-0.051**	-0.046**	-0.042***	-0.026**	-0.581	1.077**	-0.622	1.128**
	(-2.33)	(-2.52)	(-3.37)	(-2.17)	(-1.04)	(2.14)	(-1.14)	(2.32)
Growth	-0.010	-0.015	-0.005	0.007	-0.772*	1.042**	-0.639	1.082**
	(-0.49)	(-0.91)	(-0.40)	(0.69)	(-1.73)	(2.09)	(-1.47)	(2.25)
ROE	-0.107***	-0.034*	-0.049***	-0.027**	-0.329	-1.701**	-0.534	-1.856***
	(-3.58)	(-1.83)	(-2.87)	(-2.40)	(-0.52)	(-2.32)	(-0.87)	(-2.62)
CFO	0.015***	-0.000	0.006***	0.002	-0.093	-0.042	-0.084	-0.030
	(4.43)	(-0.05)	(3.41)	(1.46)	(-1.07)	(-0.54)	(-1.00)	(-0.40)
Chairceo	0.018**	0.003	0.006	0.003				
	(2.24)	(0.40)	(1.41)	(0.60)				
Intang	0.013	-0.013	0.006	-0.016				
	(0.39)	(-0.49)	(1.41)	(-0.97)				
ER	-0.007	0.004	0.000	-0.001				

续表

	(1)	(2)	(3)	(4)	(5)	(6)	(7)	(8)
	高掏空组 $Debtcost1_{t+1}$	低掏空组 $Debtcost1_{t+1}$	高掏空组 $Debtcost2_{t+1}$	低掏空组 $Debtcost2_{t+1}$	高掏空组 $Bondcost1_{t+1}$	低掏空组 $Bondcost_{t+1}$	高掏空组 $Bondcost2_{t+1}$	低掏空组 $Bondcost2_{t+1}$
	(−0.79)	(0.51)	(0.00)	(−0.16)				
Top1					−0.280	0.125	−0.293	0.079
					(−1.30)	(0.59)	(−1.40)	(0.38)
MDura					0.136***	0.056	0.115***	0.052
					(3.09)	(1.35)	(2.69)	(1.29)
LnMIvalue					−0.228	−0.513***	−0.222	−0.448***
					(−1.52)	(−3.45)	(−1.52)	(−3.12)
_cons	−0.022	−0.007	0.034	0.007	6.294***	14.813***	6.608***	14.158***
	(−0.31)	(−0.15)	(0.84)	(0.24)	(2.80)	(8.31)	(3.02)	(8.22)
Year	Yes	Yes	Yes	Yes	Yes	Yes	Yes	Yes
Ind	Yes	Yes	Yes	Yes	Yes	Yes	Yes	Yes
组间系数	chi2 (1) =2.79		chi2 (1) =3.60		chi2 (1) =3.45		chi2 (1) =2.85	
差异检验	Prob > chi2 =0.095		Prob > chi2 =0.058		Prob > chi2 =0.063		Prob > chi2 =0.092	
R^2_adj	0.494	0.621	0.532	0.702	0.200	0.260	0.199	0.266
N	377	389	377	389	273	282	273	282

注：***、** 和 * 分别表示在 1%、5% 和 10% 的水平下显著。括号内为 t 值。

(2) 代理成本异质性检验

代理成本越高的企业,代理问题越严重,从而利益相关者对企业的监督成本更高,投资者利益受到侵害的可能性更大,故对于该类企业投资者要求的回报也会更高。因此,本书预计在高代理成本的发债企业中,债券违约对未来融资成本的影响显著更大。借鉴罗炜和朱春艳(2010)、李寿喜(2007)、方政等(2017)等研究,使用总资产周转率衡量发债企业的代理成本,资产周转率越大,表明企业代理成本越小。本书根据代理成本的年度中位数将样本划分为高代理成本组和低代理成本组,以检验在不同程度的代理成本下债券违约对未来融资成本的影响是否存在差异。

表 5-30 报告了代理成本异质性的检验结果。从表中第(1)列和第(2)列中可知,在高代理成本组中,债券违约(Default)与未来债务融资成本($Debtcost1_{t+1}$)的回归系数为 0.063,在 1% 的水平下显著;而在低代理成本组中,债券违约与未来债务融资成本的回归系数为 0.040,也在 1% 的水平下显著,但是在高代理成本组中债券违约的回归系数大于低代理成本组,并且两个回归系数的组间差异检验在 1% 的水平下通过了检验,说明在高代理成本组中,债券违约对未来债务融资成本的正向影响显著更大。第(3)列和第(4)列的结果显示,在高代理成本组中债券违约的回归系数为 0.033,在低代理成本组中债券违约的回归系数为 0.018,虽然两者都在 1% 的水平下显著,但是在高代理成本组中债券违约的回归系数显著更大(组间系数差异检验在 5% 的水平下通过了检验)。

从第(5)列和第(6)列中可知,债券违约与未来债券融资成本($Bondcost1_{t+1}$)的回归系数高代理成本组中为 0.792,在低代理成本组中为 0.453,均在 1% 的水平下显著,高代理成本组中的回归系数大于低代理成本组,且两者的组间系数差异检验在 10% 的水平下通过了检验。说明在高代理成本组中,债券违约对未来债券融资成本的影响显著更大,第(7)—(8)列中的回归结果也验证了这一点。总体上,表 5-30 的检验结果表明,债券违约对未来融资成本的正向影响在高代理成本的企业中更加显著。

表 5-30 代理成本异质性检验

	(1)	(2)	(3)	(4)	(5)	(6)	(7)	(8)
	高代理组	低代理组	高代理组	低代理组	高代理组	低代理组	高代理组	低代理组
	$Debtcost1_{t+1}$	$Debtcost1_{t+1}$	$Debtcost2_{t+1}$	$Debtcost2_{t+1}$	$Bondcost1_{t+1}$	$Bondcost_{t+1}$	$Bondcost2_{t+1}$	$Bondcost2_{t+1}$
Default	0.063***	0.040***	0.033***	0.018***	0.792***	0.453***	0.908***	0.554***
	(8.47)	(5.61)	(7.51)	(4.83)	(5.16)	(3.14)	(5.46)	(3.57)
Size	0.001	0.000	-0.001	-0.000	-0.057	0.004	-0.023	-0.011
	(0.54)	(0.14)	(-0.79)	(-0.41)	(-0.73)	(0.05)	(-0.27)	(-0.12)
Lev	-0.063***	-0.026	-0.041***	-0.011	-0.464	1.287**	-0.627	1.601***
	(-3.16)	(-1.05)	(-3.45)	(-0.89)	(-1.04)	(2.37)	(-1.30)	(2.74)
Growth	-0.025	-0.001	-0.005	0.009	-0.167	0.204	-0.504	0.619
	(-1.39)	(-0.03)	(-0.43)	(0.83)	(-0.43)	(0.46)	(-1.15)	(1.29)
ROE	-0.130***	-0.033	-0.061***	-0.030**	-0.943	-1.313**	-1.134*	-1.798***
	(-5.21)	(-1.46)	(-4.12)	(-2.48)	(-1.57)	(-2.22)	(-1.73)	(-2.82)
CFO	0.007**	0.004	0.004**	0.003*	-0.181***	-0.061	-0.222***	-0.049
	(2.50)	(1.11)	(2.47)	(1.69)	(-2.65)	(-0.87)	(-2.94)	(-0.66)
Chairceo	0.012	0.014*	0.006	0.007*				
	(1.41)	(1.89)	(1.05)	(1.75)				
Intang	0.011	-0.027	0.011	-0.027				
	(0.41)	(-0.67)	(0.72)	(-1.30)				
ER	0.002	-0.014*	0.001	-0.009**				

续表

	(1)	(2)	(3)	(4)	(5)	(6)	(7)	(8)
	高代理组 $Debtcost1_{t+1}$	低代理组 $Debtcost1_{t+1}$	高代理组 $Debtcost2_{t+1}$	低代理组 $Debtcost2_{t+1}$	高代理组 $Bondcost1_{t+1}$	低代理组 $Bondcost_{t+1}$	高代理组 $Bondcost2_{t+1}$	低代理组 $Bondcost2_{t+1}$
	(0.21)	(−1.82)	(0.27)	(−2.07)				
Top1					0.217	−0.252	0.248	−0.332*
					(1.11)	(−1.38)	(1.18)	(−1.69)
MDura					0.104***	0.036	0.107***	0.044
					(2.94)	(0.83)	(2.80)	(0.95)
LnMIvalue					−0.043	−0.525***	−0.061	−0.560***
					(−0.32)	(−3.90)	(−0.43)	(−3.87)
_cons	−0.052	−0.050	0.042	−0.011	4.326**	12.951***	4.231**	14.068***
	(−0.77)	(−0.85)	(1.05)	(−0.36)	(2.21)	(7.88)	(2.00)	(7.96)
Year	Yes	Yes	Yes	Yes	Yes	Yes	Yes	Yes
Ind	Yes	Yes	Yes	Yes	Yes	Yes	Yes	Yes
组间系数	chi2 (1) =3.02		chi2 (1) =4.27		chi2 (1) =3.00		chi2 (1) =2.75	
差异检验	Prob > chi2 =0.082		Prob > chi2 =0.039		Prob > chi2 =0.084		Prob > chi2 =0.098	
R^2_adj	0.559	0.564	0.580	0.690	0.172	0.203	0.196	0.233
N	383	383	383	383	277	278	277	278

注：***、**和*分别表示在1%、5%和10%的水平下显著。括号内为t值。

（3）产权性质异质性检验

我国国有企业所具备的天然政治优势，使它们拥有更多的融资渠道，而民营企业则普遍面临着融资歧视，融资约束问题更为严重（Brandt and Li，2003；卢盛峰和陈思霞，2017），融资成本也更高。而且国有企业的隐性担保也可以在一定程度上降低国有企业投资者面临的违约风险，因此对于国有企业，债券投资者会要求更低的回报（方红星等，2013）。周宏等（2018）发现公司治理对债券融资成本的降低效应在民企中更为显著。故预计债券违约对未来融资成本的正向影响在民营企业中更为显著。

表 5－31 报告了产权性质异质性的检验结果。表中第（1）—（4）列报告了债券违约对未来债务融资成本回归的结果，第（5）—（8）列报告了债券违约对未来债券融资成本回归的结果。从第（1）列和第（2）列中可知，当因变量为 $Debtcost1_{t+1}$ 时，在国企组中债券违约的回归系数为 0.017，在 10% 的水平下显著，在民企组中债券违约的回归系数为 0.051，在 1% 的水平下显著，显然，在民企组中债券违约的回归系数更大，并且两个回归系数的组间系数差异检验也在 5% 的水平下显著。第（3）列和第（4）列中，当因变量为 $Debtcost2_{t+1}$ 时，回归结果也显示在民企组中，债券违约的回归系数显著更大。第（1）—（4）列的检验结果表明，债券违约对未来债务融资成本的正向影响在民营企业中更为显著。

从第（5）—（6）列可知，当因变量为 $Bondcost_{t+1}$ 时，在国企组中债券违约对未来债券融资成本的回归系数为 0.093，未能在统计上通过检验，在民营组中债券违约对未来债券融资成本的回归系数为 0.729，大于国企组，且民企组中债券违约的回归系数在 1% 的水平下显著。第（7）列和第（8）列中，当因变量为 $Bondcost2_{t+1}$ 时，结果也显示在国企组中债券违约的回归系数并不显著，但是在民营组中债券违约的回归系数在 1% 的水平下通过了检验。第（5）—（8）列的检验结果表明，在民营企业样本中，债券违约对未来债券融资成本的正向影响更为明显。

表 5-31 产权性质异质性检验

	(1)	(2)	(3)	(4)	(5)	(6)	(7)	(8)
	国企	民企	国企	民企	国企	民企	国企	民企
	$Debtcost1_{t+1}$	$Debtcost1_{t+1}$	$Debtcost2_{t+1}$	$Debtcost2_{t+1}$	$Bondcost1_{t+1}$	$Bondcost1_{t+1}$	$Bondcost2_{t+1}$	$Bondcost2_{t+1}$
Default	0.017*	0.051***	0.012**	0.024***	0.093	0.729***	0.119	0.730***
	(1.80)	(7.14)	(2.05)	(6.31)	(0.36)	(5.07)	(0.46)	(5.20)
Size	0.001	0.005	0.000	0.001	-0.132	0.019	-0.125	0.023
	(0.42)	(1.40)	(0.11)	(0.30)	(-1.63)	(0.16)	(-1.55)	(0.21)
Lev	-0.056***	-0.022	-0.047***	-0.012	0.794*	0.829	1.083**	0.980
	(-4.43)	(-0.76)	(-6.15)	(-0.79)	(1.71)	(1.27)	(2.36)	(1.53)
Growth	-0.011	-0.018	0.001	-0.004	-0.772*	0.559	-0.679	0.634
	(-0.78)	(-0.71)	(0.13)	(-0.29)	(-1.74)	(1.08)	(-1.55)	(1.25)
ROE	-0.018	-0.098***	-0.014	-0.055***	-1.581**	-1.260*	-1.484**	-1.165
	(-1.02)	(-3.26)	(-1.31)	(-3.47)	(-2.53)	(-1.65)	(-2.40)	(-1.56)
CFO	0.008***	0.007	0.005***	0.004*	-0.110	-0.128	-0.109	-0.107
	(3.74)	(1.56)	(4.10)	(1.71)	(-1.49)	(-1.47)	(-1.49)	(-1.25)
Chairceo	-0.008	0.021**	-0.007	0.009**				
	(-1.05)	(2.46)	(-1.50)	(2.05)				
Intang	-0.000	-0.048	-0.010	0.006				
	(-0.02)	(-1.17)	(-0.76)	(0.29)				
ER	0.003	-0.005	0.003	-0.005				

续表

	(1)	(2)	(3)	(4)	(5)	(6)	(7)	(8)
	国企	民企	国企	民企	国企	民企	国企	民企
	$Debtcost1_{t+1}$	$Debtcost1_{t+1}$	$Debtcost2_{t+1}$	$Debtcost2_{t+1}$	$Bondcost1_{t+1}$	$Bondcost1_{t+1}$	$Bondcost2_{t+1}$	$Bondcost2_{t+1}$
	(0.52)	(-0.44)	(0.94)	(-0.77)				
Top1					0.166	0.112	0.156	0.110
					(0.78)	(0.46)	(0.75)	(0.46)
MDura					0.133***	0.144***	0.129***	0.155***
					(3.62)	(2.69)	(3.57)	(2.96)
LnMIvalue					-0.131	-0.544***	-0.140	-0.507***
					(-0.99)	(-3.17)	(-1.07)	(-3.03)
_cons	-0.002	-0.118	0.009	-0.011	7.409***	13.386***	7.410***	12.455***
	(-0.05)	(-1.40)	(0.39)	(-0.26)	(4.18)	(5.19)	(4.23)	(4.93)
Year	Yes	Yes	Yes	Yes	Yes	Yes	Yes	Yes
Ind	Yes	Yes	Yes	Yes	Yes	Yes	Yes	Yes
组间系数	chi2 (1) =5.81		chi2 (1) =3.60					
差异检验	Prob > chi2 =0.016		Prob > chi2 =0.058					
R^2_adj	0.478	0.609	0.537	0.698	0.198	0.309	0.199	0.313
N	489	277	489	277	323	232	323	232

注：***、**和*分别表示在1%、5%和10%的水平下显著。括号内为t值。

5.4.6 进一步分析

(1) 债券违约对企业贷款交易成本的影响

本章的主要研究结论表明，债券违约会导致企业未来的债务融资成本加重，即债券违约企业未来需要面临更高的债务融资成本，那么，为了顺利获得债务融资，债券违约企业在进行债务融资的过程中是否也需要支付更高的交易成本呢？在该部分，本书试图进一步对该问题进行解答。鉴于企业年报中并未详细披露企业在进行债务融资的过程中所付出的费用，本书借鉴姜付秀等（2019）的研究，将企业报表附注中披露的“支付的其他与经营活动有关的现金流量”作为企业在债务融资过程中所需支付的交易成本。本书对“支付的其他与经营活动有关的现金流量”进行取自然对数处理，作为企业贷款交易成本的代理变量（LoanFee）。

表5-32中第（1）列报告了债券违约对企业贷款交易成本的影响，在回归中控制了以下因素的影响：企业规模、资产负债率、企业成长性、员工薪酬、资产周转率、股权制衡度、上年经营状况等，并控制了年度和行业固定效应。从表中可知，债券违约与贷款交易成本之间的回归系数在5%的水平下显著为正，表明相较于债券未发生违约的企业，债券发生违约的发债企业在未来进行债务融资的过程中需要作出更多的努力，花费更多的成本。

(2) 债券违约对企业商业信用融资的影响

根据替代性融资理论，当企业的银行信贷融资进展困难时，企业会将商业信用融资作为银行信贷融资的替代性融资手段，加大商业信用融资规模（Petersen and Rajan，1997；Nilsen，2002；Fisman and Love，2003）。在本章前面的研究中，已经发现债券违约与债务融资成本以及债券融资成本之间存在显著的正向关系。根据替代性融资理论，随着未来债务融资成本以及债券融资成本的增加，发债企业为了缓解资金紧张，可能会转向商业信用融资。但是，债券违约事件的发生，使企业的声誉受损，企业风险随之上升，为了避免无法按期收回货款，商业信用供给方应该也会缩紧对债券违约企业的商业信用条件，并且更不愿意对这些企业提供商业信用。因此，本书预计债券违约也会导致企业的商业信用融资减少。

企业的商业信用融资主要包括应付账款、应付票据以及预收账款，在此借鉴陆正飞和杨德明（2011）的研究，按照以下方法界定商业信用融资变量：商业信用融资 =（应付账款 + 应付票据 + 预收账款）/总资产。表 5 - 32 中第（2）列报告了债券违约对商业信用融资的回归结果，为了避免反向因果关系，在回归时对商业信用融资进行了领先一期处理，回归中控制了以下因素对商业信用融资的影响：企业规模、资产负债率、企业年龄、企业成长性、盈利能力、现金持有率，并控制了年度和行业固定效应。从表中可知，债券违约与商业信用融资之间的回归系数为 - 0.046，在 1% 的水平下显著，表明相较于债券未发生违约的企业，债券发生违约的企业未来能够获得的商用信用融资更少。

表 5 - 32　　进一步分析

	(1)	(2)
	$LoanFee_{t+1}$	CCF_{t+1}
Default	0.376**	-0.046***
	(2.19)	(-4.05)
Size	0.638***	-0.010**
	(4.23)	(-2.50)
Lev	0.894	0.304***
	(0.93)	(9.74)
Growth	-0.288	0.046
	(-0.86)	(1.48)
Employ	-0.804***	
	(-2.77)	
Turnover	-0.963**	
	(-2.57)	
ER	-0.360	
	(-0.88)	

续表

	(1)	(2)
	$LoanFee_{t+1}$	CCF_{t+1}
Loss	0.200	
	(0.67)	
Age		0.002***
		(3.17)
ROE		0.134***
		(3.22)
CashHold		0.141**
		(2.28)
_cons	12.656***	0.096
	(4.56)	(1.10)
Year	Yes	Yes
Ind	Yes	Yes
R^2_adj	0.192	0.297
N	970	757

注：***、**和*分别表示在1%、5%和10%的水平下显著。括号内为根据个体聚类调整标准误计算的t值。

5.5 本章小结

本章利用2014—2019年发行公司债、企业债、中期票据、短期融资券、定向工具的发债企业经验数据，考察了债券违约对企业债务融资成本以及债券融资成本的影响。研究发现，债券违约与未来债务融资成本以及债券融资成本之间均存在显著的正向关系，相较于债券未发生违约的发债企业，债券发生违约的发债企业未来需要支付更高的债务融资成本和债券融资成本，表明在债券违约事件发生后，对于这些失信的发债企业，债权人和投资者会作出惩罚。本章还发现，主体评级越高的发债企业中，债券违约与未来债务融资成本和未来债券融资成本的正向关系更小，即主体评级缓解了债券违约对未来融资成本的影响。在采用 Heckman 两阶段模型、控制遗漏变量、改变倾向得分匹配方法、控制年度和行业交互固定效应等方法控制内生性问题后，本章的主要研究结论仍然成立，并且在采用改变因变量和自变量界定方法、全样本回归、双重聚类、自体抽样等方法进行稳健性检验后，本章的主要研究结论仍稳健。横截面检验表明，在大股东掏空越严重、代理成本越高以及民营企业中，债券违约与未来融资成本之间的正向关系更为显著。进一步的分析表明，相较于债券未发生违约的发债企业，债券发生违约的发债企业在未来的贷款活动中需要支付更高的交易成本；并且债券违约企业未来能够获得的商业信用融资也显著更少。总体而言，本章的研究结论表明，在债券违约事件发生后，投资者会对债券违约企业作出惩罚，具体表现为，相较于债券未发生违约的发债企业，债券发生违约的发债企业未来需要面临更高的融资成本，并且融资过程更加困难，而且不管是债务融资、债券融资抑或是商业信用融资都举步维艰。

根据本章的研究结论，本书提出以下建议：第一，债券违约会导致企业未来的融资更加困难，使企业陷入融资难和融资贵的困境，从而会加大企业的破产风险，为了避免发生债券或债务的违约，企业应该增强自身的风险防范意识，加强对债券和债务风险的管理，建立风险预警机制，预防违约风险的发生。可以通过建立偿债资金池的方式，定期向偿债资金池中存放用于偿还债务的资金，保证按时还本付息。此外，企业还需要通过加强自身的市场竞争力、提高业绩等方式增强自身的还债能力。第二，评级机构应该继续提高自身的风险识别能力，在评级过程中做到尽职尽责，发挥好中介监督的作用，提高评级的质量。第三，尽管相较于股票投资，债券的投资风险较低，但是并不能因此而忽略了债券投资的风险，近年来频发的债券违约事件表明债券的违约风险仍存在，因此投资者也应该树立风险意识，提高自身的风险意识和风险识别能力，维护好自身利益。投资者还应该在作出投资决策之前对企业做好深入的调查，切忌盲目跟风投资，在投资过程中也要密切关注企业的违约风险，时刻关注企业债券的履约情况，一旦意识到企业的偿债能力下降时，应该及时止损，避免自身的利益受损。第四，由于我国债券市场起步较晚，我国债券市场的发展实际上仍存在着许多缺陷，近年来连续爆发违约事件更加进一步暴露了我国债券市场的不足之处，相关监管部门应该从连续爆发的债券事件中意识到加强我国债券市场建设的必要性和紧迫性。应该通过建立完善的债券市场管理机制，加大对债券违约的惩戒力度，完善投资者保护制度，保护好债券市场上利益相关者的切身利益。

第6章

债券违约对企业投资的影响

6.1 引言

企业投资效率低下是制约我国经济发展的重要原因（王仲兵和王攀娜，2018）。在无摩擦市场中，企业的投资活动取决于企业在市场中能够获得的投资机会（Modigliani and Miller，1958），但是现实中并不存在无摩擦市场，信息不对称问题和代理问题的存在都可能导致逆向选择问题的出现，从而使企业的投资活动出现扭曲现象，导致资本配置低效率（Stein，2003；Biddle and Hilary，2006）。根据委托代理理论，为了确保股东利益最大化，经理人应该遵循净现值规则，投资于净现值为正的项目，努力提高公司的投资效率（Brennan，2003）。但是由于股东与经理人之间目标函数的不一致，经理人可能会为了追求私人利益，利用真实盈余管理等手段“中饱私囊”，构建个人商业帝国，从而引发股东与管理层之间的代理问题（Jensen and Meckling，1976）。在代理问题下，经理人可能会将原本用于投资项目的资金挪作他用，此时，当企业面临有价值的投资机会时由于缺乏资金，导致企业出现投资不足问题，投资效率下降。而由于股东与经理人之间信息不对称的存在，股东无法及时有效地对经理人的非效率投资行为进行监督，最终导致企业资源出现错配，资本配置效率下降。

已有研究探讨了信息不对称以及代理问题对投资效率的影响，如会计信息质量（程新生等，2012；潘敏和金岩，2009；张悦玫等，2017；袁振超和饶品贵，2018）、独立董事治理（陈运森和谢德仁，2011）、内部审计总监兼任（王兵等，2018）、高管个人特征（李焰等，2011；刘艳霞和祁怀锦，2019）、管理层权力（王茂林等，2014）等，也有研究探讨了宏观层面因素对投资效率的影响（万良勇，2013；王克敏等，2017；张新民等，2017；王兵等 2017；刘海明和曹廷求，2017；王仲兵和王攀娜，2018）。作为我国近年来频频爆发的信用债危机，债券违约不仅损害了债券投资者的利益，而且还会使发债企业遭到重创，但是由于研究样本量的问题，已有关于我国债券违约的研究中直接考察债券违约对发债企业影响的研究较少。那么，债券违约事件发生后发债企业面临的投资机会是否会受到影响？为了弥补债券违约带来的不利影响，管理层会理性投资还是会“狗急跳墙”、“病急乱投医”从事非效率投资行为？这些都是目前亟待解决的问题，本章尝试弥补这一研究缺口。

本章利用 2014—2019 年发行公司债、企业债、中期票据、短期融资券、定向工具的发债企业经验数据，考察了债券违约对企业未来投资机会以及未来非效率投资的影响。研究发现，债券违约会削弱发债企业未来的投资机会，并且会加重发债企业未来的非效率投资行为，即相较于债券未发生违约的企业，债券发生违约的发债企业未来面临的投资机会更少，而非效率投资行为更严重。在使用 Heckman 两阶段估计等方法控制内生性问题后，本章的研究结论仍然成立。横截面的分析表明，债券违约对发债企业未来投资机会以及未来非效率投资的影响存在异质性。发债企业的代理成本越高，面临的产品市场竞争越激烈，债券违约对未来投资机会的削弱作用以及对未来非效率投资行为的加重作用更为显著，但发债企业为民营企业时，债券违约对未来投资机会的削弱作用以及对未来非效率投资行为加重作用更为显著。

本章主要有以下几点贡献：第一，增进了对债券违约经济后果的研究。已有关于我国债券违约经济后果的研究中，由于样本量的问题，基本上都是将债券违约作为一个事件，探讨该事件发生后，对涉事评级机构的评级和市场份额的影响，以及债券违约的行业传染效应和地区传染效应等。本章则是直接以发债企业是否发生债券违约来界定债券违约变量，从未来投资机会和非效率投资视角切入，直接考察债券违约的经济后果，并发现债券违约会削弱企业未来的投资机会，并会导致企业的非效率投资，对已有关于债券违约经济后果的研究提供了增量贡献。第二，为关于投资效率影响因素的研究提供了增量贡献。已有关于投资效率的研究更多聚焦于公司治理因素层面或是宏观经济层面，本章研究发现，债券违约也会影响企业的投资效率，债券违约会加重企业未来的非效率投资行为，增进了已有关于投资效率研究因素的研究。

本章剩余部分的结构安排如下：第二部分是理论分析与研究假设，在对已有研究和理论进行梳理的基础上，提出本章的研究假设。第三部分是研究设计，以 2014—2019 年发行公司债、企业债、中期票据、短期融资券、定向工具的企业为初始研究样本，通过选取变量，构建线性回归模型，对本章提出的研究假设进行检验。第四部分是实证结果分析，对研究中的主要变量进行描述性统计和相关性分析，对模型的检验结果进行回归分析，进行内生性检验和稳健性检验，验证本章研究结论的稳健性，并进一步讨论债券违约对未来投资效率和投资机会影响的异质性。第五部分是本章小结，对本章的研究内容和研究结论进行总结，并根据研究结论提出建议。

6.2　理论分析与研究假设

债券违约发生后，发债企业不仅要受到相关部门的惩罚，而且还会受到市场以及投资者的惩罚（彭叠峰和程晓园，2018；王宏博 2020），最终使企业元气大伤，企业忙于应付债券违约造成的不利经济后果，降低了企业主动寻找投资机会的能力（金宇超等，2016）。相较于低声誉的企业，高声誉的企业往往能够获得更多的投资机会，而债券违约使企业的声誉严重受损，当有投资机会出现时，由于债券违约企业的声誉较差，更难获得投资机会。因此，债券违约可能会削弱企业捕捉投资机会的能力。

管理层对企业的投资活动拥有着关键的决策权，在委托代理理论框架下，管理层在开展投资活动过程中应该以股东利益最大化和企业价值最大化为目标。根据经济人假设，经济活动个人的行为都是理性的，但是，在现实经济活动中不存在完全理性的经济主体。高管也并非理性人（Roll，1986），管理层为了追求职位上的晋升或是为了谋取个人私利会从事非效率投资等非理性行为（Narayanan，1985；Hart and Moore，1994）。债券违约的爆发使管理层的个人利益受到了损害，作为企业的直接管理者，管理层对债券违约具有不可推卸的责任，管理层需要为债券违约“买单”，因此债券违约可能会使管理者的晋升以及薪酬待遇受到一定的影响。而管理者为了减轻债券违约对个人晋升以及对个人薪酬待遇的不利影响，可能会“狗急跳墙”、“病急乱投医”，出现“乱作为”的现象，从而更可能进行非效率投资。

因此，发生债券违约事件后，企业元气大伤，降低了企业主动寻找投资机会的能力，也削弱了企业抓住投资机会的能力。而为了减轻债券违约带来的后果，避免自身的利益受到更大的伤害，管理层可能会“急于表现”，出现“乱作为”的现象，管理层的“急于表现”会导致企业的非效率投资行为（金宇超等，2016）。

综合以上分析，本章提出以下两个研究假设：

假设 6－1：相较于债券未发生违约的企业，债券发生违约企业未来的投资机会更少。

假设 6－2：相较于债券未发生违约的企业，债券发生违约企业未来的非效率投资行为更加严重。

6.3 研究设计

6.3.1 样本选取与数据来源

（1）样本选取与来源

本章的初始研究样本为 2014—2019 年发行公司债、企业债、中期票据、短期融资券、定向工具的企业，包括上市企业以及非上市企业。按照惯例，在此对初始样本进行如下处理：剔除金融、保险行业样本；剔除主要变量缺失的样本。此外，为了剔除异常值对研究结论造成的影响，对所有连续型变量进行了 1% ~99% 的 Winsor 缩尾处理。研究中所用到的数据来源于 Wind 数据库和 CSMAR 数据库，其中，债券违约数据和发债企业的基本财务数据来源于 Wind 数据库。

（2）倾向得分匹配（PSM）

进行初始的数据处理后，本章一共获得 12426 个样本观测值，其中债券违约样本占比为 1.05%，由于债券违约样本占比较少，为了避免采用全样本进行回归会导致样本选择偏差，本章采用倾向得分匹配方法为债券违约样本寻找配对样本。具体地，本书以可能会影响企业发生债券违约的因素作为协变量，按照 1∶5 的原则进行样本配对，并将卡尺设置为 0.1，这些因素包括：企业规模、企业年龄、资产负债率、总资产增长率、盈利性、经营活动现金流以及是否亏损等变量，还包括债券平均发行规模和债券平均期限。为了保证 PSM 匹配的有效性，本书还对 PSM 匹配的协变量进行了均衡性检验。图 6 -1 报告了 PSM 匹配前后对照组和控制组中协变量的均衡性检验结果。根据 Rosenbaum 和 Rubin（1983）、邵敏和包群（2011）的研究，PSM 匹配后协变量的标准化偏差小于 20 表明匹配效果较好。从图中可知，在进行 PSM 匹配前（Unmatched）协变量的标准化偏差都较大，而在进行 PSM 匹配后（Matched）协变量的标准化偏差均小于 20，表明本章 PSM 匹配的效果较好。经过倾向得分匹配，剔除未匹配的样本后，本章一共获得 734 个样本观测值，其中债券违约样本占比为 17.8%。

6.3.2 模型构建

为了检验本章提出的假设 1 和假设 2 是否成立，本章构建了模型（6 -1）和模型（6 -2）进行检验。模型（6 -1）中的因变量为投资机会，自变量为债券违约，借鉴 Biddle 等（2009）、Chen 等（2011）、陈运森和谢德仁（2011）、曹亚勇等（2012）、柳建华等（2015）、王仲兵和王攀娜

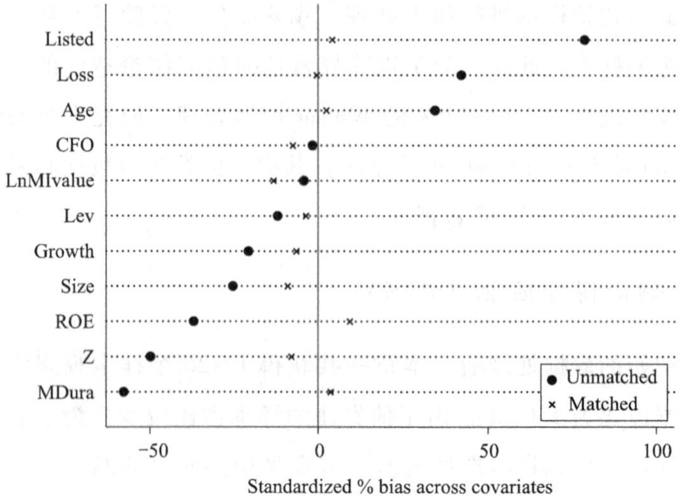

图 6-1 PSM 匹配前后对照组和控制组中协变量标准化偏差趋势图

(2018) 等研究，模型中的控制变量包括企业规模、资产负债率、企业年龄、第一大股东持股比例、盈利性、其他应收款占比、投资水平、现金持有水平。模型（6-2）中的因变量为非效率投资，自变量为债券违约，模型中的控制变量同模型（6-1）。模型（6-1）和模型（6-2）中都控制了年度固定效应（Year）以消除不可观测的随时间变动的因素对结果的影响，控制行业固定效应（Ind）以消除不可观测的随行业变动的因素对结果的影响。为了避免可能存在的反向因果关系等内生性问题干扰本章的研究结论，在此对因变量进行领先一期处理。

$$Invest\_Opp_{t+1} = \beta_0 + \beta_1 Default + \sum_k \beta_k Controls + Year + Ind + \varepsilon \tag{6-1}$$

$$Ineff\_Invest_{t+1} = \beta_0 + \beta_1 Default + \sum_k \beta_k Controls + Year + Ind + \varepsilon \tag{6-2}$$

6.3.3 变量定义

(1) 投资机会

已有研究中，主要使用托宾 Q 以及企业成长性指标来衡量企业面临的投资机会，由于本书的研究样本中既包含了上市企业也包含了非上市企业，非上市企业无法计算托宾 Q 值，故本章使用成长性指标衡量企业的投资机会。具体而言，投资机会（Invest_Opp）等于当期营业收入减去上期营业收入，再除以上期营业收入。

（2）非效率投资

参考已有研究（陈运森和谢德仁，2011；柳建华等，2015），本书采用 Richardson（2006）投资水平模型的残差来估算投资效率。非效率投资（Ineff_Invest）等于 Richardson 投资水平模型残差的绝对值，值越大，表示企业的投资效率越低，非效率投资越严重。

（3）债券违约

债券违约（Default）的具体定义如下：若企业发行的债券在当年发生违约，则 Default 取值为 1，否则为 0。具体而言，违约事件包括：提前到期未兑付、未按时兑付利息、未按时兑付回售款、未按时兑付回售款和利息、未按时兑付本息、未按时兑付本金等，剔除未发生实质违约的技术性违约。

（4）控制变量

本章控制变量的具体定义如下：①企业规模（Size），等于企业总资产的自然对数；②资产负债率（Lev），等于企业的负债与总资产之比；③盈利性（ROE），等于企业的净资产收益率；④企业年龄（Age），借鉴肖淑芳等（2012）的研究，企业年龄等于企业成立时间与当年的时间间隔除以 365；⑤第一大股东持股比例（Top1），等于第一大股东所持股份的占比；⑥其他应收款占比（OREC），等于其他应收款占总资产的比例；⑦投资水平（Invest），借鉴李维安等（2014）、刘海明和曹廷求（2017）的研究，投资水平等于经过总资产标准化的固定资产、在建工程以及无形资产之和；⑧现金持有水平（CashHold），等于企业货币资金与总资产之比。变量的具体定义见表 6-1。

表 6-1 主要变量定义表

变量名	变量符号	变量计算及说明
投资机会	Invest_Opp	（当期营业收入 - 上期营业收入）/上期营业收入
非效率投资	Ineff_Invest	Richardson 投资水平模型残差的绝对值
债券违约	Default	若企业发行的债券在当年发生违约，则 Default 取值为 1，否则为 0
企业规模	Size	企业总资产的自然对数
资产负债率	Lev	负债/总资产
盈利性	ROE	净利润/净资产
企业年龄	Age	企业成立时间与当年的时间间隔除以 365
其他应收款占比	OREC	其他应收款/总资产
第一大股东持股比例	Top1	第一大股东所持股份额/总股数
投资水平	Invest	（固定资产 + 在建工程 + 无形资产）/总资产
现金持有水平	CashHold	货币资金/总资产

6.4 实证结果分析

6.4.1 描述性统计与单变量分析

(1) 全样本描述性统计

表 6-2 报告了倾向得分匹配之前，即在全样本下主要变量的描述性统计结果。从表中可知，在全样本下的样本量为 12426 个，领先一期的投资机会变量（$Invest\_Opp_{t+1}$）的均值为 0.158，标准差为 0.478，最小值和最大值分别为 -0.698 和 3.068，表明不同的发债企业面临的投资机会差异较大，投资机会的描述性统计结果与已有研究基本一致（陈运森和谢德仁，2011；刘海明和曹廷求，2017）。领先一期的非效率投资变量（$Ineff\_Invest_{t+1}$）的均值为 0.030，最小值为 0.000，最大值为 0.229，非效率投资

的描述性统计结果与李维安等（2014）等研究的结果一致。债券违约变量（Default）的均值为 0.011，表明在全样本的情况下，债券违约观测占比为 1.1%。

表 6-2　　全样本下主要变量描述性统计

Variables	N	mean	sd	min	p50	max
$Invest\_Opp_{t+1}$	12426	0.158	0.478	-0.698	0.076	3.068
$Ineff\_Invest_{t+1}$	12426	0.030	0.039	0.000	0.017	0.229
Default	12426	0.011	0.102	0.000	0.000	1.000
Size	12426	24.040	1.098	21.627	23.912	27.223
Lev	12426	0.579	0.151	0.208	0.589	0.900
Age	12426	16.825	6.767	3.693	16.144	35.834
Top1	12426	0.785	0.287	0.129	1.000	1.000
ROE	12426	0.040	0.068	-0.310	0.027	0.254
OREC	12426	0.081	0.091	0.000	0.048	0.416
Invest	12426	0.283	0.246	0.000	0.220	0.887
CashHold	12426	0.108	0.068	0.004	0.096	0.348

（2）匹配后描述性统计

表 6-3 报告了经过 PSM 配对后主要变量的描述性统计结果。从表中可知，经过 PSM 配对后，本章一共获得 734 个样本。匹配后，领先一期的投资机会 $Invest\_Opp_{t+1}$ 的均值为 0.113，均值较匹配前有所降低。领先一期的非效率投资 $Ineff\_Invest_{t+1}$ 的均值为 0.033，最大值和最小值分别为 0.229 和 0.000，与匹配前基本无异。债券违约的均值为 0.178，表明经过匹配后，样本中债券违约企业占比为 17.8%。企业规模的均值为 23.794，标准差为 1.090，最小值和最大值分别为 21.627 和 27.223，说明不同发债企业的规模存在一定的差异。资产负债率的均值为 0.628，表明样本企业的负债平均占比为 62.8%。企业年龄的均值为 19.398，标准差为 6.798，最小值和最大值分别为 4.005 和 35.834，表明不同发债企业的成立时间相差加大，平均而言，样本企业的年龄大概在 19 年左右。第一大股东持股比例的均值为 0.636，最小值为 0.129，最大值为 1.000，说明总体上发债企

业中第一大股东持股比例较大，不过不同的发债企业也存在差异，平均而言，样本企业中第一大股东持股比例为63.6%，最大持股比例为100%。企业盈利指标的均值为0.005，最小值为-0.310，最大值为0.254，说明不同发债企业的盈利能力存在着一定的差异，一些发债企业甚至出现了亏损的状况。其他应收款占比的均值为0.059，中位数为0.029，说明样本企业的其他应收款平均占比为5.9%，一半企业的其他应收款占比小于2.9%。投资水平的均值为0.339，最大值和最小值分别为0.887和0.000，表明不同发债企业的投资水平存在着较大的差异。现金持有水平的均值为0.114，说明在样本中发债企业平均的现金持有水平为11.4%。总体而言，主要变量的描述性统计结果与已有研究基本一致。

表6-3　　匹配后主要变量描述性统计

Variables	N	mean	sd	min	p50	max
$Invest\_Opp_{t+1}$	734	0.113	0.473	-0.698	0.064	3.068
$Ineff\_Invest_{t+1}$	734	0.033	0.038	0.000	0.021	0.229
Default	734	0.178	0.383	0.000	0.000	1.000
Size	734	23.794	1.090	21.627	23.729	27.223
Lev	734	0.628	0.150	0.208	0.646	0.900
Age	734	19.398	6.798	4.005	19.099	35.834
Top1	734	0.636	0.324	0.129	0.600	1.000
ROE	734	0.005	0.123	-0.310	0.025	0.254
OREC	734	0.059	0.074	0.000	0.029	0.416
Invest	734	0.339	0.255	0.000	0.295	0.887
CashHold	734	0.114	0.073	0.004	0.101	0.348

（3）单变量分析

表6-4列示了按照债券违约变量分组进行的均值差异检验结果。从表中可知，在债券未发生违约组中，投资机会（$Invest\_Opp_{t+1}$）的均值为0.144，但是在债券违约组中投资机会的均值为负数，两者的差异在1%的水平下通过了检验，表明债券未发生违约的发债企业，未来面临更多的投

资机会。非效率投资（$Ineff\_Invest_{t+1}$）在债券未违约样本组的均值为 0.030，在债券违约样本组的均值为 0.048，可以看出，在债券违约样本中非效率投资行为更严重，并且两者的差异在 1% 的水平下通过了检验。总体而言，单变量分析的结果表明，债券违约企业的未来投资机会更少，并且非效率投资行为更为严重。

表 6－4　　主要变量单变量分析

Variables	Default = 0		Default = 1		
	G1（0）	Mean1	G2（1）	Mean2	MeanDiff
$Invest\_Opp_{t+1}$	603	0.144	131	－0.028	0.171***
$Ineff\_Invest_{t+1}$	603	0.030	131	0.048	－0.018***
Size	603	23.80	131	23.77	0.023
Lev	603	0.617	131	0.681	－0.064***
Age	603	19.49	131	18.95	0.541
Top1	603	0.684	131	0.413	0.271***
ROE	603	0.007	131	－0.006	0.013
OREC	603	0.060	131	0.054	0.006
Invest	603	0.330	131	0.378	－0.048
CashHold	603	0.114	131	0.112	0.003

注：***、** 和 * 分别表示在 1%、5% 和 10% 的水平下显著。

（4）相关系数检验

表 6－5 报告了主要变量的相关系数检验结果。从表中可知，债券违约与领先一期的投资机会之间的相关系数为－0.137，在 1% 的水平下显著，说明债券违约与未来投资机会之间显著负相关。债券违约与领先一期的非效率投资之间的相关系数为 0.172，也在 1% 的水平下显著，说明债券违约与未来非效率投资行为之间存在显著的正向关系。当然，债券违约与未来投资机会以及未来非效率投资之间的因果关系还有赖于更进一步的回归分析。其余变量的相关系数均小于 0.4，表明本章的研究变量之间不存在严重的多重共线性问题。

表 6－5　　主要变量相关系数检验

Variables	$Invest\_Opp_{t+1}$	$Ineff\_Invest_{t+1}$	Default	Size	Lev	Age	Top1
$Invest\_Opp_{t+1}$	1.000						
$Ineff\_Invest_{t+1}$	-0.027	1.000					
Default	-0.137***	0.172***	1.000				
Size	0.072*	-0.092**	-0.009	1.000			
Lev	0.051	0.039	0.025	0.342***	1.000		
Age	-0.043	-0.016	-0.028	0.116***	-0.150***	1.000	
Top1	0.024	-0.074**	-0.320***	0.277***	0.307***	-0.135***	1.000
ROE	0.085**	-0.080**	-0.043	-0.004	-0.078**	-0.016	0.038
OREC	0.010	-0.110***	-0.027	-0.013	0.144***	-0.144***	0.311***
Invest	-0.012	0.276***	0.070*	0.138***	0.230***	0.005	-0.065*
CashHold	0.051	-0.065*	-0.012	-0.033	-0.160***	0.036	-0.096***
	ROE	OREC	Invest	CashHold			
ROE	1.000						
OREC	0.037	1.000					
Invest	-0.210***	-0.304***	1.000				
CashHold	0.197***	-0.103***	-0.281***	1.000			

注：***、** 和 * 分别表示在 1%、5% 和 10% 的水平下显著。

6.4.2 主要回归结果分析

表 6 - 6 报告了债券违约对投资机会以及非效率投资影响的基本回归结果。表中第（1）列和第（2）列为未加入任何控制变量，只控制了年度固定效应和行业固定效应时的回归结果，第（3）列和第（4）列为加入控制变量后的回归结果。从表中第（1）列可知，当因变量为领先一期的投资机会（$Invest\_Opp_{t+1}$）时，债券违约的回归系数为 - 0.191，在 1% 的水平下显著，说明在未考虑其他因素时，债券违约会弱化企业未来的投资机会。从表中第（2）列可知，当因变量为领先一期的非效率投资（$Ineff\_Invest_{t+1}$）时，债券违约的回归系数为 0.018，在 1% 的水平下显著，说明在未考虑其他因素时，债券违约会加大企业未来的非效率投资行为。第（3）列中，当加入控制变量后，债券违约与未来投资机会的回归系数为 - 0.216，在 1% 的水平下显著，说明在控制可能的影响因素后，债券违约与未来投资机会之间仍呈显著的负相关关系，即债券违约会削弱企业未来投资机会。第（4）列中，债券违约与未来非效率投资之间的回归系数为 0.018，在 1% 的水平下显著，说明在控制可能的影响因素后，债券违约与未来非效率投资之间仍呈显著的正相关关系，即债券违约会加重企业未来的非效率投资行为。

表 6 - 6　　基本回归结果分析

	(1)	(2)	(3)	(4)
	$Invest\_Opp_{t+1}$	$Ineff\_Invest_{t+1}$	$Invest\_Opp_{t+1}$	$Ineff\_Invest_{t+1}$
Default	-0.191***	0.018***	-0.216***	0.018***
	(-3.82)	(3.63)	(-4.30)	(3.76)
Size			0.037**	-0.005***
			(2.46)	(-3.20)
Lev			0.167	-0.005
			(1.01)	(-0.34)
Age			-0.004	0.000
			(-1.63)	(0.41)

续表

	(1) $Invest\_Opp_{t+1}$	(2) $Ineff\_Invest_{t+1}$	(3) $Invest\_Opp_{t+1}$	(4) $Ineff\_Invest_{t+1}$
Top1			-0.080	0.005
			(-1.08)	(1.05)
ROE			0.315*	-0.010
			(1.81)	(-0.67)
OREC			0.144	-0.022
			(0.38)	(-1.29)
Invest			-0.094	0.048***
			(-0.79)	(6.17)
CashHold			0.064	0.021
			(0.23)	(1.07)
_cons	0.101	0.060**	-0.643*	0.144***
	(0.62)	(2.03)	(-1.71)	(3.22)
Year	Yes	Yes	Yes	Yes
Ind	Yes	Yes	Yes	Yes
R^2_adj	0.032	0.068	0.041	0.125
N	734	734	734	734

注：***、**和*分别表示在1%、5%和10%的水平下显著。括号内为根据个体聚类调整标准误计算的t值。

6.4.3 内生性检验

(1) 按照1:2和1:3进行PSM配对

在本章前面的检验中，为了控制样本选择偏误，本书按照1:5的原则为每一个债券违约样本寻找匹配样本，在此本书尝试改变倾向得分匹配的比例，按照1:2的原则以及1:3的原则进行样本匹配。表6-7报告了改变PSM配对方法后的回归结果。从表中可知，当采用1:2的方法进行匹配时，第（1）列中债券违约与未来投资机会之间的回归系数为负，且在1%的水平下显著，说明在按照1:2的匹配方法进行PSM控制样本选择偏误后，债券违约会减少企业未来投资机会的结论未发生改变；第（2）列中债券违约与未来非效率投资之间的回归系数在 1% 的水平下显著为正，说明在按照 1∶2 的匹配方法进行 PSM 控制样本选择偏误后，债券违约会加重企业未来的非效率投资行为的结论保持不变。第（3）列和第（4）列为采用 1∶3 的方法进行倾向得分匹配后的结果。第（3）列中，当因变量为未来投资机会时，债券违约的回归系数在 1% 的水平下显著为负，说明在按照 1∶3 的方法进行匹配后，债券违约与未来投资机会之间仍存在显著的负向关系。第（4）列中，当因变量为未来非效率投资时，债券违约的回归系数在 1% 的水平下显著为正，说明在按照 1∶3 的方法进行匹配后，债券违约与未来非效率投资之间仍存在显著的正向关系。此外，本章还尝试采用核匹配方法以及半径匹配的方法进行倾向得分匹配，以控制研究过程中的样本选择问题，未报告的结果显示，本章的主要结论仍然成立。

表 6-7　　内生性检验：改变 PSM 配对方法

	(1)	(2)	(3)	(4)
	1∶2 匹配		1∶3 匹配	
	$Invest\_Opp_{t+1}$	$Ineff\_Invest_{t+1}$	$Invest\_Opp_{t+1}$	$Ineff\_Invest_{t+1}$
Default	-0.161***	0.015***	-0.213***	0.017***
	(-3.17)	(2.98)	(-4.04)	(3.57)
Size	0.028	-0.005**	0.039*	-0.005**
	(1.39)	(-2.30)	(1.93)	(-2.39)
Lev	0.274	-0.005	0.273	-0.002
	(1.32)	(-0.19)	(1.29)	(-0.08)
Age	-0.005	0.000	-0.002	0.000
	(-1.59)	(1.11)	(-0.71)	(0.91)
Top1	-0.054	0.008	-0.020	0.005
	(-0.60)	(0.93)	(-0.20)	(0.79)
ROE	0.590***	-0.015	0.534***	-0.014
	(2.68)	(-0.84)	(2.63)	(-0.88)
OREC	-0.279	-0.044	0.064	-0.025
	(-0.86)	(-1.41)	(0.12)	(-1.11)
Invest	-0.240	0.056***	-0.041	0.052***

续表

	(1)	(2)	(3)	(4)
	1:2 匹配		1:3 匹配	
	$Invest\_Opp_{t+1}$	$Ineff\_Invest_{t+1}$	$Invest\_Opp_{t+1}$	$Ineff\_Invest_{t+1}$
	(-1.54)	(4.96)	(-0.27)	(5.64)
CashHold	-0.321	0.005	0.020	0.014
	(-0.81)	(0.17)	(0.06)	(0.59)
_cons	-0.214	0.200***	-0.655	0.167***
	(-0.43)	(3.26)	(-1.33)	(3.02)
Year	Yes	Yes	Yes	Yes
Ind	Yes	Yes	Yes	Yes
R^2_adj	0.080	0.166	0.054	0.146
N	384	384	505	505

注：***、** 和 * 分别表示在 1%、5% 和 10% 的水平下显著。括号内为根据个体聚类调整标准误计算的 t 值。

（2）Heckman 两阶段估计

尽管为了避免样本选择偏差，本章采用了 PSM 方法进行样本的匹配，但是为了进一步控制研究中的内生性问题，本章尝试采用 Heckman 两阶段模型进行重新估计。在 Heckman 模型的第一阶段中，以债券违约作为因变量，并控制了可能会影响债券违约的因素，包括企业规模、企业年龄、资产负债率、总资产增长率、盈利性、经营活动现金流、是否亏损、债券平均发行规模以及债券平均期限等，计算出逆米尔斯比，在第二阶段中加入逆米尔斯比（IMR）作为控制变量。表 6-8 中第（1）列和（2）列报告了 Heckman 两阶段估计第二阶段的回归结果。从第（1）列可知，债券违约与未来投资机会的回归系数在 1% 的水平下显著为负，说明在采用 Heckman 模型控制了可能存在的样本选择偏差问题后，债券违约与未来投资机会之间的负向关系未受到影响。第（2）列中，债券违约与未来非效率投资之间的回归系数在 1% 的水平下显著为正，说明债券违约与未来非效率投资之间的正向关系未受到样本选择偏差的影响。

(3) 控制遗漏变量

为了控制遗漏变量问题可能会对研究结论造成的影响，本章尝试在模型（6－1）和模型（6－2）中加入债券层面因素和公司治理因素，以控制债券层面因素以及公司治理层面因素对研究结论的影响。债券层面因素包括债券平均期限和债券平均发行规模，具体的指标计算和定义见表 5－1。表 6－8 中第（3）列和第（4）列报告了控制遗漏变量后的回归结果。从第（3）列可知，债券违约的回归系数为－0.236，在 1% 的水平下显著，从第（4）列可知，债券违约的回归系数为 0.018，也在 1% 的水平下显著。表6－8 中第（3）列和第（4）列的回归结果表明，在控制了可能的遗漏变量后，债券违约会减少企业未来的投资机会，加大企业未来非效率投资行为的结论仍然成立。

表 6－8　内生性检验：Heckman 两阶段估计和控制遗漏变量

	(1)	(2)	(3)	(4)
	$Invest\_Opp_{t+1}$	$Ineff\_Invest_{t+1}$	$Invest\_Opp_{t+1}$	$Ineff\_Invest_{t+1}$
Default	－0.220***	0.018***	－0.236***	0.018***
	(－4.40)	(3.77)	(－4.33)	(3.84)
IMR	－0.145	0.000		
	(－1.56)	(0.01)		
Size	0.037**	－0.005***	0.062***	－0.007***
	(2.46)	(－3.24)	(2.77)	(－3.22)
Lev	－0.083	－0.004	0.147	－0.003
	(－0.34)	(－0.17)	(0.86)	(－0.17)
Age	－0.003	0.000	－0.004	0.000
	(－1.04)	(0.58)	(－1.46)	(0.56)
Top1	－0.071	0.006	－0.094	0.006
	(－0.93)	(1.15)	(－1.27)	(1.19)
ROE	0.334*	－0.010	0.325*	－0.013
	(1.85)	(－0.68)	(1.83)	(－0.88)
OREC	0.127	－0.023	0.127	－0.022
	(0.33)	(－1.35)	(0.33)	(－1.32)

续表

	(1) $Invest\_Opp_{t+1}$	(2) $Ineff\_Invest_{t+1}$	(3) $Invest\_Opp_{t+1}$	(4) $Ineff\_Invest_{t+1}$
Invest	-0.074	0.047***	-0.090	0.050***
	(-0.61)	(5.95)	(-0.75)	(6.48)
CashHold	0.091	0.019	0.048	0.018
	(0.32)	(0.93)	(0.17)	(0.93)
big10			-0.007	-0.001
			(-0.18)	(-0.27)
Chairceo			0.042	0.008*
			(0.80)	(1.81)
MDura			0.016	-0.001
			(1.51)	(-1.25)
LnMIvalue			-0.000	0.000
			(-1.12)	(1.55)
_cons	-0.491	0.146***	-1.242**	0.186***
	(-1.28)	(3.18)	(-2.46)	(3.47)
Year	Yes	Yes	Yes	Yes
Ind	Yes	Yes	Yes	Yes
R^2_adj	0.045	0.125	0.039	0.132
N	719	719	731	731

注：***、**和*分别表示在1%、5%和10%的水平下显著。括号内为根据个体聚类调整标准误计算的t值。

（4）控制交互固定效应

为了控制不可观测的随时间变动的因素对结果的影响，以及控制不可观测的随行业变动的因素对结果的影响，本书在模型（6-1）和模型（6-2）中控制了年度和行业固定效应，但是行业层面逐年变化的因素，如行业需求冲击等因素可能会影响企业的投资行为，故在此借鉴Bai（2009）、Wang（2013）等研究，在模型（6-1）和模型（6-2）中控制了年度和行业联合效应以控制行业层面随时间变化的不可观测因素对研究结论可能造成的影响。表6-9中第（1）列和第（2）列报告了控制年度和行业交互效应后的回归结果。第（1）列的回归结果显示，债券违约的回归系数在 1% 的水平下显著为负，表明在控制行业层面随时间变化的不可观测因素对研究结论可能造成的影响后，债券违约与未来投资机会之间的负向关系未发生改变。第（2）列的回归结果显示，债券违约的回归系数在 1% 的水平下显著为正，表明在控制行业层面随时间变化的不可观测因素对研究结论可能造成的影响后，债券违约与非效率投资之间的正向关系未发生改变。

此外，每个省份每年的经济状况也会存在差异，这些差异可能会对企业的投资机会和投资效率造成不同的影响，因此，本书在此还尝试控制年度和省份交互固定效应，以控制省份层面随时间变化的不可观测因素对企业投资机会和投资效率的影响。表 6 - 9 中第（3）列和第（4）列报告了控制年度和省份交互效应后的回归结果。从第（3）列中可知，在控制省份层面随时间变化的不可观测因素后，债券违约与未来投资机会之间的回归系数仍在 1% 的水平下显著为负。第（4）列的结果显示，在控制省份层面随时间变化的不可观测因素后，债券违约与未来非效率投资之间的回归系数仍在 1% 的水平下显著为正。

表 6 - 9　　　　内生性检验：控制交互固定效应

	(1)	(2)	(3)	(4)
	控制年度和行业交互效应		控制年度和省份交互效应	
	$Invest\_Opp_{t+1}$	$Ineff\_Invest_{t+1}$	$Invest\_Opp_{t+1}$	$Ineff\_Invest_{t+1}$
Default	-0.178***	0.016***	-0.190***	0.015***
	(-3.84)	(3.18)	(-3.92)	(3.29)
Size	0.032**	-0.004***	0.039**	-0.005***
	(2.11)	(-3.14)	(2.51)	(-3.37)
Lev	0.081	-0.006	0.136	0.005
	(0.55)	(-0.52)	(0.95)	(0.34)
Age	-0.003	0.000	-0.002	0.000
	(-1.07)	(0.17)	(-1.02)	(0.18)
Top1	-0.126*	0.006	-0.103	0.004
	(-1.94)	(1.22)	(-1.56)	(0.75)

续表

	(1)	(2)	(3)	(4)
	控制年度和行业交互效应		控制年度和省份交互效应	
	$Invest\_Opp_{t+1}$	$Ineff\_Invest_{t+1}$	$Invest\_Opp_{t+1}$	$Ineff\_Invest_{t+1}$
ROE	0.399**	-0.012	0.383**	-0.010
	(2.38)	(-0.84)	(2.39)	(-0.68)
OREC	0.353	-0.015	0.170	-0.013
	(0.94)	(-0.98)	(0.44)	(-0.91)
Invest	-0.012	0.044***	-0.017	0.047***
	(-0.12)	(7.83)	(-0.18)	(8.14)
CashHold	0.111	0.017	0.240	0.008
	(0.42)	(0.87)	(0.89)	(0.41)
_cons	-0.538	0.112***	-0.741**	0.129***
	(-1.58)	(3.71)	(-2.08)	(3.91)
Year × Ind	Yes	Yes	Yes	Yes
Year × Province	Yes	Yes	Yes	Yes
N	734	734	733	733

注：***、**和*分别表示在1%、5%和10%的水平下显著。括号内为根据个体聚类调整标准误计算的t值。

6.4.4 稳健性检验

(1) 替换因变量

为了保证研究结论的稳健性，本章尝试通过改变因变量的方式进行稳健性检验。在模型（6-1）中采用的是营业收入增长率来衡量企业面临的投资机会，在此，本章试图使用企业的总资产增长率来衡量企业的投资机会。表6-10第（1）列中报告了改变投资机会衡量方法后的稳健性检验结果，回归结果显示，债券违约的回归系数仍在1%的水平下显著为负，表明在替换投资机会的衡量方法后，债券违约会削弱企业未来投资机会的结论仍然成立。

在模型（6-2）中，采用经过总资产标准化的固定资产、在建工程以及无形资产之和衡量企业投资水平进而计算非效率投资指标，在此，将改变投资水平的衡量方法，分别采用以下三种方法来衡量企业的投资水平，按照 Richardson 投资水平模型重新计算非效率投资指标：①借鉴张悦玫等(2017)，投资水平等于经总资产标准化的购建固定资产、无形资产和其他长期资产支付的现金净额；②借鉴刘艳霞和祁怀锦（2019），投资水平等于经总资产标准化的购建固定资产、无形资产和其他长期资产支付的现金；③借鉴王克敏等（2017），投资水平等于（购建固定资产、无形资产和其他长期资产支付的现金 + 取得子公司及其他营业单位支付的现金净额 - 处置固定资产、无形资产和其他长期资产收回的现金净额 - 处置子公司及其他营业单位收到的现金净额），并经总资产标准化处理。表 6-10 中第（2）—（4）列报告了替换非效率投资指标后的回归结果。回归结果显示，在改变投资水平的衡量方法，重新对非效率投资进行计算后，债券违约与未来非效率投资之间的回归系数仍在 10% 以下的水平显著为正，表明替换非效率投资的衡量方法并不会对主回归的结论造成影响。

（2）替换自变量

本章还尝试改变自变量债券违约的界定方式来进行稳健性检验。在本章前面的检验中，在对债券违约进行界定时，将债券违约的范围定义为提前到期未兑付、未按时兑付利息、未按时兑付回售款、未按时兑付回售款和利息、未按时兑付本息、未按时兑付本金、剔除触发交叉条款等几个方面，在此尝试剔除触发交叉条款以及展期，重新对债券违约企业进行界定。表 6-10 第（5）列和第（6）列报告了替换自变量后的回归结果。第（5）列中，当因变量为未来投资机会（$Invest\_Opp_{t+1}$）时，债券违约变量（Default2）的回归系数在 1% 的水平下显著为负，表明在改变自变量的界定方法后，债券违约会削弱企业未来投资机会的结论仍然成立，与主回归结果一致。第（6）列中，当因变量为领先一期的非效率投资（$Ineff\_Invest_{t+1}$）时，债券违约的回归系数在 1% 的水平下显著为正，与主回归的结果保持一致，表明在改变自变量的界定方法后，债券违约会加重企业未来非效率投资的结论仍然成立。

表 6-10　　稳健性检验：替换因变量和自变量

	(1)	(2)	(3)	(4)	(5)	(6)
	改变因变量				改变自变量	
	$Invest\_Opp2_{t+1}$	$Ineff\_Invest2_{t+1}$	$Ineff\_Invest3_{t+1}$	$Ineff\_Invest4_{t+1}$	$Invest\_Opp_{t+1}$	$Ineff\_Invest_{t+1}$
Default	-0.057***	0.003*	0.005**	0.006**		
	(-2.94)	(1.72)	(2.40)	(2.06)		
Default2					-0.216***	0.018***
					(-4.30)	(3.76)
Size	0.013**	-0.002***	-0.002***	-0.003***	0.037**	-0.005***
	(2.21)	(-2.59)	(-2.70)	(-2.93)	(2.46)	(-3.20)
Lev	-0.022	0.001	0.000	0.011	0.167	-0.005
	(-0.34)	(0.14)	(0.07)	(0.98)	(1.01)	(-0.34)
Age	-0.000	0.000	0.000	0.000	-0.004	0.000
	(-0.21)	(0.93)	(0.94)	(1.61)	(-1.63)	(0.41)
Top1	-0.004	-0.002	-0.001	-0.006*	-0.080	0.005
	(-0.21)	(-0.96)	(-0.65)	(-1.71)	(-1.08)	(1.05)
ROE	0.361***	0.012*	0.012*	0.014	0.315*	-0.010
	(6.23)	(1.93)	(1.89)	(1.63)	(1.81)	(-0.67)
OREC	-0.124*	0.004	0.005	0.002	0.144	-0.022
	(-1.78)	(0.38)	(0.45)	(0.17)	(0.38)	(-1.29)
Invest	-0.036	0.016***	0.014***	0.011**	-0.094	0.048***
	(-1.16)	(3.99)	(3.62)	(2.12)	(-0.79)	(6.17)
CashHold	0.107	0.018	0.017	0.027*	0.064	0.021
	(1.22)	(1.54)	(1.43)	(1.77)	(0.23)	(1.07)
_cons	-0.158	0.046***	0.055***	0.081***	-0.643*	0.144***
	(-1.07)	(3.10)	(3.38)	(3.58)	(-1.71)	(3.22)
Year	Yes	Yes	Yes	Yes	Yes	Yes
Ind	Yes	Yes	Yes	Yes	Yes	Yes
R^2_adj	0.170	0.103	0.110	0.085	0.041	0.125
N	734	734	734	734	734	734

注：***、** 和 * 分别表示在 1%、5% 和 10% 的水平下显著。括号内为根据个体聚类调整标准误计算的 t 值。

(3) 双重聚类和自体抽样

Petersen (2009) 指出，按照个体层面和时间层面对标准差进行双重聚类调整可以同时控制自相关和异方差可能对研究结论造成的影响。故在此，采用双重聚类调整标准误的方法进行稳健性检验，以控制自相关和异方差可能会对研究结论造成的影响。表 6 - 11 中第 (1) — (2) 列报告了采用双重聚类调整标准误方法后的回归结果。从第 (1) 列中可知，债券违约与未来投资机会之间的回归系数在 1% 的水平下显著为负，第 (2) 列中债券违约与未来非效率投资之间的回归系数在 1% 的水平下显著为正。总体而言，表 6 - 11 中第 (1) — (2) 列的回归结果表明，在采用双重聚类调整标准误，控制自相关和异方差可能对研究结论造成的影响后，本章的主回归结果保持不变。

表 6 - 11　　稳健性检验：双重聚类和自体抽样

	(1)	(2)	(3)	(4)
	$Invest\_Opp_{t+1}$	$Ineff\_Invest_{t+1}$	$Invest\_Opp_{t+1}$	$Ineff\_Invest_{t+1}$
Default	-0.216***	0.018***	-0.216***	0.018***
	(-3.22)	(3.58)	(-4.83)	(4.28)
Size	0.037***	-0.005***	0.037**	-0.005***
	(14.17)	(-3.31)	(2.39)	(-3.00)
Lev	0.167	-0.005	0.167	-0.005
	(0.82)	(-0.33)	(0.94)	(-0.34)
Age	-0.004	0.000	-0.004	0.000
	(-1.30)	(0.52)	(-1.56)	(0.40)
Top1	-0.080	0.005**	-0.080	0.005
	(-1.43)	(2.44)	(-1.12)	(1.13)
ROE	0.315*	-0.010	0.315*	-0.010
	(1.71)	(-0.57)	(1.85)	(-0.67)
OREC	0.144	-0.022	0.144	-0.022
	(0.33)	(-1.54)	(0.37)	(-1.39)
Invest	-0.094	0.048***	-0.094	0.048***
	(-0.65)	(7.34)	(-0.79)	(6.01)

续表

	(1)	(2)	(3)	(4)
	$Invest\_Opp_{t+1}$	$Ineff\_Invest_{t+1}$	$Invest\_Opp_{t+1}$	$Ineff\_Invest_{t+1}$
CashHold	0.064	0.021	0.064	0.021
	(0.19)	(0.75)	(0.21)	(1.06)
_cons	-0.358***	0.118***	-0.643	0.144***
	(-2.63)	(4.20)	(-1.57)	(3.47)
Year	Yes	Yes	Yes	Yes
Ind	Yes	Yes	Yes	Yes
R^2_adj	0.041	0.125	0.041	0.125
N	734	734	734	734

注：***、**和*分别表示在1%、5%和10%的水平下显著。第（1）列和第（2）列括号内为根据个体和时间双重聚类调整标准误计算的t值。第（3）列和第（4）列括号内为根据自体抽样1000次调整标准误计算的t值。

此外，本章还尝试采用自体抽样调整标准误的方式进行稳健性检验。表6-11中第（3）列和第（4）列报告了在回归过程中抽样1000次调整标准误计算t值的回归结果。从第（3）列中可知，债券违约的回归系数在1%的水平下显著为负，与主回归结果一致。第（4）列中，债券违约的回归系数在1%的水平下显著为正，也与主回归的结果一致。表明在采用自体抽样调整标准误后，主回归的结论仍是稳健的。

（4）全样本回归

为了避免研究结论受到样本选择偏差的影响，在主回归中本书按照倾向得分匹配法（PSM）为债券违约样本找到与之匹配的未违约样本，在此，本书尝试采用全样本进行回归，以检验在全样本下主回归中得出的研究结论是否依然成立，检验结果如表6-12所示。从表中可知，在全样本下，债券违约与未来投资机会之间的回归系数为-0.178，在1%的水平下显著，债券违约与未来非效率投资之间的回归系数为0.014，在1%的水平下显著。表明在全样本下，债券违约会削弱企业未来投资机会，加大企业未来非效率投资行为的结论仍然成立。

表 6-12　稳健性检验：全样本回归

	(1)	(2)
	$Invest\_Opp_{t+1}$	$Ineff\_Invest_{t+1}$
Default	-0.178***	0.014***
	(-4.00)	(3.01)
Size	-0.013***	-0.004***
	(-3.05)	(-9.75)
Lev	0.280***	0.000
	(6.39)	(0.01)
Age	-0.003***	-0.000*
	(-5.08)	(-1.76)
Top1	-0.013	0.003*
	(-0.78)	(1.93)
ROE	0.071	-0.019***
	(1.04)	(-3.24)
OREC	-0.155***	0.005
	(-2.67)	(1.20)
Invest	-0.057**	0.058***
	(-2.13)	(24.84)
CashHold	0.142**	0.042***
	(1.97)	(7.04)
_cons	0.423***	0.105***
	(3.71)	(9.09)
Year	Yes	Yes
Ind	Yes	Yes
R^2_adj	0.020	0.111
N	12426	12426

注：***、** 和 * 分别表示在 1%、5% 和 10% 的水平下显著。括号内为根据个体聚类调整标准误计算的 t 值。

6.4.5 横截面分析

(1) 代理成本异质性检验

代理成本越高的企业，代理问题越严重，从而利益相关者对企业的监督成本更高，管理层的自利行为越严重，故对于该类企业面临的投资机会越少，并且越容易从事非效率投资行为。因此，本书预计在高代理成本的发债企业中，债券违约对未来融投资机会和未来非效率投资的影响显著更大。借鉴罗炜和朱春艳（2010）、李寿喜（2007）、方政等（2017）等研究，使用总资产周转率衡量发债企业的代理成本，资产周转率越大，表明企业代理成本越小。本书根据代理成本的年度中位数将样本划分为高代理成本组和低代理成本组，以检验在不同程度的代理成本下债券违约对未来投资机会和未来非效率投资的影响是否存在差异。

表6-13报告了代理成本异质性的检验结果。表中第（1）列和第（2）列的回归结果显示，当因变量为未来投资机会时，在高代理成本组中，债券违约的回归系数为-0.286，在1%的水平下显著，而在低代理成本组中，债券违约的回归系数为-0.114，在5%的水平下显著，可以看出高代理成本组的回归系数小于低代理成本组，并且组间系数差异检验的结果显示，两者的差异在10%的水平下显著，表明在高代理成本样本中，债券违约对未来投资机会的负向影响显著更大。表中第（3）列和第（4）列的回归结果显示，当因变量为未来非效率投资时，在高代理成本组中，债券违约的回归系数为0.009，在5%的水平下显著，在低代理成本组中，债券违约的回归系数为0.003，但是并未通过统计检验，表明在高代理成本样本中，债券违约对未来非效率投资的正向影响更为显著。

(2) 产权性质异质性检验

由于与政府的天然关联，政府的隐性担保以及政府资源配置的便利性使国有企业能够获得更多的投资机会，民营企业则更可能会面临投资困

表 6－13　　横截面分析：代理成本异质性检验

	(1)	(2)	(3)	(4)
	高代理成本组 $Invest\_Opp_{t+1}$	低代理成本组 $Invest\_Opp_{t+1}$	高代理成本组 $Ineff\_Invest_{t+1}$	低代理成本组 $Ineff\_Invest_{t+1}$
Default	-0.286***	-0.114**	0.009**	0.003
	(-3.09)	(-2.37)	(2.47)	(1.01)
Size	0.068*	0.024	-0.005***	-0.002*
	(1.96)	(1.45)	(-3.43)	(-1.88)
Lev	-0.073	0.106	0.008	0.024*
	(-0.27)	(0.57)	(0.78)	(1.96)
Age	-0.006	-0.003	0.000***	-0.000
	(-1.21)	(-1.22)	(2.61)	(-0.56)
Top1	0.005	-0.158**	-0.004	-0.007*
	(0.05)	(-2.56)	(-0.92)	(-1.69)
ROE	0.357	0.507***	0.014	0.013
	(1.28)	(3.46)	(1.34)	(1.38)
OREC	0.453	-0.289	0.003	-0.019
	(1.11)	(-0.74)	(0.20)	(-0.74)
Invest	0.052	-0.270**	0.014**	0.007
	(0.31)	(-2.48)	(2.21)	(1.04)
CashHold	0.421	-0.192	0.013	0.036**
	(0.90)	(-0.76)	(0.71)	(2.21)
_cons	-1.363*	-0.272	0.102***	0.065***
	(-1.66)	(-0.72)	(3.23)	(2.65)
Year	Yes	Yes	Yes	Yes
Ind	Yes	Yes	Yes	Yes
组间系数差异检验	chi2 (1) =2.95 Prob > chi2 =0.086			
R^2_adj	0.049	0.097	0.077	0.097
N	367	367	367	367

注：***、** 和 * 分别表示在 1%、5% 和 10% 的水平下显著。括号内为根据个体聚类调整标准误计算的 t 值。

境。而且，在民营企业中，管理层的自利行为往往更为严重，从事非效率投资行为的动机更强。因此，预计债券违约对企业投资机会的不利影响，以及对非效率投资的影响在民营企业中更为显著。表 6 – 14 报告了产权异质性的检验结果。第（1）—（2）列的回归结果显示，在国企样本中，债券违约与未来投资机会之间的回归系数虽为负数，但是并不显著，而在民企样本中，债券违约与未来投资机会之间的回归系数在 1% 的水平下显著为负，表明在民企样本中债券违约与未来投资机会之间的负向关系更为显著。第（3）—（4）列的回归结果显示，在国企样本中，债券违约与未来非效率投资之间的回归系数为 0.012，但是并未在统计上通过检验，而在民企样本中，债券违约与非效率投资之间的回归系数在 1% 的水平下显著为正，表明在民企中，债券违约对非效率投资的正向影响更为显著。

表 6 – 14　　横截面分析：产权性质异质性检验

	(1)	(2)	(3)	(4)
	国企 $Invest\_Opp_{t+1}$	民企 $Invest\_Opp_{t+1}$	国企 $Ineff\_Invest_{t+1}$	民企 $Ineff\_Invest_{t+1}$
Default	-0.108	-0.189***	0.012	0.015***
	(-0.89)	(-3.37)	(1.42)	(2.98)
Size	0.036	0.028	-0.002	-0.009***
	(1.48)	(0.96)	(-0.93)	(-3.45)
Lev	0.240	-0.044	-0.024	0.016
	(1.13)	(-0.17)	(-1.58)	(0.71)
Age	-0.003	-0.005	0.000	0.000
	(-0.99)	(-1.05)	(0.36)	(0.64)
Top1	-0.137	-0.054	0.008	0.001
	(-1.48)	(-0.52)	(1.15)	(0.15)
ROE	-0.024	0.500**	-0.026	-0.007
	(-0.10)	(2.44)	(-1.53)	(-0.41)
OREC	0.345	-0.102	-0.007	-0.047
	(1.04)	(-0.21)	(-0.31)	(-1.10)
Invest	-0.230*	-0.098	0.049***	0.051***
	(-1.69)	(-0.64)	(4.97)	(3.73)

续表

	(1)	(2)	(3)	(4)
	国企 $Invest\_Opp_{t+1}$	民企 $Invest\_Opp_{t+1}$	国企 $Ineff\_Invest_{t+1}$	民企 $Ineff\_Invest_{t+1}$
CashHold	-0.273	0.185	0.043	0.005
	(-0.73)	(0.53)	(1.59)	(0.17)
_cons	-0.778	-0.279	0.026	0.284***
	(-1.36)	(-0.43)	(0.62)	(4.87)
Year	Yes	Yes	Yes	Yes
Ind	Yes	Yes	Yes	Yes
R^2_adj	0.101	0.107	0.087	0.184
N	436	298	436	298

注：***、** 和 * 分别表示在 1%、5% 和 10% 的水平下显著。括号内为根据个体聚类调整标准误计算的 t 值。

(3) 产品市场竞争异质性检验

在市场竞争越激烈的情况下，管理层为了应对激烈的竞争，更可能“乱作为”，从事非效率投资行为。故预计在高市场竞争时，债券违约对投资机会和非效率投资的影响显著更大。本书借鉴徐虹等（2015）、陈胜蓝和马慧（2017）、权小锋和尹洪英（2017）使用勒纳指数（PCM）来衡量企业面临的产品市场竞争，PCM 值越大，表示企业在市场中的竞争地位越高，面临的市场竞争程度越低。本书根据 PCM 将样本划分为高市场竞争组和低市场竞争组。

表 6-15 报告了市场竞争异质性的检验结果。表中第（1）列和第（2）列的回归结果显示，在市场竞争组中，债券违约的回归系数为 -0.362，在 1% 的水平下显著，而在低竞争组中，债券违约的回归系数为 -0.105，在 10% 的水平下显著，组间系数差异检验的结果表明，两组的回归系数在 1% 的水平下显著，说明在高市场竞争的环境下，债券违约对未来投资机会的负向影响显著更大。表中第（3）列和第（4）列的回归结果显示，在高市场竞争组中，债券违约的回归系数为 0.027，并且在 1% 的水平下显著，而在低市场竞争组中，债券违约的回归系数为 0.011，在 5%

的水平下显著，可知低市场竞争组的回归系数小于高市场竞争组，且两者的组间系数差异检验在10%的水平下通过了检验，表明在高市场竞争环境下，债券违约对未来非效率投资的正向影响显著更大。

表6-15　　　横截面分析：市场竞争异质性检验

	(1)	(2)	(3)	(4)
	高竞争组 $Invest\_Opp_{t+1}$	低竞争组 $Invest\_Opp_{t+1}$	高竞争组 $Ineff\_Invest_{t+1}$	低竞争组 $Ineff\_Invest_{t+1}$
Default	-0.362***	-0.105*	0.027***	0.011**
	(-4.17)	(-1.79)	(3.90)	(2.12)
Size	0.042	0.017	-0.005**	-0.004*
	(1.41)	(0.75)	(-2.32)	(-1.89)
Lev	0.303	0.040	0.012	-0.004
	(1.17)	(0.20)	(0.57)	(-0.24)
Age	-0.010**	0.000	0.000	0.000
	(-2.18)	(-0.06)	(0.07)	(0.70)
Top1	0.002	-0.172**	-0.001	0.016**
	(0.01)	(-2.17)	(-0.08)	(2.15)
ROE	0.378*	0.629*	-0.014	0.017
	(1.69)	(1.66)	(-0.82)	(0.50)
OREC	0.183	0.376	-0.021	-0.020
	(0.43)	(1.09)	(-0.63)	(-0.62)
Invest	-0.039	-0.070	0.038***	0.054***
	(-0.24)	(-0.52)	(3.00)	(6.09)
CashHold	-0.133	0.241	0.044	0.012
	(-0.30)	(0.77)	(1.24)	(0.41)
_cons	-0.555	-0.482	0.173***	0.093*
	(-0.82)	(-0.87)	(3.22)	(1.94)
Year	Yes	Yes	Yes	Yes
Ind	Yes	Yes	Yes	Yes
组间系数 差异检验	chi2 (1) =7.40 Prob > chi2 = 0.007		chi2 (1) =2.69 Prob > chi2 = 0.10	
R^2_adj	0.065	0.000	0.089	0.116
N	366	368	366	368

注：***、**和*分别表示在1%、5%和10%的水平下显著。括号内为根据个体聚类调整标准误计算的t值。

6.5　本章小结

近年来，债券违约事件频发，债券违约受到了理论界和实务界的普遍关注，在此背景下，考察债券违约的经济后果具有重要的理论和实践意义。本章利用 2014—2019 年发行公司债、企业债、中期票据、短期融资券、定向工具的发债企业经验数据考察了债券违约对企业投资机会和非效率投资的影响。研究发现，债券违约会削弱企业未来的投资机会，加重企业的非效率投资行为，在采用 Heckman 两阶段估计、控制遗漏变量等方法控制内生性问题后，本章的研究结论仍然成立。横截面的分析表明，在高代理成本、民营企业以及市场竞争激烈的发债企业中，债券违约对未来投资机会和非效率投资的影响更为显著。

根据本章的研究结论，本书提出以下建议：第一，债券违约会削弱企业捕捉未来投资机会的能力，并且会加重未来的非效率投资行为，因此发债企业应该做好债券管理，通过改善生产经营、提高竞争力等方式提高还本付息的能力，按时还本付息，避免发生债券的违约。第二，企业管理层并非理性人，管理层可能会为了保护自身的利益，避免既得利益遭到损害，而在债券违约事件发生后“乱作为”，从事非效率投资行为。基于此，企业应该加强高管团队建设，加强和完善企业投资决策机制，建立对高管投资行为的监督，强化对高管非效率投资行为的惩戒机制，进一步约束管理层的非理性行为。第三，促进实体经济的健康有序发展是近年来我国政府工作的重点，而债券违约会导致企业出现非效率投资行为，最终会损害实体经济的良性发展。有关部门应该建立完善的投资监管机制，防止企业的非效率投资行为，以促进我国实体经济的健康有序发展。此外，债券违约对企业的影响存在异质性，应该区别对待，建议采取差别化策略，有针对性地制定政策，不要一刀切。

第7章

债券违约对审计意见的影响

7.1 引言

第6章的研究表明，债券违约后，债权人和债券投资者会对违约企业作出惩罚，最终会导致违约企业未来面临更高的融资成本和融资费用。本章试图从审计意见的角度继续探讨债券违约的经济后果。

近年来，随着我国债券市场的不断发展，债券已经成为我国企业最重要的直接融资工具，由于我国一直存在着刚性预付的预期以及隐性担保，使得在债券规模不断扩大的同时各方都忽略了债券的潜在风险，最终使我国债券市场爆发了信用债危机。债券违约不仅损害了债券投资者的利益，而且还会使发债企业遭受重创，但是由于研究样本量的问题，已有关于我国债券违约的研究中直接考察债券违约对发债企业的研究较少，更鲜有文献直接考察债券违约对企业可能造成的经济后果。债券违约事件发生后发债企业是否会对企业的审计意见造成影响？对于债券违约企业，审计师是否会要求更高的审计费用作为风险溢价补偿？这些都是目前亟待解决的问题。已有关于审计意见影响因素的研究主要探讨了审计师自身特征（陈信元和夏立军，2006；韩维芳，2017；闫焕民等，2019）以及公司治理（周中胜和陈汉文，2006；杨德明等，2010；步丹璐和屠长文，2017）对审计意见的影响。目前尚未有研究考察债券违约对审计意见的影响，本章尝试弥补这一研究缺口。

本章利用 2014—2019 年发行公司债、企业债、中期票据、短期融资券、定向工具的发债企业经验数据，考察了债券违约对企业审计意见的影响。研究发现，相较于债券未发生违约的发债企业，债券发生违约的发债企业更可能被出具非标准审计意见；而主体评级能够缓解债券违约与审计意见之间的正向关系。在采用 Heckman 两阶段模型、核匹配等方法控制内生性问题，以及采用一系列的方法进行稳健性检验后，本章的研究结论仍然成立。进一步地，本章还探讨了在不同的大股东掏空情境下，以及在不同的最终控制人性质下，债券违约对审计意见影响是否存在异质性。本章的研究结果表明，在大股东掏空更严重的企业以及在民营企业中，债券违约与审计意见之间的正向关系更加显著。此外，本章还发现债券违约会加大企业的审计费用，相较于债券未发生违约的企业，债券违约企业将会面临更高的审计费用。

本章主要有以下几点研究贡献：第一，增进了对债券违约经济后果的研究。已有关于我国债券违约经济后果的研究中，由于样本量的问题，基本上都是将债券违约作为一个事件，探讨该事件发生后，对涉事评级机构的评级和市场份额的影响，以及债券违约的行业传染效应和地区传染效应等。本章则是直接以发债企业是否发生债券违约来界定债券违约变量，从审计意见和审计费用视角切入，直接考察债券违约的经济后果，发现债券违约导致企业收到非标准审计意见，并且还会导致企业的审计费用上升，对已有关于债券违约经济后果的研究提供了增量贡献。第二，为关于审计意见和审计费用影响因素的研究提供了增量贡献，从债券违约的角度出发为关于审计意见和审计费用的研究提供了新的研究视角，并且还扩展了关于审计治理效应的文章。第三，为关于我国主体评级“有用观”的研究提供了经验证据，本章发现主体评级能够缓解债券违约与审计意见之间的正向关系，支持了评级“有用观”。第四，本章研究还具有一定的现实意义，本章研究对审计师作出审计决策，发挥审计监督治理作用提供了参考意义，并且对债券投资者和监管机构认清债券违约的经济后果提供了借鉴。

本章剩余部分的结构安排如下：第二部分是理论分析与研究假设，在对已有研究和已有理论进行梳理的基础上，提出本章的研究假设。第三部分是研究设计，以2014—2019年发行公司债、企业债、中期票据、短期融资券、定向工具的企业为初始研究样本，通过选取变量，构建Probit回归模型，对本章提出的研究假设进行检验。第四部分是实证结果分析，对研究中的主要变量进行描述性统计和相关性分析，对模型的检验结果进行回归分析，进行内生性检验和稳健性检验验证研究结论的稳健性，并进一步讨论债券违约对审计意见影响的异质性，最后还考察了债券违约对审计费用的影响。第五部分是本章小结，对本章的研究内容和研究结论进行总结，并根据研究结论提出建议。

7.2 理论分析与研究假设

7.2.1 债券违约与审计意见

财务报告是市场投资者获取企业信息的重要来源，财务报告质量的高低直接影响投资者投资决策的制定，作为企业与投资者之间信息沟通的桥梁，审计师应该坚持独立的中介地位，准确无误地根据财务报告信息出具审计意见，为投资者提供客观、真实、可靠的会计信息，以降低企业与投资者之间的信息不对称。

我国的审计模式是以风险为导向，《审计法》和审计准则体系中都明确了审计师在审计过程中需要承担的相关法律责任，2007年，我国最高人民法院通过《最高人民法院关于审理涉及会计师事务所在审计业务活动中民事侵权赔偿案件的若干规定》，该规定中明确审计师出具不实财务报告给利益相关者造成损失的，将会面临诉讼风险，需要承担相应的民事责任。风险导向框架下的审计加大了审计师在审计过程中可能面临的审计风险。根据美国注册会计师协会构建的审计风险模型，审计风险主要包含三个方面的要素：固有风险、控制风险和检查风险。其中，检查风险是审计风险要素中审计师唯一可以进行控制和管理的风险要素，固有风险和控制风险是被审计客户财务报告和内部控制中存在的风险，审计师无法改变该风险的发生，只能通过判断风险水平的高低作出审计程序安排，尽量将自身可能面临的审计风险控制在可接受范围内。因此，审计风险是审计师在出具审计意见时需要考虑的重要因素（方军雄等，2004；权小锋和陆正飞，2016）。

债券违约事件的发生，导致企业可能会面临破产的风险，而且还会使投资者的利益受损，投资者为了维护自身的合法权益会采取法律的手段，对企业提起诉讼。对这一类型的企业进行审计会使审计师面临巨大的审计风险和被诉讼的风险。而且债券违约企业还是有关部门监管的重点，对于监管部门的重点监管对象，审计师在对其审计过程中还需要面临更大的监管风险（王兵等，2011；Chan and Wu，2011）。而对于风险高的企业，为了降低自身的法律风险，审计师更倾向于出具非标准审计意见（Lennox，2000；王霞和张为国，2005；朱春艳和伍利娜，2009；刘成立，2010）。朱春艳和伍利娜（2009）发现，在上市公司涉及违规事件后，审计师会变得更加谨慎，并且更有可能出具非标准审计意见。曹强等（2012）则发现，在一般情况下，对于重要的客户，即使这些公司存在财务重述现象，审计师也会更少出具非标准审计意见，但是当客户的风险性质变得越来越严重时，审计师就会提高出具非标准审计意见的倾向。已有研究还发现，财务状况越差、破产风险越高的企业被出具非标准审计意见的概率越高（Lennox，2002；夏立军和杨海斌，2002；陈关亭和高晓明，2004）。此外，债券违约违背了企业与投资者之间签订的债务契约，债券违约的爆发实际上也反映了企业信息质量差、公司治理水平差以及内部控制失效等问题。而已有关于公司治理方面的研究表明，公司治理水平越低，审计师需要面临的控制风险就越高，从而企业收到非标准审计意见的概率越高（权小锋和陆正飞，2016）。例如，周中胜和陈汉文（2006）发现，资金侵占越严重的公司，更可能被出具非标准审计意见。李留闯和李彬（2015）发现，真实盈余管理活动操纵行为越严重的企业，收到非标准审计意见的概率越大。因此，为了降低审计风险，避免自身受到牵连，减轻自身的责任，审计师对债券违约企业出具非标准审计意见的可能性更大。

另外，声誉也是审计师在出具审计意见时的重要考量。声誉受损会对审计师的市场份额和审计收入造成负向影响（Nagy，2014；Boone et al.，2015）。对债券违约企业进行审计更容易出现审计失败，从而可能会导致审计师被诉讼，不仅加大了审计师的诉讼成本，而且一旦审计师涉及诉讼事件，无疑会影响到审计师的声誉。已有研究发现，当审计师意识到其声誉可能会受损时，会提高审计的要求和标准（DeAngelo，1981）。故而为了维护自身的声誉，对于债券违约企业审计师会更加倾向于谨慎审计。因此，为了降低诉讼风险和监管风险，维护自身的声誉，审计师在对违约企业进行审计的过程中会变得更加谨小慎微，更加倾向于出具非标准审计意见。

综合以上分析，本章提出以下研究假设：

假设 7－1：相较于债券未发生违约的企业，债券违约企业更可能被出具非标准审计意见。

7.2.2 主体评级的调节作用

评级机构作为企业与投资者之间的桥梁，应该为投资者提供及时、准确的评级信息，以供投资者作出正确的投资决策。但是现有研究关于评级机构评级质量的评价却褒贬不一。特别是在安然事件和世通事件爆发后，信用评级的及时性和准确性问题引发了公众的广泛质疑。已有对于信用评级的研究存在评级有用观和评级无用观两种立场。

一些学者认为评级机构给出的信用评级并未能真实反映企业的真实信用风险和违约风险（即评级无用观），评级机构与企业之间可能会存在评级购买行为，信用评级存在高估的现象。Delianedis 和 Geske（2003）发现评级机构的评级并未能准确预测真实违约的发生。Bonsall 等（2015）发现，在债券发行后，评级机构的评级激励机制会变弱，债券评级的准确性和及时性下降。这是因为在债券发行后，评级机构能够获得的评级费用更少，声誉成本也更低，评级激励机制下降。Cheng 和 Neamtiu（2009）以及 DeHaan（2017）指出评级机构的评级可能会存在两种类型的错误：第一类错误，即评级机构未能识别出具有违约风险的债券，在评级时仍给出投资级评级建议，最终债券发生了违约；第二类错误，即评级机构在评级时过于谨慎，对未具有违约风险的债券给出了违约预警。也有学者对我国的评级机构提出了质疑，认为中国债券市场普遍存在评级独立性差、评级质量低、评级合谋、虚假担保等问题（钟辉勇等，2016；王雄元和高开娟，2017）。Poon 和 Chan（2008）指出，中国债券市场上评级机构的信息甄别能力更弱，更容易被评级对象主动传递的信息左右，而且也更容易为了迎合评级对象，高估信用评级。钟辉勇等（2016）认为发行人付费模式是中国信用评级市场质量低的主要原因，发行人付费模式下，发债企业与评级机构之间可能存在合谋，导致信用评级严重失真，最终导致中国债券市场发展更加缓慢。

另外一些研究却发现评级机构能够识别出企业的风险，并且在评级中对企业的风险予以反映（即评级有用观）。Cheng 和 Neamtiu（2009）的研究结果却表明，安然事件和世通事件爆发后，由于监管部门对评级机构外部监管压力的加强以及外部对评级机构质疑的增加，使评级机构的评级质量得到了改善，信用评级机构会采取措施提高评级的及时性和准确性。Basil 和 Mohammed（2013）、Kisgen（2006）都指出信用评级能够反映违约的风险。也有一些研究为中国信用评级市场提供了积极证据，认为中国债券市场的信用评级具有甄别能力，能够识别企业的违约风险。幸丽霞等（2017）研究发现，评级机构能够识别企业避税行为下可能隐含的信息风险，因此对于避税程度高的企业，评级机构给出的债券评级更低。

综合以上分析，根据评级无用观，信用评级是无效的，信用评级无法为审计师提供有价值的增量信息，而且，如果存在评级购买行为，信用评级还会误导审计师作出正确的审计决策，加大审计师的审计风险，从而信用评级会加大审计师出具非标准审计意见的可能。而根据评级有用观，信用评级能够识别企业的潜在风险，能够在审计师作出审计决策时为审计师提供有价值的参考，使审计师面临的风险降低，审计师出具非标准审计意见的概率就会随之降低。因此，考虑到信用评级质量的不确定性，本章提出以下两个竞争性假设：

假设 7 - 2a：在其他条件不变的情况下，主体评级会加强债券违约与审计意见之间的正向关系。

假设 7 - 2b：在其他条件不变的情况下，主体评级能够缓解债券违约与审计意见之间的正向关系。

7.3 研究设计

7.3.1 样本选取与数据来源

(1) 样本选取与来源

本章的初始研究样本为 2014—2019 年发行公司债、企业债、中期票据、短期融资券、定向工具的企业，包括上市企业以及非上市企业。按照惯例，在此对初始样本进行如下处理：剔除金融、保险行业样本；剔除主要变量缺失的样本。此外，为了剔除异常值对研究结论造成的影响，对所有连续型变量进行了 1% ~99% 的 Winsor 缩尾处理。研究中所用到的数据来源于 Wind 数据库和 CSMAR 数据库，其中，债券违约数据和发债企业的基本财务数据来源于 Wind 数据库。

(2) 倾向得分匹配 (PSM)

进行了初始的数据处理后，本章一共获得 13722 个样本观测值，其中债券违约样本占比为 1.03%，由于债券违约样本的观测占比较少，为了避免采用全样本进行回归会导致样本选择偏差，本章采用倾向得分匹配方法为债券违约样本寻找配对样本。具体地，本章以可能会影响企业发生债券违约的因素作为协变量，按照 1:5 的原则进行样本配对，并将卡尺设置为

0.1，这些因素包括：企业规模、企业年龄、资产负债率、总资产增长率、盈利性、经营活动现金流以及是否亏损等变量，还包括债券平均发行规模和债券平均期限。为了保证 PSM 匹配的有效性，本章还对 PSM 匹配的协变量进行了均衡性检验。图 7－1 报告了 PSM 匹配前后对照组和控制组中协变量的均衡性检验结果。根据 Rosenbaum 和 Rubin（1983）、邵敏和包群（2011）的研究，PSM 匹配后协变量的标准化偏差小于 20 表明匹配效果较好。图 7－1 报告了 PSM 匹配前后对照组和控制组中协变量标准化偏差趋势图，从图中可知，在进行 PSM 匹配前（Unmatched），协变量的标准化偏差都较大，而在进行 PSM 匹配后（Matched），协变量的标准化偏差均小于 20，表明本章 PSM 匹配的效果较好。经过倾向得分匹配，剔除未匹配的样本后，本章一共获得 700 个样本观测值，其中债券违约样本占比为 17.8%。

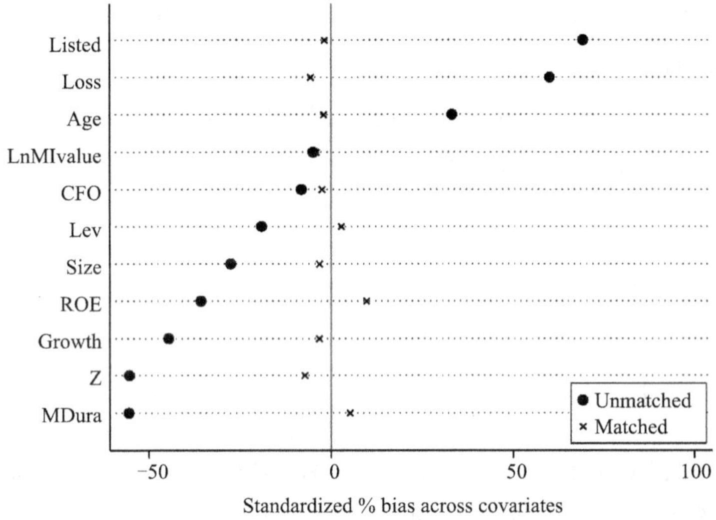

图 7－1　PSM 匹配前后对照组和控制组中协变量标准化偏差趋势图

7.3.2　模型构建

本章构建了模型（7－1）考察债券违约对企业审计意见的影响，以检验本章提出的假设 1 是否成立。模型中的自变量为债券违约变量

（Default），因变量为审计意见（Opinion），为了避免可能存在的反向因果关系等内生性问题干扰本章的研究结论，在此对因变量进行领先一期处理。借鉴已有研究（刘启亮等，2014；王雄元等，2014；张俊瑞等，2017；李云等，2017），模型中控制了以下可能会影响审计意见的因素：企业规模、资产负债率、盈利性、流动比率、会计师事务所类型、经营活动现金流、销售收入规模、企业年龄、应收账款占比。模型中还控制了年度固定效应（Year）以消除不可观测的随时间变动的因素对结果的影响，控制行业固定效应（Ind）以消除不可观测的随行业变动的因素对结果的影响。

$$Opinion_{t+1} = \beta_0 + \beta_1 Default + \sum_k \beta_k Controls + Year + Ind + \varepsilon \quad (7-1)$$

本章构建了模型（7－2）考察主体评级对债券违约与审计意见之间关系的影响，以检验本章提出的假设2是否成立。模型中的自变量为债券违约（Default），Mrating表示主体评级调节变量。De_Mrating表示债券违约与主体评级的交乘项。

$$Opinion_{t+1} = \beta_0 + \beta_1 Default + \beta_2 De\_Mrating + \beta_3 Mrating + \sum_k \beta_k Controls + Year + Ind + \varepsilon \quad (7-2)$$

7.3.3 变量定义

(1) 审计意见

借鉴朱凯和陈信元（2009）、权小锋和陆正飞（2016）、张俊瑞等（2017）等研究，若企业收到的是非标准审计意见，则审计意见变量（Opinion）取值为1，否则取值为0。

(2) 债券违约定义

债券违约变量（Default）的具体定义如下：若企业发行的债券在当年发生违约，则Default取值为1，否则为0。具体而言，违约事件包括：提前到期未兑付、未按时兑付利息、未按时兑付回售款、未按时兑付回售款和利息、未按时兑付本息、未按时兑付本金等，剔除未发生实质违约的技术性违约。

（3）控制变量定义

本章控制变量的具体定义如下：①企业规模（Size），等于企业总资产的自然对数；②资产负债率（Lev），等于企业的负债与总资产之比；③盈利性（ROE），等于企业的净资产收益率；④企业年龄（Age），借鉴肖淑芳和喻梦颖（2012），企业年龄等于企业成立时间与当年的时间间隔除以365；⑤流动比率（Cratio），等于流动资产与流动负债之比；⑥会计师事务所类型（big10），若企业聘请的会计师事务所为前十大会计师事务所则取值为 1，否则取值为 0；⑦经营活动现金流（CFO），经总资产标准化的经营活动现金流；⑧销售收入规模（SSize），等于销售收入的自然对数；⑨应收账款占比（RecRatio），用以反映发债企业的业务复杂程度，应收账款占比等于应收账款与总资产之比。变量的具体定义见表 7-1。

表 7-1　　主要变量定义表

变量名	变量符号	变量计算及说明
审计意见	Opinion	非标审计意见取值为 1，否则取值为 0
债券违约	Default	若企业发行的债券在当年发生违约，则 Default 取值为 1，否则为 0
企业规模	Size	企业总资产的自然对数
资产负债率	Lev	负债/总资产
盈利性	ROE	净资产收益率
企业年龄	Age	企业成立时间与当年的时间间隔除以 365
流动比率	Cratio	流动资产/流动负债
会计师事务所类型	big10	若企业聘请的会计师事务所为前十大会计师事务所则取值为 1，否则取值为 0
经营活动现金流	CFO	经总资产标准化的经营活动现金流
销售收入规模	SSize	销售收入的自然对数
应收账款占比	RecRatio	应收账款/总资产

7.4 实证结果分析

7.4.1 描述性统计与单变量分析

(1) 匹配后描述性统计

表7-2报告了按照PSM方法进行匹配后主要变量的描述性统计结果。从表中可知，匹配后一共得到700个样本，债券违约哑变量（Default）的均值为0.179，说明匹配后的样本中一共有17.9%的样本是债券违约样本。领先一期的审计意见（$Opinion_{t+1}$）哑变量的均值为0.119，标准差为0.324，表明在样本中有11.9%的样本收到了非标准审计意见。主体评级的均值为0.140，表明样本企业中有14%的观测主体评级在AAA级以上。公司规模（Size）的均值为23.950，标准差为1.115，最小值和最大值分别为21.627和27.223。资产负债率（Lev）的均值为0.632，说明样本中企业的资产负债占比平均为63.2%，最小的资产负债占比为20.8%，最高的资产负债占比为90%，说明不同发债企业的资产负债率存在着较大的差异。盈利能力指标（ROE）的均值为-0.002，最小值和最大值分别为-0.310和0.254，说明平均而言，样本企业的盈利能力较弱，甚至出现了负增长的现象。流动比率（Cratio）的均值为1.660，说明样本企业的平均流动比率达到了166%，流动比率的标准差为1.893，最小值和最大值分别为0.253和19.177，说明不同发债企业的流动比率存在着较大的差异。会计师事务所类型（big10）的均值为0.497，说明在样本企业中有49.7%的样本选择了前十大会计师事务所进行审计。经营现金流（CFO）的均值为0.074，最小值和最大值分别为-2.898和2.401，表明不同企业的经营现金流情况存在着较大的差异，甚至有一些企业经营现金流出现了负增长的趋势。销售收入规模（SSize）的均值为22.549，标准差为1.529，最小值

为 18.263，最大值为 26.399，说明不同发债企业的销售情况也存在一定的差异。企业年龄（Age）的均值为 18.690，说明样本企业的平均年龄为 18.69 年，标准差为 6.203，最小值为 3.707，最大值为 35.834，说明不同企业的年限存在着较大的差异，样本企业最小的成立年限为 3.707 年，最大的成立年限为 35.834 年。应收账款占比（RecRatio）的均值为 0.070，最小值和最大值分别为 0.000 和 0.406，说明样本企业中的平均应收账款占比为 7%，最大占比为 40.6%。

表 7 - 2　　匹配后描述性统计

Variables	N	mean	sd	min	max
Default	700	0.179	0.383	0.000	1.000
$Opinion_{t+1}$	700	0.119	0.324	0.000	1.000
Mrating	700	0.140	0.347	0	1
Size	700	23.950	1.115	21.627	27.223
Lev	700	0.632	0.141	0.208	0.900
ROE	700	-0.002	0.128	-0.310	0.254
Cratio	700	1.660	1.893	0.253	19.177
big10	700	0.497	0.500	0.000	1.000
CFO	700	0.074	0.864	-2.898	2.401
SSize	700	22.549	1.529	18.263	26.399
Age	700	18.690	6.203	3.707	35.834
RecRatio	700	0.070	0.085	0.000	0.406

（2）单变量分析

表 7 - 3 报告了按照债券违约变量分组进行的单变量分析。从表中可知，在债券未发生违约组中，领先一期的审计意见的均值为 0.049，而在债券违约组中该变量的均值大于债券未违约组，为 0.440，且两者的差异在 1% 的水平下通过了检验，表明相较于债券未发生违约的样本企业，债券发生违约的样本企业更可能会收到非标准审计意见。公司规模的均值在债券未违约组和债券违约组中基本一致，而资产负债率的均值在债券违约组中显著大于债券未违约组，表明在债券违约样本中，企业的负债水平更

高。流动比率方面，在债券未违约组中，流动比率的均值为1.755，在债券违约组中流动比率的均值为1.228，低于债券未违约组，且两者的差异在1%的水平下显著，说明债券违约企业的资产流动性更低。在债券未违约组中，big10的均值为0.527，而在债券违约组中big10的均值为0.360，说明债券违约企业更倾向于聘请非十大会计师事务所。

表7-3　　　　单变量分析

Variables	Default = 0		Default = 1			
	G1 (0)	Mean1	G2 (1)	Mean2	MeanDiff	t - Value
$Opinion_{t+1}$	575	0.049	125	0.440	-0.391	-8.605***
Size	575	23.97	125	23.84	0.128	1.266
Lev	575	0.624	125	0.671	-0.047	-3.566***
ROE	575	0.001	125	-0.014	0.015	1.008
Cratio	575	1.755	125	1.228	0.527	4.810***
big10	575	0.527	125	0.360	0.167	3.487***
CFO	575	0.072	125	0.082	-0.010	-0.110
SSize	575	22.52	125	22.66	-0.138	-1.097
Age	575	18.61	125	19.04	-0.427	-0.722
RecRatio	575	0.068	125	0.080	-0.011	-1.286

注：***、**和*分别表示在1%、5%和10%的水平下显著。

(3) 相关系数检验

表7-4报告了变量的相关系数检验表，从表中可知，债券违约与领先一期的审计意见之间的相关系数为0.464，在1%的水平下显著，表明债券违约与审计意见显著正相关，初步验证了本章提出的研究假设1。债券违约与资产负债率的相关系数在1%的水平下显著为正，说明企业的负债水平越高，发生债券违约的概率越大。债券违约与流动比率以及会计师事务所类型的相关系数均在1%的水平下显著为负，说明流动性越高的企业以及由前十大会计师事务所审计的企业更不可能发生债券违约。其余变量的相关系数均较小，初步表明本章构建的模型不存在严重的多重共线性问题。

表 7 – 4　相关系数表

Variables	Default	$Opinion_{t+1}$	Size	Lev	ROE	Cratio	big10
Default	1.000						
$Opinion_{t+1}$	0.464***	1.000					
Size	–0.044	–0.040	1.000				
Lev	0.126***	0.147***	0.346***	1.000			
ROE	–0.045	–0.181***	0.038	–0.378***	1.000		
Cratio	–0.107***	–0.100***	–0.077**	–0.397***	0.134***	1.000	
big10	–0.128***	–0.082**	0.075**	0.114***	–0.023	–0.225***	1.000
CFO	0.004	–0.042	–0.016	–0.067*	0.178***	–0.316***	0.145***
SSize	0.035	–0.007	0.712***	0.370***	0.068*	–0.355***	0.191***
Age	0.026	0.067*	0.056	0.145***	–0.053	–0.199***	0.094**
RecRatio	0.051	0.029	–0.164***	0.048	0.001	–0.001	–0.014
Variables	CFO	SSize	Age	RecRatio			
CFO	1.000						
SSize	0.173***	1.000					
Age	0.082**	0.207***	1.000				
RecRatio	–0.093**	0.043	0.004	1.000			

注：***、** 和 * 分别表示在 1%、5% 和 10% 的水平下显著。

7.4.2 主要回归结果分析

为了检验债券违约对企业审计意见的影响，即检验假设 7 – 1，本章对模型（7 – 1）进行了回归分析，为了控制内生性的影响，本章在研究中对因变量进行了领先一期处理。表 7 – 5 报告了债券违约对审计意见的回归结果，表中第（1）列和第（2）列中列示了尚未加入控制变量时的回归结果，从第（1）列中可知，债券违约（Default）变量的回归系数为 1.507，在 1% 的水平下显著，表明在未控制其他变量时，相较于债券未发生违约的企业，债券违约企业被出具非标准审计意见的可能性更大。第（2）列中加入了债券违约与主体评级的交乘项（De_Mrating），从表中可知，交乘项的回归系数为 –0.795，在 5% 的水平下显著，表明主体评级能够缓解债券违约与审计意见之间的正向关系。第（3）列和第（4）列报告了加入可能会影响审计意见的因素，以及控制了年度和行业固定效应后的回归结果。从第（3）列可知，加入控制变量后，债券违约的回归系数为 1.572，仍在 1% 的水平下显著，说明在控制可能的影响因素后，债券违约企业更容易被出现非标准审计意见的结论仍然成立，验证了本章提出的研究假设 7-1，表明审计师能够对企业的债券违约行为进行监督。从第（4）列中可知，加入控制变量后，债券违约与主体评级交乘项的回归系数为 -0.579，在 10% 的水平下显著，说明在控制可能的影响因素后，主体评级仍然能够缓解债券违约与审计意见之间的正向关系，验证了本章提出的研究假设7-2b。

表 7-5　　主要回归结果分析

Variables	(1) $Opinion_{t+1}$	(2) $Opinion_{t+1}$	(3) $Opinion_{t+1}$	(4) $Opinion_{t+1}$
Default	1.507***	2.094***	1.572***	2.014***
	(9.50)	(6.19)	(7.62)	(6.44)
De_Mrating		-0.795**		-0.579*
		(-2.44)		(-1.77)
Mrating		-0.668**		-1.234***
		(-2.39)		(-3.11)
Size			-0.195	-0.073
			(-1.46)	(-0.56)
Lev			1.782*	2.290**
			(1.84)	(2.48)
ROE			-1.600**	-1.702**
			(-2.36)	(-2.47)
Cratio			-0.350***	-0.400***
			(-2.98)	(-3.58)
big10			-0.296	-0.216
			(-1.60)	(-1.13)
CFO			-0.024	-0.013
			(-0.23)	(-0.12)

续表

Variables	(1) $Opinion_{t+1}$	(2) $Opinion_{t+1}$	(3) $Opinion_{t+1}$	(4) $Opinion_{t+1}$
SSize			0.095	0.125
			(0.91)	(1.30)
Age			-0.003	-0.004
			(-0.22)	(-0.29)
RecRatio			0.575	0.741
			(0.51)	(0.63)
_cons	-1.658***	-1.592***	0.714	-2.650
	(-16.92)	(-15.68)	(0.29)	(-1.13)
Year	No	No	Yes	Yes
Ind	No	No	Yes	Yes
$Pseudo\_R^2$	0.224	0.252	0.399	0.422
N	700	700	700	700

注：***、** 和 * 分别表示在 1%、5% 和 10% 的水平下显著。括号内为根据稳健标准误计算的 t 值。下同。

7.4.3　内生性检验和稳健性检验

（1）改变匹配方法

在本章前面的检验中，为了控制样本选择偏误，本章按照 1∶5 的原则为每一个债券违约样本寻找匹配样本，在此尝试改变倾向得分匹配的比例，按照核匹配的方法进行样本匹配。表 7-6 中第（1）列和第（2）列报告了改变 PSM 配对方法后的回归结果。从表中可知，当采用核匹配的方法进行匹配时，第（1）列中债券违约与审计意见之间的回归系数为正，且在 1% 的水平下显著，说明在按照核匹配的方法进行 PSM 控制样本选择偏误后，债券违约企业更可能被出具非标准审计意见的结论未发生改变。第（2）列中，债券违约与主体评级交乘项的回归系数为 -0.580，在 10% 的水平下显著，说明采用核匹配方法控制内生性问题后，主体评级仍能够显著地缓解债券违约与审计意见之间的正向关系。

表 7-6　　改变匹配方法和 Heckman 两阶段估计

Variables	(1)	(2)	(3)	(4)
	kernel		Heckman	
	$Opinion_{t+1}$	$Opinion_{t+1}$	$Opinion_{t+1}$	$Opinion_{t+1}$
Default	1.544***	2.021***	1.583***	2.037***
	(10.76)	(6.42)	(7.61)	(5.91)
De_Mrating		-0.580*		-0.592*
		(-1.80)		(-1.68)
Mrating		0.066		-1.253***
		(0.50)		(-3.44)
Size	-0.026	-0.037	-0.381	-0.253
	(-0.42)	(-0.54)	(-0.62)	(-0.40)
Lev	-0.018	0.007	3.846	4.352
	(-0.05)	(0.02)	(0.60)	(0.66)
ROE	-2.300***	-2.243***	-1.223	-1.331
	(-6.11)	(-5.84)	(-0.97)	(-1.03)
Cratio	-0.054**	-0.053**	-0.514	-0.560
	(-2.03)	(-2.03)	(-0.83)	(-0.87)
big10	0.033	0.027	-0.776	-0.683
	(0.51)	(0.42)	(-0.47)	(-0.40)
CFO	0.040	0.042	-0.068	-0.059
	(1.05)	(1.09)	(-0.48)	(-0.40)
SSize	0.009	0.007	0.150	0.180
	(0.23)	(0.19)	(0.75)	(0.85)
Age	0.014***	0.014***	-0.006	-0.006
	(2.61)	(2.64)	(-0.22)	(-0.23)
RecRatio	0.323	0.305	1.531	1.688
	(0.71)	(0.67)	(0.44)	(0.47)
IMR			1.075	1.054
			(0.32)	(0.30)
_cons	-0.790	-0.496	2.545	-0.950
	(-0.76)	(-0.39)	(0.37)	(-0.14)

续表

Variables	(1)	(2)	(3)	(4)
	kernel		Heckman	
	$Opinion_{t+1}$	$Opinion_{t+1}$	$Opinion_{t+1}$	$Opinion_{t+1}$
Year	Yes	Yes	Yes	Yes
Ind	Yes	Yes	Yes	Yes
$Pseudo\_R^2$	0.119	0.121	0.397	0.422
N	12224	12224	681	681

(2) Heckman 两阶段估计

本章还采用 Heckman 两阶段估计模型控制研究过程中可能存在的自选择问题，在 Heckman 模型的第一阶段中，以债券违约作为因变量，并控制了可能会影响债券违约的因素，包括企业规模、企业年龄、资产负债率、总资产增长率、盈利性、经营活动现金流、是否亏损、债券平均发行规模以及债券平均期限等，计算出逆米尔斯比，在第二阶段中加入逆米尔斯比（IMR）作为控制变量。表 7－6 第（3）—（4）列报告了该部分的检验结果。从第（3）列中可知，加入 IMR 后，债券违约的回归系数较主回归有所提高，且仍在 1% 的水平下显著，说明在控制可能存在的自选择问题后，债券违约与审计意见之间的正向关系未受到影响。从第（4）列中可知，债券违约与主体评级的回归系数在 10% 的水平下显著为负，说明在控制可能存在的自选择问题后，主体评级的调节作用也未受到影响。总体而言，表 7－6 的回归结果进一步验证了回归中的结论。

(3) 替换自变量

本章还尝试通过改变自变量债券违约的界定方式来进行稳健性检验。在本章前面的检验中，在对债券违约进行界定时，将债券违约的范围定义为提前到期未兑付、未按时兑付利息、未按时兑付回售款、未按时兑付回售款和利息、未按时兑付本息、未按时兑付本金、剔除触发交叉条款等几个方面，在此尝试剔除触发交叉条款以及展期，重新对债券违约企业进行界定。表 7－7 中第（1）列和第（2）列报告了替换自变量后的回归结果。

第（1）列的结果显示，替换债券违约的界定方法后，债券违约与审计意见之间的回归系数为1.572，在1%的水平下显著，第（2）列的回归结果显示，债券违约与主体评级交乘项（De_Mrating2）的回归系数在10%的水平下显著为负，与主回归结果一致，说明改变自变量的衡量方法并不会影响本章的主要研究结论。

（4）替换因变量

为了保证本章研究结论的稳健性，本章还尝试通过改变因变量的衡量方法进行稳健性检验。借鉴张俊瑞等（2017）的研究，本章构建了新的审计意见变量（Opinion2），若企业收到的是标准无保留意见，则Opinion2取值为0；若企业收到的是带强调事项段的无保留意见，则Opinion2取值为1；若企业收到的是保留意见，则Opinion2取值为2，若企业收到的是无法表示意见，则Opinion2取值为3。表7-7中第（3）—（4）列报告了该部分的检验结果。第（3）列中，债券违约的回归系数为0.801，在1%的水平下显著，说明在替换因变量的衡量方法后，债券违约会加大企业收到非标准审计意见的可能性的结论仍然成立。第（4）列中，主体评级与债券违约交乘项的回归系数在10%的水平下显著为负，与主回归结果一致。

表7-7 替换自变量和因变量

Variables	(1)	(2)	(3)	(4)
	替换自变量		替换因变量	
	$Opinion_{t+1}$	$Opinion_{t+1}$	$Opinion2_{t+1}$	$Opinion2_{t+1}$
Default2	1.572***	2.014***		
	(7.62)	(5.84)		
Default			0.801***	1.176***
			(6.61)	(4.69)
De_Mrating2		-0.579*		
		(-1.65)		
De_Mrating				-0.483*
				(-1.89)
Mrating		-1.234***		-0.083

续表

Variables	(1)	(2)	(3)	(4)
	替换自变量		替换因变量	
	$Opinion_{t+1}$	$Opinion_{t+1}$	$Opinion2_{t+1}$	$Opinion2_{t+1}$
		(-3.37)		(-1.09)
Size	-0.195	-0.073	-0.007	0.007
	(-1.46)	(-0.54)	(-0.22)	(0.21)
Lev	1.782 *	2.290 **	-0.130	-0.050
	(1.84)	(2.33)	(-0.58)	(-0.23)
ROE	-1.600 **	-1.702 **	-0.916 ***	-0.830 ***
	(-2.36)	(-2.41)	(-3.58)	(-3.07)
Cratio	-0.350 ***	-0.400 ***	-0.020 **	-0.020 **
	(-2.98)	(-3.38)	(-1.99)	(-2.06)
big10	-0.296	-0.216	-0.036	-0.038
	(-1.60)	(-1.13)	(-0.79)	(-0.86)
CFO	-0.024	-0.013	-0.024	-0.016
	(-0.23)	(-0.12)	(-0.83)	(-0.49)
SSize	0.095	0.125	0.002	0.009
	(0.91)	(1.16)	(0.07)	(0.35)
Age	-0.003	-0.004	-0.002	-0.002
	(-0.22)	(-0.28)	(-0.64)	(-0.48)
RecRatio	0.575	0.741	0.001	-0.001
	(0.51)	(0.63)	(0.00)	(-0.00)
_cons	0.714	-2.650	0.102	-0.336
	(0.29)	(-0.97)	(0.19)	(-0.49)
Year	Yes	Yes	Yes	Yes
Ind	Yes	Yes	Yes	Yes
$Pseudo\_R^2$	0.399	0.422	0.374	0.389
N	700	700	693	693

(5) 改变模型估计方法

在前面的主回归中采用的是 Probit 模型进行估计，在此，尝试改变模型的估计方法，采用 Logit 模型进行估计。表 7 -8 中第（1）—（2）列报告了该部分的检验结果，从表中可知，改变模型的估计方法后，债券违约与审计意见之间的回归系数仍在1%的水平下显著为正，第（2）列主体评级与债券违约交乘项的回归系数仍在10%的水平下显著为负，均与主回归结果保持一致，说明改变模型的估计方法后，本章的主要研究结论仍然稳健。

表7-8　改变模型估计方法、自体抽样调整标准误和全样本回归

Variables	(1)	(2)	(3)	(4)	(5)	(6)
	改变模型估计方法		自体抽样调整标准误		全样本回归	
	$Opinion_{t+1}$	$Opinion_{t+1}$	$Opinion_{t+1}$	$Opinion_{t+1}$	$Opinion_{t+1}$	$Opinion_{t+1}$
Default	2.938***	3.659***	0.362***	0.550***	1.506***	2.026***
	(6.97)	(6.35)	(8.27)	(6.20)	(11.47)	(7.33)
De_Mrating		-0.945*		-0.243**		-0.620**
		(-1.67)		(-2.37)		(-2.05)
Mrating		-2.375***		-0.068**		0.065
		(-2.75)		(-2.16)		(0.79)
Size	-0.298	-0.079	-0.021	-0.010	-0.050	-0.061
	(-1.05)	(-0.29)	(-1.20)	(-0.50)	(-0.86)	(-1.52)
Lev	2.985	4.027**	0.065	0.102	0.075	0.100
	(1.35)	(2.01)	(0.55)	(0.86)	(0.23)	(0.44)
ROE	-2.712*	-2.820**	-0.401***	-0.363***	-2.122***	-2.061***
	(-1.86)	(-1.97)	(-3.21)	(-2.83)	(-5.91)	(-6.55)
Cratio	-0.638***	-0.747***	-0.013***	-0.013***	-0.052**	-0.051***
	(-2.73)	(-3.39)	(-2.75)	(-2.80)	(-2.10)	(-2.62)
big10	-0.542	-0.347	-0.022	-0.021	0.043	0.037
	(-1.44)	(-0.89)	(-0.91)	(-0.87)	(0.69)	(0.76)
CFO	-0.109	-0.086	-0.003	0.001	0.027	0.028
	(-0.56)	(-0.40)	(-0.21)	(0.07)	(0.79)	(0.91)
SSize	0.180	0.219	0.012	0.017	0.024	0.022
	(0.84)	(1.14)	(1.03)	(1.35)	(0.66)	(0.88)
Age	-0.001	-0.003	-0.000	0.000	0.013***	0.013***
	(-0.05)	(-0.09)	(-0.02)	(0.10)	(2.58)	(3.73)
RecRatio	0.743	0.978	-0.009	-0.006	0.396	0.380
	(0.33)	(0.42)	(-0.07)	(-0.04)	(0.92)	(1.17)

续表

Variables	(1)	(2)	(3)	(4)	(5)	(6)
	改变模型估计方法		自体抽样调整标准误		全样本回归	
	$Opinion_{t+1}$	$Opinion_{t+1}$	$Opinion_{t+1}$	$Opinion_{t+1}$	$Opinion_{t+1}$	$Opinion_{t+1}$
_cons	-0.212	-5.920	0.291	-0.053	-0.656	-0.377
	(-0.04)	(-1.24)	(0.94)	(-0.15)	(-0.66)	(-0.51)
Year	Yes	Yes	Yes	Yes	Yes	Yes
Ind	Yes	Yes	Yes	Yes	Yes	Yes
Pseudo_R^2	0.401	0.424	0.320	0.337	0.115	0.117
N	700	700	700	700	13722	13722

(6) 自体抽样调整标准误

本章还尝试采用自体抽样调整标准误的方式进行稳健性检验。表 7-8 中第（3）列和第（4）列报告了在回归过程中按照自体抽样 1000 次调整标准误计算 t 值的回归结果。从第（3）列中可知，采用自体抽样方法调整标准误后，债券违约的回归系数在 1% 的水平下显著为正，说明改变标准误的计算方法后，债券违约会导致企业更可能收到非标准审计意见的结论仍然成立。从第（4）列中可知，债券违约与主体评级交乘项的回归系数在 5% 的水平下显著为负，说明改变标准误的计算方法并不影响本章的主要研究结论。

(7) 全样本回归

为了避免研究结论受到样本选择偏差的影响，在主回归中本章按照倾向得分匹配法（PSM）为债券违约样本找到与之匹配的未违约样本，在此，尝试采用全样本进行回归，以检验在全样本下主回归中得出的研究结论是否依然成立，检验结果如表 7-8 第（5）—（6）列所示。从表中第（5）列可知，在全样本下，债券违约与审计意见之间的回归系数为 1.506，在 1% 的水平下显著为正，从表中第（6）列可知，主体评级与债券违约交乘项的回归系数为 -0.620，在 5% 的水平下显著为负，说明采用全样本进行回归未改变本章的主要研究结论。

7.4.4 横截面分析

(1) 大股东掏空异质性检验

根据委托代理理论，大股东应该对管理层进行监督，保护中小股东的利益，但是有些大股东可能会为了自身的私利而侵占公司利益，未能发挥应有的监督作用。在大股东掏空严重的发债企业，由于大股东对管理层的监督缺位，可能会导致管理层从事自利行为的空间加大，从而这些企业可能更容易发生债券的违约。而且，在大股东掏空的企业，审计师面临的审计风险也会更大，从而对于该类型的企业审计师更可能会出具非标准审计意见。因此，预计在大股东掏空严重的发债企业中，债券违约对审计意见的影响更大。借鉴苏东蔚和熊家财（2013）、刘少波和马超（2016）等研究，本章使用其他应收款占比来衡量企业的大股东掏空程度，该值越大，表示企业内部的大股东掏空程度越高，代理问题越严重。在此按照其他应收款与营业收入之比的年度中位数将样本划分为高大股东掏空组和低大股东掏空组，以检验在不同的大股东掏空情境下，债券违约对审计意见的影响是否会存在异质性。

表7-9中第（1）—（2）列报告了大股东掏空异质性的检验结果。从表中可知，在高掏空组中，债券违约的回归系数为2.449，在1%的水平下显著，在低掏空组中，债券违约的回归系数为1.478，也在1%的水平下显著，但是高掏空组中债券违约的回归系数大于低掏空组，并且两组系数的差异检验也在5%的水平下通过了检验。表明在大股东掏空越严重的情境下，债券违约对审计意见的影响更加显著。

(2) 产权异质性检验

本章还试图进一步分析在不同的产权性质下，债券违约对审计意见的影响是否存在异质性。由于有政府的隐性担保，国有企业相较于民营企业面临更低的违约风险，民营企业更可能发生债券违约，因此，预计在民营企业中，债券违约对审计意见的影响更大。表 7－9 中第（3）列和第（4）列报告了产权性质异质性的检验结果，第（3）列为国企组，第（4）列为民企组。从表中可知，在国企组中，债券违约的回归系数虽为正，但是并未在统计上通过检验，而在民企组中，债券违约的回归系数为 1.935，在 1% 的水平下通过了检验，说明在民企中，债券违约对审计意见的影响显著更大。

表 7－9　　　　异质性检验

Variables	(1)	(2)	(3)	(4)
	$Opinion_{t+1}$	$Opinion_{t+1}$	$Opinion_{t+1}$	$Opinion_{t+1}$
	高掏空组	低掏空组	国企	民企
Default	2.449***	1.478***	0.520	1.935***
	(6.69)	(4.83)	(1.08)	(6.19)
Size	-0.329	-0.305	-0.585**	0.374
	(-1.40)	(-1.57)	(-2.38)	(1.56)
Lev	3.425**	1.269	4.188***	2.650*
	(2.33)	(0.93)	(2.75)	(1.87)
ROE	-0.760	-1.438	0.058	-2.745***
	(-0.72)	(-1.42)	(0.05)	(-2.59)
Cratio	-1.032***	-0.007	-0.705	-0.442**
	(-3.03)	(-0.03)	(-1.40)	(-1.99)
big10	-0.685**	-0.247	-0.296	-0.202
	(-2.06)	(-0.92)	(-0.92)	(-0.72)
CFO	0.224	0.083	0.292	-0.238
	(1.19)	(0.47)	(1.23)	(-1.44)
SSize	-0.075	0.238	0.308	-0.244
	(-0.45)	(1.39)	(1.42)	(-1.40)
Age	0.015	0.002	0.033	-0.038
	(0.65)	(0.08)	(1.44)	(-1.39)
RecRatio	0.241	-0.831	1.376	0.715
	(0.11)	(-0.48)	(0.47)	(0.43)
_cons	6.198	0.238	5.025	-5.204
	(1.44)	(0.09)	(1.57)	(-1.50)

续表

Variables	(1)	(2)	(3)	(4)
	$Opinion_{t+1}$	$Opinion_{t+1}$	$Opinion_{t+1}$	$Opinion_{t+1}$
	高掏空组	低掏空组	国企	民企
Year	Yes	Yes	Yes	Yes
Ind	Yes	Yes	Yes	Yes
组间系数 差异检验	chi2（1）=4.47 Prob > chi2 = 0.035			
$Pseudo\_R^2$	0.570	0.401	0.293	0.512
N	350	350	428	272

7.4.5 进一步分析

本章还试图进一步探讨债券违约对审计费用的影响。审计风险和审计成本是影响审计定价的两个重要因素（Simunic，1980）。债券违约会增加企业被投资者诉讼的风险，而诉讼风险的提高不仅会增加审计师的审计风险，还会增加审计师的审计成本，审计师在对债券违约企业进行审计时需要付出更多的努力，投入更多的审计资源，面临的工作强度也会更大。因此，对于债券违约企业，审计师可能会相应地提高审计收费。本章构建了模型（7－3）检验债券违约对审计费用的影响。借鉴刘启亮等（2014）、张俊瑞等（2017）、杨鑫等（2018）等研究，模型中控制了以下可能会影响审计费用的因素：公司规模、资产负债率、盈利性、流动比率、会计师事务所类型、经营活动现金流、销售收入规模、企业年龄、应收账款占比以及审计意见。模型中还控制了年度固定效应（Year）以消除不可观测的随时间变动的因素对结果的影响，控制行业固定效应（Ind）以消除不可观测的随行业变动的因素对结果的影响。模型中的因变量为审计费用变量（Auditfee），等于企业审计费用的自然对数，为了控制内生性问题，在回归中对因变量进行了领先一期处理。预计模型中 β_1 的回归系数显著为正。

$$Auditfee_{t+1} = \beta_0 + \beta_1 Default + \sum_k \beta_k Controls + Year + Ind + \varepsilon \quad (7-3)$$

此外，本章还构建了模型（7－4）考察主体评级对债券违约与审计费用之间关系的影响，以检验本章提出的假设 2 是否成立。模型中的自变量为债券违约变量（Default），Mrating 表示主体评级调节变量。De_Mrating 表示债券违约与主体评级的交乘项。预计模型中 β_2 的回归系数显著为负。

$$Auditfee_{t+1} = \beta_0 + \beta_1 Default + \beta_2 De\_Mrating + \beta_3 Mrating + \sum_k \beta_k Controls + Year + Ind + \varepsilon \quad (7-4)$$

表 7-10 第（1）列报告了债券违约与审计费用关系的回归结果，债券违约的回归系数为 0.158，在 10% 的水平下显著为正，表明债券违约会加大企业的审计费用，相较于债券未发生违约的企业，债券违约企业需要支付更高的审计费用。第（2）列报告了主体评级在债券违约与审计费用关系中所发挥的调节作用，从表中可知，债券违约与主体评级交乘项的回归系数为 -0.443，在 5% 的水平下显著为负，说明主体评级能够显著缓解债券违约对审计费用的正向影响。

表 7-10　　债券违约与审计费用

Variables	(1) $AuditFee_{t+1}$	(2) $AuditFee_{t+1}$
Default	0.158*	0.507**
	(1.80)	(2.49)
De_Mrating		-0.443**
		(-1.99)
Mrating		0.139
		(0.99)
Size	0.299***	0.286***
	(5.76)	(5.58)
Lev	0.286	0.400
	(0.78)	(1.08)
ROE	-0.700**	-0.636**
	(-2.35)	(-2.19)
Cratio	0.035	0.037
	(0.66)	(0.69)
big10	0.183**	0.153**
	(2.51)	(2.07)

续表

Variables	(1) $AuditFee_{t+1}$	(2) $AuditFee_{t+1}$
CFO	0.059	0.066*
	(1.45)	(1.71)
SSize	0.209***	0.200***
	(5.20)	(5.02)
Age	0.011	0.012
	(1.30)	(1.48)
RecRatio	1.264***	1.182***
	(2.88)	(2.78)
Opinion	0.315**	0.229*
	(2.50)	(1.70)
_cons	2.710***	3.244***
	(3.17)	(3.43)
Year	Yes	Yes
Ind	Yes	Yes
R^2_adj	0.538	0.550
N	311①	311

7.5 本章小结

近年来，债券违约事件频发，债券违约受到了理论界和实务界的普遍关注，在此背景下，考察债券违约的经济后果具有重要的理论意义和实践意义。本章利用2014—2019年发行公司债、企业债、中期票据、短期融资券、定向工具的发债企业经验数据考察了债券违约对审计意见和审计收费的影响。研究发现，债券违约与审计意见显著正相关，即相较于未发生债券违约的企业，发生债券违约的企业更可能被出具非标准审计意见。本章

① 由于许多发债企业未披露审计费用数据，导致该部分检验的样本量有所减少。

还发现，主体评级越高的发债企业中，债券违约与审计意见的正向关系显著更小，说明主体评级能够缓解债券违约对审计意见的影响，表明我国的主体评级能够在一定程度上反映企业的风险，支持了“评级有用观”。在采用 Heckman 两阶段模型、改变倾向得分匹配等方法控制内生性问题后，本章的主要研究结论仍成立，并且在采用改变因变量和自变量界定方法、改变模型估计方法、采用全样本回归和自体抽样等方法进行稳健性检验后，本章的主要研究结论仍稳健。异质性检验表明，在大股东掏空越严重的企业以及民营企业中，债券违约与审计意见之间的正向关系更为显著。进一步的分析表明，债券违约还会导致企业的审计费用增加，相较于债券未违约的企业，债券违约企业会面临更高的审计收费，说明审计师会对债券违约企业要求更高的风险溢价作为补偿。

根据本章的研究结论，提出以下建议：第一，债券违约会加大企业收到非标准审计意见的概率，并且会提高企业的审计费用，因此发债企业不仅要做好债券的管理，还应该通过改善生产经营、提高竞争力等方式提高还本付息的能力，按时还本付息，避免发生债券的违约。第二，企业应该加强公司的内部治理，构建完善的内部治理机制，提高公司的内部监督。第三，本章的研究结论表明我国的主体评级能够反映企业的违约风险，主体评级是有效的，作为评级机构要及时根据企业的实际情况作出评级调整，进行独立评级，坚决抵制评级购买的行为，提供高质量的信用评级。第四，审计机构作为企业与投资者之间信息沟通的桥梁，应该保持独立的中介机构地位，发挥有效的外部治理作用，不仅要做到事后的监督，更要做到事前的监督，在企业的发债阶段和后续阶段都要做到尽职调查，根据企业的真实情况客观公正地作出评价，出具公允的审计意见，切实维护投资者的合法权益。

第8章

结论与建议

8.1 研究结论

2014年“11超日债”违约事件的发生引发了各界对我国债券市场债券违约的广泛关注。那么，债券违约的影响因素有哪些？而债券违约对发债企业又会造成怎样的经济后果呢？已有研究尚未对这些问题进行系统性的回答。而近年来频发的债券违约事件为使用大样本数据研究债券违约的影响因素和经济后果提供了数据基础。鉴于此，本书以破窗理论、不完全契约理论、信息不对称理论、委托代理理论、利益相关者理论作为理论基础，利用2014—2019年发行公司债、企业债、中期票据、短期融资券、定向工具的发债企业经验数据，系统性地考察了企业的内部特征和外部特征对债券违约的影响，并从融资成本和审计意见两个维度考察了债券违约的经济后果。首先，本书从异常投资活动、异常融资活动、异常经营活动以及公司治理四个方面考察了债券违约的内部影响因素，从市场竞争和地区发展水平两个方面考察了债券违约的外部影响因素，以增进对债券违约影响因素的认识和理解；其次，探讨了债券违约对企业融资成本的影响，以考察债券投资者和债权人是否会对发债企业的违约行为作出惩罚；再次，研究了债券违约对企业投资行为的影响，以探究债券违约发生后，管理层是否会进行非理性行为以及投资市场是否会对企业债券违约行为作出惩罚；最后，研究了债券违约对审计意见和审计收费的影响。在经过一系列的稳健性检验和内生性检验后，研究结论仍保持不变。本书研究结论具体如下：

第一，从内部特征和外部特征两方面系统性地研究了债券违约的影响因素。内部特征方面，研究发现企业的过度投资行为、存贷双高、真实盈余管理行为、经营风险、信息质量以及代理成本都是债券违约的内部影响因素。具体而言，企业的过度投资行为越严重，企业发生债券违约的可能性越大；相较于不存在存贷双高的企业，存贷双高企业更可能发生债券违约；真实盈余管理行为越严重，也会导致企业的债券发生违约；经营风险越高、信息质量越差、代理成本越高，企业发生债券违约的概率越大。外部特征方面，研究发现企业的外部市场竞争与债券违约显著正相关，企业面临的市场竞争越激烈，发生违约的概率越大；而地区发展水平有助于抑制债券违约的发生。此外，还检验了主体评级发挥的调节作用，发现主体评级能够缓解过度投资行为、存贷双高、真实盈余管理行为、经营风险、信息质量、代理成本以及市场竞争与债券违约之间的正向关系，加强地区发展水平与债券违约之间的负向关系，说明我国的主体评级能够在一定程度上反映发债企业的风险。

第二，研究了债券违约对企业债务融资成本以及债券融资成本的影响。结果发现，债券违约会导致企业融资成本增加，相较于债券未发生违约的发债企业，债券发生违约的发债企业未来的债务融资成本和未来的债券融资成本更高。检验了主体评级在债券违约与融资成本关系之间发挥的作用，发现主体评级能够弱化债券违约与融资成本之间的正向关系，表明债权人以及债券市场上的投资者仍认可企业的主体评级，因此对于评级越高的债券违约发债企业，在未来要求的资金回报更低。此外，发现债券违约对融资成本的影响存在异质性，在大股东掏空越严重、代理成本越高以及民营企业中，债券违约与融资成本之间的正向关系更为显著。进一步的分析表明，相较于债券未发生违约的发债企业，债券发生违约的发债企业在未来的贷款活动中也需要支付更高的交易成本；而且债券违约企业未来能够获得的商业信用融资也显著更少。表明在债券违约事件发生后，债券投资者以及债权人都会对债券违约企业作出惩罚。

第三，研究了债券违约对企业投资的影响。结果表明，相较于债券未发生违约的发债企业，债券发生违约的发债企业未来面临更少的投资机会，但是这些企业未来的非效率投资行为会更加严重，债券违约削弱了企业未来的投资机会，加大了企业的非效率投资行为。另外，债券违约对未来投资机会和非效率投资行为的影响并非一成不变，而是存在异质性。在代理成本越高的发债企业中，债券违约对未来投资机会以及非效率投资的影响更为显著，在产品市场竞争越激烈的发债企业中，债券违约对未来投资机会以及非效率投资的影响也更为显著，而相对于国有企业，在民营企业中，债券违约对未来投资机会以及非效率投资的影响更大。

第四，研究了债券违约对企业审计意见的影响。结果表明，相较于债券未发生违约的发债企业，债券发生违约的发债企业更可能被出具非标准审计意见，而主体评级能够缓解债券违约与审计意见之间的正向关系。另外，债券违约对审计意见的影响并非一成不变，而是存在异质性。在代理成本越高的发债企业中，债券违约对企业审计意见的影响更为显著，而在民营企业中，债券违约对审计意见的影响也更为显著。进一步地，研究发现债券违约还会加大企业的审计费用，相较于债券未违约的企业，债券违约企业需要面临更高的审计收费，表明审计监督可以在债券违约治理中发挥一定的外部治理作用。

8.2 政策建议

8.2.1 企业应建立和完善财务风险预警机制

债券违约的爆发暴露了企业财务风险管控的缺陷和不足。债券违约会给企业造成严重的经济后果，债券违约会导致企业未来的融资成本增加，使企业更可能被出具非标准审计意见，并且会加大企业的审计费用。鉴于债券违约会导致的严重经济后果，企业应该加强对债券的管理，建立和完善自身的财务风险预警机制，对财务风险进行防范，防止违约事件的发生，并根据自身的经营状况和资产状况及时监控债务和债券利息及本金的偿还，同时，还应该根据还本付息能力及时调整融资结构。企业通过财务风险预警机制，提前对财务风险进行预警，当预计将会出现违约风险时，应该提前对债权人和债券投资者进行风险提示，以便债权人和债券投资者根据企业的财务风险及时调整投资决策。

此外，为了确保企业能够按时还本付息，避免违约事件的发生，企业可以通过建立偿债资金池的方式将一部分资金提前放进偿债资金池作为偿债资金，等到债务或债券的利息到期时可以用于偿还债务和债券的本金和利息。建立偿债资金池后，企业还应该及时根据自身债务和债券到期的情况以及生产经营状况调整偿债资金池的资金，当生产经营状况较差时，可以减少投入偿债资金池中的资金，当生产经营状况良好时，可以适当地往资金池中多放入储备资金，以弥补经营状况差时的不足，根据盈增亏减的原则保证偿债资金池中的资金储备能够保障企业未来按时还本付息。

8.2.2 企业应构建完善的公司治理机制

根据委托代理理论，管理层作为代理人应该以企业价值最大化和股东价值最大化为目标开展经营活动，但是企业所有权和控制权的分离，导致了代理问题的出现，也导致了信息不对称问题的出现，使企业所有人难以对管理层的行为进行及时和有效的监督。而根据行为金融学理论，管理者可能并非理性人，管理层可能会为了满足自身的私利，构建个人商业帝国，并且还可能从事真实盈余管理等行为，真实盈余管理和存贷双高等行为都会导致企业出现债券违约，最终会损害企业和股东的利益。为了避免非理性行为，企业应该构建完善的公司治理机制，缓解企业的代理问题。可以通过外部董事或企业内部的监事会等机构加强对企业非理性行为的监督和约束，努力提高公司治理水平，完善内部控制建设，加大对非理性行为的惩戒力度。此外，还需要加强对股东的监督，避免大股东对企业的掠夺，保护好中小股东和投资者的利益。

8.2.3 有关部门应加强对债券信用风险的管理和控制

债券违约的大规模爆发在一定程度上暴露了我国债券市场的缺陷，债券违约不仅会损害企业和投资者的利益，而且还可能引发信用危机的发生，破坏债券市场的健康有序发展。因此，有关监管部门作为债券市场的主要监督者，应该加强对信用风险的管理和控制，有效防范信用风险，以提高债券市场对实体经济的金融支撑作用。加强对信用风险的管理和控制不仅要建立债券违约的事前监控机制，还需要建立债券违约的事后监管机制。在事前，提高对企业发债行为的监督力度和管理力度，及时监控企业的信用风险，督促企业提高公司治理水平和完善公司内部控制，提高信息透明度，监督企业进行及时、充分的风险信息披露，以使投资者能够根据企业披露的风险信息及时调整投资决策，降低投资者面临的风险。还可以通过建立完善的风险应对机制，使得在信用风险爆发时可以提供缓冲效应，以降低债券违约等信用风险事件对我国资本市场造成的不利冲击。在事后，要加强对债券违约的治理，完善债券违约处置机制，落实发债企业以及中介机构的相关责任，还要加大对债券违约的惩戒力度，提高违法成本，加强和完善事后监管。当然，相关部门应该有针对性地、有策略地制定债券市场的监管政策，避免一刀切问题的出现。

8.2.4 建立完善的投资者保护机制

由于我国资本市场起步晚、市场发展不完善等原因，导致我国的投资者保护机制远远落后于西方发达国家，投资者作为资本市场的参与者，对其利益的保护关乎资本市场的健康发展。由于信息不对称问题的存在，投资者能够获得的信息更少，信息劣势的存在使投资者难以及时地对切身利益进行保护。债券违约的发生，极大地损害了债券市场上投资者的利益，为了惩罚发债企业的违约行为，投资者只能通过在未来加大对发债企业的资金回报对发债企业进行惩罚。但是事后的惩罚往往难以弥补投资者在违约中所受到的利益损害。因此，应该建立完善的投资者保护机制，及时保护投资者的利益免受侵害，通过为投资者提供投资者教育活动，向投资者普及投资知识，倡导投资者建立理性的投资理念，而当投资者的利益受到损害时，应该积极维护投资者的利益。完善债权人诉讼制度，加强对契约关系的保护，使投资者在利益受到侵害后能够通过法律手段维护自身合法权益。而且，有关部门还应该为投资者构建健康有序的投资环境，提高投资者的投资热情和投资积极性，促进我国资本市场的良性发展。

8.2.5　投资者应提高风险识别能力和自我保护能力

相较于发达国家成熟的债券市场，我国债券市场发展较为缓慢，债券市场上的投资者风险意识以及自我保护意识都较为薄弱。而债券违约会损害投资者的切身利益，特别是不成熟的投资者在违约事件中将会受到更大的伤害。因此，投资者应该在投资过程中提高自身的风险意识以及风险识别能力，应该在对企业的基本面以及投资标的潜在风险进行充分的了解和调查后再作出投资决策，根据自身的风险承担能力理性进行投资。树立正确的投资观念，切忌盲目投资和跟风投资，当察觉到投资风险增加时，应该及时调整自身的投资策略，尽可能地降低投资风险。此外，投资者还应该提高自我保护的能力以及应对风险的能力，以更好地规避债券违约等风险事件对自身利益造成的损害，提高维权意识，更好地保护自身的利益。

8.3　研究局限

本书存在以下两点局限：

（1）尽管近年来中国债券市场频发违约事件，但是目前中国债券违约的记录仍非常有限，这就导致本书难以使用大样本数据开展研究。而且样本的有限性问题也可能会使本书存在样本选择偏差。为了解决样本有限性问题，本书采用倾向得分匹配法（PSM）为每一个违约样本选择配对样本，并且在稳健性检验中尝试采用不同的匹配标准以确保研究结论的稳健性。为了控制样本选择偏差问题，本书在内生性检验中使用 Heckman 模型对此进行控制。尽管本书为控制内生性对研究结论的影响作出了许多努力，但是仍可能会受到内生性问题的挑战。

（2）我国债券违约的频频爆发既有宏观层面的原因，也有发债企业自身的原因，对于其他方面的因素，如宏观经济不确定性、制度因素等是否也会对债券违约产生影响，本书并未作全面分析。债券违约无疑会损害发债企业、投资者以及中介机构的利益，在债券违约的经济后果检验中，本书仅从发债企业层面进行考量，而对于债券违约对投资者财富效应以及对我国债券市场发展的影响，本书并未进行进一步分析。这些都还有赖于未来更进一步的探讨。

8.4 未来展望

未来，可以考虑从以下方面继续推进关于债券违约的研究：

第一，随着债券违约事件增加，在未来可以获得更多的债券违约样本，可以在全样本下开展研究，能够较好地避免样本选择问题可能对研究结论造成的困扰。而且随着研究样本的增加，可以开展更多的研究课题，使研究课题不再囿于样本量问题，例如，可以将研究样本聚焦于上市公司层面，关注上市公司债券违约的影响因素和经济后果，还可以比较投资者对上市公司与非上市公司债券违约的惩罚是否存在异质性。

第二，可以考虑从更多的公司行为角度、治理维度以及其他维度考察违约的动因。如管理者行为、股东行为等视角，并且可以考察其中的作用机理，揭开债券违约的黑匣子。当然，债券违约的爆发既有企业内部的原因也有外部的原因，未来还可以挖掘其他债券违约动因，例如，探讨制度层面因素可能对债券违约造成的影响。

第三，继续深入对债券违约经济后果的研究。一方面，从多个角度考察债券违约对发债企业的不利影响，如考察债券违约对股价崩盘风险的影响；另一方面，可以考察债券违约对不同利益相关者的影响，以便更加全面地了解债券违约的经济后果，这些利益相关者包括发债企业、评级机构、承销商以及审计机构等。

附录1

中国证券监督管理委员会令

第 222 号

《公司债券发行与交易管理办法》已经 2023 年 10 月 12 日中国证券监督管理委员会 2023 年第 6 次委务会议审议通过，现予公布，自公布之日起施行。

主席　易会满

2023 年 10 月 20 日

公司债券发行与交易管理办法

第一章　总　　则

第一条　为了规范公司债券（含企业债券）的发行、交易或转让行为，保护投资者的合法权益和社会公共利益，根据《证券法》《公司法》和其他相关法律法规，制定本办法。

第二条　在中华人民共和国境内，公开发行公司债券并在证券交易所、全国中小企业股份转让系统交易，非公开发行公司债券并在证券交易所、全国中小企业股份转让系统、证券公司柜台转让的，适用本办法。法律法规和中国证券监督管理委员会（以下简称中国证监会）另有规定的，从其规定。本办法所称公司债券，是指公司依照法定程序发行、约定在一定期限还本付息的有价证券。

第三条　公司债券可以公开发行，也可以非公开发行。

第四条 发行人及其他信息披露义务人应当及时、公平地履行披露义务，所披露或者报送的信息必须真实、准确、完整，简明清晰，通俗易懂，不得有虚假记载、误导性陈述或者重大遗漏。

第五条 发行人及其控股股东、实际控制人、董事、监事、高级管理人员应当诚实守信、勤勉尽责，维护债券持有人享有的法定权利和债券募集说明书约定的权利。

发行人及其控股股东、实际控制人、董事、监事、高级管理人员不得怠于履行偿债义务或者通过财产转移、关联交易等方式逃废债务，故意损害债券持有人权益。

第六条 为公司债券发行提供服务的承销机构、受托管理人，以及资信评级机构、会计师事务所、资产评估机构、律师事务所等专业机构和人员应当勤勉尽责，严格遵守执业规范和监管规则，按规定和约定履行义务。

发行人及其控股股东、实际控制人应当全面配合承销机构、受托管理人、证券服务机构的相关工作，及时提供资料，并确保内容真实、准确、完整。

第七条 发行人、承销机构及其相关工作人员在发行定价和配售过程中，不得有违反公平竞争、进行利益输送、直接或间接谋取不正当利益以及其他破坏市场秩序的行为。

第八条 中国证监会对公司债券发行的注册，证券交易所对公司债券发行出具的审核意见，或者中国证券业协会按照本办法对公司债券发行的报备，不表明其对发行人的经营风险、偿债风险、诉讼风险以及公司债券的投资风险或收益等作出判断或者保证。公司债券的投资风险，由投资者自行承担。

第九条 中国证监会依法对公司债券的发行及其交易或转让活动进行监督管理。证券自律组织依照相关规定对公司债券的发行、上市交易或挂牌转让、登记结算、承销、尽职调查、信用评级、受托管理及增信等进行自律管理。

证券自律组织应当制定相关业务规则，明确公司债券发行、承销、报备、上市交易或挂牌转让、信息披露、登记结算、投资者适当性管理、持有人会议及受托管理等具体规定，报中国证监会批准或备案。

第二章 发行和交易转让的一般规定

第十条 发行公司债券，发行人应当依照《公司法》或者公司章程相关规定对以下事项作出决议：

（一）发行债券的金额；

（二）发行方式；

（三）债券期限；

（四）募集资金的用途；

（五）其他按照法律法规及公司章程规定需要明确的事项。

发行公司债券，如果对增信机制、偿债保障措施作出安排的，也应当在决议事项中载明。

第十一条 发行公司债券，可以附认股权、可转换成相关股票等条款。上市公司、股票公开转让的非上市公众公司股东可以发行附可交换成上市公司或非上市公众公司股票条款的公司债券。商业银行等金融机构可以按照有关规定发行公司债券补充资本。上市公司发行附认股权、可转换成股票条款的公司债券，应当符合上市公司证券发行管理的相关规定。股票公开转让的非上市公众公司发行附认股权、可转换成股票条款的公司债券，由中国证监会另行规定。

第十二条 根据财产状况、金融资产状况、投资知识和经验、专业能力等因素，公司债券投资者可以分为普通投资者和专业投资者。专业投资者的标准按照中国证监会的相关规定执行。

证券自律组织可以在中国证监会相关规定的基础上，设定更为严格的投资者适当性要求。

发行人的董事、监事、高级管理人员及持股比例超过百分之五的股东，可视同专业投资者参与发行人相关公司债券的认购或交易、转让。

第十三条 公开发行公司债券筹集的资金，必须按照公司债券募集说明书所列资金用途使用；改变资金用途，必须经债券持有人会议作出决议。非公开发行公司债券，募集资金应当用于约定的用途；改变资金用途，应当履行募集说明书约定的程序。

鼓励公开发行公司债券的募集资金投向符合国家宏观调控政策和产业政策的项目建设。

公开发行公司债券筹集的资金，不得用于弥补亏损和非生产性支出。发行人应当指定专项账户，用于公司债券募集资金的接收、存储、划转。

第三章 公开发行及交易

第一节 注册规定

第十四条 公开发行公司债券，应当符合下列条件：

（一）具备健全且运行良好的组织机构；

（二）最近三年平均可分配利润足以支付公司债券一年的利息；

（三）具有合理的资产负债结构和正常的现金流量；

（四）国务院规定的其他条件。

公开发行公司债券，由证券交易所负责受理、审核，并报中国证监会注册。

第十五条 存在下列情形之一的，不得再次公开发行公司债券：

（一）对已公开发行的公司债券或者其他债务有违约或者延迟支付本息的事实，仍处于继续状态；

（二）违反《证券法》规定，改变公开发行公司债券所募资金用途。

第十六条 资信状况符合以下标准的公开发行公司债券，专业投资者和普通投资者可以参与认购：

（一）发行人最近三年无债务违约或者延迟支付本息的事实；

（二）发行人最近三年平均可分配利润不少于债券一年利息的 1.5 倍；

（三）发行人最近一期末净资产规模不少于 250 亿元；

（四）发行人最近 36 个月内累计公开发行债券不少于 3 期，发行规模不少于 100 亿元；

（五）中国证监会根据投资者保护的需要规定的其他条件。

未达到前款规定标准的公开发行公司债券，仅限于专业投资者参与认购。

第二节 注册程序

第十七条 发行人公开发行公司债券，应当按照中国证监会有关规定制作注册申请文件，由发行人向证券交易所申报。证券交易所收到注册申请文件后，在五个工作日内作出是否受理的决定。

第十八条 自注册申请文件受理之日起，发行人及其控股股东、实际控制人、董事、监事、高级管理人员，以及与本次债券公开发行并上市相关的主承销商、证券服务机构及相关责任人员，即承担相应法律责任。

第十九条 注册申请文件受理后，未经中国证监会或者证券交易所同意，不得改动。

发生重大事项的，发行人、主承销商、证券服务机构应当及时向证券交易所报告，并按要求更新注册申请文件和信息披露资料。

第二十条 证券交易所负责审核发行人公开发行公司债券并上市申请。

证券交易所主要通过向发行人提出审核问询、发行人回答问题方式开展审核工作，判断发行人是否符合发行条件、上市条件和信息披露要求。

第二十一条 证券交易所按照规定的条件和程序，提出审核意见。认为发行人符合发行条件和信息披露要求的，将审核意见、注册申请文件及相关审核资料报送中国证监会履行发行注册程序。认为发行人不符合发行条件或信息披露要求的，作出终止发行上市审核决定。

第二十二条 证券交易所应当建立健全审核机制，强化质量控制，提高审核工作透明度，公开审核工作相关事项，接受社会监督。

证券交易所在审核中发现申报文件涉嫌虚假记载、误导性陈述或者重大遗漏的，可以对发行人进行现场检查，对相关主承销商、证券服务机构执业质量开展延伸检查。

第二十三条 中国证监会收到证券交易所报送的审核意见、发行人注册申请文件及相关审核资料后，履行发行注册程序。中国证监会认为存在需要进一步说明或者落实事项的，可以问询或要求证券交易所进一步问询。

中国证监会认为证券交易所的审核意见依据不充分的，可以退回证券交易所补充审核。

第二十四条 证券交易所应当自受理注册申请文件之日起二个月内出具审核意见，中国证监会应当自证券交易所受理注册申请文件之日起三个月内作出同意注册或者不予注册的决定。发行人根据中国证监会、证券交易所要求补充、修改注册申请文件的时间不计算在内。

第二十五条 公开发行公司债券，可以申请一次注册，分期发行。中国证监会同意注册的决定自作出之日起两年内有效，发行人应当在注册决定有效期内发行公司债券，并自主选择发行时点。

公开发行公司债券的募集说明书自最后签署之日起六个月内有效。发行人应当及时更新债券募集说明书等公司债券发行文件，并在每期发行前报证券交易所备案。

第二十六条 中国证监会作出注册决定后，主承销商及证券服务机构应当持续履行尽职调查职责；发生重大事项的，发行人、主承销商、证券服务机构应当及时向证券交易所报告。

证券交易所应当对上述事项及时处理，发现发行人存在重大事项影响发行条件、上市条件的，应当出具明确意见并及时向中国证监会报告。

第二十七条 中国证监会作出注册决定后、发行人公司债券上市前，发现可能影响本次发行的重大事项的，中国证监会可以要求发行人暂缓或者暂停发行、上市；相关重大事项导致发行人不符合发行条件的，可以撤销注册。

中国证监会撤销注册后，公司债券尚未发行的，发行人应当停止发行；公司债券已经发行尚未上市的，发行人应当按照发行价并加算银行同期存款利息返还债券持有人。

第二十八条 中国证监会应当按规定公开公司债券发行注册行政许可事项相关的监管信息。

第二十九条 存在下列情形之一的，发行人、主承销商、证券服务机构应当及时书面报告证券交易所或者中国证监会，证券交易所或者中国证监会应当中止相应发行上市审核程序或者发行注册程序：

（一）发行人因涉嫌违法违规被行政机关调查，或者被司法机关侦查，尚未结案，对其公开发行公司债券行政许可影响重大；

（二）发行人的主承销商，以及律师事务所、会计师事务所、资信评级机构等证券服务机构被中国证监会依法采取限制业务活动、责令停业整顿、指定其他机构托管、接管等监管措施，或者被证券交易所实施一定期限内不接受其出具的相关文件的纪律处分，尚未解除；

（三）发行人的主承销商，以及律师事务所、会计师事务所、资信评级机构等证券服务机构签字人员被中国证监会依法采取限制从事证券服务业务等监管措施或者证券市场禁入的措施，或者被证券交易所实施一定期限内不接受其出具的相关文件的纪律处分，尚未解除；

（四）发行人或主承销商主动要求中止发行上市审核程序或者发行注册程序，理由正当且经证券交易所或者中国证监会批准；

（五）中国证监会或证券交易所规定的其他情形。

中国证监会、证券交易所根据发行人、主承销商申请，决定中止审核的，待相关情形消失后，发行人、主承销商可以向中国证监会、证券交易所申请恢复审核。中国证监会、证券交易所依据相关规定中止审核的，待相关情形消失后，中国证监会、证券交易所按规定恢复审核。

第三十条 存在下列情形之一的，证券交易所或者中国证监会应当终止相应发行上市审核程序或者发行注册程序，并向发行人说明理由：

（一）发行人主动要求撤回申请或主承销商申请撤回所出具的核查意见；

（二）发行人未在要求的期限内对注册申请文件作出解释说明或者补充、修改；

（三）注册申请文件存在虚假记载、误导性陈述或重大遗漏；

（四）发行人阻碍或者拒绝中国证监会、证券交易所依法对发行人实施检查、核查；

（五）发行人及其关联方以不正当手段严重干扰发行上市审核或者发行注册工作；

（六）发行人法人资格终止；

（七）发行人注册申请文件内容存在重大缺陷，严重影响投资者理解和发行上市审核或者发行注册工作；

（八）发行人中止发行上市审核程序超过证券交易所规定的时限或者中止发行注册程序超过六个月仍未恢复；

（九）证券交易所认为发行人不符合发行条件或信息披露要求；

（十）中国证监会或证券交易所规定的其他情形。

第三节 交 易

第三十一条 公开发行的公司债券，应当在证券交易场所交易。

公开发行公司债券并在证券交易场所交易的，应当符合证券交易场所规定的上市、挂牌条件。

第三十二条 证券交易场所应当对公开发行公司债券的上市交易实施分类管理，实行差异化的交易机制，建立相应的投资者适当性管理制度，健全风险控制机制。证券交易场所应当根据债券资信状况的变化及时调整交易机制和投资者适当性安排。

第三十三条 公开发行公司债券申请上市交易的，应当在发行前根据证券交易场所的相关规则，明确交易机制和交易环节投资者适当性安排。发行环节和交易环节的投资者适当性要求应当保持一致。

第四章 非公开发行及转让

第三十四条 非公开发行的公司债券应当向专业投资者发行，不得采用广告、公开劝诱和变相公开方式，每次发行对象不得超过二百人。

第三十五条 承销机构应当按照中国证监会、证券自律组织规定的投资者适当性制度，了解和评估投资者对非公开发行公司债券的风险识别和承担能力，确认参与非公开发行公司债券认购的投资者为专业投资者，并充分揭示风险。

第三十六条 非公开发行公司债券，承销机构或依照本办法第三十九条规定自行销售的发行人应当在每次发行完成后五个工作日内向中国证券业协会报备。

中国证券业协会在材料齐备时应当及时予以报备。报备不代表中国证券业协会实行合规性审查，不构成市场准入，也不豁免相关主体的违规责任。

第三十七条 非公开发行公司债券，可以申请在证券交易场所、证券公司柜台转让。

非公开发行公司债券并在证券交易场所转让的，应当遵守证券交易场所制定的业务规则，并经证券交易场所同意。

非公开发行公司债券并在证券公司柜台转让的，应当符合中国证监会的相关规定。

第三十八条 非公开发行的公司债券仅限于专业投资者范围内转让。转让后，持有同次发行债券的投资者合计不得超过二百人。

第五章 发行与承销管理

第三十九条 发行公司债券应当依法由具有证券承销业务资格的证券公司承销。

取得证券承销业务资格的证券公司、中国证券金融股份有限公司非公开发行公司债券可以自行销售。

第四十条 承销机构承销公司债券，应当依据本办法以及中国证监会、中国证券业协会有关风险管理和内部控制等相关规定，制定严格的风险管理和内部控制制度，明确操作规程，保证人员配备，加强定价和配售等过程管理，有效控制业务风险。

承销机构应当建立健全内部问责机制，相关业务人员因违反公司债券相关规定被采取自律监管措施、自律处分、行政监管措施、市场禁入措施、行政处罚、刑事处罚等的，承销机构应当进行内部问责。

承销机构应当制定合理的薪酬考核体系，不得以业务包干等承包方式开展公司债券承销业务，或者以其他形式实施过度激励。

承销机构应当综合评估项目执行成本与风险责任，合理确定报价，不得以明显低于行业定价水平等不正当竞争方式招揽业务。

第四十一条 主承销商应当遵守业务规则和行业规范，诚实守信、勤勉尽责、保持合理怀疑，按照合理性、必要性和重要性原则，对公司债券发行文件的真实性、准确性和完整性进行审慎核查，并有合理谨慎的理由确信发行文件披露的信息不存在虚假记载、误导性陈述或者重大遗漏。

主承销商对公司债券发行文件中证券服务机构出具专业意见的重要内容存在合理怀疑的，应当履行审慎核查和必要的调查、复核工作，排除合理怀疑。证券服务机构应当配合主承销商的相关核查工作。

第四十二条 承销机构承销公司债券，应当依照《证券法》相关规定采用包销或者代销方式。

第四十三条 发行人和主承销商应当签订承销协议，在承销协议中界定双方的权利义务关系，约定明确的承销基数。采用包销方式的，应当明确包销责任。组成承销团的承销机构应当签订承销团协议，由主承销商负责组织承销工作。公司债券发行由两家以上承销机构联合主承销的，所有担任主承销商的承销机构应当共同承担主承销责任，履行相关义务。承销团由三家以上承销机构组成的，可以设副主承销商，协助主承销商组织承销活动。承销团成员应当按照承销团协议及承销协议的约定进行承销活动，不得进行虚假承销。

第四十四条 公司债券公开发行的价格或利率以询价或公开招标等市场化方式确定。发行人和主承销商应当协商确定公开发行的定价与配售方案并予公告，明确价格或利率确定原则、发行定价流程和配售规则等内容。

第四十五条 发行人及其控股股东、实际控制人、董事、监事、高级管理人员和承销机构不得操纵发行定价、暗箱操作；不得以代持、信托等方式谋取不正当利益或向其他相关利益主体输送利益；不得直接或通过其利益相关方向参与认购的投资者提供财务资助；不得有其他违反公平竞争、破坏市场秩序等行为。

发行人不得在发行环节直接或间接认购其发行的公司债券。发行人的董事、监事、高级管理人员、持股比例超过百分之五的股东及其他关联方认购或交易、转让其发行的公司债券的，应当披露相关情况。

第四十六条 公开发行公司债券的，发行人和主承销商应当聘请律师事务所对发行过程、配售行为、参与认购的投资者资质条件、资金划拨等事项进行见证，并出具专项法律意见书。公开发行的公司债券上市后十个工作日内，主承销商应当将专项法律意见、承销总结报告等文件一并报证券交易场所。

第四十七条 发行人和承销机构在推介过程中不得夸大宣传，或以虚假广告等不正当手段诱导、误导投资者，不得披露除债券募集说明书等信息以外的发行人其他信息。承销机构应当保留推介、定价、配售等承销过程中的相关资料，并按相关法律法规规定存档备查，包括推介宣传材料、路演现场录音等，如实、全面反映询价、定价和配售过程。相关推介、定价、配售等的备查资料应当按中国证券业协会的规定制作并妥善保管。

第四十八条 中国证券业协会应当制定非公开发行公司债券承销业务的风险控制管理规定，根据市场风险状况对承销业务范围进行限制并动态调整。

第四十九条 债券募集说明书及其他信息披露文件所引用的审计报告、法律意见书、评级报告及资产评估报告等，应当由符合《证券法》规定的证券服务机构出具。

证券服务机构应当严格遵守法律法规、中国证监会制定的监管规则、执业准则、职业道德守则、证券交易场所制定的业务规则及其他相关规定，建立并保持有效的质量控制体系、独立性管理和投资者保护机制，审慎履行职责，作出专业判断与认定，并对募集说明书或者其他信息披露文件中与其专业职责有关的内容及其出具的文件的真实性、准确性、完整性负责。

证券服务机构及其相关执业人员应当对与本专业相关的业务事项履行特别注意义务，对其他业务事项履行普通注意义务，并承担相应法律责任。

证券服务机构及其执业人员从事证券服务业务应当配合中国证监会的监督管理，在规定的期限内提供、报送或披露相关资料、信息，并保证其提供、报送或披露的资料、信息真实、准确、完整，不得有虚假记载、误导性陈述或者重大遗漏。

证券服务机构应当妥善保存客户委托文件、核查和验证资料、工作底稿以及与质量控制、内部管理、业务经营有关的信息和资料。

第六章 信息披露

第五十条 发行人及其他信息披露义务人应当按照中国证监会及证券自律组织的相关规定履行信息披露义务。

第五十一条 公司债券上市交易的发行人应当按照中国证监会、证券交易所的规定及时披露债券募集说明书，并在债券存续期内披露中期报告和经符合《证券法》规定的会计师事务所审计的年度报告。非公开发行公司债券的发行人信息披露的时点、内容，应当按照募集说明书的约定及证券交易场所的规定履行。

发行人及其控股股东、实际控制人、董事、监事、高级管理人员等作出公开承诺的，应当在募集说明书等文件中披露。

第五十二条 公司债券募集资金的用途应当在债券募集说明书中披露。发行人应当在定期报告中披露公开发行公司债券募集资金的使用情况、募投项目进展情况（如涉及）。非公开发行公司债券的，应当在债券募集说明书中约定募集资金使用情况的披露事宜。

第五十三条 发行人的董事、高级管理人员应当对公司债券发行文件和定期报告签署书面确认意见。

发行人的监事会应当对董事会编制的公司债券发行文件和定期报告进行审核并提出书面审核意见。监事应当签署书面确认意见。

发行人的董事、监事和高级管理人员应当保证发行人及时、公平地披露信息，所披露的信息真实、准确、完整。

董事、监事和高级管理人员无法保证公司债券发行文件和定期报告内容的真实性、准确性、完整性或者有异议的，应当在书面确认意见中发表意见并陈述理由，发行人应当披露。发行人不予披露的，董事、监事和高级管理人员可以直接申请披露。

第五十四条 发生可能对上市交易公司债券的交易价格产生较大影响的重大事件，投资者尚未得知时，发行人应当立即将有关该重大事件的情况向中国证监会、证券交易场所报送临时报告，并予公告，说明事件的起因、目前的状态和可能产生的法律后果。

前款所称重大事件包括：

（一）公司股权结构或者生产经营状况发生重大变化；

（二）公司债券信用评级发生变化；

（三）公司重大资产抵押、质押、出售、转让、报废；

（四）公司发生未能清偿到期债务的情况；

（五）公司新增借款或者对外提供担保超过上年末净资产的百分之二十；

（六）公司放弃债权或者财产超过上年末净资产的百分之十；

（七）公司发生超过上年末净资产百分之十的重大损失；

（八）公司分配股利，作出减资、合并、分立、解散及申请破产的决定，或者依法进入破产程序、被责令关闭；

（九）涉及公司的重大诉讼、仲裁；

（十）公司涉嫌犯罪被依法立案调查，公司的控股股东、实际控制人、董事、监事、高级管理人员涉嫌犯罪被依法采取强制措施；

（十一）募投项目情况发生重大变化，可能影响募集资金投入和使用计划，或者导致项目预期运营收益实现存在较大不确定性；

（十二）中国证监会规定的其他事项。

发行人的控股股东或者实际控制人对重大事件的发生、进展产生较大影响的，应当及时将其知悉的有关情况书面告知发行人，并配合发行人履行信息披露义务。

第五十五条 资信评级机构为公开发行公司债券进行信用评级的，应当符合以下规定或约定：

（一）将评级信息告知发行人，并及时向市场公布首次评级报告、定期和不定期跟踪评级报告；

（二）公司债券的期限为一年以上的，在债券有效存续期间，应当每年至少向市场公布一次定期跟踪评级报告；

（三）应充分关注可能影响评级对象信用等级的所有重大因素，及时向市场公布信用等级调整及其他与评级相关的信息变动情况，并向证券交易场所报告。

第五十六条　公开发行公司债券的发行人及其他信息披露义务人应当将披露的信息刊登在其证券交易场所的互联网网站和符合中国证监会规定条件的媒体，同时将其置备于公司住所、证券交易场所，供社会公众查阅。

第七章　债券持有人权益保护

第五十七条　公开发行公司债券的，发行人应当为债券持有人聘请债券受托管理人，并订立债券受托管理协议；非公开发行公司债券的，发行人应当在募集说明书中约定债券受托管理事项。在债券存续期限内，由债券受托管理人按照规定或协议的约定维护债券持有人的利益。

发行人应当在债券募集说明书中约定，投资者认购或持有本期公司债券视作同意债券受托管理协议、债券持有人会议规则及债券募集说明书中其他有关发行人、债券持有人权利义务的相关约定。

第五十八条　债券受托管理人由本次发行的承销机构或其他经中国证监会认可的机构担任。债券受托管理人应当为中国证券业协会会员。为本次发行提供担保的机构不得担任本次债券发行的受托管理人。债券受托管理人应当勤勉尽责，公正履行受托管理职责，不得损害债券持有人利益。对于债券受托管理人在履行受托管理职责时可能存在的利益冲突情形及相关风险防范、解决机制，发行人应当在债券募集说明书及债券存续期间的信息披露文件中予以充分披露，并同时在债券受托管理协议中载明。

第五十九条　公开发行公司债券的受托管理人应当按规定或约定履行下列职责：

（一）持续关注发行人和保证人的资信状况、担保物状况、增信措施及偿债保障措施的实施情况，出现可能影响债券持有人重大权益的事项时，召集债券持有人会议；

（二）在债券存续期内监督发行人募集资金的使用情况；

（三）对发行人的偿债能力和增信措施的有效性进行全面调查和持续关注，并至少每年向市场公告一次受托管理事务报告；

（四）在债券存续期内持续督导发行人履行信息披露义务；

（五）预计发行人不能偿还债务时，要求发行人追加担保，并可以依法申请法定机关采取财产保全措施；

（六）在债券存续期内勤勉处理债券持有人与发行人之间的谈判或者诉讼事务；

（七）发行人为债券设定担保的，债券受托管理人应在债券发行前或债券募集说明书约定的时间内取得担保的权利证明或其他有关文件，并在增信措施有效期内妥善保管；

（八）发行人不能按期兑付债券本息或出现募集说明书约定的其他违约事件的，可以接受全部或部分债券持有人的委托，以自己名义代表债券持有人提起、参加民事诉讼或者破产等法律程序，或者代表债券持有人申请处置抵质押物。

第六十条 非公开发行公司债券的，债券受托管理人应当按照债券受托管理协议的约定履行职责。

第六十一条 受托管理人为履行受托管理职责，有权代表债券持有人查询债券持有人名册及相关登记信息、专项账户中募集资金的存储与划转情况。证券登记结算机构应当予以配合。

第六十二条 发行公司债券，应当在债券募集说明书中约定债券持有人会议规则。

债券持有人会议规则应当公平、合理。债券持有人会议规则应当明确债券持有人通过债券持有人会议行使权利的范围，债券持有人会议的召集、通知、决策生效条件与决策程序、决策效力范围和其他重要事项。债券持有人会议按照本办法的规定及会议规则的程序要求所形成的决议对全体债券持有人有约束力，债券持有人会议规则另有约定的除外。

第六十三条 存在下列情形的，债券受托管理人应当按规定或约定召集债券持有人会议：

（一）拟变更债券募集说明书的约定；

（二）拟修改债券持有人会议规则；

（三）拟变更债券受托管理人或受托管理协议的主要内容；

（四）发行人不能按期支付本息；

（五）发行人减资、合并等可能导致偿债能力发生重大不利变化，需要决定或者授权采取相应措施；

（六）发行人分立、被托管、解散、申请破产或者依法进入破产程序；

（七）保证人、担保物或者其他偿债保障措施发生重大变化；

（八）发行人、单独或合计持有本期债券总额百分之十以上的债券持有人书面提议召开；

（九）发行人管理层不能正常履行职责，导致发行人债务清偿能力面临严重不确定性；

（十）发行人提出债务重组方案的；

（十一）发生其他对债券持有人权益有重大影响的事项。

在债券受托管理人应当召集而未召集债券持有人会议时，单独或合计持有本期债券总额百分之十以上的债券持有人有权自行召集债券持有人会议。

第六十四条　发行人可采取内外部增信机制、偿债保障措施，提高偿债能力，控制公司债券风险。内外部增信机制、偿债保障措施包括但不限于下列方式：

（一）第三方担保；

（二）商业保险；

（三）资产抵押、质押担保；

（四）限制发行人债务及对外担保规模；

（五）限制发行人对外投资规模；

（六）限制发行人向第三方出售或抵押主要资产；

（七）设置债券回售条款。

公司债券增信机构可以成为中国证券业协会会员。

第六十五条　发行人应当在债券募集说明书中约定构成债券违约的情形、违约责任及其承担方式以及公司债券发生违约后的诉讼、仲裁或其他争议解决机制。

第八章　监督管理和法律责任

第六十六条　中国证监会建立对证券交易场所公司债券业务监管工作的监督机制，持续关注证券交易场所发行审核、发行承销过程及其他公司债券业务监管情况，并开展定期或不定期检查。中国证监会在检查和抽查过程中发现问题的，证券交易场所应当整改。

证券交易场所应当建立定期报告制度，及时总结公司债券发行审核、发行承销过程及其他公司债券业务监管工作情况，并报告中国证监会。

第六十七条　证券交易场所公司债券发行上市审核工作违反本办法规定，有下列情形之一的，由中国证监会责令改正；情节严重的，追究直接责任人员相关责任：

（一）未按审核标准开展公司债券发行上市审核工作；

（二）未按程序开展公司债券发行上市审核工作；

（三）不配合中国证监会对发行上市审核工作、发行承销过程及其他公司债券业务监管工作的检查、抽查，或者不按中国证监会的整改要求进行整改。

第六十八条　中国证监会及其派出机构可以依法对发行人以及相关主承销商、受托管理人、证券服务机构等开展检查，检查对象及其工作人员应当配合，保证提供的有关文件和资料真实、准确、完整、及时，不得拒绝、阻碍和隐瞒。

第六十九条　违反法律法规及本办法等规定的，中国证监会可以对相关机构和人员采取责令改正、监管谈话、出具警示函、责令公开说明、责令定期报告等相关监管措施；依法应予行政处罚的，依照《证券法》、《行政处罚法》等法律法规和中国证监会的有关规定进行处罚；涉嫌犯罪的，依法移送司法机关，追究其刑事责任。

第七十条　非公开发行公司债券，发行人及其他信息披露义务人披露的信息存在虚假记载、误导性陈述或者重大遗漏的，中国证监会可以对发行人、其他信息披露义务人及其直接负责的主管人员和其他直接责任人员采取本办法第六十九条规定的相关监管措施；情节严重的，依照《证券法》第一百九十七条予以处罚。

第七十一条 非公开发行公司债券，发行人违反本办法第十三条规定的，中国证监会可以对发行人及其直接负责的主管人员和其他直接责任人员采取本办法第六十九条规定的相关监管措施；情节严重的，处以警告、罚款。

第七十二条 除中国证监会另有规定外，承销或自行销售非公开发行公司债券未按规定进行报备的，中国证监会可以对承销机构及其直接负责的主管人员和其他直接责任人员采取本办法第六十九条规定的相关监管措施；情节严重的，处以警告、罚款。

第七十三条 承销机构在承销公司债券过程中，有下列行为之一的，中国证监会依照《证券法》第一百八十四条予以处罚。

（一）未勤勉尽责，违反本办法第四十一条规定的行为；

（二）以不正当竞争手段招揽承销业务；

（三）从事本办法第四十五条规定禁止的行为；

（四）从事本办法第四十七条规定禁止的行为；

（五）未按本办法及相关规定要求披露有关文件；

（六）未按照事先披露的原则和方式配售公司债券，或其他未依照披露文件实施的行为；

（七）未按照本办法及相关规定要求保留推介、定价、配售等承销过程中相关资料；

（八）其他违反承销业务规定的行为。

第七十四条 发行人及其控股股东、实际控制人、债券受托管理人等违反本办法规定，损害债券持有人权益的，中国证监会可以对发行人、发行人的控股股东和实际控制人、受托管理人及其直接负责的主管人员和其他直接责任人员采取本办法第六十九条规定的相关监管措施；情节严重的，处以警告、罚款。

第七十五条 发行人及其控股股东、实际控制人、董事、监事、高级管理人员违反本办法第五条第二款的规定，严重损害债券持有人权益的，中国证监会可以依法限制其市场融资等活动，并将其有关信息纳入证券期货市场诚信档案数据库。

第九章 附 则

第七十六条 发行公司债券并在证券交易场所交易或转让的，应当由中国证券登记结算有限责任公司依法集中统一办理登记结算业务。非公开发行公司债券并在证券公司柜台转让的，可以由中国证券登记结算有限责任公司或者其他依法从事证券登记、结算业务的机构办理。

第七十七条 发行公司债券，应当符合地方政府性债务管理的相关规定，不得新增政府债务。

第七十八条 证券公司和其他金融机构次级债券的发行、交易或转让，适用本办法。境外注册公司在中国证监会监管的证券交易场所的债券发行、交易或转让，参照适用本办法。

第七十九条 本办法所称证券自律组织包括证券交易所、全国中小企业股份转让系统、中国证券登记结算有限责任公司、中国证券业协会以及中国证监会认定的其他自律组织。

本办法所称证券交易场所包括证券交易所、全国中小企业股份转让系统。

第八十条 本办法自公布之日起施行。2021 年 2 月 26 日发布的《公司债券发行与交易管理办法》（证监会令第 180 号）同时废止。

附录2

中国人民银行 发展改革委 证监会关于公司信用类债券违约处置有关事宜的通知

为深入贯彻落实党中央、国务院关于防范化解金融风险的决策部署，深化金融供给侧结构性改革，建立健全债券市场风险防范及化解机制，促进公司信用类债券市场健康发展，现就公司信用类债券违约处置有关事宜通知如下：

一、基本原则

底线思维原则。坚持守住不发生系统性金融风险的底线，稳妥推进债券违约处置相关工作，防范化解金融风险，维护债券市场融资功能。

市场化、法治化原则。尊重市场规律，充分发挥市场配置资源的决定性作用，强化契约精神和法治意识，运用市场化、法治化手段处置债券违约问题。

各方尽职尽责原则。发行人和中介机构要按照有关法律规定、自律规则和合同约定，切实履行义务，勤勉尽责，维护投资者合法权益。投资者要提高风险识别意识和风险管理能力。

平等自愿原则。债券违约处置各参与主体要在平等、自愿的基础上确定各方的权利和义务，协商制定债券违约处置方案。

二、充分发挥受托管理人和债券持有人会议制度在债券违约处置中的核心作用

（一）建立健全受托管理人制度。债券发行人应当聘请受托管理人或履行同等职责的机构（以下统称受托管理人），并在债券募集说明书等发行文件中明确受托管理人的职责、权利和义务及违反受托管理协议的责任等事项。鼓励熟悉债券市场业务、具备良好风险处置经验或法律专业能力的机构担任受托管理人。

受托管理人可以根据债券募集文件、受托管理协议或债券持有人会议决议的授权，代表债券持有人申请处置抵质押物、申请财产保全、提起诉讼或仲裁、参与破产程序等。债券持有人为各类资产管理产品的，资产管理产品的管理人可以根据相关规定或资产管理文件的约定代表债券持有人提起诉讼、仲裁或参与破产程序。受托管理人应当根据规定、约定或债券持有人会议决议的授权，忠实履行受托管理职责，切实保障债券持有人合法权益。

受托管理人未能按照规定和约定勤勉尽责履行受托管理职责的，债券持有人会议可决定更换受托管理人。受托管理人因怠于履行职责给债券持有人造成损失的，应当承担相应赔偿责任。信用评级机构、会计师事务所、律师事务所等中介机构应当配合受托管理人履行受托管理职责。

（二）完善债券持有人会议制度。发行人应当在债券募集文件中约定债券持有人会议的表决事项、召集、召开、决议生效条件与决策程序、决议效力范围等事项。债券持有人会议可以通过非现场形式召开。鼓励按照债券持有人会议议案对债券持有人权益的影响程度，建立分层次表决机制，提高债券持有人会议决策效率。

三、强化发行人契约精神，严格履行各项合同义务

（三）积极履行清偿责任。发行人要主动提高债务管理水平与流动性管理水平，积极通过资产处置、清收账款、落实增信、引入战略投资者等方式筹措偿付资金，及时偿付债券本金及利息。发行人、控股股东、实际控制人及发行人的董事、监事、高级管理人员不得怠于履行偿债义务或通过财产转移、关联交易等方式逃废债务，蓄意损害债券持有人合法权益。

（四）严格履行信息披露义务。发行人等其他信息披露义务人要真实、准确、完整、及时、公平地披露可能影响投资者决策的重要信息，披露内容包括但不限于发行人财务信息、违约事项、违约处置方案及债券持有人会议决议、诉讼仲裁进展，提升信息披露质量，保障投资者知情权。

企业进入破产程序的，破产信息披露义务人应当持续披露破产程序进展和破产企业的重要信息，并为债券持有人查询了解信息提供便利。信息披露内容包括但不限于人民法院作出的裁定和决定、破产企业的财产状况报告，债权人会议的相应议案和决议以及影响投资者决策的重要信息。

（五）积极参与债券违约处置。发行人要按照规定、约定参与债券持有人会议，配合受托管理人履行受托管理职责，提供受托管理所需要的材料、信息和相关情况，明确回应债券持有人会议决议。

四、依法保障债券持有人合法权益，加大投资者保护力度

（六）充分利用集体行动机制参与债券违约处置。支持债券持有人积极通过债券持有人会议、受托管理人等集体行动机制，依法行使求偿权。

（七）保障债券持有人合法权益。发行人要公正、公平地对待当期债券项下全体债券持有人。发行人以会议、委员会等形式组织债券持有人商议债券违约处置方案的，要确保债券持有人公平参与的权利。受托管理人可以根据债券募集文件或债券持有人会议决议的授权，代表债券持有人出席债权人委员会会议并发表意见。

（八）在债券发行文件中明确违约处置机制。发行人、主承销商等中介机构及债券投资人要发挥主动性，不断推动完善、细化债券约定条款。支持在债券募集文件中约定发行人违约后的处置机制，包括债券违约事件的范围及救济机制、债券发行文件条款修改、变更或豁免及持有人会议决议对发行人的约束安排等事项。债券发行文件中应当根据投资者适当性原则和债券信用风险情况，设置适当的投资者保护条款，强化债券存续期间的投资者保护措施。

（九）提高信用风险识别能力。债券持有人要树立风险自担的意识，认真阅读债券发行文件，完善公司治理机制和内部风险管理体系，审慎进行投资决策，加强风险监测、评估和预警。

五、建立健全多元化的债券违约处置机制，提高处置效率

（十）发挥违约债券交易机制作用。支持各类债券市场参与主体通过合格交易平台参与违约债券转让活动，并由债券登记托管机构进行结算。鼓励具有专业资产处置经验的机构参与债券违约处置，促进市场有效出清。债券交易平台要加强违约债券相关信息的披露，防范道德风险。

（十一）丰富市场化债券违约处置机制。市场参与主体在坚持市场化、法治化的前提下选择合理的债券违约处置方式和方案。发行人与债券持有人双方可以在平等协商、自愿的基础上通过债券置换、展期等方式进行债务重组，并同时做好对相关债券违约处置的信息披露，将债券违约处置进展及结果真实、及时、完整地告知全体债券持有人。

（十二）完善金融基础设施配套措施。债券登记托管机构要积极配合做好债券违约处置的登记托管服务。在符合监管机构要求的前提下协助提供债券持有人名册，为债券持有人会议的召开及债券违约处置提供支持。

（十三）鼓励提供多元化的债券报价或估值服务。鼓励市场机构按照真实、可靠、公允的原则，为违约债券提供多元化的报价或估值服务，不断完善违约债券价值评估方法，有效、准确、充分地反映债券内在价值，促进公司信用类债券的价格发现。

（十四）推动信用衍生品市场发展。充分发挥衍生品的信用风险管理功能，鼓励市场机构参与信用衍生品交易，推动信用衍生品流动性提升，促进信用风险合理定价。

六、严格中介机构履职，强化中介机构问责

（十五）强化中介机构勤勉尽责。主承销商、受托管理人、信用评级机构、会计师事务所、律师事务所等中介机构要诚实守信、遵守执业规范和职业道德，按照法律法规、监管要求、自律规则及相关协议约定，就债券违约处置涉及的相关事项出具专业意见或提供其他专业服务。

（十六）提高对存续期债券的信用风险评价和管理能力。主承销商、受托管理人要依据相关监管要求或约定，加强对发行人经营情况、财务状况的监测和分析，密切关注发行人重大诉讼、重大资产重组、资产出售、资产查封、股权变更等可能对发行人偿债能力产生影响的情况，做好债券违约的早发现、早识别和早处置。

（十七）建立利益冲突防范机制。主承销商、受托管理人等参与债券违约处置的机构要做好利益冲突防范工作，建立健全相应的防火墙机制，制定并完善内部控制制度及业务流程。存在潜在利益冲突的，中介机构要及时采取措施并予以披露，可能严重影响投资者权益的，中介机构还要履行回避义务。

（十八）提高信用评级的风险揭示能力。受评经济主体债券违约后，信用评级机构要及时评估本机构所评其他债项的信用等级，并对受评经济主体的可持续经营能力、融资及偿债能力等情况进行持续跟踪。信用评级机构要重视违约数据积累，不断完善以违约率为核心的评级质量检验体系，提升评级技术体系预测的准确性，提高信用评级的前瞻性。信用评级机构要依法独立开展业务，不受任何单位和个人的干涉。

（十九）强化担保和增信机构履职责任。支持专业的担保和债券信用增进机构为发行人提供信用支持。提供担保和信用增进服务的机构要按照约定，及时落实增信措施，履行代偿、流动性支持等担保或增信责任。提供债券信用担保或增信的机构要加强自身约束，维护市场秩序，杜绝“担而不保”等行为。

七、加强监管协调，加大债券市场统一执法力度

（二十）加强监管协调和信息共享。人民银行、发展改革委、证监会将严格贯彻落实党中央、国务院关于防范化解金融风险的各项要求，明确责任分工，对债券违约相关纠纷化解工作中遇到的问题加强协调配合和信息共享，防范系统性金融风险，推动压实各方责任，防范道德风险。

（二十一）推进债券市场统一执法。积极落实《中国人民银行 证监会 发展改革委关于进一步加强债券市场执法工作的意见》（银发〔2018〕296号），重点对信息披露违法违规、内幕交易、操纵证券市场及相关中介机构未勤勉尽责等各类违反证券法的行为进行查处，加强统一执法，加大对违法行为的打击力度，提高违法成本。对涉嫌犯罪的，及时移送司法机关处理。

（二十二）加大对恶意逃废债行为惩戒力度。建立健全跨部门失信企业通报及惩戒机制，对蓄意损害债券投资者利益且情节严重、造成重大损失和不良社会影响的发行人，依法依规限制其市场融资。对恶意逃废债的发行人及实际控制人和负有主要责任的董事、监事、高级管理人员，有关部门依法将其逃废债信息纳入征信系统及全国信用信息共享平台。

（二十三）完善市场自律管理。自律组织要按照各自职责，加强对市场机构的自律管理，不断健全债券违约处置相关自律规则体系，推动组织各方加强协商，促进债券违约处置工作有序开展。

（二十四）加快培育市场合格机构投资者。推动完善债券市场投资者管理机制，加强市场投资者教育。扩大债券市场中长期资金来源，培育市场中长期机构投资者，推动形成风险偏好多元化的合格投资者群体。

（二十五）本通知由人民银行会同发展改革委、证监会负责解释。

（二十六）本通知自2020年8月1日起施行。

中国人民银行

发展改革委

证 监 会

2020年6月15日

附录3

企业债券管理条例

（1993年8月2日中华人民共和国国务院令第121号发布　根据2011年1月8日《国务院关于废止和修改部分行政法规的决定》修订）

第一章　总　　则

第一条　为了加强对企业债券的管理，引导资金的合理流向，有效利用社会闲散资金，保护投资者的合法权益，制定本条例。

第二条　本条例适用于中华人民共和国境内具有法人资格的企业（以下简称企业）在境内发行的债券。但是，金融债券和外币债券除外。

除前款规定的企业外，任何单位和个人不得发行企业债券。

第三条　企业进行有偿筹集资金活动，必须通过公开发行企业债券的形式进行。但是，法律和国务院另有规定的除外。

第四条　发行和购买企业债券应当遵循自愿、互利、有偿的原则。

第二章　企业债券

第五条　本条例所称企业债券，是指企业依照法定程序发行、约定在一定期限内还本付息的有价证券。

第六条　企业债券的票面应当载明下列内容：

（一）企业的名称、住所；

（二）企业债券的面额；

（三）企业债券的利率；

（四）还本期限和方式；

（五）利息的支付方式；

（六）企业债券发行日期和编号；

（七）企业的印记和企业法定代表人的签章；

（八）审批机关批准发行的文号、日期。

第七条 企业债券持有人有权按照约定期限取得利息、收回本金，但是无权参与企业的经营管理。

第八条 企业债券持有人对企业的经营状况不承担责任。

第九条 企业债券可以转让、抵押和继承。

第三章 企业债券的管理

第十条 国家计划委员会会同中国人民银行、财政部、国务院证券委员会拟订全国企业债券发行的年度规模和规模内的各项指标，报国务院批准后，下达各省、自治区、直辖市、计划单列市人民政府和国务院有关部门执行。

未经国务院同意，任何地方、部门不得擅自突破企业债券发行的年度规模，并不得擅自调整年度规模内的各项指标。

第十一条 企业发行企业债券必须按照本条例的规定进行审批；未经批准的，不得擅自发行和变相发行企业债券。

中央企业发行企业债券，由中国人民银行会同国家计划委员会审批；地方企业发行企业债券，由中国人民银行省、自治区、直辖市、计划单列市分行会同同级计划主管部门审批。

第十二条 企业发行企业债券必须符合下列条件：

（一）企业规模达到国家规定的要求；

（二）企业财务会计制度符合国家规定；

（三）具有偿债能力；

（四）企业经济效益良好，发行企业债券前连续 3 年盈利；

（五）所筹资金用途符合国家产业政策。

第十三条 企业发行企业债券应当制订发行章程。

发行章程应当包括下列内容：

（一）企业的名称、住所、经营范围、法定代表人；

（二）企业近 3 年的生产经营状况和有关业务发展的基本情况；

（三）财务报告；

（四）企业自有资产净值；

（五）筹集资金的用途；

（六）效益预测；

（七）发行对象、时间、期限、方式；

（八）债券的种类及期限；

（九）债券的利率；

（十）债券总面额；

（十一）还本付息方式；

（十二）审批机关要求载明的其他事项。

第十四条　企业申请发行企业债券，应当向审批机关报送下列文件：

（一）发行企业债券的申请书；

（二）营业执照；

（三）发行章程；

（四）经会计师事务所审计的企业近3年的财务报告；

（五）审批机关要求提供的其他材料。

企业发行企业债券用于固定资产投资，按照国家有关规定需要经有关部门审批的，还应当报送有关部门的审批文件。

第十五条　企业发行企业债券应当公布经审批机关批准的发行章程。

企业发行企业债券，可以向经认可的债券评信机构申请信用评级。

第十六条　企业发行企业债券的总面额不得大于该企业的自有资产净值。

第十七条　企业发行企业债券用于固定资产投资的，依照国家有关固定资产投资的规定办理。

第十八条　企业债券的利率不得高于银行相同期限居民储蓄定期存款利率的40%。

第十九条　任何单位不得以下列资金购买企业债券：

（一）财政预算拨款；

（二）银行贷款；

（三）国家规定不得用于购买企业债券的其他资金。

办理储蓄业务的机构不得将所吸收的储蓄存款用于购买企业债券。

第二十条 企业发行企业债券所筹资金应当按照审批机关批准的用途，用于本企业的生产经营。

企业发行企业债券所筹资金不得用于房地产买卖、股票买卖和期货交易等与本企业生产经营无关的风险性投资。

第二十一条 企业发行企业债券，应当由证券经营机构承销。

证券经营机构承销企业债券，应当对发行债券的企业的发行章程和其他有关文件的真实性、准确性、完整性进行核查。

第二十二条 企业债券的转让，应当在经批准的可以进行债券交易的场所进行。

第二十三条 非证券经营机构和个人不得经营企业债券的承销和转让业务。

第二十四条 单位和个人所得的企业债券利息收入，按照国家规定纳税。

第二十五条 中国人民银行及其分支机构和国家证券监督管理机构，依照规定的职责，负责对企业债券的发行和交易活动，进行监督检查。

第四章 法律责任

第二十六条 未经批准发行或者变相发行企业债券的，以及未通过证券经营机构发行企业债券的，责令停止发行活动，退还非法所筹资金，处以相当于非法所筹资金金额5%以下的罚款。

第二十七条 超过批准数额发行企业债券的，责令退还超额发行部分或者核减相当于超额发行金额的贷款额度，处以相当于超额发行部分5%以下的罚款。

第二十八条 超过本条例第十八条规定的最高利率发行企业债券的，责令改正，处以相当于所筹资金金额5%以下的罚款。

第二十九条 用财政预算拨款、银行贷款或者国家规定不得用于购买企业债券的其他资金购买企业债券的，以及办理储蓄业务的机构用所吸收的储蓄存款购买企业债券的，责令收回该资金，处以相当于所购买企业债券金额 5% 以下的罚款。

第三十条 未按批准用途使用发行企业债券所筹资金的，责令改正，没收其违反批准用途使用资金所获收益，并处以相当于违法使用资金金额 5% 以下的罚款。

第三十一条 非证券经营机构和个人经营企业债券的承销或者转让业务的，责令停止非法经营，没收非法所得，并处以承销或者转让企业债券金额 5% 以下的罚款。

第三十二条 本条例第二十六条、第二十七条、第二十八条、第二十九条、第三十条、第三十一条规定的处罚，由中国人民银行及其分支机构决定。

第三十三条 对有本条例第二十六条、第二十七条、第二十八条、第二十九条、第三十条、第三十一条所列违法行为的单位的法定代表人和直接责任人员，由中国人民银行及其分支机构给予警告或者处以 1 万元以上 10 万元以下的罚款；构成犯罪的，依法追究刑事责任。

第三十四条 地方审批机关违反本条例规定，批准发行企业债券的，责令改正，给予通报批评，根据情况相应核减该地方企业债券的发行规模。

第三十五条 企业债券监督管理机关的工作人员玩忽职守、徇私舞弊的，给予行政处分；构成犯罪的，依法追究刑事责任。

第三十六条 发行企业债券的企业违反本条例规定，给他人造成损失的，应当依法承担民事赔偿责任。

第五章 附 则

第三十七条 企业发行短期融资券，按照中国人民银行有关规定执行。

第三十八条 本条例由中国人民银行会同国家计划委员会解释。

第三十九条 本条例自发布之日起施行。1987 年 3 月 27 日国务院发布的《企业债券管理暂行条例》同时废止。

附录4

中华人民共和国证券法

（1998年12月29日第九届全国人民代表大会常务委员会第六次会议通过 根据2004年8月28日第十届全国人民代表大会常务委员会第十一次会议《关于修改〈中华人民共和国证券法〉的决定》第一次修正 2005年10月27日第十届全国人民代表大会常务委员会第十八次会议第一次修订 根据2013年6月29日第十二届全国人民代表大会常务委员会第三次会议《关于修改〈中华人民共和国文物保护法〉等十二部法律的决定》第二次修正 根据2014年8月31日第十二届全国人民代表大会常务委员会第十次会议《关于修改〈中华人民共和国保险法〉等五部法律的决定》第三次修正 2019年12月28日第十三届全国人民代表大会常务委员会第十五次会议第二次修订）

目　　录

第一章　总则

第二章　证券发行

第三章　证券交易

第一节　一般规定

第二节　证券上市

第三节　禁止的交易行为

第四章　上市公司的收购

第五章　信息披露

第六章　投资者保护

第七章　证券交易场所

第八章　证券公司

第九章 证券登记结算机构
第十章 证券服务机构
第十一章 证券业协会
第十二章 证券监督管理机构
第十三章 法律责任
第十四章 附则

第一章 总 则

第一条 为了规范证券发行和交易行为，保护投资者的合法权益，维护社会经济秩序和社会公共利益，促进社会主义市场经济的发展，制定本法。

第二条 在中华人民共和国境内，股票、公司债券、存托凭证和国务院依法认定的其他证券的发行和交易，适用本法；本法未规定的，适用《中华人民共和国公司法》和其他法律、行政法规的规定。

政府债券、证券投资基金份额的上市交易，适用本法；其他法律、行政法规另有规定的，适用其规定。

资产支持证券、资产管理产品发行、交易的管理办法，由国务院依照本法的原则规定。

在中华人民共和国境外的证券发行和交易活动，扰乱中华人民共和国境内市场秩序，损害境内投资者合法权益的，依照本法有关规定处理并追究法律责任。

第三条 证券的发行、交易活动，必须遵循公开、公平、公正的原则。

第四条 证券发行、交易活动的当事人具有平等的法律地位，应当遵守自愿、有偿、诚实信用的原则。

第五条 证券的发行、交易活动，必须遵守法律、行政法规；禁止欺诈、内幕交易和操纵证券市场的行为。

第六条 证券业和银行业、信托业、保险业实行分业经营、分业管理，证券公司与银行、信托、保险业务机构分别设立。国家另有规定的除外。

第七条 国务院证券监督管理机构依法对全国证券市场实行集中统一监督管理。

国务院证券监督管理机构根据需要可以设立派出机构，按照授权履行监督管理职责。

第八条 国家审计机关依法对证券交易场所、证券公司、证券登记结算机构、证券监督管理机构进行审计监督。

第二章 证券发行

第九条 公开发行证券，必须符合法律、行政法规规定的条件，并依法报经国务院证券监督管理机构或者国务院授权的部门注册。未经依法注册，任何单位和个人不得公开发行证券。证券发行注册制的具体范围、实施步骤，由国务院规定。

有下列情形之一的，为公开发行：

（一）向不特定对象发行证券；

（二）向特定对象发行证券累计超过二百人，但依法实施员工持股计划的员工人数不计算在内；

（三）法律、行政法规规定的其他发行行为。

非公开发行证券，不得采用广告、公开劝诱和变相公开方式。

第十条 发行人申请公开发行股票、可转换为股票的公司债券，依法采取承销方式的，或者公开发行法律、行政法规规定实行保荐制度的其他证券的，应当聘请证券公司担任保荐人。

保荐人应当遵守业务规则和行业规范，诚实守信，勤勉尽责，对发行人的申请文件和信息披露资料进行审慎核查，督导发行人规范运作。

保荐人的管理办法由国务院证券监督管理机构规定。

第十一条 设立股份有限公司公开发行股票，应当符合《中华人民共和国公司法》规定的条件和经国务院批准的国务院证券监督管理机构规定的其他条件，向国务院证券监督管理机构报送募股申请和下列文件：

（一）公司章程；

（二）发起人协议；

（三）发起人姓名或者名称，发起人认购的股份数、出资种类及验资证明；

（四）招股说明书；

（五）代收股款银行的名称及地址；

（六）承销机构名称及有关的协议。

依照本法规定聘请保荐人的，还应当报送保荐人出具的发行保荐书。

法律、行政法规规定设立公司必须报经批准的，还应当提交相应的批准文件。

第十二条　公司首次公开发行新股，应当符合下列条件：

（一）具备健全且运行良好的组织机构；

（二）具有持续经营能力；

（三）最近三年财务会计报告被出具无保留意见审计报告；

（四）发行人及其控股股东、实际控制人最近三年不存在贪污、贿赂、侵占财产、挪用财产或者破坏社会主义市场经济秩序的刑事犯罪；

（五）经国务院批准的国务院证券监督管理机构规定的其他条件。

上市公司发行新股，应当符合经国务院批准的国务院证券监督管理机构规定的条件，具体管理办法由国务院证券监督管理机构规定。

公开发行存托凭证的，应当符合首次公开发行新股的条件以及国务院证券监督管理机构规定的其他条件。

第十三条　公司公开发行新股，应当报送募股申请和下列文件：

（一）公司营业执照；

（二）公司章程；

（三）股东大会决议；

（四）招股说明书或者其他公开发行募集文件；

（五）财务会计报告；

（六）代收股款银行的名称及地址。

依照本法规定聘请保荐人的，还应当报送保荐人出具的发行保荐书。依照本法规定实行承销的，还应当报送承销机构名称及有关的协议。

第十四条 公司对公开发行股票所募集资金，必须按照招股说明书或者其他公开发行募集文件所列资金用途使用；改变资金用途，必须经股东大会作出决议。擅自改变用途，未作纠正的，或者未经股东大会认可的，不得公开发行新股。

第十五条 公开发行公司债券，应当符合下列条件：

（一）具备健全且运行良好的组织机构；

（二）最近三年平均可分配利润足以支付公司债券一年的利息；

（三）国务院规定的其他条件。

公开发行公司债券筹集的资金，必须按照公司债券募集办法所列资金用途使用；改变资金用途，必须经债券持有人会议作出决议。公开发行公司债券筹集的资金，不得用于弥补亏损和非生产性支出。

上市公司发行可转换为股票的公司债券，除应当符合第一款规定的条件外，还应当遵守本法第十二条第二款的规定。但是，按照公司债券募集办法，上市公司通过收购本公司股份的方式进行公司债券转换的除外。

第十六条 申请公开发行公司债券，应当向国务院授权的部门或者国务院证券监督管理机构报送下列文件：

（一）公司营业执照；

（二）公司章程；

（三）公司债券募集办法；

（四）国务院授权的部门或者国务院证券监督管理机构规定的其他文件。

依照本法规定聘请保荐人的，还应当报送保荐人出具的发行保荐书。

第十七条 有下列情形之一的，不得再次公开发行公司债券：

（一）对已公开发行的公司债券或者其他债务有违约或者延迟支付本息的事实，仍处于继续状态；

（二）违反本法规定，改变公开发行公司债券所募资金的用途。

第十八条 发行人依法申请公开发行证券所报送的申请文件的格式、报送方式，由依法负责注册的机构或者部门规定。

第十九条 发行人报送的证券发行申请文件，应当充分披露投资者作出价值判断和投资决策所必需的信息，内容应当真实、准确、完整。

为证券发行出具有关文件的证券服务机构和人员，必须严格履行法定职责，保证所出具文件的真实性、准确性和完整性。

第二十条 发行人申请首次公开发行股票的，在提交申请文件后，应当按照国务院证券监督管理机构的规定预先披露有关申请文件。

第二十一条 国务院证券监督管理机构或者国务院授权的部门依照法定条件负责证券发行申请的注册。证券公开发行注册的具体办法由国务院规定。

按照国务院的规定，证券交易所等可以审核公开发行证券申请，判断发行人是否符合发行条件、信息披露要求，督促发行人完善信息披露内容。

依照前两款规定参与证券发行申请注册的人员，不得与发行申请人有利害关系，不得直接或者间接接受发行申请人的馈赠，不得持有所注册的发行申请的证券，不得私下与发行申请人进行接触。

第二十二条 国务院证券监督管理机构或者国务院授权的部门应当自受理证券发行申请文件之日起三个月内，依照法定条件和法定程序作出予以注册或者不予注册的决定，发行人根据要求补充、修改发行申请文件的时间不计算在内。不予注册的，应当说明理由。

第二十三条 证券发行申请经注册后，发行人应当依照法律、行政法规的规定，在证券公开发行前公告公开发行募集文件，并将该文件置备于指定场所供公众查阅。

发行证券的信息依法公开前，任何知情人不得公开或者泄露该信息。

发行人不得在公告公开发行募集文件前发行证券。

第二十四条 国务院证券监督管理机构或者国务院授权的部门对已作出的证券发行注册的决定，发现不符合法定条件或者法定程序，尚未发行证券的，应当予以撤销，停止发行。已经发行尚未上市的，撤销发行注册决定，发行人应当按照发行价并加算银行同期存款利息返还证券持有人；发行人的控股股东、实际控制人以及保荐人，应当与发行人承担连带责任，但是能够证明自己没有过错的除外。

股票的发行人在招股说明书等证券发行文件中隐瞒重要事实或者编造重大虚假内容，已经发行并上市的，国务院证券监督管理机构可以责令发行人回购证券，或者责令负有责任的控股股东、实际控制人买回证券。

第二十五条 股票依法发行后，发行人经营与收益的变化，由发行人自行负责；由此变化引致的投资风险，由投资者自行负责。

第二十六条 发行人向不特定对象发行的证券，法律、行政法规规定应当由证券公司承销的，发行人应当同证券公司签订承销协议。证券承销业务采取代销或者包销方式。

证券代销是指证券公司代发行人发售证券，在承销期结束时，将未售出的证券全部退还给发行人的承销方式。

证券包销是指证券公司将发行人的证券按照协议全部购入或者在承销期结束时将售后剩余证券全部自行购入的承销方式。

第二十七条 公开发行证券的发行人有权依法自主选择承销的证券公司。

第二十八条 证券公司承销证券，应当同发行人签订代销或者包销协议，载明下列事项：

（一）当事人的名称、住所及法定代表人姓名；

（二）代销、包销证券的种类、数量、金额及发行价格；

（三）代销、包销的期限及起止日期；

（四）代销、包销的付款方式及日期；

（五）代销、包销的费用和结算办法；

（六）违约责任；

（七）国务院证券监督管理机构规定的其他事项。

第二十九条 证券公司承销证券，应当对公开发行募集文件的真实性、准确性、完整性进行核查。发现有虚假记载、误导性陈述或者重大遗漏的，不得进行销售活动；已经销售的，必须立即停止销售活动，并采取纠正措施。

证券公司承销证券，不得有下列行为：

（一）进行虚假的或者误导投资者的广告宣传或者其他宣传推介活动；

（二）以不正当竞争手段招揽承销业务；

（三）其他违反证券承销业务规定的行为。

证券公司有前款所列行为，给其他证券承销机构或者投资者造成损失的，应当依法承担赔偿责任。

第三十条　向不特定对象发行证券聘请承销团承销的，承销团应当由主承销和参与承销的证券公司组成。

第三十一条　证券的代销、包销期限最长不得超过九十日。

证券公司在代销、包销期内，对所代销、包销的证券应当保证先行出售给认购人，证券公司不得为本公司预留所代销的证券和预先购入并留存所包销的证券。

第三十二条　股票发行采取溢价发行的，其发行价格由发行人与承销的证券公司协商确定。

第三十三条　股票发行采用代销方式，代销期限届满，向投资者出售的股票数量未达到拟公开发行股票数量百分之七十的，为发行失败。发行人应当按照发行价并加算银行同期存款利息返还股票认购人。

第三十四条　公开发行股票，代销、包销期限届满，发行人应当在规定的期限内将股票发行情况报国务院证券监督管理机构备案。

第三章　证券交易

第一节　一般规定

第三十五条　证券交易当事人依法买卖的证券，必须是依法发行并交付的证券。

非依法发行的证券，不得买卖。

第三十六条　依法发行的证券，《中华人民共和国公司法》和其他法律对其转让期限有限制性规定的，在限定的期限内不得转让。

上市公司持有百分之五以上股份的股东、实际控制人、董事、监事、高级管理人员，以及其他持有发行人首次公开发行前发行的股份或者上市公司向特定对象发行的股份的股东，转让其持有的本公司股份的，不得违反法律、行政法规和国务院证券监督管理机构关于持有期限、卖出时间、卖出数量、卖出方式、信息披露等规定，并应当遵守证券交易所的业务规则。

第三十七条 公开发行的证券，应当在依法设立的证券交易所上市交易或者在国务院批准的其他全国性证券交易场所交易。

非公开发行的证券，可以在证券交易所、国务院批准的其他全国性证券交易场所、按照国务院规定设立的区域性股权市场转让。

第三十八条 证券在证券交易所上市交易，应当采用公开的集中交易方式或者国务院证券监督管理机构批准的其他方式。

第三十九条 证券交易当事人买卖的证券可以采用纸面形式或者国务院证券监督管理机构规定的其他形式。

第四十条 证券交易场所、证券公司和证券登记结算机构的从业人员，证券监督管理机构的工作人员以及法律、行政法规规定禁止参与股票交易的其他人员，在任期或者法定限期内，不得直接或者以化名、借他人名义持有、买卖股票或者其他具有股权性质的证券，也不得收受他人赠送的股票或者其他具有股权性质的证券。

任何人在成为前款所列人员时，其原已持有的股票或者其他具有股权性质的证券，必须依法转让。

实施股权激励计划或者员工持股计划的证券公司的从业人员，可以按照国务院证券监督管理机构的规定持有、卖出本公司股票或者其他具有股权性质的证券。

第四十一条 证券交易场所、证券公司、证券登记结算机构、证券服务机构及其工作人员应当依法为投资者的信息保密，不得非法买卖、提供或者公开投资者的信息。

证券交易场所、证券公司、证券登记结算机构、证券服务机构及其工作人员不得泄露所知悉的商业秘密。

第四十二条 为证券发行出具审计报告或者法律意见书等文件的证券服务机构和人员，在该证券承销期内和期满后六个月内，不得买卖该证券。

除前款规定外，为发行人及其控股股东、实际控制人，或者收购人、重大资产交易方出具审计报告或者法律意见书等文件的证券服务机构和人员，自接受委托之日起至上述文件公开后五日内，不得买卖该证券。实际开展上述有关工作之日早于接受委托之日的，自实际开展上述有关工作之日起至上述文件公开后五日内，不得买卖该证券。

第四十三条　证券交易的收费必须合理，并公开收费项目、收费标准和管理办法。

第四十四条　上市公司、股票在国务院批准的其他全国性证券交易场所交易的公司持有百分之五以上股份的股东、董事、监事、高级管理人员，将其持有的该公司的股票或者其他具有股权性质的证券在买入后六个月内卖出，或者在卖出后六个月内又买入，由此所得收益归该公司所有，公司董事会应当收回其所得收益。但是，证券公司因购入包销售后剩余股票而持有百分之五以上股份，以及有国务院证券监督管理机构规定的其他情形的除外。

前款所称董事、监事、高级管理人员、自然人股东持有的股票或者其他具有股权性质的证券，包括其配偶、父母、子女持有的及利用他人账户持有的股票或者其他具有股权性质的证券。

公司董事会不按照第一款规定执行的，股东有权要求董事会在三十日内执行。公司董事会未在上述期限内执行的，股东有权为了公司的利益以自己的名义直接向人民法院提起诉讼。

公司董事会不按照第一款的规定执行的，负有责任的董事依法承担连带责任。

第四十五条　通过计算机程序自动生成或者下达交易指令进行程序化交易的，应当符合国务院证券监督管理机构的规定，并向证券交易所报告，不得影响证券交易所系统安全或者正常交易秩序。

第二节　证券上市

第四十六条　申请证券上市交易，应当向证券交易所提出申请，由证券交易所依法审核同意，并由双方签订上市协议。

证券交易所根据国务院授权的部门的决定安排政府债券上市交易。

第四十七条　申请证券上市交易，应当符合证券交易所上市规则规定的上市条件。

证券交易所上市规则规定的上市条件，应当对发行人的经营年限、财务状况、最低公开发行比例和公司治理、诚信记录等提出要求。

第四十八条 上市交易的证券，有证券交易所规定的终止上市情形的，由证券交易所按照业务规则终止其上市交易。

证券交易所决定终止证券上市交易的，应当及时公告，并报国务院证券监督管理机构备案。

第四十九条 对证券交易所作出的不予上市交易、终止上市交易决定不服的，可以向证券交易所设立的复核机构申请复核。

第三节 禁止的交易行为

第五十条 禁止证券交易内幕信息的知情人和非法获取内幕信息的人利用内幕信息从事证券交易活动。

第五十一条 证券交易内幕信息的知情人包括：

（一）发行人及其董事、监事、高级管理人员；

（二）持有公司百分之五以上股份的股东及其董事、监事、高级管理人员，公司的实际控制人及其董事、监事、高级管理人员；

（三）发行人控股或者实际控制的公司及其董事、监事、高级管理人员；

（四）由于所任公司职务或者因与公司业务往来可以获取公司有关内幕信息的人员；

（五）上市公司收购人或者重大资产交易方及其控股股东、实际控制人、董事、监事和高级管理人员；

（六）因职务、工作可以获取内幕信息的证券交易场所、证券公司、证券登记结算机构、证券服务机构的有关人员；

（七）因职责、工作可以获取内幕信息的证券监督管理机构工作人员；

（八）因法定职责对证券的发行、交易或者对上市公司及其收购、重大资产交易进行管理可以获取内幕信息的有关主管部门、监管机构的工作人员；

（九）国务院证券监督管理机构规定的可以获取内幕信息的其他人员。

第五十二条　证券交易活动中，涉及发行人的经营、财务或者对该发行人证券的市场价格有重大影响的尚未公开的信息，为内幕信息。

本法第八十条第二款、第八十一条第二款所列重大事件属于内幕信息。

第五十三条　证券交易内幕信息的知情人和非法获取内幕信息的人，在内幕信息公开前，不得买卖该公司的证券，或者泄露该信息，或者建议他人买卖该证券。

持有或者通过协议、其他安排与他人共同持有公司百分之五以上股份的自然人、法人、非法人组织收购上市公司的股份，本法另有规定的，适用其规定。

内幕交易行为给投资者造成损失的，应当依法承担赔偿责任。

第五十四条　禁止证券交易场所、证券公司、证券登记结算机构、证券服务机构和其他金融机构的从业人员、有关监管部门或者行业协会的工作人员，利用因职务便利获取的内幕信息以外的其他未公开的信息，违反规定，从事与该信息相关的证券交易活动，或者明示、暗示他人从事相关交易活动。

利用未公开信息进行交易给投资者造成损失的，应当依法承担赔偿责任。

第五十五条　禁止任何人以下列手段操纵证券市场，影响或者意图影响证券交易价格或者证券交易量：

（一）单独或者通过合谋，集中资金优势、持股优势或者利用信息优势联合或者连续买卖；

（二）与他人串通，以事先约定的时间、价格和方式相互进行证券交易；

（三）在自己实际控制的账户之间进行证券交易；

（四）不以成交为目的，频繁或者大量申报并撤销申报；

（五）利用虚假或者不确定的重大信息，诱导投资者进行证券交易；

（六）对证券、发行人公开作出评价、预测或者投资建议，并进行反向证券交易；

（七）利用在其他相关市场的活动操纵证券市场；

（八）操纵证券市场的其他手段。

操纵证券市场行为给投资者造成损失的，应当依法承担赔偿责任。

第五十六条 禁止任何单位和个人编造、传播虚假信息或者误导性信息，扰乱证券市场。

禁止证券交易场所、证券公司、证券登记结算机构、证券服务机构及其从业人员，证券业协会、证券监督管理机构及其工作人员，在证券交易活动中作出虚假陈述或者信息误导。

各种传播媒介传播证券市场信息必须真实、客观，禁止误导。传播媒介及其从事证券市场信息报道的工作人员不得从事与其工作职责发生利益冲突的证券买卖。

编造、传播虚假信息或者误导性信息，扰乱证券市场，给投资者造成损失的，应当依法承担赔偿责任。

第五十七条 禁止证券公司及其从业人员从事下列损害客户利益的行为：

（一）违背客户的委托为其买卖证券；

（二）不在规定时间内向客户提供交易的确认文件；

（三）未经客户的委托，擅自为客户买卖证券，或者假借客户的名义买卖证券；

（四）为牟取佣金收入，诱使客户进行不必要的证券买卖；

（五）其他违背客户真实意思表示，损害客户利益的行为。

违反前款规定给客户造成损失的，应当依法承担赔偿责任。

第五十八条 任何单位和个人不得违反规定，出借自己的证券账户或者借用他人的证券账户从事证券交易。

第五十九条 依法拓宽资金入市渠道，禁止资金违规流入股市。

禁止投资者违规利用财政资金、银行信贷资金买卖证券。

第六十条 国有独资企业、国有独资公司、国有资本控股公司买卖上市交易的股票，必须遵守国家有关规定。

第六十一条 证券交易场所、证券公司、证券登记结算机构、证券服务机构及其从业人员对证券交易中发现的禁止的交易行为，应当及时向证券监督管理机构报告。

第四章 上市公司的收购

第六十二条 投资者可以采取要约收购、协议收购及其他合法方式收购上市公司。

第六十三条 通过证券交易所的证券交易，投资者持有或者通过协议、其他安排与他人共同持有一个上市公司已发行的有表决权股份达到百分之五时，应当在该事实发生之日起三日内，向国务院证券监督管理机构、证券交易所作出书面报告，通知该上市公司，并予公告，在上述期限内不得再行买卖该上市公司的股票，但国务院证券监督管理机构规定的情形除外。

投资者持有或者通过协议、其他安排与他人共同持有一个上市公司已发行的有表决权股份达到百分之五后，其所持该上市公司已发行的有表决权股份比例每增加或者减少百分之五，应当依照前款规定进行报告和公告，在该事实发生之日起至公告后三日内，不得再行买卖该上市公司的股票，但国务院证券监督管理机构规定的情形除外。

投资者持有或者通过协议、其他安排与他人共同持有一个上市公司已发行的有表决权股份达到百分之五后，其所持该上市公司已发行的有表决权股份比例每增加或者减少百分之一，应当在该事实发生的次日通知该上市公司，并予公告。

违反第一款、第二款规定买入上市公司有表决权的股份的，在买入后的三十六个月内，对该超过规定比例部分的股份不得行使表决权。

第六十四条 依照前条规定所作的公告，应当包括下列内容：

（一）持股人的名称、住所；

（二）持有的股票的名称、数额；

（三）持股达到法定比例或者持股增减变化达到法定比例的日期、增持股份的资金来源；

（四）在上市公司中拥有有表决权的股份变动的时间及方式。

第六十五条 通过证券交易所的证券交易，投资者持有或者通过协议、其他安排与他人共同持有一个上市公司已发行的有表决权股份达到百分之三十时，继续进行收购的，应当依法向该上市公司所有股东发出收购上市公司全部或者部分股份的要约。

收购上市公司部分股份的要约应当约定，被收购公司股东承诺出售的股份数额超过预定收购的股份数额的，收购人按比例进行收购。

第六十六条 依照前条规定发出收购要约，收购人必须公告上市公司收购报告书，并载明下列事项：

（一）收购人的名称、住所；

（二）收购人关于收购的决定；

（三）被收购的上市公司名称；

（四）收购目的；

（五）收购股份的详细名称和预定收购的股份数额；

（六）收购期限、收购价格；

（七）收购所需资金额及资金保证；

（八）公告上市公司收购报告书时持有被收购公司股份数占该公司已发行的股份总数的比例。

第六十七条 收购要约约定的收购期限不得少于三十日，并不得超过六十日。

第六十八条 在收购要约确定的承诺期限内，收购人不得撤销其收购要约。收购人需要变更收购要约的，应当及时公告，载明具体变更事项，且不得存在下列情形：

（一）降低收购价格；

（二）减少预定收购股份数额；

（三）缩短收购期限；

（四）国务院证券监督管理机构规定的其他情形。

第六十九条 收购要约提出的各项收购条件，适用于被收购公司的所有股东。

上市公司发行不同种类股份的，收购人可以针对不同种类股份提出不同的收购条件。

第七十条 采取要约收购方式的，收购人在收购期限内，不得卖出被收购公司的股票，也不得采取要约规定以外的形式和超出要约的条件买入被收购公司的股票。

第七十一条 采取协议收购方式的，收购人可以依照法律、行政法规的规定同被收购公司的股东以协议方式进行股份转让。

以协议方式收购上市公司时，达成协议后，收购人必须在三日内将该收购协议向国务院证券监督管理机构及证券交易所作出书面报告，并予公告。

在公告前不得履行收购协议。

第七十二条 采取协议收购方式的，协议双方可以临时委托证券登记结算机构保管协议转让的股票，并将资金存放于指定的银行。

第七十三条 采取协议收购方式的，收购人收购或者通过协议、其他安排与他人共同收购一个上市公司已发行的有表决权股份达到百分之三十时，继续进行收购的，应当依法向该上市公司所有股东发出收购上市公司全部或者部分股份的要约。但是，按照国务院证券监督管理机构的规定免除发出要约的除外。

收购人依照前款规定以要约方式收购上市公司股份，应当遵守本法第六十五条第二款、第六十六条至第七十条的规定。

第七十四条 收购期限届满，被收购公司股权分布不符合证券交易所规定的上市交易要求的，该上市公司的股票应当由证券交易所依法终止上市交易；其余仍持有被收购公司股票的股东，有权向收购人以收购要约的同等条件出售其股票，收购人应当收购。

收购行为完成后，被收购公司不再具备股份有限公司条件的，应当依法变更企业形式。

第七十五条 在上市公司收购中，收购人持有的被收购的上市公司的股票，在收购行为完成后的十八个月内不得转让。

第七十六条 收购行为完成后，收购人与被收购公司合并，并将该公司解散的，被解散公司的原有股票由收购人依法更换。

收购行为完成后，收购人应当在十五日内将收购情况报告国务院证券监督管理机构和证券交易所，并予公告。

第七十七条 国务院证券监督管理机构依照本法制定上市公司收购的具体办法。

上市公司分立或者被其他公司合并，应当向国务院证券监督管理机构报告，并予公告。

第五章 信息披露

第七十八条 发行人及法律、行政法规和国务院证券监督管理机构规定的其他信息披露义务人，应当及时依法履行信息披露义务。

信息披露义务人披露的信息，应当真实、准确、完整，简明清晰，通俗易懂，不得有虚假记载、误导性陈述或者重大遗漏。

证券同时在境内境外公开发行、交易的，其信息披露义务人在境外披露的信息，应当在境内同时披露。

第七十九条 上市公司、公司债券上市交易的公司、股票在国务院批准的其他全国性证券交易场所交易的公司，应当按照国务院证券监督管理机构和证券交易场所规定的内容和格式编制定期报告，并按照以下规定报送和公告：

（一）在每一会计年度结束之日起四个月内，报送并公告年度报告，其中的年度财务会计报告应当经符合本法规定的会计师事务所审计；

（二）在每一会计年度的上半年结束之日起二个月内，报送并公告中期报告。

第八十条 发生可能对上市公司、股票在国务院批准的其他全国性证券交易场所交易的公司的股票交易价格产生较大影响的重大事件，投资者尚未得知时，公司应当立即将有关该重大事件的情况向国务院证券监督管理机构和证券交易场所报送临时报告，并予公告，说明事件的起因、目前的状态和可能产生的法律后果。

前款所称重大事件包括：

（一）公司的经营方针和经营范围的重大变化；

（二）公司的重大投资行为，公司在一年内购买、出售重大资产超过公司资产总额百分之三十，或者公司营业用主要资产的抵押、质押、出售或者报废一次超过该资产的百分之三十；

（三）公司订立重要合同、提供重大担保或者从事关联交易，可能对公司的资产、负债、权益和经营成果产生重要影响；

（四）公司发生重大债务和未能清偿到期重大债务的违约情况；

（五）公司发生重大亏损或者重大损失；

（六）公司生产经营的外部条件发生的重大变化；

（七）公司的董事、三分之一以上监事或者经理发生变动，董事长或者经理无法履行职责；

（八）持有公司百分之五以上股份的股东或者实际控制人持有股份或者控制公司的情况发生较大变化，公司的实际控制人及其控制的其他企业从事与公司相同或者相似业务的情况发生较大变化；

（九）公司分配股利、增资的计划，公司股权结构的重要变化，公司减资、合并、分立、解散及申请破产的决定，或者依法进入破产程序、被责令关闭；

（十）涉及公司的重大诉讼、仲裁，股东大会、董事会决议被依法撤销或者宣告无效；

（十一）公司涉嫌犯罪被依法立案调查，公司的控股股东、实际控制人、董事、监事、高级管理人员涉嫌犯罪被依法采取强制措施；

（十二）国务院证券监督管理机构规定的其他事项。

公司的控股股东或者实际控制人对重大事件的发生、进展产生较大影响的，应当及时将其知悉的有关情况书面告知公司，并配合公司履行信息披露义务。

第八十一条 发生可能对上市交易公司债券的交易价格产生较大影响的重大事件，投资者尚未得知时，公司应当立即将有关该重大事件的情况向国务院证券监督管理机构和证券交易场所报送临时报告，并予公告，说明事件的起因、目前的状态和可能产生的法律后果。

前款所称重大事件包括：

（一）公司股权结构或者生产经营状况发生重大变化；

（二）公司债券信用评级发生变化；

（三）公司重大资产抵押、质押、出售、转让、报废；

（四）公司发生未能清偿到期债务的情况；

（五）公司新增借款或者对外提供担保超过上年末净资产的百分之二十；

（六）公司放弃债权或者财产超过上年末净资产的百分之十；

（七）公司发生超过上年末净资产百分之十的重大损失；

（八）公司分配股利，作出减资、合并、分立、解散及申请破产的决定，或者依法进入破产程序、被责令关闭；

（九）涉及公司的重大诉讼、仲裁；

（十）公司涉嫌犯罪被依法立案调查，公司的控股股东、实际控制人、董事、监事、高级管理人员涉嫌犯罪被依法采取强制措施；

（十一）国务院证券监督管理机构规定的其他事项。

第八十二条 发行人的董事、高级管理人员应当对证券发行文件和定期报告签署书面确认意见。

发行人的监事会应当对董事会编制的证券发行文件和定期报告进行审核并提出书面审核意见。监事应当签署书面确认意见。

发行人的董事、监事和高级管理人员应当保证发行人及时、公平地披露信息，所披露的信息真实、准确、完整。

董事、监事和高级管理人员无法保证证券发行文件和定期报告内容的真实性、准确性、完整性或者有异议的，应当在书面确认意见中发表意见并陈述理由，发行人应当披露。发行人不予披露的，董事、监事和高级管理人员可以直接申请披露。

第八十三条 信息披露义务人披露的信息应当同时向所有投资者披露，不得提前向任何单位和个人泄露。但是，法律、行政法规另有规定的除外。

任何单位和个人不得非法要求信息披露义务人提供依法需要披露但尚未披露的信息。任何单位和个人提前获知的前述信息，在依法披露前应当保密。

第八十四条　除依法需要披露的信息之外，信息披露义务人可以自愿披露与投资者作出价值判断和投资决策有关的信息，但不得与依法披露的信息相冲突，不得误导投资者。

发行人及其控股股东、实际控制人、董事、监事、高级管理人员等作出公开承诺的，应当披露。不履行承诺给投资者造成损失的，应当依法承担赔偿责任。

第八十五条　信息披露义务人未按照规定披露信息，或者公告的证券发行文件、定期报告、临时报告及其他信息披露资料存在虚假记载、误导性陈述或者重大遗漏，致使投资者在证券交易中遭受损失的，信息披露义务人应当承担赔偿责任；发行人的控股股东、实际控制人、董事、监事、高级管理人员和其他直接责任人员以及保荐人、承销的证券公司及其直接责任人员，应当与发行人承担连带赔偿责任，但是能够证明自己没有过错的除外。

第八十六条　依法披露的信息，应当在证券交易场所的网站和符合国务院证券监督管理机构规定条件的媒体发布，同时将其置备于公司住所、证券交易场所，供社会公众查阅。

第八十七条　国务院证券监督管理机构对信息披露义务人的信息披露行为进行监督管理。

证券交易场所应当对其组织交易的证券的信息披露义务人的信息披露行为进行监督，督促其依法及时、准确地披露信息。

第六章　投资者保护

第八十八条　证券公司向投资者销售证券、提供服务时，应当按照规定充分了解投资者的基本情况、财产状况、金融资产状况、投资知识和经验、专业能力等相关信息；如实说明证券、服务的重要内容，充分揭示投资风险；销售、提供与投资者上述状况相匹配的证券、服务。

投资者在购买证券或者接受服务时，应当按照证券公司明示的要求提供前款所列真实信息。拒绝提供或者未按照要求提供信息的，证券公司应当告知其后果，并按照规定拒绝向其销售证券、提供服务。

证券公司违反第一款规定导致投资者损失的，应当承担相应的赔偿责任。

第八十九条 根据财产状况、金融资产状况、投资知识和经验、专业能力等因素，投资者可以分为普通投资者和专业投资者。专业投资者的标准由国务院证券监督管理机构规定。

普通投资者与证券公司发生纠纷的，证券公司应当证明其行为符合法律、行政法规以及国务院证券监督管理机构的规定，不存在误导、欺诈等情形。证券公司不能证明的，应当承担相应的赔偿责任。

第九十条 上市公司董事会、独立董事、持有百分之一以上有表决权股份的股东或者依照法律、行政法规或者国务院证券监督管理机构的规定设立的投资者保护机构（以下简称投资者保护机构），可以作为征集人，自行或者委托证券公司、证券服务机构，公开请求上市公司股东委托其代为出席股东大会，并代为行使提案权、表决权等股东权利。

依照前款规定征集股东权利的，征集人应当披露征集文件，上市公司应当予以配合。

禁止以有偿或者变相有偿的方式公开征集股东权利。

公开征集股东权利违反法律、行政法规或者国务院证券监督管理机构有关规定，导致上市公司或者其股东遭受损失的，应当依法承担赔偿责任。

第九十一条 上市公司应当在章程中明确分配现金股利的具体安排和决策程序，依法保障股东的资产收益权。

上市公司当年税后利润，在弥补亏损及提取法定公积金后有盈余的，应当按照公司章程的规定分配现金股利。

第九十二条 公开发行公司债券的，应当设立债券持有人会议，并应当在募集说明书中说明债券持有人会议的召集程序、会议规则和其他重要事项。

公开发行公司债券的，发行人应当为债券持有人聘请债券受托管理人，并订立债券受托管理协议。受托管理人应当由本次发行的承销机构或者其他经国务院证券监督管理机构认可的机构担任，债券持有人会议可以决议变更债券受托管理人。债券受托管理人应当勤勉尽责，公正履行受托管理职责，不得损害债券持有人利益。

债券发行人未能按期兑付债券本息的，债券受托管理人可以接受全部或者部分债券持有人的委托，以自己名义代表债券持有人提起、参加民事诉讼或者清算程序。

第九十三条 发行人因欺诈发行、虚假陈述或者其他重大违法行为给投资者造成损失的，发行人的控股股东、实际控制人、相关的证券公司可以委托投资者保护机构，就赔偿事宜与受到损失的投资者达成协议，予以先行赔付。先行赔付后，可以依法向发行人以及其他连带责任人追偿。

第九十四条 投资者与发行人、证券公司等发生纠纷的，双方可以向投资者保护机构申请调解。普通投资者与证券公司发生证券业务纠纷，普通投资者提出调解请求的，证券公司不得拒绝。

投资者保护机构对损害投资者利益的行为，可以依法支持投资者向人民法院提起诉讼。

发行人的董事、监事、高级管理人员执行公司职务时违反法律、行政法规或者公司章程的规定给公司造成损失，发行人的控股股东、实际控制人等侵犯公司合法权益给公司造成损失，投资者保护机构持有该公司股份的，可以为公司的利益以自己的名义向人民法院提起诉讼，持股比例和持股期限不受《中华人民共和国公司法》规定的限制。

第九十五条 投资者提起虚假陈述等证券民事赔偿诉讼时，诉讼标的是同一种类，且当事人一方人数众多的，可以依法推选代表人进行诉讼。

对按照前款规定提起的诉讼，可能存在有相同诉讼请求的其他众多投资者的，人民法院可以发出公告，说明该诉讼请求的案件情况，通知投资者在一定期间向人民法院登记。人民法院作出的判决、裁定，对参加登记的投资者发生效力。

投资者保护机构受五十名以上投资者委托，可以作为代表人参加诉讼，并为经证券登记结算机构确认的权利人依照前款规定向人民法院登记，但投资者明确表示不愿意参加该诉讼的除外。

第七章　证券交易场所

第九十六条　证券交易所、国务院批准的其他全国性证券交易场所为证券集中交易提供场所和设施，组织和监督证券交易，实行自律管理，依法登记，取得法人资格。

证券交易所、国务院批准的其他全国性证券交易场所的设立、变更和解散由国务院决定。

国务院批准的其他全国性证券交易场所的组织机构、管理办法等，由国务院规定。

第九十七条　证券交易所、国务院批准的其他全国性证券交易场所可以根据证券品种、行业特点、公司规模等因素设立不同的市场层次。

第九十八条　按照国务院规定设立的区域性股权市场为非公开发行证券的发行、转让提供场所和设施，具体管理办法由国务院规定。

第九十九条　证券交易所履行自律管理职能，应当遵守社会公共利益优先原则，维护市场的公平、有序、透明。

设立证券交易所必须制定章程。证券交易所章程的制定和修改，必须经国务院证券监督管理机构批准。

第一百条　证券交易所必须在其名称中标明证券交易所字样。其他任何单位或者个人不得使用证券交易所或者近似的名称。

第一百零一条　证券交易所可以自行支配的各项费用收入，应当首先用于保证其证券交易场所和设施的正常运行并逐步改善。

实行会员制的证券交易所的财产积累归会员所有，其权益由会员共同享有，在其存续期间，不得将其财产积累分配给会员。

第一百零二条　实行会员制的证券交易所设理事会、监事会。

证券交易所设总经理一人，由国务院证券监督管理机构任免。

第一百零三条　有《中华人民共和国公司法》第一百四十六条规定的情形或者下列情形之一的，不得担任证券交易所的负责人：

（一）因违法行为或者违纪行为被解除职务的证券交易场所、证券登记结算机构的负责人或者证券公司的董事、监事、高级管理人员，自被解除职务之日起未逾五年；

（二）因违法行为或者违纪行为被吊销执业证书或者被取消资格的律师、注册会计师或者其他证券服务机构的专业人员，自被吊销执业证书或者被取消资格之日起未逾五年。

第一百零四条　因违法行为或者违纪行为被开除的证券交易场所、证券公司、证券登记结算机构、证券服务机构的从业人员和被开除的国家机关工作人员，不得招聘为证券交易所的从业人员。

第一百零五条　进入实行会员制的证券交易所参与集中交易的，必须是证券交易所的会员。证券交易所不得允许非会员直接参与股票的集中交易。

第一百零六条　投资者应当与证券公司签订证券交易委托协议，并在证券公司实名开立账户，以书面、电话、自助终端、网络等方式，委托该证券公司代其买卖证券。

第一百零七条　证券公司为投资者开立账户，应当按照规定对投资者提供的身份信息进行核对。

证券公司不得将投资者的账户提供给他人使用。

投资者应当使用实名开立的账户进行交易。

第一百零八条　证券公司根据投资者的委托，按照证券交易规则提出交易申报，参与证券交易所场内的集中交易，并根据成交结果承担相应的清算交收责任。证券登记结算机构根据成交结果，按照清算交收规则，与证券公司进行证券和资金的清算交收，并为证券公司客户办理证券的登记过户手续。

第一百零九条　证券交易所应当为组织公平的集中交易提供保障，实时公布证券交易即时行情，并按交易日制作证券市场行情表，予以公布。

证券交易即时行情的权益由证券交易所依法享有。未经证券交易所许可，任何单位和个人不得发布证券交易即时行情。

第一百一十条　上市公司可以向证券交易所申请其上市交易股票的停牌或者复牌，但不得滥用停牌或者复牌损害投资者的合法权益。

证券交易所可以按照业务规则的规定，决定上市交易股票的停牌或者复牌。

第一百一十一条 因不可抗力、意外事件、重大技术故障、重大人为差错等突发性事件而影响证券交易正常进行时，为维护证券交易正常秩序和市场公平，证券交易所可以按照业务规则采取技术性停牌、临时停市等处置措施，并应当及时向国务院证券监督管理机构报告。

因前款规定的突发性事件导致证券交易结果出现重大异常，按交易结果进行交收将对证券交易正常秩序和市场公平造成重大影响的，证券交易所按照业务规则可以采取取消交易、通知证券登记结算机构暂缓交收等措施，并应当及时向国务院证券监督管理机构报告并公告。

证券交易所对其依照本条规定采取措施造成的损失，不承担民事赔偿责任，但存在重大过错的除外。

第一百一十二条 证券交易所对证券交易实行实时监控，并按照国务院证券监督管理机构的要求，对异常的交易情况提出报告。

证券交易所根据需要，可以按照业务规则对出现重大异常交易情况的证券账户的投资者限制交易，并及时报告国务院证券监督管理机构。

第一百一十三条 证券交易所应当加强对证券交易的风险监测，出现重大异常波动的，证券交易所可以按照业务规则采取限制交易、强制停牌等处置措施，并向国务院证券监督管理机构报告；严重影响证券市场稳定的，证券交易所可以按照业务规则采取临时停市等处置措施并公告。

证券交易所对其依照本条规定采取措施造成的损失，不承担民事赔偿责任，但存在重大过错的除外。

第一百一十四条 证券交易所应当从其收取的交易费用和会员费、席位费中提取一定比例的金额设立风险基金。风险基金由证券交易所理事会管理。

风险基金提取的具体比例和使用办法，由国务院证券监督管理机构会同国务院财政部门规定。

证券交易所应当将收存的风险基金存入开户银行专门账户，不得擅自使用。

第一百一十五条 证券交易所依照法律、行政法规和国务院证券监督管理机构的规定，制定上市规则、交易规则、会员管理规则和其他有关业务规则，并报国务院证券监督管理机构批准。

在证券交易所从事证券交易，应当遵守证券交易所依法制定的业务规则。违反业务规则的，由证券交易所给予纪律处分或者采取其他自律管理措施。

第一百一十六条　证券交易所的负责人和其他从业人员执行与证券交易有关的职务时，与其本人或者其亲属有利害关系的，应当回避。

第一百一十七条　按照依法制定的交易规则进行的交易，不得改变其交易结果，但本法第一百一十一条第二款规定的除外。对交易中违规交易者应负的民事责任不得免除；在违规交易中所获利益，依照有关规定处理。

第八章　证券公司

第一百一十八条　设立证券公司，应当具备下列条件，并经国务院证券监督管理机构批准：

（一）有符合法律、行政法规规定的公司章程；

（二）主要股东及公司的实际控制人具有良好的财务状况和诚信记录，最近三年无重大违法违规记录；

（三）有符合本法规定的公司注册资本；

（四）董事、监事、高级管理人员、从业人员符合本法规定的条件；

（五）有完善的风险管理与内部控制制度；

（六）有合格的经营场所、业务设施和信息技术系统；

（七）法律、行政法规和经国务院批准的国务院证券监督管理机构规定的其他条件。

未经国务院证券监督管理机构批准，任何单位和个人不得以证券公司名义开展证券业务活动。

第一百一十九条　国务院证券监督管理机构应当自受理证券公司设立申请之日起六个月内，依照法定条件和法定程序并根据审慎监管原则进行审查，作出批准或者不予批准的决定，并通知申请人；不予批准的，应当说明理由。

证券公司设立申请获得批准的，申请人应当在规定的期限内向公司登记机关申请设立登记，领取营业执照。

证券公司应当自领取营业执照之日起十五日内，向国务院证券监督管理机构申请经营证券业务许可证。未取得经营证券业务许可证，证券公司不得经营证券业务。

第一百二十条 经国务院证券监督管理机构核准，取得经营证券业务许可证，证券公司可以经营下列部分或者全部证券业务：

（一）证券经纪；

（二）证券投资咨询；

（三）与证券交易、证券投资活动有关的财务顾问；

（四）证券承销与保荐；

（五）证券融资融券；

（六）证券做市交易；

（七）证券自营；

（八）其他证券业务。

国务院证券监督管理机构应当自受理前款规定事项申请之日起三个月内，依照法定条件和程序进行审查，作出核准或者不予核准的决定，并通知申请人；不予核准的，应当说明理由。

证券公司经营证券资产管理业务的，应当符合《中华人民共和国证券投资基金法》等法律、行政法规的规定。

除证券公司外，任何单位和个人不得从事证券承销、证券保荐、证券经纪和证券融资融券业务。

证券公司从事证券融资融券业务，应当采取措施，严格防范和控制风险，不得违反规定向客户出借资金或者证券。

第一百二十一条 证券公司经营本法第一百二十条第一款第（一）项至第（三）项业务的，注册资本最低限额为人民币五千万元；经营第（四）项至第（八）项业务之一的，注册资本最低限额为人民币一亿元；经营第（四）项至第（八）项业务中两项以上的，注册资本最低限额为人民币五亿元。证券公司的注册资本应当是实缴资本。

国务院证券监督管理机构根据审慎监管原则和各项业务的风险程度，可以调整注册资本最低限额，但不得少于前款规定的限额。

第一百二十二条　证券公司变更证券业务范围，变更主要股东或者公司的实际控制人，合并、分立、停业、解散、破产，应当经国务院证券监督管理机构核准。

第一百二十三条　国务院证券监督管理机构应当对证券公司净资本和其他风险控制指标作出规定。

证券公司除依照规定为其客户提供融资融券外，不得为其股东或者股东的关联人提供融资或者担保。

第一百二十四条　证券公司的董事、监事、高级管理人员，应当正直诚实、品行良好，熟悉证券法律、行政法规，具有履行职责所需的经营管理能力。证券公司任免董事、监事、高级管理人员，应当报国务院证券监督管理机构备案。

有《中华人民共和国公司法》第一百四十六条规定的情形或者下列情形之一的，不得担任证券公司的董事、监事、高级管理人员：

（一）因违法行为或者违纪行为被解除职务的证券交易场所、证券登记结算机构的负责人或者证券公司的董事、监事、高级管理人员，自被解除职务之日起未逾五年；

（二）因违法行为或者违纪行为被吊销执业证书或者被取消资格的律师、注册会计师或者其他证券服务机构的专业人员，自被吊销执业证书或者被取消资格之日起未逾五年。

第一百二十五条　证券公司从事证券业务的人员应当品行良好，具备从事证券业务所需的专业能力。

因违法行为或者违纪行为被开除的证券交易场所、证券公司、证券登记结算机构、证券服务机构的从业人员和被开除的国家机关工作人员，不得招聘为证券公司的从业人员。

国家机关工作人员和法律、行政法规规定的禁止在公司中兼职的其他人员，不得在证券公司中兼任职务。

第一百二十六条 国家设立证券投资者保护基金。证券投资者保护基金由证券公司缴纳的资金及其他依法筹集的资金组成，其规模以及筹集、管理和使用的具体办法由国务院规定。

第一百二十七条 证券公司从每年的业务收入中提取交易风险准备金，用于弥补证券经营的损失，其提取的具体比例由国务院证券监督管理机构会同国务院财政部门规定。

第一百二十八条 证券公司应当建立健全内部控制制度，采取有效隔离措施，防范公司与客户之间、不同客户之间的利益冲突。

证券公司必须将其证券经纪业务、证券承销业务、证券自营业务、证券做市业务和证券资产管理业务分开办理，不得混合操作。

第一百二十九条 证券公司的自营业务必须以自己的名义进行，不得假借他人名义或者以个人名义进行。

证券公司的自营业务必须使用自有资金和依法筹集的资金。

证券公司不得将其自营账户借给他人使用。

第一百三十条 证券公司应当依法审慎经营，勤勉尽责，诚实守信。

证券公司的业务活动，应当与其治理结构、内部控制、合规管理、风险管理以及风险控制指标、从业人员构成等情况相适应，符合审慎监管和保护投资者合法权益的要求。

证券公司依法享有自主经营的权利，其合法经营不受干涉。

第一百三十一条 证券公司客户的交易结算资金应当存放在商业银行，以每个客户的名义单独立户管理。

证券公司不得将客户的交易结算资金和证券归入其自有财产。禁止任何单位或者个人以任何形式挪用客户的交易结算资金和证券。证券公司破产或者清算时，客户的交易结算资金和证券不属于其破产财产或者清算财产。非因客户本身的债务或者法律规定的其他情形，不得查封、冻结、扣划或者强制执行客户的交易结算资金和证券。

第一百三十二条 证券公司办理经纪业务，应当置备统一制定的证券买卖委托书，供委托人使用。采取其他委托方式的，必须作出委托记录。

客户的证券买卖委托，不论是否成交，其委托记录应当按照规定的期限，保存于证券公司。

第一百三十三条　证券公司接受证券买卖的委托，应当根据委托书载明的证券名称、买卖数量、出价方式、价格幅度等，按照交易规则代理买卖证券，如实进行交易记录；买卖成交后，应当按照规定制作买卖成交报告单交付客户。

证券交易中确认交易行为及其交易结果的对账单必须真实，保证账面证券余额与实际持有的证券相一致。

第一百三十四条　证券公司办理经纪业务，不得接受客户的全权委托而决定证券买卖、选择证券种类、决定买卖数量或者买卖价格。

证券公司不得允许他人以证券公司的名义直接参与证券的集中交易。

第一百三十五条　证券公司不得对客户证券买卖的收益或者赔偿证券买卖的损失作出承诺。

第一百三十六条　证券公司的从业人员在证券交易活动中，执行所属的证券公司的指令或者利用职务违反交易规则的，由所属的证券公司承担全部责任。

证券公司的从业人员不得私下接受客户委托买卖证券。

第一百三十七条　证券公司应当建立客户信息查询制度，确保客户能够查询其账户信息、委托记录、交易记录以及其他与接受服务或者购买产品有关的重要信息。

证券公司应当妥善保存客户开户资料、委托记录、交易记录和与内部管理、业务经营有关的各项信息，任何人不得隐匿、伪造、篡改或者毁损。上述信息的保存期限不得少于二十年。

第一百三十八条　证券公司应当按照规定向国务院证券监督管理机构报送业务、财务等经营管理信息和资料。国务院证券监督管理机构有权要求证券公司及其主要股东、实际控制人在指定的期限内提供有关信息、资料。

证券公司及其主要股东、实际控制人向国务院证券监督管理机构报送或者提供的信息、资料，必须真实、准确、完整。

第一百三十九条　国务院证券监督管理机构认为有必要时，可以委托会计师事务所、资产评估机构对证券公司的财务状况、内部控制状况、资产价值进行审计或者评估。具体办法由国务院证券监督管理机构会同有关主管部门制定。

第一百四十条 证券公司的治理结构、合规管理、风险控制指标不符合规定的，国务院证券监督管理机构应当责令其限期改正；逾期未改正，或者其行为严重危及该证券公司的稳健运行、损害客户合法权益的，国务院证券监督管理机构可以区别情形，对其采取下列措施：

（一）限制业务活动，责令暂停部分业务，停止核准新业务；

（二）限制分配红利，限制向董事、监事、高级管理人员支付报酬、提供福利；

（三）限制转让财产或者在财产上设定其他权利；

（四）责令更换董事、监事、高级管理人员或者限制其权利；

（五）撤销有关业务许可；

（六）认定负有责任的董事、监事、高级管理人员为不适当人选；

（七）责令负有责任的股东转让股权，限制负有责任的股东行使股东权利。

证券公司整改后，应当向国务院证券监督管理机构提交报告。国务院证券监督管理机构经验收，治理结构、合规管理、风险控制指标符合规定的，应当自验收完毕之日起三日内解除对其采取的前款规定的有关限制措施。

第一百四十一条 证券公司的股东有虚假出资、抽逃出资行为的，国务院证券监督管理机构应当责令其限期改正，并可责令其转让所持证券公司的股权。

在前款规定的股东按照要求改正违法行为、转让所持证券公司的股权前，国务院证券监督管理机构可以限制其股东权利。

第一百四十二条 证券公司的董事、监事、高级管理人员未能勤勉尽责，致使证券公司存在重大违法违规行为或者重大风险的，国务院证券监督管理机构可以责令证券公司予以更换。

第一百四十三条 证券公司违法经营或者出现重大风险，严重危害证券市场秩序、损害投资者利益的，国务院证券监督管理机构可以对该证券公司采取责令停业整顿、指定其他机构托管、接管或者撤销等监管措施。

第一百四十四条 在证券公司被责令停业整顿、被依法指定托管、接管或者清算期间，或者出现重大风险时，经国务院证券监督管理机构批准，可以对该证券公司直接负责的董事、监事、高级管理人员和其他直接责任人员采取以下措施：

（一）通知出境入境管理机关依法阻止其出境；

（二）申请司法机关禁止其转移、转让或者以其他方式处分财产，或者在财产上设定其他权利。

第九章 证券登记结算机构

第一百四十五条 证券登记结算机构为证券交易提供集中登记、存管与结算服务，不以营利为目的，依法登记，取得法人资格。

设立证券登记结算机构必须经国务院证券监督管理机构批准。

第一百四十六条 设立证券登记结算机构，应当具备下列条件：

（一）自有资金不少于人民币二亿元；

（二）具有证券登记、存管和结算服务所必须的场所和设施；

（三）国务院证券监督管理机构规定的其他条件。

证券登记结算机构的名称中应当标明证券登记结算字样。

第一百四十七条 证券登记结算机构履行下列职能：

（一）证券账户、结算账户的设立；

（二）证券的存管和过户；

（三）证券持有人名册登记；

（四）证券交易的清算和交收；

（五）受发行人的委托派发证券权益；

（六）办理与上述业务有关的查询、信息服务；

（七）国务院证券监督管理机构批准的其他业务。

第一百四十八条 在证券交易所和国务院批准的其他全国性证券交易场所交易的证券的登记结算，应当采取全国集中统一的运营方式。

前款规定以外的证券，其登记、结算可以委托证券登记结算机构或者其他依法从事证券登记、结算业务的机构办理。

第一百四十九条 证券登记结算机构应当依法制定章程和业务规则，并经国务院证券监督管理机构批准。证券登记结算业务参与人应当遵守证券登记结算机构制定的业务规则。

第一百五十条 在证券交易所或者国务院批准的其他全国性证券交易场所交易的证券，应当全部存管在证券登记结算机构。

证券登记结算机构不得挪用客户的证券。

第一百五十一条 证券登记结算机构应当向证券发行人提供证券持有人名册及有关资料。

证券登记结算机构应当根据证券登记结算的结果，确认证券持有人持有证券的事实，提供证券持有人登记资料。

证券登记结算机构应当保证证券持有人名册和登记过户记录真实、准确、完整，不得隐匿、伪造、篡改或者毁损。

第一百五十二条 证券登记结算机构应当采取下列措施保证业务的正常进行：

（一）具有必备的服务设备和完善的数据安全保护措施；

（二）建立完善的业务、财务和安全防范等管理制度；

（三）建立完善的风险管理系统。

第一百五十三条 证券登记结算机构应当妥善保存登记、存管和结算的原始凭证及有关文件和资料。其保存期限不得少于二十年。

第一百五十四条 证券登记结算机构应当设立证券结算风险基金，用于垫付或者弥补因违约交收、技术故障、操作失误、不可抗力造成的证券登记结算机构的损失。

证券结算风险基金从证券登记结算机构的业务收入和收益中提取，并可以由结算参与人按照证券交易业务量的一定比例缴纳。

证券结算风险基金的筹集、管理办法，由国务院证券监督管理机构会同国务院财政部门规定。

第一百五十五条 证券结算风险基金应当存入指定银行的专门账户，

实行专项管理。

证券登记结算机构以证券结算风险基金赔偿后，应当向有关责任人追偿。

第一百五十六条 证券登记结算机构申请解散，应当经国务院证券监督管理机构批准。

第一百五十七条 投资者委托证券公司进行证券交易，应当通过证券公司申请在证券登记结算机构开立证券账户。证券登记结算机构应当按照规定为投资者开立证券账户。

投资者申请开立账户，应当持有证明中华人民共和国公民、法人、合伙企业身份的合法证件。国家另有规定的除外。

第一百五十八条 证券登记结算机构作为中央对手方提供证券结算服务的，是结算参与人共同的清算交收对手，进行净额结算，为证券交易提供集中履约保障。

证券登记结算机构为证券交易提供净额结算服务时，应当要求结算参与人按照货银对付的原则，足额交付证券和资金，并提供交收担保。

在交收完成之前，任何人不得动用用于交收的证券、资金和担保物。

结算参与人未按时履行交收义务的，证券登记结算机构有权按照业务规则处理前款所述财产。

第一百五十九条 证券登记结算机构按照业务规则收取的各类结算资金和证券，必须存放于专门的清算交收账户，只能按业务规则用于已成交的证券交易的清算交收，不得被强制执行。

第十章 证券服务机构

第一百六十条 会计师事务所、律师事务所以及从事证券投资咨询、资产评估、资信评级、财务顾问、信息技术系统服务的证券服务机构，应当勤勉尽责、恪尽职守，按照相关业务规则为证券的交易及相关活动提供服务。

从事证券投资咨询服务业务，应当经国务院证券监督管理机构核准；未经核准，不得为证券的交易及相关活动提供服务。从事其他证券服务业务，应当报国务院证券监督管理机构和国务院有关主管部门备案。

第一百六十一条 证券投资咨询机构及其从业人员从事证券服务业务不得有下列行为：

（一）代理委托人从事证券投资；

（二）与委托人约定分享证券投资收益或者分担证券投资损失；

（三）买卖本证券投资咨询机构提供服务的证券；

（四）法律、行政法规禁止的其他行为。

有前款所列行为之一，给投资者造成损失的，应当依法承担赔偿责任。

第一百六十二条 证券服务机构应当妥善保存客户委托文件、核查和验证资料、工作底稿以及与质量控制、内部管理、业务经营有关的信息和资料，任何人不得泄露、隐匿、伪造、篡改或者毁损。上述信息和资料的保存期限不得少于十年，自业务委托结束之日起算。

第一百六十三条 证券服务机构为证券的发行、上市、交易等证券业务活动制作、出具审计报告及其他鉴证报告、资产评估报告、财务顾问报告、资信评级报告或者法律意见书等文件，应当勤勉尽责，对所依据的文件资料内容的真实性、准确性、完整性进行核查和验证。其制作、出具的文件有虚假记载、误导性陈述或者重大遗漏，给他人造成损失的，应当与委托人承担连带赔偿责任，但是能够证明自己没有过错的除外。

第十一章 证券业协会

第一百六十四条 证券业协会是证券业的自律性组织，是社会团体法人。

证券公司应当加入证券业协会。

证券业协会的权力机构为全体会员组成的会员大会。

第一百六十五条 证券业协会章程由会员大会制定，并报国务院证券监督管理机构备案。

第一百六十六条 证券业协会履行下列职责：

（一）教育和组织会员及其从业人员遵守证券法律、行政法规，组织开展证券行业诚信建设，督促证券行业履行社会责任；

（二）依法维护会员的合法权益，向证券监督管理机构反映会员的建议和要求；

（三）督促会员开展投资者教育和保护活动，维护投资者合法权益；

（四）制定和实施证券行业自律规则，监督、检查会员及其从业人员行为，对违反法律、行政法规、自律规则或者协会章程的，按照规定给予纪律处分或者实施其他自律管理措施；

（五）制定证券行业业务规范，组织从业人员的业务培训；

（六）组织会员就证券行业的发展、运作及有关内容进行研究，收集整理、发布证券相关信息，提供会员服务，组织行业交流，引导行业创新发展；

（七）对会员之间、会员与客户之间发生的证券业务纠纷进行调解；

（八）证券业协会章程规定的其他职责。

第一百六十七条　证券业协会设理事会。理事会成员依章程的规定由选举产生。

第十二章　证券监督管理机构

第一百六十八条　国务院证券监督管理机构依法对证券市场实行监督管理，维护证券市场公开、公平、公正，防范系统性风险，维护投资者合法权益，促进证券市场健康发展。

第一百六十九条　国务院证券监督管理机构在对证券市场实施监督管理中履行下列职责：

（一）依法制定有关证券市场监督管理的规章、规则，并依法进行审批、核准、注册，办理备案；

（二）依法对证券的发行、上市、交易、登记、存管、结算等行为，进行监督管理；

（三）依法对证券发行人、证券公司、证券服务机构、证券交易场所、证券登记结算机构的证券业务活动，进行监督管理；

（四）依法制定从事证券业务人员的行为准则，并监督实施；

（五）依法监督检查证券发行、上市、交易的信息披露；

（六）依法对证券业协会的自律管理活动进行指导和监督；

（七）依法监测并防范、处置证券市场风险；

（八）依法开展投资者教育；

（九）依法对证券违法行为进行查处；

（十）法律、行政法规规定的其他职责。

第一百七十条 国务院证券监督管理机构依法履行职责，有权采取下列措施：

（一）对证券发行人、证券公司、证券服务机构、证券交易场所、证券登记结算机构进行现场检查；

（二）进入涉嫌违法行为发生场所调查取证；

（三）询问当事人和与被调查事件有关的单位和个人，要求其对与被调查事件有关的事项作出说明；或者要求其按照指定的方式报送与被调查事件有关的文件和资料；

（四）查阅、复制与被调查事件有关的财产权登记、通讯记录等文件和资料；

（五）查阅、复制当事人和与被调查事件有关的单位和个人的证券交易记录、登记过户记录、财务会计资料及其他相关文件和资料；对可能被转移、隐匿或者毁损的文件和资料，可以予以封存、扣押；

（六）查询当事人和与被调查事件有关的单位和个人的资金账户、证券账户、银行账户以及其他具有支付、托管、结算等功能的账户信息，可以对有关文件和资料进行复制；对有证据证明已经或者可能转移或者隐匿违法资金、证券等涉案财产或者隐匿、伪造、毁损重要证据的，经国务院证券监督管理机构主要负责人或者其授权的其他负责人批准，可以冻结或者查封，期限为六个月；因特殊原因需要延长的，每次延长期限不得超过三个月，冻结、查封期限最长不得超过二年；

（七）在调查操纵证券市场、内幕交易等重大证券违法行为时，经国务院证券监督管理机构主要负责人或者其授权的其他负责人批准，可以限制被调查的当事人的证券买卖，但限制的期限不得超过三个月；案情复杂的，可以延长三个月；

（八）通知出境入境管理机关依法阻止涉嫌违法人员、涉嫌违法单位的主管人员和其他直接责任人员出境。

为防范证券市场风险，维护市场秩序，国务院证券监督管理机构可以采取责令改正、监管谈话、出具警示函等措施。

第一百七十一条 国务院证券监督管理机构对涉嫌证券违法的单位或者个人进行调查期间，被调查的当事人书面申请，承诺在国务院证券监督管理机构认可的期限内纠正涉嫌违法行为，赔偿有关投资者损失，消除损害或者不良影响的，国务院证券监督管理机构可以决定中止调查。被调查的当事人履行承诺的，国务院证券监督管理机构可以决定终止调查；被调查的当事人未履行承诺或者有国务院规定的其他情形的，应当恢复调查。具体办法由国务院规定。

国务院证券监督管理机构决定中止或者终止调查的，应当按照规定公开相关信息。

第一百七十二条 国务院证券监督管理机构依法履行职责，进行监督检查或者调查，其监督检查、调查的人员不得少于二人，并应当出示合法证件和监督检查、调查通知书或者其他执法文书。监督检查、调查的人员少于二人或者未出示合法证件和监督检查、调查通知书或者其他执法文书的，被检查、调查的单位和个人有权拒绝。

第一百七十三条 国务院证券监督管理机构依法履行职责，被检查、调查的单位和个人应当配合，如实提供有关文件和资料，不得拒绝、阻碍和隐瞒。

第一百七十四条 国务院证券监督管理机构制定的规章、规则和监督管理工作制度应当依法公开。

国务院证券监督管理机构依据调查结果，对证券违法行为作出的处罚决定，应当公开。

第一百七十五条 国务院证券监督管理机构应当与国务院其他金融监督管理机构建立监督管理信息共享机制。

国务院证券监督管理机构依法履行职责，进行监督检查或者调查时，有关部门应当予以配合。

第一百七十六条 对涉嫌证券违法、违规行为，任何单位和个人有权向国务院证券监督管理机构举报。

对涉嫌重大违法、违规行为的实名举报线索经查证属实的，国务院证券监督管理机构按照规定给予举报人奖励。

国务院证券监督管理机构应当对举报人的身份信息保密。

第一百七十七条 国务院证券监督管理机构可以和其他国家或者地区的证券监督管理机构建立监督管理合作机制，实施跨境监督管理。

境外证券监督管理机构不得在中华人民共和国境内直接进行调查取证等活动。未经国务院证券监督管理机构和国务院有关主管部门同意，任何单位和个人不得擅自向境外提供与证券业务活动有关的文件和资料。

第一百七十八条 国务院证券监督管理机构依法履行职责，发现证券违法行为涉嫌犯罪的，应当依法将案件移送司法机关处理；发现公职人员涉嫌职务违法或者职务犯罪的，应当依法移送监察机关处理。

第一百七十九条 国务院证券监督管理机构工作人员必须忠于职守、依法办事、公正廉洁，不得利用职务便利牟取不正当利益，不得泄露所知悉的有关单位和个人的商业秘密。

国务院证券监督管理机构工作人员在任职期间，或者离职后在《中华人民共和国公务员法》规定的期限内，不得到与原工作业务直接相关的企业或者其他营利性组织任职，不得从事与原工作业务直接相关的营利性活动。

第十三章　法律责任

第一百八十条 违反本法第九条的规定，擅自公开或者变相公开发行证券的，责令停止发行，退还所募资金并加算银行同期存款利息，处以非法所募资金金额百分之五以上百分之五十以下的罚款；对擅自公开或者变相公开发行证券设立的公司，由依法履行监督管理职责的机构或者部门会同县级以上地方人民政府予以取缔。对直接负责的主管人员和其他直接责任人员给予警告，并处以五十万元以上五百万元以下的罚款。

第一百八十一条 发行人在其公告的证券发行文件中隐瞒重要事实或者编造重大虚假内容，尚未发行证券的，处以二百万元以上二千万元以下的罚款；已经发行证券的，处以非法所募资金金额百分之十以上一倍以下的罚款。对直接负责的主管人员和其他直接责任人员，处以一百万元以上一千万元以下的罚款。

发行人的控股股东、实际控制人组织、指使从事前款违法行为的，没收违法所得，并处以违法所得百分之十以上一倍以下的罚款；没有违法所得或者违法所得不足二千万元的，处以二百万元以上二千万元以下的罚款。对直接负责的主管人员和其他直接责任人员，处以一百万元以上一千万元以下的罚款。

第一百八十二条 保荐人出具有虚假记载、误导性陈述或者重大遗漏的保荐书，或者不履行其他法定职责的，责令改正，给予警告，没收业务收入，并处以业务收入一倍以上十倍以下的罚款；没有业务收入或者业务收入不足一百万元的，处以一百万元以上一千万元以下的罚款；情节严重的，并处暂停或者撤销保荐业务许可。对直接负责的主管人员和其他直接责任人员给予警告，并处以五十万元以上五百万元以下的罚款。

第一百八十三条 证券公司承销或者销售擅自公开发行或者变相公开发行的证券的，责令停止承销或者销售，没收违法所得，并处以违法所得一倍以上十倍以下的罚款；没有违法所得或者违法所得不足一百万元的，处以一百万元以上一千万元以下的罚款；情节严重的，并处暂停或者撤销相关业务许可。给投资者造成损失的，应当与发行人承担连带赔偿责任。对直接负责的主管人员和其他直接责任人员给予警告，并处以五十万元以上五百万元以下的罚款。

第一百八十四条 证券公司承销证券违反本法第二十九条规定的，责令改正，给予警告，没收违法所得，可以并处五十万元以上五百万元以下的罚款；情节严重的，暂停或者撤销相关业务许可。对直接负责的主管人员和其他直接责任人员给予警告，可以并处二十万元以上二百万元以下的罚款；情节严重的，并处以五十万元以上五百万元以下的罚款。

第一百八十五条 发行人违反本法第十四条、第十五条的规定擅自改变公开发行证券所募集资金的用途的，责令改正，处以五十万元以上五百万元以下的罚款；对直接负责的主管人员和其他直接责任人员给予警告，并处以十万元以上一百万元以下的罚款。

发行人的控股股东、实际控制人从事或者组织、指使从事前款违法行为的，给予警告，并处以五十万元以上五百万元以下的罚款；对直接负责的主管人员和其他直接责任人员，处以十万元以上一百万元以下的罚款。

第一百八十六条 违反本法第三十六条的规定，在限制转让期内转让证券，或者转让股票不符合法律、行政法规和国务院证券监督管理机构规定的，责令改正，给予警告，没收违法所得，并处以买卖证券等值以下的罚款。

第一百八十七条 法律、行政法规规定禁止参与股票交易的人员，违反本法第四十条的规定，直接或者以化名、借他人名义持有、买卖股票或者其他具有股权性质的证券的，责令依法处理非法持有的股票、其他具有股权性质的证券，没收违法所得，并处以买卖证券等值以下的罚款；属于国家工作人员的，还应当依法给予处分。

第一百八十八条 证券服务机构及其从业人员，违反本法第四十二条的规定买卖证券的，责令依法处理非法持有的证券，没收违法所得，并处以买卖证券等值以下的罚款。

第一百八十九条 上市公司、股票在国务院批准的其他全国性证券交易场所交易的公司的董事、监事、高级管理人员、持有该公司百分之五以上股份的股东，违反本法第四十四条的规定，买卖该公司股票或者其他具有股权性质的证券的，给予警告，并处以十万元以上一百万元以下的罚款。

第一百九十条 违反本法第四十五条的规定，采取程序化交易影响证券交易所系统安全或者正常交易秩序的，责令改正，并处以五十万元以上五百万元以下的罚款。对直接负责的主管人员和其他直接责任人员给予警告，并处以十万元以上一百万元以下的罚款。

第一百九十一条 证券交易内幕信息的知情人或者非法获取内幕信息的人违反本法第五十三条的规定从事内幕交易的，责令依法处理非法持有的证券，没收违法所得，并处以违法所得一倍以上十倍以下的罚款；没有违法所得或者违法所得不足五十万元的，处以五十万元以上五百万元以下的罚款。单位从事内幕交易的，还应当对直接负责的主管人员和其他直接责任人员给予警告，并处以二十万元以上二百万元以下的罚款。国务院证券监督管理机构工作人员从事内幕交易的，从重处罚。

违反本法第五十四条的规定，利用未公开信息进行交易的，依照前款的规定处罚。

第一百九十二条　违反本法第五十五条的规定，操纵证券市场的，责令依法处理其非法持有的证券，没收违法所得，并处以违法所得一倍以上十倍以下的罚款；没有违法所得或者违法所得不足一百万元的，处以一百万元以上一千万元以下的罚款。单位操纵证券市场的，还应当对直接负责的主管人员和其他直接责任人员给予警告，并处以五十万元以上五百万元以下的罚款。

第一百九十三条　违反本法第五十六条第一款、第三款的规定，编造、传播虚假信息或者误导性信息，扰乱证券市场的，没收违法所得，并处以违法所得一倍以上十倍以下的罚款；没有违法所得或者违法所得不足二十万元的，处以二十万元以上二百万元以下的罚款。

违反本法第五十六条第二款的规定，在证券交易活动中作出虚假陈述或者信息误导的，责令改正，处以二十万元以上二百万元以下的罚款；属于国家工作人员的，还应当依法给予处分。

传播媒介及其从事证券市场信息报道的工作人员违反本法第五十六条第三款的规定，从事与其工作职责发生利益冲突的证券买卖的，没收违法所得，并处以买卖证券等值以下的罚款。

第一百九十四条　证券公司及其从业人员违反本法第五十七条的规定，有损害客户利益的行为的，给予警告，没收违法所得，并处以违法所得一倍以上十倍以下的罚款；没有违法所得或者违法所得不足十万元的，处以十万元以上一百万元以下的罚款；情节严重的，暂停或者撤销相关业务许可。

第一百九十五条　违反本法第五十八条的规定，出借自己的证券账户或者借用他人的证券账户从事证券交易的，责令改正，给予警告，可以处五十万元以下的罚款。

第一百九十六条 收购人未按照本法规定履行上市公司收购的公告、发出收购要约义务的，责令改正，给予警告，并处以五十万元以上五百万元以下的罚款。对直接负责的主管人员和其他直接责任人员给予警告，并处以二十万元以上二百万元以下的罚款。

收购人及其控股股东、实际控制人利用上市公司收购，给被收购公司及其股东造成损失的，应当依法承担赔偿责任。

第一百九十七条 信息披露义务人未按照本法规定报送有关报告或者履行信息披露义务的，责令改正，给予警告，并处以五十万元以上五百万元以下的罚款；对直接负责的主管人员和其他直接责任人员给予警告，并处以二十万元以上二百万元以下的罚款。发行人的控股股东、实际控制人组织、指使从事上述违法行为，或者隐瞒相关事项导致发生上述情形的，处以五十万元以上五百万元以下的罚款；对直接负责的主管人员和其他直接责任人员，处以二十万元以上二百万元以下的罚款。

信息披露义务人报送的报告或者披露的信息有虚假记载、误导性陈述或者重大遗漏的，责令改正，给予警告，并处以一百万元以上一千万元以下的罚款；对直接负责的主管人员和其他直接责任人员给予警告，并处以五十万元以上五百万元以下的罚款。发行人的控股股东、实际控制人组织、指使从事上述违法行为，或者隐瞒相关事项导致发生上述情形的，处以一百万元以上一千万元以下的罚款；对直接负责的主管人员和其他直接责任人员，处以五十万元以上五百万元以下的罚款。

第一百九十八条 证券公司违反本法第八十八条的规定未履行或者未按照规定履行投资者适当性管理义务的，责令改正，给予警告，并处以十万元以上一百万元以下的罚款。对直接负责的主管人员和其他直接责任人员给予警告，并处以二十万元以下的罚款。

第一百九十九条 违反本法第九十条的规定征集股东权利的，责令改正，给予警告，可以处五十万元以下的罚款。

第二百条 非法开设证券交易场所的，由县级以上人民政府予以取缔，没收违法所得，并处以违法所得一倍以上十倍以下的罚款；没有违法所得或者违法所得不足一百万元的，处以一百万元以上一千万元以下的罚款。对直接负责的主管人员和其他直接责任人员给予警告，并处以二十万元以上二百万元以下的罚款。

证券交易所违反本法第一百零五条的规定，允许非会员直接参与股票的集中交易的，责令改正，可以并处五十万元以下的罚款。

第二百零一条 证券公司违反本法第一百零七条第一款的规定，未对投资者开立账户提供的身份信息进行核对的，责令改正，给予警告，并处以五万元以上五十万元以下的罚款。对直接负责的主管人员和其他直接责任人员给予警告，并处以十万元以下的罚款。

证券公司违反本法第一百零七条第二款的规定，将投资者的账户提供给他人使用的，责令改正，给予警告，并处以十万元以上一百万元以下的罚款。对直接负责的主管人员和其他直接责任人员给予警告，并处以二十万元以下的罚款。

第二百零二条 违反本法第一百一十八条、第一百二十条第一款、第四款的规定，擅自设立证券公司、非法经营证券业务或者未经批准以证券公司名义开展证券业务活动的，责令改正，没收违法所得，并处以违法所得一倍以上十倍以下的罚款；没有违法所得或者违法所得不足一百万元的，处以一百万元以上一千万元以下的罚款。对直接负责的主管人员和其他直接责任人员给予警告，并处以二十万元以上二百万元以下的罚款。对擅自设立的证券公司，由国务院证券监督管理机构予以取缔。

证券公司违反本法第一百二十条第五款规定提供证券融资融券服务的，没收违法所得，并处以融资融券等值以下的罚款；情节严重的，禁止其在一定期限内从事证券融资融券业务。对直接负责的主管人员和其他直接责任人员给予警告，并处以二十万元以上二百万元以下的罚款。

第二百零三条 提交虚假证明文件或者采取其他欺诈手段骗取证券公司设立许可、业务许可或者重大事项变更核准的，撤销相关许可，并处以一百万元以上一千万元以下的罚款。对直接负责的主管人员和其他直接责任人员给予警告，并处以二十万元以上二百万元以下的罚款。

第二百零四条 证券公司违反本法第一百二十二条的规定，未经核准变更证券业务范围，变更主要股东或者公司的实际控制人，合并、分立、停业、解散、破产的，责令改正，给予警告，没收违法所得，并处以违法所得一倍以上十倍以下的罚款；没有违法所得或者违法所得不足五十万元的，处以五十万元以上五百万元以下的罚款；情节严重的，并处撤销相关业务许可。对直接负责的主管人员和其他直接责任人员给予警告，并处以二十万元以上二百万元以下的罚款。

第二百零五条 证券公司违反本法第一百二十三条第二款的规定，为其股东或者股东的关联人提供融资或者担保的，责令改正，给予警告，并处以五十万元以上五百万元以下的罚款。对直接负责的主管人员和其他直接责任人员给予警告，并处以十万元以上一百万元以下的罚款。股东有过错的，在按照要求改正前，国务院证券监督管理机构可以限制其股东权利；拒不改正的，可以责令其转让所持证券公司股权。

第二百零六条 证券公司违反本法第一百二十八条的规定，未采取有效隔离措施防范利益冲突，或者未分开办理相关业务、混合操作的，责令改正，给予警告，没收违法所得，并处以违法所得一倍以上十倍以下的罚款；没有违法所得或者违法所得不足五十万元的，处以五十万元以上五百万元以下的罚款；情节严重的，并处撤销相关业务许可。对直接负责的主管人员和其他直接责任人员给予警告，并处以二十万元以上二百万元以下的罚款。

第二百零七条 证券公司违反本法第一百二十九条的规定从事证券自营业务的，责令改正，给予警告，没收违法所得，并处以违法所得一倍以上十倍以下的罚款；没有违法所得或者违法所得不足五十万元的，处以五十万元以上五百万元以下的罚款；情节严重的，并处撤销相关业务许可或者责令关闭。对直接负责的主管人员和其他直接责任人员给予警告，并处以二十万元以上二百万元以下的罚款。

第二百零八条 违反本法第一百三十一条的规定，将客户的资金和证券归入自有财产，或者挪用客户的资金和证券的，责令改正，给予警告，没收违法所得，并处以违法所得一倍以上十倍以下的罚款；没有违法所得或者违法所得不足一百万元的，处以一百万元以上一千万元以下的罚款；情节严重的，并处撤销相关业务许可或者责令关闭。对直接负责的主管人员和其他直接责任人员给予警告，并处以五十万元以上五百万元以下的罚款。

第二百零九条 证券公司违反本法第一百三十四条第一款的规定接受客户的全权委托买卖证券的，或者违反本法第一百三十五条的规定对客户的收益或者赔偿客户的损失作出承诺的，责令改正，给予警告，没收违法所得，并处以违法所得一倍以上十倍以下的罚款；没有违法所得或者违法所得不足五十万元的，处以五十万元以上五百万元以下的罚款；情节严重的，并处撤销相关业务许可。对直接负责的主管人员和其他直接责任人员给予警告，并处以二十万元以上二百万元以下的罚款。

证券公司违反本法第一百三十四条第二款的规定，允许他人以证券公司的名义直接参与证券的集中交易的，责令改正，可以并处五十万元以下的罚款。

第二百一十条 证券公司的从业人员违反本法第一百三十六条的规定，私下接受客户委托买卖证券的，责令改正，给予警告，没收违法所得，并处以违法所得一倍以上十倍以下的罚款；没有违法所得的，处以五十万元以下的罚款。

第二百一十一条 证券公司及其主要股东、实际控制人违反本法第一百三十八条的规定，未报送、提供信息和资料，或者报送、提供的信息和资料有虚假记载、误导性陈述或者重大遗漏的，责令改正，给予警告，并处以一百万元以下的罚款；情节严重的，并处撤销相关业务许可。对直接负责的主管人员和其他直接责任人员，给予警告，并处以五十万元以下的罚款。

第二百一十二条 违反本法第一百四十五条的规定，擅自设立证券登记结算机构的，由国务院证券监督管理机构予以取缔，没收违法所得，并处以违法所得一倍以上十倍以下的罚款；没有违法所得或者违法所得不足五十万元的，处以五十万元以上五百万元以下的罚款。对直接负责的主管人员和其他直接责任人员给予警告，并处以二十万元以上二百万元以下的罚款。

第二百一十三条 证券投资咨询机构违反本法第一百六十条第二款的规定擅自从事证券服务业务，或者从事证券服务业务有本法第一百六十一条规定行为的，责令改正，没收违法所得，并处以违法所得一倍以上十倍以下的罚款；没有违法所得或者违法所得不足五十万元的，处以五十万元以上五百万元以下的罚款。对直接负责的主管人员和其他直接责任人员，给予警告，并处以二十万元以上二百万元以下的罚款。

会计师事务所、律师事务所以及从事资产评估、资信评级、财务顾问、信息技术系统服务的机构违反本法第一百六十条第二款的规定，从事证券服务业务未报备案的，责令改正，可以处二十万元以下的罚款。

证券服务机构违反本法第一百六十三条的规定，未勤勉尽责，所制作、出具的文件有虚假记载、误导性陈述或者重大遗漏的，责令改正，没收业务收入，并处以业务收入一倍以上十倍以下的罚款，没有业务收入或者业务收入不足五十万元的，处以五十万元以上五百万元以下的罚款；情节严重的，并处暂停或者禁止从事证券服务业务。对直接负责的主管人员和其他直接责任人员给予警告，并处以二十万元以上二百万元以下的罚款。

第二百一十四条 发行人、证券登记结算机构、证券公司、证券服务机构未按照规定保存有关文件和资料的，责令改正，给予警告，并处以十万元以上一百万元以下的罚款；泄露、隐匿、伪造、篡改或者毁损有关文件和资料的，给予警告，并处以二十万元以上二百万元以下的罚款；情节严重的，处以五十万元以上五百万元以下的罚款，并处暂停、撤销相关业务许可或者禁止从事相关业务。对直接负责的主管人员和其他直接责任人员给予警告，并处以十万元以上一百万元以下的罚款。

第二百一十五条 国务院证券监督管理机构依法将有关市场主体遵守本法的情况纳入证券市场诚信档案。

第二百一十六条 国务院证券监督管理机构或者国务院授权的部门有下列情形之一的，对直接负责的主管人员和其他直接责任人员，依法给予处分：

（一）对不符合本法规定的发行证券、设立证券公司等申请予以核准、注册、批准的；

（二）违反本法规定采取现场检查、调查取证、查询、冻结或者查封等措施的；

（三）违反本法规定对有关机构和人员采取监督管理措施的；

（四）违反本法规定对有关机构和人员实施行政处罚的；

（五）其他不依法履行职责的行为。

第二百一十七条　国务院证券监督管理机构或者国务院授权的部门的工作人员，不履行本法规定的职责，滥用职权、玩忽职守，利用职务便利牟取不正当利益，或者泄露所知悉的有关单位和个人的商业秘密的，依法追究法律责任。

第二百一十八条　拒绝、阻碍证券监督管理机构及其工作人员依法行使监督检查、调查职权，由证券监督管理机构责令改正，处以十万元以上一百万元以下的罚款，并由公安机关依法给予治安管理处罚。

第二百一十九条　违反本法规定，构成犯罪的，依法追究刑事责任。

第二百二十条　违反本法规定，应当承担民事赔偿责任和缴纳罚款、罚金、违法所得，违法行为人的财产不足以支付的，优先用于承担民事赔偿责任。

第二百二十一条　违反法律、行政法规或者国务院证券监督管理机构的有关规定，情节严重的，国务院证券监督管理机构可以对有关责任人员采取证券市场禁入的措施。

前款所称证券市场禁入，是指在一定期限内直至终身不得从事证券业务、证券服务业务，不得担任证券发行人的董事、监事、高级管理人员，或者一定期限内不得在证券交易所、国务院批准的其他全国性证券交易场所交易证券的制度。

第二百二十二条　依照本法收缴的罚款和没收的违法所得，全部上缴国库。

第二百二十三条　当事人对证券监督管理机构或者国务院授权的部门的处罚决定不服的，可以依法申请行政复议，或者依法直接向人民法院提起诉讼。

第十四章　附　　则

第二百二十四条　境内企业直接或者间接到境外发行证券或者将其证券在境外上市交易，应当符合国务院的有关规定。

第二百二十五条　境内公司股票以外币认购和交易的，具体办法由国务院另行规定。

第二百二十六条　本法自 2020 年 3 月 1 日起施行。

附录5

中华人民共和国公司法

（1993年12月29日第八届全国人民代表大会常务委员会第五次会议通过 根据1999年12月25日第九届全国人民代表大会常务委员会第十三次会议《关于修改〈中华人民共和国公司法〉的决定》第一次修正 根据2004年8月28日第十届全国人民代表大会常务委员会第十一次会议《关于修改〈中华人民共和国公司法〉的决定》第二次修正 2005年10月27日第十届全国人民代表大会常务委员会第十八次会议第一次修订 根据2013年12月28日第十二届全国人民代表大会常务委员会第六次会议《关于修改〈中华人民共和国海洋环境保护法〉等七部法律的决定》第三次修正 根据2018年10月26日第十三届全国人民代表大会常务委员会第六次会议《关于修改〈中华人民共和国公司法〉的决定》第四次修正 2023年12月29日第十四届全国人民代表大会常务委员会第七次会议第二次修订）

中华人民共和国主席令

第十五号

《中华人民共和国公司法》已由中华人民共和国第十四届全国人民代表大会常务委员会第七次会议于2023年12月29日修订通过，现予公布，自2024年7月1日起施行。

中华人民共和国主席　习近平

2023年12月29日

目　录

第一章　总则
第二章　公司登记
第三章　有限责任公司的设立和组织机构
第一节　设立
第二节　组织机构
第四章　有限责任公司的股权转让
第五章　股份有限公司的设立和组织机构
第一节　设立
第二节　股东会
第三节　董事会、经理
第四节　监事会
第五节　上市公司组织机构的特别规定
第六章　股份有限公司的股份发行和转让
第一节　股份发行
第二节　股份转让
第七章　国家出资公司组织机构的特别规定
第八章　公司董事、监事、高级管理人员的资格和义务
第九章　公司债券
第十章　公司财务、会计
第十一章　公司合并、分立、增资、减资
第十二章　公司解散和清算
第十三章　外国公司的分支机构
第十四章　法律责任
第十五章　附则

第一章　总　　则

第一条　为了规范公司的组织和行为，保护公司、股东、职工和债权

人的合法权益，完善中国特色现代企业制度，弘扬企业家精神，维护社会经济秩序，促进社会主义市场经济的发展，根据宪法，制定本法。

第二条 本法所称公司，是指依照本法在中华人民共和国境内设立的有限责任公司和股份有限公司。

第三条 公司是企业法人，有独立的法人财产，享有法人财产权。公司以其全部财产对公司的债务承担责任。

公司的合法权益受法律保护，不受侵犯。

第四条 有限责任公司的股东以其认缴的出资额为限对公司承担责任；股份有限公司的股东以其认购的股份为限对公司承担责任。

公司股东对公司依法享有资产收益、参与重大决策和选择管理者等权利。

第五条 设立公司应当依法制定公司章程。公司章程对公司、股东、董事、监事、高级管理人员具有约束力。

第六条 公司应当有自己的名称。公司名称应当符合国家有关规定。

公司的名称权受法律保护。

第七条 依照本法设立的有限责任公司，应当在公司名称中标明有限责任公司或者有限公司字样。

依照本法设立的股份有限公司，应当在公司名称中标明股份有限公司或者股份公司字样。

第八条 公司以其主要办事机构所在地为住所。

第九条 公司的经营范围由公司章程规定。公司可以修改公司章程，变更经营范围。

公司的经营范围中属于法律、行政法规规定须经批准的项目，应当依法经过批准。

第十条 公司的法定代表人按照公司章程的规定，由代表公司执行公司事务的董事或者经理担任。

担任法定代表人的董事或者经理辞任的，视为同时辞去法定代表人。

法定代表人辞任的，公司应当在法定代表人辞任之日起三十日内确定新的法定代表人。

第十一条 法定代表人以公司名义从事的民事活动，其法律后果由公司承受。

公司章程或者股东会对法定代表人职权的限制，不得对抗善意相对人。

法定代表人因执行职务造成他人损害的，由公司承担民事责任。公司承担民事责任后，依照法律或者公司章程的规定，可以向有过错的法定代表人追偿。

第十二条 有限责任公司变更为股份有限公司，应当符合本法规定的股份有限公司的条件。股份有限公司变更为有限责任公司，应当符合本法规定的有限责任公司的条件。

有限责任公司变更为股份有限公司的，或者股份有限公司变更为有限责任公司的，公司变更前的债权、债务由变更后的公司承继。

第十三条 公司可以设立子公司。子公司具有法人资格，依法独立承担民事责任。

公司可以设立分公司。分公司不具有法人资格，其民事责任由公司承担。

第十四条 公司可以向其他企业投资。

法律规定公司不得成为对所投资企业的债务承担连带责任的出资人的，从其规定。

第十五条 公司向其他企业投资或者为他人提供担保，按照公司章程的规定，由董事会或者股东会决议；公司章程对投资或者担保的总额及单项投资或者担保的数额有限额规定的，不得超过规定的限额。

公司为公司股东或者实际控制人提供担保的，应当经股东会决议。

前款规定的股东或者受前款规定的实际控制人支配的股东，不得参加前款规定事项的表决。该项表决由出席会议的其他股东所持表决权的过半数通过。

第十六条 公司应当保护职工的合法权益，依法与职工签订劳动合同，参加社会保险，加强劳动保护，实现安全生产。

公司应当采用多种形式，加强公司职工的职业教育和岗位培训，提高职工素质。

第十七条 公司职工依照《中华人民共和国工会法》组织工会，开展工会活动，维护职工合法权益。公司应当为本公司工会提供必要的活动条件。公司工会代表职工就职工的劳动报酬、工作时间、休息休假、劳动安全卫生和保险福利等事项依法与公司签订集体合同。

公司依照宪法和有关法律的规定，建立健全以职工代表大会为基本形式的民主管理制度，通过职工代表大会或者其他形式，实行民主管理。

公司研究决定改制、解散、申请破产以及经营方面的重大问题、制定重要的规章制度时，应当听取公司工会的意见，并通过职工代表大会或者其他形式听取职工的意见和建议。

第十八条 在公司中，根据中国共产党章程的规定，设立中国共产党的组织，开展党的活动。公司应当为党组织的活动提供必要条件。

第十九条 公司从事经营活动，应当遵守法律法规，遵守社会公德、商业道德，诚实守信，接受政府和社会公众的监督。

第二十条 公司从事经营活动，应当充分考虑公司职工、消费者等利益相关者的利益以及生态环境保护等社会公共利益，承担社会责任。

国家鼓励公司参与社会公益活动，公布社会责任报告。

第二十一条 公司股东应当遵守法律、行政法规和公司章程，依法行使股东权利，不得滥用股东权利损害公司或者其他股东的利益。

公司股东滥用股东权利给公司或者其他股东造成损失的，应当承担赔偿责任。

第二十二条 公司的控股股东、实际控制人、董事、监事、高级管理人员不得利用关联关系损害公司利益。

违反前款规定，给公司造成损失的，应当承担赔偿责任。

第二十三条 公司股东滥用公司法人独立地位和股东有限责任，逃避债务，严重损害公司债权人利益的，应当对公司债务承担连带责任。

股东利用其控制的两个以上公司实施前款规定行为的，各公司应当对任一公司的债务承担连带责任。

只有一个股东的公司，股东不能证明公司财产独立于股东自己的财产的，应当对公司债务承担连带责任。

第二十四条 公司股东会、董事会、监事会召开会议和表决可以采用电子通信方式，公司章程另有规定的除外。

第二十五条 公司股东会、董事会的决议内容违反法律、行政法规的无效。

第二十六条 公司股东会、董事会的会议召集程序、表决方式违反法律、行政法规或者公司章程，或者决议内容违反公司章程的，股东自决议作出之日起六十日内，可以请求人民法院撤销。但是，股东会、董事会的会议召集程序或者表决方式仅有轻微瑕疵，对决议未产生实质影响的除外。

未被通知参加股东会会议的股东自知道或者应当知道股东会决议作出之日起六十日内，可以请求人民法院撤销；自决议作出之日起一年内没有行使撤销权的，撤销权消灭。

第二十七条 有下列情形之一的，公司股东会、董事会的决议不成立：

（一）未召开股东会、董事会会议作出决议；

（二）股东会、董事会会议未对决议事项进行表决；

（三）出席会议的人数或者所持表决权数未达到本法或者公司章程规定的人数或者所持表决权数；

（四）同意决议事项的人数或者所持表决权数未达到本法或者公司章程规定的人数或者所持表决权数。

第二十八条 公司股东会、董事会决议被人民法院宣告无效、撤销或者确认不成立的，公司应当向公司登记机关申请撤销根据该决议已办理的登记。

股东会、董事会决议被人民法院宣告无效、撤销或者确认不成立的，公司根据该决议与善意相对人形成的民事法律关系不受影响。

第二章 公司登记

第二十九条 设立公司，应当依法向公司登记机关申请设立登记。

法律、行政法规规定设立公司必须报经批准的，应当在公司登记前依法办理批准手续。

第三十条 申请设立公司，应当提交设立登记申请书、公司章程等文件，提交的相关材料应当真实、合法和有效。

申请材料不齐全或者不符合法定形式的，公司登记机关应当一次性告知需要补正的材料。

第三十一条 申请设立公司，符合本法规定的设立条件的，由公司登记机关分别登记为有限责任公司或者股份有限公司；不符合本法规定的设立条件的，不得登记为有限责任公司或者股份有限公司。

第三十二条 公司登记事项包括：

（一）名称；

（二）住所；

（三）注册资本；

（四）经营范围；

（五）法定代表人的姓名；

（六）有限责任公司股东、股份有限公司发起人的姓名或者名称。

公司登记机关应当将前款规定的公司登记事项通过国家企业信用信息公示系统向社会公示。

第三十三条 依法设立的公司，由公司登记机关发给公司营业执照。公司营业执照签发日期为公司成立日期。

公司营业执照应当载明公司的名称、住所、注册资本、经营范围、法定代表人姓名等事项。

公司登记机关可以发给电子营业执照。电子营业执照与纸质营业执照具有同等法律效力。

第三十四条 公司登记事项发生变更的，应当依法办理变更登记。

公司登记事项未经登记或者未经变更登记，不得对抗善意相对人。

第三十五条 公司申请变更登记，应当向公司登记机关提交公司法定代表人签署的变更登记申请书、依法作出的变更决议或者决定等文件。

公司变更登记事项涉及修改公司章程的，应当提交修改后的公司章程。

公司变更法定代表人的，变更登记申请书由变更后的法定代表人签署。

第三十六条 公司营业执照记载的事项发生变更的，公司办理变更登记后，由公司登记机关换发营业执照。

第三十七条 公司因解散、被宣告破产或者其他法定事由需要终止的，应当依法向公司登记机关申请注销登记，由公司登记机关公告公司终止。

第三十八条 公司设立分公司，应当向公司登记机关申请登记，领取营业执照。

第三十九条 虚报注册资本、提交虚假材料或者采取其他欺诈手段隐瞒重要事实取得公司设立登记的，公司登记机关应当依照法律、行政法规的规定予以撤销。

第四十条 公司应当按照规定通过国家企业信用信息公示系统公示下列事项：

（一）有限责任公司股东认缴和实缴的出资额、出资方式和出资日期，股份有限公司发起人认购的股份数；

（二）有限责任公司股东、股份有限公司发起人的股权、股份变更信息；

（三）行政许可取得、变更、注销等信息；

（四）法律、行政法规规定的其他信息。

公司应当确保前款公示信息真实、准确、完整。

第四十一条 公司登记机关应当优化公司登记办理流程，提高公司登记效率，加强信息化建设，推行网上办理等便捷方式，提升公司登记便利化水平。

国务院市场监督管理部门根据本法和有关法律、行政法规的规定，制定公司登记注册的具体办法。

第三章　有限责任公司的设立和组织机构

第一节 设 立

第四十二条 有限责任公司由一个以上五十个以下股东出资设立。

第四十三条 有限责任公司设立时的股东可以签订设立协议，明确各自在公司设立过程中的权利和义务。

第四十四条 有限责任公司设立时的股东为设立公司从事的民事活动，其法律后果由公司承受。

公司未成立的，其法律后果由公司设立时的股东承受；设立时的股东为二人以上的，享有连带债权，承担连带债务。

设立时的股东为设立公司以自己的名义从事民事活动产生的民事责任，第三人有权选择请求公司或者公司设立时的股东承担。

设立时的股东因履行公司设立职责造成他人损害的，公司或者无过错的股东承担赔偿责任后，可以向有过错的股东追偿。

第四十五条 设立有限责任公司，应当由股东共同制定公司章程。

第四十六条 有限责任公司章程应当载明下列事项：

（一）公司名称和住所；

（二）公司经营范围；

（三）公司注册资本；

（四）股东的姓名或者名称；

（五）股东的出资额、出资方式和出资日期；

（六）公司的机构及其产生办法、职权、议事规则；

（七）公司法定代表人的产生、变更办法；

（八）股东会认为需要规定的其他事项。

股东应当在公司章程上签名或者盖章。

第四十七条 有限责任公司的注册资本为在公司登记机关登记的全体股东认缴的出资额。全体股东认缴的出资额由股东按照公司章程的规定自公司成立之日起五年内缴足。

法律、行政法规以及国务院决定对有限责任公司注册资本实缴、注册资本最低限额、股东出资期限另有规定的，从其规定。

第四十八条 股东可以用货币出资，也可以用实物、知识产权、土地使用权、股权、债权等可以用货币估价并可以依法转让的非货币财产作价出资；但是，法律、行政法规规定不得作为出资的财产除外。

对作为出资的非货币财产应当评估作价，核实财产，不得高估或者低估作价。法律、行政法规对评估作价有规定的，从其规定。

第四十九条 股东应当按期足额缴纳公司章程规定的各自所认缴的出资额。

股东以货币出资的，应当将货币出资足额存入有限责任公司在银行开设的账户；以非货币财产出资的，应当依法办理其财产权的转移手续。

股东未按期足额缴纳出资的，除应当向公司足额缴纳外，还应当对给公司造成的损失承担赔偿责任。

第五十条 有限责任公司设立时，股东未按照公司章程规定实际缴纳出资，或者实际出资的非货币财产的实际价额显著低于所认缴的出资额的，设立时的其他股东与该股东在出资不足的范围内承担连带责任。

第五十一条 有限责任公司成立后，董事会应当对股东的出资情况进行核查，发现股东未按期足额缴纳公司章程规定的出资的，应当由公司向该股东发出书面催缴书，催缴出资。

未及时履行前款规定的义务，给公司造成损失的，负有责任的董事应当承担赔偿责任。

第五十二条 股东未按照公司章程规定的出资日期缴纳出资，公司依照前条第一款规定发出书面催缴书催缴出资的，可以载明缴纳出资的宽限期；宽限期自公司发出催缴书之日起，不得少于六十日。宽限期届满，股东仍未履行出资义务的，公司经董事会决议可以向该股东发出失权通知，通知应当以书面形式发出。自通知发出之日起，该股东丧失其未缴纳出资的股权。

依照前款规定丧失的股权应当依法转让，或者相应减少注册资本并注销该股权；六个月内未转让或者注销的，由公司其他股东按照其出资比例足额缴纳相应出资。

股东对失权有异议的，应当自接到失权通知之日起三十日内，向人民法院提起诉讼。

第五十三条　公司成立后，股东不得抽逃出资。

违反前款规定的，股东应当返还抽逃的出资；给公司造成损失的，负有责任的董事、监事、高级管理人员应当与该股东承担连带赔偿责任。

第五十四条　公司不能清偿到期债务的，公司或者已到期债权的债权人有权要求已认缴出资但未届出资期限的股东提前缴纳出资。

第五十五条　有限责任公司成立后，应当向股东签发出资证明书，记载下列事项：

（一）公司名称；

（二）公司成立日期；

（三）公司注册资本；

（四）股东的姓名或者名称、认缴和实缴的出资额、出资方式和出资日期；

（五）出资证明书的编号和核发日期。

出资证明书由法定代表人签名，并由公司盖章。

第五十六条　有限责任公司应当置备股东名册，记载下列事项：

（一）股东的姓名或者名称及住所；

（二）股东认缴和实缴的出资额、出资方式和出资日期；

（三）出资证明书编号；

（四）取得和丧失股东资格的日期。

记载于股东名册的股东，可以依股东名册主张行使股东权利。

第五十七条　股东有权查阅、复制公司章程、股东名册、股东会会议记录、董事会会议决议、监事会会议决议和财务会计报告。

股东可以要求查阅公司会计账簿、会计凭证。股东要求查阅公司会计账簿、会计凭证的，应当向公司提出书面请求，说明目的。公司有合理根据认为股东查阅会计账簿、会计凭证有不正当目的，可能损害公司合法利益的，可以拒绝提供查阅，并应当自股东提出书面请求之日起十五日内书面答复股东并说明理由。公司拒绝提供查阅的，股东可以向人民法院提起诉讼。

股东查阅前款规定的材料，可以委托会计师事务所、律师事务所等中介机构进行。

股东及其委托的会计师事务所、律师事务所等中介机构查阅、复制有关材料，应当遵守有关保护国家秘密、商业秘密、个人隐私、个人信息等法律、行政法规的规定。

股东要求查阅、复制公司全资子公司相关材料的，适用前四款的规定。

第二节 组织机构

第五十八条 有限责任公司股东会由全体股东组成。股东会是公司的权力机构，依照本法行使职权。

第五十九条 股东会行使下列职权：

（一）选举和更换董事、监事，决定有关董事、监事的报酬事项；

（二）审议批准董事会的报告；

（三）审议批准监事会的报告；

（四）审议批准公司的利润分配方案和弥补亏损方案；

（五）对公司增加或者减少注册资本作出决议；

（六）对发行公司债券作出决议；

（七）对公司合并、分立、解散、清算或者变更公司形式作出决议；

（八）修改公司章程；

（九）公司章程规定的其他职权。

股东会可以授权董事会对发行公司债券作出决议。

对本条第一款所列事项股东以书面形式一致表示同意的，可以不召开股东会会议，直接作出决定，并由全体股东在决定文件上签名或者盖章。

第六十条 只有一个股东的有限责任公司不设股东会。股东作出前条第一款所列事项的决定时，应当采用书面形式，并由股东签名或者盖章后置备于公司。

第六十一条 首次股东会会议由出资最多的股东召集和主持，依照本法规定行使职权。

第六十二条 股东会会议分为定期会议和临时会议。

定期会议应当按照公司章程的规定按时召开。代表十分之一以上表决权的股东、三分之一以上的董事或者监事会提议召开临时会议的，应当召开临时会议。

第六十三条 股东会会议由董事会召集，董事长主持；董事长不能履行职务或者不履行职务的，由副董事长主持；副董事长不能履行职务或者不履行职务的，由过半数的董事共同推举一名董事主持。

董事会不能履行或者不履行召集股东会会议职责的，由监事会召集和主持；监事会不召集和主持的，代表十分之一以上表决权的股东可以自行召集和主持。

第六十四条 召开股东会会议，应当于会议召开十五日前通知全体股东；但是，公司章程另有规定或者全体股东另有约定的除外。

股东会应当对所议事项的决定作成会议记录，出席会议的股东应当在会议记录上签名或者盖章。

第六十五条 股东会会议由股东按照出资比例行使表决权；但是，公司章程另有规定的除外。

第六十六条 股东会的议事方式和表决程序，除本法有规定的外，由公司章程规定。

股东会作出决议，应当经代表过半数表决权的股东通过。

股东会作出修改公司章程、增加或者减少注册资本的决议，以及公司合并、分立、解散或者变更公司形式的决议，应当经代表三分之二以上表决权的股东通过。

第六十七条 有限责任公司设董事会，本法第七十五条另有规定的除外。

董事会行使下列职权：

（一）召集股东会会议，并向股东会报告工作；

（二）执行股东会的决议；

（三）决定公司的经营计划和投资方案；

（四）制订公司的利润分配方案和弥补亏损方案；

（五）制订公司增加或者减少注册资本以及发行公司债券的方案；

（六）制订公司合并、分立、解散或者变更公司形式的方案；

（七）决定公司内部管理机构的设置；

（八）决定聘任或者解聘公司经理及其报酬事项，并根据经理的提名决定聘任或者解聘公司副经理、财务负责人及其报酬事项；

（九）制定公司的基本管理制度；

（十）公司章程规定或者股东会授予的其他职权。

公司章程对董事会职权的限制不得对抗善意相对人。

第六十八条 有限责任公司董事会成员为三人以上，其成员中可以有公司职工代表。职工人数三百人以上的有限责任公司，除依法设监事会并有公司职工代表的外，其董事会成员中应当有公司职工代表。董事会中的职工代表由公司职工通过职工代表大会、职工大会或者其他形式民主选举产生。

董事会设董事长一人，可以设副董事长。董事长、副董事长的产生办法由公司章程规定。

第六十九条 有限责任公司可以按照公司章程的规定在董事会中设置由董事组成的审计委员会，行使本法规定的监事会的职权，不设监事会或者监事。公司董事会成员中的职工代表可以成为审计委员会成员。

第七十条 董事任期由公司章程规定，但每届任期不得超过三年。董事任期届满，连选可以连任。

董事任期届满未及时改选，或者董事在任期内辞任导致董事会成员低于法定人数的，在改选出的董事就任前，原董事仍应当依照法律、行政法规和公司章程的规定，履行董事职务。

董事辞任的，应当以书面形式通知公司，公司收到通知之日辞任生效，但存在前款规定情形的，董事应当继续履行职务。

第七十一条 股东会可以决议解任董事，决议作出之日解任生效。

无正当理由，在任期届满前解任董事的，该董事可以要求公司予以赔偿。

第七十二条 董事会会议由董事长召集和主持；董事长不能履行职务或者不履行职务的，由副董事长召集和主持；副董事长不能履行职务或者不履行职务的，由过半数的董事共同推举一名董事召集和主持。

第七十三条 董事会的议事方式和表决程序，除本法有规定的外，由公司章程规定。

董事会会议应当有过半数的董事出席方可举行。董事会作出决议，应当经全体董事的过半数通过。

董事会决议的表决，应当一人一票。

董事会应当对所议事项的决定作成会议记录，出席会议的董事应当在会议记录上签名。

第七十四条 有限责任公司可以设经理，由董事会决定聘任或者解聘。

经理对董事会负责，根据公司章程的规定或者董事会的授权行使职权。经理列席董事会会议。

第七十五条 规模较小或者股东人数较少的有限责任公司，可以不设董事会，设一名董事，行使本法规定的董事会的职权。该董事可以兼任公司经理。

第七十六条 有限责任公司设监事会，本法第六十九条、第八十三条另有规定的除外。

监事会成员为三人以上。监事会成员应当包括股东代表和适当比例的公司职工代表，其中职工代表的比例不得低于三分之一，具体比例由公司章程规定。监事会中的职工代表由公司职工通过职工代表大会、职工大会或者其他形式民主选举产生。

监事会设主席一人，由全体监事过半数选举产生。监事会主席召集和主持监事会会议；监事会主席不能履行职务或者不履行职务的，由过半数的监事共同推举一名监事召集和主持监事会会议。

董事、高级管理人员不得兼任监事。

第七十七条 监事的任期每届为三年。监事任期届满，连选可以连任。

监事任期届满未及时改选，或者监事在任期内辞任导致监事会成员低于法定人数的，在改选出的监事就任前，原监事仍应当依照法律、行政法规和公司章程的规定，履行监事职务。

第七十八条 监事会行使下列职权：

（一）检查公司财务；

（二）对董事、高级管理人员执行职务的行为进行监督，对违反法律、行政法规、公司章程或者股东会决议的董事、高级管理人员提出解任的建议；

（三）当董事、高级管理人员的行为损害公司的利益时，要求董事、高级管理人员予以纠正；

（四）提议召开临时股东会会议，在董事会不履行本法规定的召集和主持股东会会议职责时召集和主持股东会会议；

（五）向股东会会议提出提案；

（六）依照本法第一百八十九条的规定，对董事、高级管理人员提起诉讼；

（七）公司章程规定的其他职权。

第七十九条 监事可以列席董事会会议，并对董事会决议事项提出质询或者建议。

监事会发现公司经营情况异常，可以进行调查；必要时，可以聘请会计师事务所等协助其工作，费用由公司承担。

第八十条 监事会可以要求董事、高级管理人员提交执行职务的报告。

董事、高级管理人员应当如实向监事会提供有关情况和资料，不得妨碍监事会或者监事行使职权。

第八十一条 监事会每年度至少召开一次会议，监事可以提议召开临时监事会会议。

监事会的议事方式和表决程序，除本法有规定的外，由公司章程规定。

监事会决议应当经全体监事的过半数通过。

监事会决议的表决，应当一人一票。

监事会应当对所议事项的决定作成会议记录，出席会议的监事应当在会议记录上签名。

第八十二条　监事会行使职权所必需的费用，由公司承担。

第八十三条　规模较小或者股东人数较少的有限责任公司，可以不设监事会，设一名监事，行使本法规定的监事会的职权；经全体股东一致同意，也可以不设监事。

第四章　有限责任公司的股权转让

第八十四条　有限责任公司的股东之间可以相互转让其全部或者部分股权。

股东向股东以外的人转让股权的，应当将股权转让的数量、价格、支付方式和期限等事项书面通知其他股东，其他股东在同等条件下有优先购买权。股东自接到书面通知之日起三十日内未答复的，视为放弃优先购买权。两个以上股东行使优先购买权的，协商确定各自的购买比例；协商不成的，按照转让时各自的出资比例行使优先购买权。

公司章程对股权转让另有规定的，从其规定。

第八十五条　人民法院依照法律规定的强制执行程序转让股东的股权时，应当通知公司及全体股东，其他股东在同等条件下有优先购买权。其他股东自人民法院通知之日起满二十日不行使优先购买权的，视为放弃优先购买权。

第八十六条　股东转让股权的，应当书面通知公司，请求变更股东名册；需要办理变更登记的，并请求公司向公司登记机关办理变更登记。公司拒绝或者在合理期限内不予答复的，转让人、受让人可以依法向人民法院提起诉讼。

股权转让的，受让人自记载于股东名册时起可以向公司主张行使股东权利。

第八十七条　依照本法转让股权后，公司应当及时注销原股东的出资证明书，向新股东签发出资证明书，并相应修改公司章程和股东名册中有关股东及其出资额的记载。对公司章程的该项修改不需再由股东会表决。

第八十八条　股东转让已认缴出资但未届出资期限的股权的，由受让人承担缴纳该出资的义务；受让人未按期足额缴纳出资的，转让人对受让人未按期缴纳的出资承担补充责任。

未按照公司章程规定的出资日期缴纳出资或者作为出资的非货币财产的实际价额显著低于所认缴的出资额的股东转让股权的，转让人与受让人在出资不足的范围内承担连带责任；受让人不知道且不应当知道存在上述情形的，由转让人承担责任。

第八十九条 有下列情形之一的，对股东会该项决议投反对票的股东可以请求公司按照合理的价格收购其股权：

（一）公司连续五年不向股东分配利润，而公司该五年连续盈利，并且符合本法规定的分配利润条件；

（二）公司合并、分立、转让主要财产；

（三）公司章程规定的营业期限届满或者章程规定的其他解散事由出现，股东会通过决议修改章程使公司存续。

自股东会决议作出之日起六十日内，股东与公司不能达成股权收购协议的，股东可以自股东会决议作出之日起九十日内向人民法院提起诉讼。

公司的控股股东滥用股东权利，严重损害公司或者其他股东利益的，其他股东有权请求公司按照合理的价格收购其股权。

公司因本条第一款、第三款规定的情形收购的本公司股权，应当在六个月内依法转让或者注销。

第九十条 自然人股东死亡后，其合法继承人可以继承股东资格；但是，公司章程另有规定的除外。

第五章 股份有限公司的设立和组织机构

第一节 设 立

第九十一条 设立股份有限公司，可以采取发起设立或者募集设立的方式。

发起设立，是指由发起人认购设立公司时应发行的全部股份而设立公司。

募集设立，是指由发起人认购设立公司时应发行股份的一部分，其余股份向特定对象募集或者向社会公开募集而设立公司。

第九十二条 设立股份有限公司，应当有一人以上二百人以下为发起人，其中应当有半数以上的发起人在中华人民共和国境内有住所。

第九十三条 股份有限公司发起人承担公司筹办事务。

发起人应当签订发起人协议，明确各自在公司设立过程中的权利和义务。

第九十四条 设立股份有限公司，应当由发起人共同制订公司章程。

第九十五条 股份有限公司章程应当载明下列事项：

（一）公司名称和住所；

（二）公司经营范围；

（三）公司设立方式；

（四）公司注册资本、已发行的股份数和设立时发行的股份数，面额股的每股金额；

（五）发行类别股的，每一类别股的股份数及其权利和义务；

（六）发起人的姓名或者名称、认购的股份数、出资方式；

（七）董事会的组成、职权和议事规则；

（八）公司法定代表人的产生、变更办法；

（九）监事会的组成、职权和议事规则；

（十）公司利润分配办法；

（十一）公司的解散事由与清算办法；

（十二）公司的通知和公告办法；

（十三）股东会认为需要规定的其他事项。

第九十六条 股份有限公司的注册资本为在公司登记机关登记的已发行股份的股本总额。在发起人认购的股份缴足前，不得向他人募集股份。

法律、行政法规以及国务院决定对股份有限公司注册资本最低限额另有规定的，从其规定。

第九十七条 以发起设立方式设立股份有限公司的，发起人应当认足公司章程规定的公司设立时应发行的股份。

以募集设立方式设立股份有限公司的，发起人认购的股份不得少于公司章程规定的公司设立时应发行股份总数的百分之三十五；但是，法律、行政法规另有规定的，从其规定。

第九十八条 发起人应当在公司成立前按照其认购的股份全额缴纳股款。

发起人的出资，适用本法第四十八条、第四十九条第二款关于有限责任公司股东出资的规定。

第九十九条 发起人不按照其认购的股份缴纳股款，或者作为出资的非货币财产的实际价额显著低于所认购的股份的，其他发起人与该发起人在出资不足的范围内承担连带责任。

第一百条 发起人向社会公开募集股份，应当公告招股说明书，并制作认股书。认股书应当载明本法第一百五十四条第二款、第三款所列事项，由认股人填写认购的股份数、金额、住所，并签名或者盖章。认股人应当按照所认购股份足额缴纳股款。

第一百零一条 向社会公开募集股份的股款缴足后，应当经依法设立的验资机构验资并出具证明。

第一百零二条 股份有限公司应当制作股东名册并置备于公司。股东名册应当记载下列事项：

（一）股东的姓名或者名称及住所；

（二）各股东所认购的股份种类及股份数；

（三）发行纸面形式的股票的，股票的编号；

（四）各股东取得股份的日期。

第一百零三条 募集设立股份有限公司的发起人应当自公司设立时应发行股份的股款缴足之日起三十日内召开公司成立大会。发起人应当在成立大会召开十五日前将会议日期通知各认股人或者予以公告。成立大会应当有持有表决权过半数的认股人出席，方可举行。

以发起设立方式设立股份有限公司成立大会的召开和表决程序由公司章程或者发起人协议规定。

第一百零四条 公司成立大会行使下列职权：

（一）审议发起人关于公司筹办情况的报告；

（二）通过公司章程；

（三）选举董事、监事；

（四）对公司的设立费用进行审核；

（五）对发起人非货币财产出资的作价进行审核；

（六）发生不可抗力或者经营条件发生重大变化直接影响公司设立的，可以作出不设立公司的决议。

成立大会对前款所列事项作出决议，应当经出席会议的认股人所持表决权过半数通过。

第一百零五条　公司设立时应发行的股份未募足，或者发行股份的股款缴足后，发起人在三十日内未召开成立大会的，认股人可以按照所缴股款并加算银行同期存款利息，要求发起人返还。

发起人、认股人缴纳股款或者交付非货币财产出资后，除未按期募足股份、发起人未按期召开成立大会或者成立大会决议不设立公司的情形外，不得抽回其股本。

第一百零六条　董事会应当授权代表，于公司成立大会结束后三十日内向公司登记机关申请设立登记。

第一百零七条　本法第四十四条、第四十九条第三款、第五十一条、第五十二条、第五十三条的规定，适用于股份有限公司。

第一百零八条　有限责任公司变更为股份有限公司时，折合的实收股本总额不得高于公司净资产额。有限责任公司变更为股份有限公司，为增加注册资本公开发行股份时，应当依法办理。

第一百零九条　股份有限公司应当将公司章程、股东名册、股东会会议记录、董事会会议记录、监事会会议记录、财务会计报告、债券持有人名册置备于本公司。

第一百一十条　股东有权查阅、复制公司章程、股东名册、股东会会议记录、董事会会议决议、监事会会议决议、财务会计报告，对公司的经营提出建议或者质询。

连续一百八十日以上单独或者合计持有公司百分之三以上股份的股东要求查阅公司的会计账簿、会计凭证的，适用本法第五十七条第二款、第三款、第四款的规定。公司章程对持股比例有较低规定的，从其规定。

股东要求查阅、复制公司全资子公司相关材料的，适用前两款的规定。

上市公司股东查阅、复制相关材料的，应当遵守《中华人民共和国证券法》等法律、行政法规的规定。

第二节 股东会

第一百一十一条 股份有限公司股东会由全体股东组成。股东会是公司的权力机构，依照本法行使职权。

第一百一十二条 本法第五十九条第一款、第二款关于有限责任公司股东会职权的规定，适用于股份有限公司股东会。

本法第六十条关于只有一个股东的有限责任公司不设股东会的规定，适用于只有一个股东的股份有限公司。

第一百一十三条 股东会应当每年召开一次年会。有下列情形之一的，应当在两个月内召开临时股东会会议：

（一）董事人数不足本法规定人数或者公司章程所定人数的三分之二时；

（二）公司未弥补的亏损达股本总额三分之一时；

（三）单独或者合计持有公司百分之十以上股份的股东请求时；

（四）董事会认为必要时；

（五）监事会提议召开时；

（六）公司章程规定的其他情形。

第一百一十四条 股东会会议由董事会召集，董事长主持；董事长不能履行职务或者不履行职务的，由副董事长主持；副董事长不能履行职务或者不履行职务的，由过半数的董事共同推举一名董事主持。

董事会不能履行或者不履行召集股东会会议职责的，监事会应当及时召集和主持；监事会不召集和主持的，连续九十日以上单独或者合计持有公司百分之十以上股份的股东可以自行召集和主持。

单独或者合计持有公司百分之十以上股份的股东请求召开临时股东会会议的，董事会、监事会应当在收到请求之日起十日内作出是否召开临时股东会会议的决定，并书面答复股东。

第一百一十五条　召开股东会会议，应当将会议召开的时间、地点和审议的事项于会议召开二十日前通知各股东；临时股东会会议应当于会议召开十五日前通知各股东。

单独或者合计持有公司百分之一以上股份的股东，可以在股东会会议召开十日前提出临时提案并书面提交董事会。临时提案应当有明确议题和具体决议事项。董事会应当在收到提案后二日内通知其他股东，并将该临时提案提交股东会审议；但临时提案违反法律、行政法规或者公司章程的规定，或者不属于股东会职权范围的除外。公司不得提高提出临时提案股东的持股比例。

公开发行股份的公司，应当以公告方式作出前两款规定的通知。

股东会不得对通知中未列明的事项作出决议。

第一百一十六条　股东出席股东会会议，所持每一股份有一表决权，类别股股东除外。公司持有的本公司股份没有表决权。

股东会作出决议，应当经出席会议的股东所持表决权过半数通过。

股东会作出修改公司章程、增加或者减少注册资本的决议，以及公司合并、分立、解散或者变更公司形式的决议，应当经出席会议的股东所持表决权的三分之二以上通过。

第一百一十七条　股东会选举董事、监事，可以按照公司章程的规定或者股东会的决议，实行累积投票制。

本法所称累积投票制，是指股东会选举董事或者监事时，每一股份拥有与应选董事或者监事人数相同的表决权，股东拥有的表决权可以集中使用。

第一百一十八条　股东委托代理人出席股东会会议的，应当明确代理人代理的事项、权限和期限；代理人应当向公司提交股东授权委托书，并在授权范围内行使表决权。

第一百一十九条　股东会应当对所议事项的决定作成会议记录，主持人、出席会议的董事应当在会议记录上签名。会议记录应当与出席股东的签名册及代理出席的委托书一并保存。

第三节　董事会、经理

第一百二十条　股份有限公司设董事会，本法第一百二十八条另有规定的除外。

本法第六十七条、第六十八条第一款、第七十条、第七十一条的规定，适用于股份有限公司。

第一百二十一条 股份有限公司可以按照公司章程的规定在董事会中设置由董事组成的审计委员会，行使本法规定的监事会的职权，不设监事会或者监事。

审计委员会成员为三名以上，过半数成员不得在公司担任除董事以外的其他职务，且不得与公司存在任何可能影响其独立客观判断的关系。公司董事会成员中的职工代表可以成为审计委员会成员。

审计委员会作出决议，应当经审计委员会成员的过半数通过。

审计委员会决议的表决，应当一人一票。

审计委员会的议事方式和表决程序，除本法有规定的外，由公司章程规定。

公司可以按照公司章程的规定在董事会中设置其他委员会。

第一百二十二条 董事会设董事长一人，可以设副董事长。董事长和副董事长由董事会以全体董事的过半数选举产生。

董事长召集和主持董事会会议，检查董事会决议的实施情况。副董事长协助董事长工作，董事长不能履行职务或者不履行职务的，由副董事长履行职务；副董事长不能履行职务或者不履行职务的，由过半数的董事共同推举一名董事履行职务。

第一百二十三条 董事会每年度至少召开两次会议，每次会议应当于会议召开十日前通知全体董事和监事。

代表十分之一以上表决权的股东、三分之一以上董事或者监事会，可以提议召开临时董事会会议。董事长应当自接到提议后十日内，召集和主持董事会会议。

董事会召开临时会议，可以另定召集董事会的通知方式和通知时限。

第一百二十四条 董事会会议应当有过半数的董事出席方可举行。董事会作出决议，应当经全体董事的过半数通过。

董事会决议的表决，应当一人一票。

董事会应当对所议事项的决定作成会议记录，出席会议的董事应当在会议记录上签名。

第一百二十五条 董事会会议，应当由董事本人出席；董事因故不能出席，可以书面委托其他董事代为出席，委托书应当载明授权范围。

董事应当对董事会的决议承担责任。董事会的决议违反法律、行政法规或者公司章程、股东会决议，给公司造成严重损失的，参与决议的董事对公司负赔偿责任；经证明在表决时曾表明异议并记载于会议记录的，该董事可以免除责任。

第一百二十六条 股份有限公司设经理，由董事会决定聘任或者解聘。

经理对董事会负责，根据公司章程的规定或者董事会的授权行使职权。经理列席董事会会议。

第一百二十七条 公司董事会可以决定由董事会成员兼任经理。

第一百二十八条 规模较小或者股东人数较少的股份有限公司，可以不设董事会，设一名董事，行使本法规定的董事会的职权。该董事可以兼任公司经理。

第一百二十九条 公司应当定期向股东披露董事、监事、高级管理人员从公司获得报酬的情况。

第四节 监事会

第一百三十条 股份有限公司设监事会，本法第一百二十一条第一款、第一百三十三条另有规定的除外。

监事会成员为三人以上。监事会成员应当包括股东代表和适当比例的公司职工代表，其中职工代表的比例不得低于三分之一，具体比例由公司章程规定。监事会中的职工代表由公司职工通过职工代表大会、职工大会或者其他形式民主选举产生。

监事会设主席一人，可以设副主席。监事会主席和副主席由全体监事过半数选举产生。监事会主席召集和主持监事会会议；监事会主席不能履行职务或者不履行职务的，由监事会副主席召集和主持监事会会议；监事会副主席不能履行职务或者不履行职务的，由过半数的监事共同推举一名监事召集和主持监事会会议。

董事、高级管理人员不得兼任监事。

本法第七十七条关于有限责任公司监事任期的规定，适用于股份有限公司监事。

第一百三十一条 本法第七十八条至第八十条的规定，适用于股份有限公司监事会。

监事会行使职权所必需的费用，由公司承担。

第一百三十二条 监事会每六个月至少召开一次会议。监事可以提议召开临时监事会会议。

监事会的议事方式和表决程序，除本法有规定的外，由公司章程规定。

监事会决议应当经全体监事的过半数通过。

监事会决议的表决，应当一人一票。

监事会应当对所议事项的决定作成会议记录，出席会议的监事应当在会议记录上签名。

第一百三十三条 规模较小或者股东人数较少的股份有限公司，可以不设监事会，设一名监事，行使本法规定的监事会的职权。

第五节 上市公司组织机构的特别规定

第一百三十四条 本法所称上市公司，是指其股票在证券交易所上市交易的股份有限公司。

第一百三十五条 上市公司在一年内购买、出售重大资产或者向他人提供担保的金额超过公司资产总额百分之三十的，应当由股东会作出决议，并经出席会议的股东所持表决权的三分之二以上通过。

第一百三十六条 上市公司设独立董事，具体管理办法由国务院证券监督管理机构规定。

上市公司的公司章程除载明本法第九十五条规定的事项外，还应当依照法律、行政法规的规定载明董事会专门委员会的组成、职权以及董事、监事、高级管理人员薪酬考核机制等事项。

第一百三十七条 上市公司在董事会中设置审计委员会的，董事会对下列事项作出决议前应当经审计委员会全体成员过半数通过：

（一）聘用、解聘承办公司审计业务的会计师事务所；

（二）聘任、解聘财务负责人；

（三）披露财务会计报告；

（四）国务院证券监督管理机构规定的其他事项。

第一百三十八条　上市公司设董事会秘书，负责公司股东会和董事会会议的筹备、文件保管以及公司股东资料的管理，办理信息披露事务等事宜。

第一百三十九条　上市公司董事与董事会会议决议事项所涉及的企业或者个人有关联关系的，该董事应当及时向董事会书面报告。有关联关系的董事不得对该项决议行使表决权，也不得代理其他董事行使表决权。该董事会会议由过半数的无关联关系董事出席即可举行，董事会会议所作决议须经无关联关系董事过半数通过。出席董事会会议的无关联关系董事人数不足三人的，应当将该事项提交上市公司股东会审议。

第一百四十条　上市公司应当依法披露股东、实际控制人的信息，相关信息应当真实、准确、完整。

禁止违反法律、行政法规的规定代持上市公司股票。

第一百四十一条　上市公司控股子公司不得取得该上市公司的股份。

上市公司控股子公司因公司合并、质权行使等原因持有上市公司股份的，不得行使所持股份对应的表决权，并应当及时处分相关上市公司股份。

第六章　股份有限公司的股份发行和转让

第一节　股份发行

第一百四十二条　公司的资本划分为股份。公司的全部股份，根据公司章程的规定择一采用面额股或者无面额股。采用面额股的，每一股的金额相等。

公司可以根据公司章程的规定将已发行的面额股全部转换为无面额股或者将无面额股全部转换为面额股。

采用无面额股的，应当将发行股份所得股款的二分之一以上计入注册资本。

第一百四十三条 股份的发行，实行公平、公正的原则，同类别的每一股份应当具有同等权利。

同次发行的同类别股份，每股的发行条件和价格应当相同；认购人所认购的股份，每股应当支付相同价额。

第一百四十四条 公司可以按照公司章程的规定发行下列与普通股权利不同的类别股：

（一）优先或者劣后分配利润或者剩余财产的股份；

（二）每一股的表决权数多于或者少于普通股的股份；

（三）转让须经公司同意等转让受限的股份；

（四）国务院规定的其他类别股。

公开发行股份的公司不得发行前款第二项、第三项规定的类别股；公开发行前已发行的除外。

公司发行本条第一款第二项规定的类别股的，对于监事或者审计委员会成员的选举和更换，类别股与普通股每一股的表决权数相同。

第一百四十五条 发行类别股的公司，应当在公司章程中载明以下事项：

（一）类别股分配利润或者剩余财产的顺序；

（二）类别股的表决权数；

（三）类别股的转让限制；

（四）保护中小股东权益的措施；

（五）股东会认为需要规定的其他事项。

第一百四十六条 发行类别股的公司，有本法第一百一十六条第三款规定的事项等可能影响类别股股东权利的，除应当依照第一百一十六条第三款的规定经股东会决议外，还应当经出席类别股股东会议的股东所持表决权的三分之二以上通过。

公司章程可以对需经类别股股东会议决议的其他事项作出规定。

第一百四十七条 公司的股份采取股票的形式。股票是公司签发的证明股东所持股份的凭证。

公司发行的股票，应当为记名股票。

第一百四十八条　面额股股票的发行价格可以按票面金额，也可以超过票面金额，但不得低于票面金额。

第一百四十九条　股票采用纸面形式或者国务院证券监督管理机构规定的其他形式。

股票采用纸面形式的，应当载明下列主要事项：

（一）公司名称；

（二）公司成立日期或者股票发行的时间；

（三）股票种类、票面金额及代表的股份数，发行无面额股的，股票代表的股份数。

股票采用纸面形式的，还应当载明股票的编号，由法定代表人签名，公司盖章。

发起人股票采用纸面形式的，应当标明发起人股票字样。

第一百五十条　股份有限公司成立后，即向股东正式交付股票。公司成立前不得向股东交付股票。

第一百五十一条　公司发行新股，股东会应当对下列事项作出决议：

（一）新股种类及数额；

（二）新股发行价格；

（三）新股发行的起止日期；

（四）向原有股东发行新股的种类及数额；

（五）发行无面额股的，新股发行所得股款计入注册资本的金额。

公司发行新股，可以根据公司经营情况和财务状况，确定其作价方案。

第一百五十二条　公司章程或者股东会可以授权董事会在三年内决定发行不超过已发行股份百分之五十的股份。但以非货币财产作价出资的应当经股东会决议。

董事会依照前款规定决定发行股份导致公司注册资本、已发行股份数发生变化的，对公司章程该项记载事项的修改不需再由股东会表决。

第一百五十三条 公司章程或者股东会授权董事会决定发行新股的，董事会决议应当经全体董事三分之二以上通过。

第一百五十四条 公司向社会公开募集股份，应当经国务院证券监督管理机构注册，公告招股说明书。

招股说明书应当附有公司章程，并载明下列事项：

（一）发行的股份总数；

（二）面额股的票面金额和发行价格或者无面额股的发行价格；

（三）募集资金的用途；

（四）认股人的权利和义务；

（五）股份种类及其权利和义务；

（六）本次募股的起止日期及逾期未募足时认股人可以撤回所认股份的说明。

公司设立时发行股份的，还应当载明发起人认购的股份数。

第一百五十五条 公司向社会公开募集股份，应当由依法设立的证券公司承销，签订承销协议。

第一百五十六条 公司向社会公开募集股份，应当同银行签订代收股款协议。

代收股款的银行应当按照协议代收和保存股款，向缴纳股款的认股人出具收款单据，并负有向有关部门出具收款证明的义务。

公司发行股份募足股款后，应予公告。

第二节 股份转让

第一百五十七条 股份有限公司的股东持有的股份可以向其他股东转让，也可以向股东以外的人转让；公司章程对股份转让有限制的，其转让按照公司章程的规定进行。

第一百五十八条 股东转让其股份，应当在依法设立的证券交易场所进行或者按照国务院规定的其他方式进行。

第一百五十九条 股票的转让，由股东以背书方式或者法律、行政法规规定的其他方式进行；转让后由公司将受让人的姓名或者名称及住所记载于股东名册。

股东会会议召开前二十日内或者公司决定分配股利的基准日前五日内，不得变更股东名册。法律、行政法规或者国务院证券监督管理机构对上市公司股东名册变更另有规定的，从其规定。

第一百六十条　公司公开发行股份前已发行的股份，自公司股票在证券交易所上市交易之日起一年内不得转让。法律、行政法规或者国务院证券监督管理机构对上市公司的股东、实际控制人转让其所持有的本公司股份另有规定的，从其规定。

公司董事、监事、高级管理人员应当向公司申报所持有的本公司的股份及其变动情况，在就任时确定的任职期间每年转让的股份不得超过其所持有本公司股份总数的百分之二十五；所持本公司股份自公司股票上市交易之日起一年内不得转让。上述人员离职后半年内，不得转让其所持有的本公司股份。公司章程可以对公司董事、监事、高级管理人员转让其所持有的本公司股份作出其他限制性规定。

股份在法律、行政法规规定的限制转让期限内出质的，质权人不得在限制转让期限内行使质权。

第一百六十一条　有下列情形之一的，对股东会该项决议投反对票的股东可以请求公司按照合理的价格收购其股份，公开发行股份的公司除外：

（一）公司连续五年不向股东分配利润，而公司该五年连续盈利，并且符合本法规定的分配利润条件；

（二）公司转让主要财产；

（三）公司章程规定的营业期限届满或者章程规定的其他解散事由出现，股东会通过决议修改章程使公司存续。

自股东会决议作出之日起六十日内，股东与公司不能达成股份收购协议的，股东可以自股东会决议作出之日起九十日内向人民法院提起诉讼。

公司因本条第一款规定的情形收购的本公司股份，应当在六个月内依法转让或者注销。

第一百六十二条　公司不得收购本公司股份。但是，有下列情形之一的除外：

（一）减少公司注册资本；

（二）与持有本公司股份的其他公司合并；

（三）将股份用于员工持股计划或者股权激励；

（四）股东因对股东会作出的公司合并、分立决议持异议，要求公司收购其股份；

（五）将股份用于转换公司发行的可转换为股票的公司债券；

（六）上市公司为维护公司价值及股东权益所必需。

公司因前款第一项、第二项规定的情形收购本公司股份的，应当经股东会决议；公司因前款第三项、第五项、第六项规定的情形收购本公司股份的，可以按照公司章程或者股东会的授权，经三分之二以上董事出席的董事会会议决议。

公司依照本条第一款规定收购本公司股份后，属于第一项情形的，应当自收购之日起十日内注销；属于第二项、第四项情形的，应当在六个月内转让或者注销；属于第三项、第五项、第六项情形的，公司合计持有的本公司股份数不得超过本公司已发行股份总数的百分之十，并应当在三年内转让或者注销。

上市公司收购本公司股份的，应当依照《中华人民共和国证券法》的规定履行信息披露义务。上市公司因本条第一款第三项、第五项、第六项规定的情形收购本公司股份的，应当通过公开的集中交易方式进行。

公司不得接受本公司的股份作为质权的标的。

第一百六十三条 公司不得为他人取得本公司或者其母公司的股份提供赠与、借款、担保以及其他财务资助，公司实施员工持股计划的除外。

为公司利益，经股东会决议，或者董事会按照公司章程或者股东会的授权作出决议，公司可以为他人取得本公司或者其母公司的股份提供财务资助，但财务资助的累计总额不得超过已发行股本总额的百分之十。董事会作出决议应当经全体董事的三分之二以上通过。

违反前两款规定，给公司造成损失的，负有责任的董事、监事、高级管理人员应当承担赔偿责任。

第一百六十四条 股票被盗、遗失或者灭失，股东可以依照《中华人民共和国民事诉讼法》规定的公示催告程序，请求人民法院宣告该股票失效。人民法院宣告该股票失效后，股东可以向公司申请补发股票。

第一百六十五条 上市公司的股票，依照有关法律、行政法规及证券交易所交易规则上市交易。

第一百六十六条 上市公司应当依照法律、行政法规的规定披露相关信息。

第一百六十七条 自然人股东死亡后，其合法继承人可以继承股东资格；但是，股份转让受限的股份有限公司的章程另有规定的除外。

第七章 国家出资公司组织机构的特别规定

第一百六十八条 国家出资公司的组织机构，适用本章规定；本章没有规定的，适用本法其他规定。

本法所称国家出资公司，是指国家出资的国有独资公司、国有资本控股公司，包括国家出资的有限责任公司、股份有限公司。

第一百六十九条 国家出资公司，由国务院或者地方人民政府分别代表国家依法履行出资人职责，享有出资人权益。国务院或者地方人民政府可以授权国有资产监督管理机构或者其他部门、机构代表本级人民政府对国家出资公司履行出资人职责。

代表本级人民政府履行出资人职责的机构、部门，以下统称为履行出资人职责的机构。

第一百七十条 国家出资公司中中国共产党的组织，按照中国共产党章程的规定发挥领导作用，研究讨论公司重大经营管理事项，支持公司的组织机构依法行使职权。

第一百七十一条 国有独资公司章程由履行出资人职责的机构制定。

第一百七十二条 国有独资公司不设股东会，由履行出资人职责的机构行使股东会职权。履行出资人职责的机构可以授权公司董事会行使股东会的部分职权，但公司章程的制定和修改，公司的合并、分立、解散、申请破产，增加或者减少注册资本，分配利润，应当由履行出资人职责的机构决定。

第一百七十三条 国有独资公司的董事会依照本法规定行使职权。

国有独资公司的董事会成员中，应当过半数为外部董事，并应当有公司职工代表。

董事会成员由履行出资人职责的机构委派；但是，董事会成员中的职工代表由公司职工代表大会选举产生。

董事会设董事长一人，可以设副董事长。董事长、副董事长由履行出资人职责的机构从董事会成员中指定。

第一百七十四条 国有独资公司的经理由董事会聘任或者解聘。

经履行出资人职责的机构同意，董事会成员可以兼任经理。

第一百七十五条 国有独资公司的董事、高级管理人员，未经履行出资人职责的机构同意，不得在其他有限责任公司、股份有限公司或者其他经济组织兼职。

第一百七十六条 国有独资公司在董事会中设置由董事组成的审计委员会行使本法规定的监事会职权的，不设监事会或者监事。

第一百七十七条 国家出资公司应当依法建立健全内部监督管理和风险控制制度，加强内部合规管理。

第八章 公司董事、监事、高级管理人员的资格和义务

第一百七十八条 有下列情形之一的，不得担任公司的董事、监事、高级管理人员：

（一）无民事行为能力或者限制民事行为能力；

（二）因贪污、贿赂、侵占财产、挪用财产或者破坏社会主义市场经济秩序，被判处刑罚，或者因犯罪被剥夺政治权利，执行期满未逾五年，被宣告缓刑的，自缓刑考验期满之日起未逾二年；

（三）担任破产清算的公司、企业的董事或者厂长、经理，对该公司、企业的破产负有个人责任的，自该公司、企业破产清算完结之日起未逾三年；

（四）担任因违法被吊销营业执照、责令关闭的公司、企业的法定代表人，并负有个人责任的，自该公司、企业被吊销营业执照、责令关闭之

日起未逾三年；

（五）个人因所负数额较大债务到期未清偿被人民法院列为失信被执行人。

违反前款规定选举、委派董事、监事或者聘任高级管理人员的，该选举、委派或者聘任无效。

董事、监事、高级管理人员在任职期间出现本条第一款所列情形的，公司应当解除其职务。

第一百七十九条 董事、监事、高级管理人员应当遵守法律、行政法规和公司章程。

第一百八十条 董事、监事、高级管理人员对公司负有忠实义务，应当采取措施避免自身利益与公司利益冲突，不得利用职权牟取不正当利益。

董事、监事、高级管理人员对公司负有勤勉义务，执行职务应当为公司的最大利益尽到管理者通常应有的合理注意。

公司的控股股东、实际控制人不担任公司董事但实际执行公司事务的，适用前两款规定。

第一百八十一条 董事、监事、高级管理人员不得有下列行为：

（一）侵占公司财产、挪用公司资金；

（二）将公司资金以其个人名义或者以其他个人名义开立账户存储；

（三）利用职权贿赂或者收受其他非法收入；

（四）接受他人与公司交易的佣金归为己有；

（五）擅自披露公司秘密；

（六）违反对公司忠实义务的其他行为。

第一百八十二条 董事、监事、高级管理人员，直接或者间接与本公司订立合同或者进行交易，应当就与订立合同或者进行交易有关的事项向董事会或者股东会报告，并按照公司章程的规定经董事会或者股东会决议通过。

董事、监事、高级管理人员的近亲属，董事、监事、高级管理人员或者其近亲属直接或者间接控制的企业，以及与董事、监事、高级管理人员有其他关联关系的关联人，与公司订立合同或者进行交易，适用前款规定。

第一百八十三条 董事、监事、高级管理人员，不得利用职务便利为自己或者他人谋取属于公司的商业机会。但是，有下列情形之一的除外：

（一）向董事会或者股东会报告，并按照公司章程的规定经董事会或者股东会决议通过；

（二）根据法律、行政法规或者公司章程的规定，公司不能利用该商业机会。

第一百八十四条 董事、监事、高级管理人员未向董事会或者股东会报告，并按照公司章程的规定经董事会或者股东会决议通过，不得自营或者为他人经营与其任职公司同类的业务。

第一百八十五条 董事会对本法第一百八十二条至第一百八十四条规定的事项决议时，关联董事不得参与表决，其表决权不计入表决权总数。出席董事会会议的无关联关系董事人数不足三人的，应当将该事项提交股东会审议。

第一百八十六条 董事、监事、高级管理人员违反本法第一百八十一条至第一百八十四条规定所得的收入应当归公司所有。

第一百八十七条 股东会要求董事、监事、高级管理人员列席会议的，董事、监事、高级管理人员应当列席并接受股东的质询。

第一百八十八条 董事、监事、高级管理人员执行职务违反法律、行政法规或者公司章程的规定，给公司造成损失的，应当承担赔偿责任。

第一百八十九条 董事、高级管理人员有前条规定的情形的，有限责任公司的股东、股份有限公司连续一百八十日以上单独或者合计持有公司百分之一以上股份的股东，可以书面请求监事会向人民法院提起诉讼；监事有前条规定的情形的，前述股东可以书面请求董事会向人民法院提起诉讼。

监事会或者董事会收到前款规定的股东书面请求后拒绝提起诉讼，或者自收到请求之日起三十日内未提起诉讼，或者情况紧急、不立即提起诉讼将会使公司利益受到难以弥补的损害的，前款规定的股东有权为公司利益以自己的名义直接向人民法院提起诉讼。

他人侵犯公司合法权益，给公司造成损失的，本条第一款规定的股东可以依照前两款的规定向人民法院提起诉讼。

公司全资子公司的董事、监事、高级管理人员有前条规定情形，或者他人侵犯公司全资子公司合法权益造成损失的，有限责任公司的股东、股份有限公司连续一百八十日以上单独或者合计持有公司百分之一以上股份的股东，可以依照前三款规定书面请求全资子公司的监事会、董事会向人民法院提起诉讼或者以自己的名义直接向人民法院提起诉讼。

第一百九十条　董事、高级管理人员违反法律、行政法规或者公司章程的规定，损害股东利益的，股东可以向人民法院提起诉讼。

第一百九十一条　董事、高级管理人员执行职务，给他人造成损害的，公司应当承担赔偿责任；董事、高级管理人员存在故意或者重大过失的，也应当承担赔偿责任。

第一百九十二条　公司的控股股东、实际控制人指示董事、高级管理人员从事损害公司或者股东利益的行为的，与该董事、高级管理人员承担连带责任。

第一百九十三条　公司可以在董事任职期间为董事因执行公司职务承担的赔偿责任投保责任保险。

公司为董事投保责任保险或者续保后，董事会应当向股东会报告责任保险的投保金额、承保范围及保险费率等内容。

第九章　公司债券

第一百九十四条　本法所称公司债券，是指公司发行的约定按期还本付息的有价证券。

公司债券可以公开发行，也可以非公开发行。

公司债券的发行和交易应当符合《中华人民共和国证券法》等法律、行政法规的规定。

第一百九十五条　公开发行公司债券，应当经国务院证券监督管理机构注册，公告公司债券募集办法。

公司债券募集办法应当载明下列主要事项：

（一）公司名称；

（二）债券募集资金的用途；

（三）债券总额和债券的票面金额；

（四）债券利率的确定方式；

（五）还本付息的期限和方式；

（六）债券担保情况；

（七）债券的发行价格、发行的起止日期；

（八）公司净资产额；

（九）已发行的尚未到期的公司债券总额；

（十）公司债券的承销机构。

第一百九十六条 公司以纸面形式发行公司债券的，应当在债券上载明公司名称、债券票面金额、利率、偿还期限等事项，并由法定代表人签名，公司盖章。

第一百九十七条 公司债券应当为记名债券。

第一百九十八条 公司发行公司债券应当置备公司债券持有人名册。

发行公司债券的，应当在公司债券持有人名册上载明下列事项：

（一）债券持有人的姓名或者名称及住所；

（二）债券持有人取得债券的日期及债券的编号；

（三）债券总额，债券的票面金额、利率、还本付息的期限和方式；

（四）债券的发行日期。

第一百九十九条 公司债券的登记结算机构应当建立债券登记、存管、付息、兑付等相关制度。

第二百条 公司债券可以转让，转让价格由转让人与受让人约定。

公司债券的转让应当符合法律、行政法规的规定。

第二百零一条 公司债券由债券持有人以背书方式或者法律、行政法规规定的其他方式转让；转让后由公司将受让人的姓名或者名称及住所记载于公司债券持有人名册。

第二百零二条 股份有限公司经股东会决议，或者经公司章程、股东会授权由董事会决议，可以发行可转换为股票的公司债券，并规定具体的转换办法。上市公司发行可转换为股票的公司债券，应当经国务院证券监督管理机构注册。

发行可转换为股票的公司债券，应当在债券上标明可转换公司债券字样，并在公司债券持有人名册上载明可转换公司债券的数额。

第二百零三条 发行可转换为股票的公司债券的，公司应当按照其转换办法向债券持有人换发股票，但债券持有人对转换股票或者不转换股票有选择权。法律、行政法规另有规定的除外。

第二百零四条 公开发行公司债券的，应当为同期债券持有人设立债券持有人会议，并在债券募集办法中对债券持有人会议的召集程序、会议规则和其他重要事项作出规定。债券持有人会议可以对与债券持有人有利害关系的事项作出决议。

除公司债券募集办法另有约定外，债券持有人会议决议对同期全体债券持有人发生效力。

第二百零五条 公开发行公司债券的，发行人应当为债券持有人聘请债券受托管理人，由其为债券持有人办理受领清偿、债权保全、与债券相关的诉讼以及参与债务人破产程序等事项。

第二百零六条 债券受托管理人应当勤勉尽责，公正履行受托管理职责，不得损害债券持有人利益。

受托管理人与债券持有人存在利益冲突可能损害债券持有人利益的，债券持有人会议可以决议变更债券受托管理人。

债券受托管理人违反法律、行政法规或者债券持有人会议决议，损害债券持有人利益的，应当承担赔偿责任。

第十章 公司财务、会计

第二百零七条 公司应当依照法律、行政法规和国务院财政部门的规定建立本公司的财务、会计制度。

第二百零八条 公司应当在每一会计年度终了时编制财务会计报告，并依法经会计师事务所审计。

财务会计报告应当依照法律、行政法规和国务院财政部门的规定制作。

第二百零九条 有限责任公司应当按照公司章程规定的期限将财务会计报告送交各股东。

股份有限公司的财务会计报告应当在召开股东会年会的二十日前置备于本公司，供股东查阅；公开发行股份的股份有限公司应当公告其财务会计报告。

第二百一十条 公司分配当年税后利润时，应当提取利润的百分之十列入公司法定公积金。公司法定公积金累计额为公司注册资本的百分之五十以上的，可以不再提取。

公司的法定公积金不足以弥补以前年度亏损的，在依照前款规定提取法定公积金之前，应当先用当年利润弥补亏损。

公司从税后利润中提取法定公积金后，经股东会决议，还可以从税后利润中提取任意公积金。

公司弥补亏损和提取公积金后所余税后利润，有限责任公司按照股东实缴的出资比例分配利润，全体股东约定不按照出资比例分配利润的除外；股份有限公司按照股东所持有的股份比例分配利润，公司章程另有规定的除外。

公司持有的本公司股份不得分配利润。

第二百一十一条 公司违反本法规定向股东分配利润的，股东应当将违反规定分配的利润退还公司；给公司造成损失的，股东及负有责任的董事、监事、高级管理人员应当承担赔偿责任。

第二百一十二条 股东会作出分配利润的决议的，董事会应当在股东会决议作出之日起六个月内进行分配。

第二百一十三条 公司以超过股票票面金额的发行价格发行股份所得的溢价款、发行无面额股所得股款未计入注册资本的金额以及国务院财政部门规定列入资本公积金的其他项目，应当列为公司资本公积金。

第二百一十四条 公司的公积金用于弥补公司的亏损、扩大公司生产经营或者转为增加公司注册资本。

公积金弥补公司亏损，应当先使用任意公积金和法定公积金；仍不能弥补的，可以按照规定使用资本公积金。

法定公积金转为增加注册资本时，所留存的该项公积金不得少于转增前公司注册资本的百分之二十五。

第二百一十五条　公司聘用、解聘承办公司审计业务的会计师事务所，按照公司章程的规定，由股东会、董事会或者监事会决定。

公司股东会、董事会或者监事会就解聘会计师事务所进行表决时，应当允许会计师事务所陈述意见。

第二百一十六条　公司应当向聘用的会计师事务所提供真实、完整的会计凭证、会计账簿、财务会计报告及其他会计资料，不得拒绝、隐匿、谎报。

第二百一十七条　公司除法定的会计账簿外，不得另立会计账簿。

对公司资金，不得以任何个人名义开立账户存储。

第十一章　公司合并、分立、增资、减资

第二百一十八条　公司合并可以采取吸收合并或者新设合并。

一个公司吸收其他公司为吸收合并，被吸收的公司解散。两个以上公司合并设立一个新的公司为新设合并，合并各方解散。

第二百一十九条　公司与其持股百分之九十以上的公司合并，被合并的公司不需经股东会决议，但应当通知其他股东，其他股东有权请求公司按照合理的价格收购其股权或者股份。

公司合并支付的价款不超过本公司净资产百分之十的，可以不经股东会决议；但是，公司章程另有规定的除外。

公司依照前两款规定合并不经股东会决议的，应当经董事会决议。

第二百二十条　公司合并，应当由合并各方签订合并协议，并编制资产负债表及财产清单。公司应当自作出合并决议之日起十日内通知债权人，并于三十日内在报纸上或者国家企业信用信息公示系统公告。债权人自接到通知之日起三十日内，未接到通知的自公告之日起四十五日内，可以要求公司清偿债务或者提供相应的担保。

第二百二十一条 公司合并时，合并各方的债权、债务，应当由合并后存续的公司或者新设的公司承继。

第二百二十二条 公司分立，其财产作相应的分割。

公司分立，应当编制资产负债表及财产清单。公司应当自作出分立决议之日起十日内通知债权人，并于三十日内在报纸上或者国家企业信用信息公示系统公告。

第二百二十三条 公司分立前的债务由分立后的公司承担连带责任。但是，公司在分立前与债权人就债务清偿达成的书面协议另有约定的除外。

第二百二十四条 公司减少注册资本，应当编制资产负债表及财产清单。

公司应当自股东会作出减少注册资本决议之日起十日内通知债权人，并于三十日内在报纸上或者国家企业信用信息公示系统公告。债权人自接到通知之日起三十日内，未接到通知的自公告之日起四十五日内，有权要求公司清偿债务或者提供相应的担保。

公司减少注册资本，应当按照股东出资或者持有股份的比例相应减少出资额或者股份，法律另有规定、有限责任公司全体股东另有约定或者股份有限公司章程另有规定的除外。

第二百二十五条 公司依照本法第二百一十四条第二款的规定弥补亏损后，仍有亏损的，可以减少注册资本弥补亏损。减少注册资本弥补亏损的，公司不得向股东分配，也不得免除股东缴纳出资或者股款的义务。

依照前款规定减少注册资本的，不适用前条第二款的规定，但应当自股东会作出减少注册资本决议之日起三十日内在报纸上或者国家企业信用信息公示系统公告。

公司依照前两款的规定减少注册资本后，在法定公积金和任意公积金累计额达到公司注册资本百分之五十前，不得分配利润。

第二百二十六条 违反本法规定减少注册资本的，股东应当退还其收到的资金，减免股东出资的应当恢复原状；给公司造成损失的，股东及负有责任的董事、监事、高级管理人员应当承担赔偿责任。

第二百二十七条 有限责任公司增加注册资本时，股东在同等条件下有权优先按照实缴的出资比例认缴出资。但是，全体股东约定不按照出资比例优先认缴出资的除外。

股份有限公司为增加注册资本发行新股时，股东不享有优先认购权，公司章程另有规定或者股东会决议决定股东享有优先认购权的除外。

第二百二十八条 有限责任公司增加注册资本时，股东认缴新增资本的出资，依照本法设立有限责任公司缴纳出资的有关规定执行。

股份有限公司为增加注册资本发行新股时，股东认购新股，依照本法设立股份有限公司缴纳股款的有关规定执行。

第十二章 公司解散和清算

第二百二十九条 公司因下列原因解散：

（一）公司章程规定的营业期限届满或者公司章程规定的其他解散事由出现；

（二）股东会决议解散；

（三）因公司合并或者分立需要解散；

（四）依法被吊销营业执照、责令关闭或者被撤销；

（五）人民法院依照本法第二百三十一条的规定予以解散。

公司出现前款规定的解散事由，应当在十日内将解散事由通过国家企业信用信息公示系统予以公示。

第二百三十条 公司有前条第一款第一项、第二项情形，且尚未向股东分配财产的，可以通过修改公司章程或者经股东会决议而存续。

依照前款规定修改公司章程或者经股东会决议，有限责任公司须经持有三分之二以上表决权的股东通过，股份有限公司须经出席股东会会议的股东所持表决权的三分之二以上通过。

第二百三十一条 公司经营管理发生严重困难，继续存续会使股东利益受到重大损失，通过其他途径不能解决的，持有公司百分之十以上表决权的股东，可以请求人民法院解散公司。

第二百三十二条 公司因本法第二百二十九条第一款第一项、第二项、第四项、第五项规定而解散的，应当清算。董事为公司清算义务人，应当在解散事由出现之日起十五日内组成清算组进行清算。

清算组由董事组成，但是公司章程另有规定或者股东会决议另选他人的除外。

清算义务人未及时履行清算义务，给公司或者债权人造成损失的，应当承担赔偿责任。

第二百三十三条 公司依照前条第一款的规定应当清算，逾期不成立清算组进行清算或者成立清算组后不清算的，利害关系人可以申请人民法院指定有关人员组成清算组进行清算。人民法院应当受理该申请，并及时组织清算组进行清算。

公司因本法第二百二十九条第一款第四项的规定而解散的，作出吊销营业执照、责令关闭或者撤销决定的部门或者公司登记机关，可以申请人民法院指定有关人员组成清算组进行清算。

第二百三十四条 清算组在清算期间行使下列职权：

（一）清理公司财产，分别编制资产负债表和财产清单；

（二）通知、公告债权人；

（三）处理与清算有关的公司未了结的业务；

（四）清缴所欠税款以及清算过程中产生的税款；

（五）清理债权、债务；

（六）分配公司清偿债务后的剩余财产；

（七）代表公司参与民事诉讼活动。

第二百三十五条 清算组应当自成立之日起十日内通知债权人，并于六十日内在报纸上或者国家企业信用信息公示系统公告。债权人应当自接到通知之日起三十日内，未接到通知的自公告之日起四十五日内，向清算组申报其债权。

债权人申报债权，应当说明债权的有关事项，并提供证明材料。清算组应当对债权进行登记。

在申报债权期间，清算组不得对债权人进行清偿。

第二百三十六条 清算组在清理公司财产、编制资产负债表和财产清单后，应当制订清算方案，并报股东会或者人民法院确认。

公司财产在分别支付清算费用、职工的工资、社会保险费用和法定补偿金，缴纳所欠税款，清偿公司债务后的剩余财产，有限责任公司按照股东的出资比例分配，股份有限公司按照股东持有的股份比例分配。

清算期间，公司存续，但不得开展与清算无关的经营活动。公司财产在未依照前款规定清偿前，不得分配给股东。

第二百三十七条　清算组在清理公司财产、编制资产负债表和财产清单后，发现公司财产不足清偿债务的，应当依法向人民法院申请破产清算。

人民法院受理破产申请后，清算组应当将清算事务移交给人民法院指定的破产管理人。

第二百三十八条　清算组成员履行清算职责，负有忠实义务和勤勉义务。

清算组成员怠于履行清算职责，给公司造成损失的，应当承担赔偿责任；因故意或者重大过失给债权人造成损失的，应当承担赔偿责任。

第二百三十九条　公司清算结束后，清算组应当制作清算报告，报股东会或者人民法院确认，并报送公司登记机关，申请注销公司登记。

第二百四十条　公司在存续期间未产生债务，或者已清偿全部债务的，经全体股东承诺，可以按照规定通过简易程序注销公司登记。

通过简易程序注销公司登记，应当通过国家企业信用信息公示系统予以公告，公告期限不少于二十日。公告期限届满后，未有异议的，公司可以在二十日内向公司登记机关申请注销公司登记。

公司通过简易程序注销公司登记，股东对本条第一款规定的内容承诺不实的，应当对注销登记前的债务承担连带责任。

第二百四十一条　公司被吊销营业执照、责令关闭或者被撤销，满三年未向公司登记机关申请注销公司登记的，公司登记机关可以通过国家企业信用信息公示系统予以公告，公告期限不少于六十日。公告期限届满后，未有异议的，公司登记机关可以注销公司登记。

依照前款规定注销公司登记的，原公司股东、清算义务人的责任不受影响。

第二百四十二条 公司被依法宣告破产的，依照有关企业破产的法律实施破产清算。

第十三章 外国公司的分支机构

第二百四十三条 本法所称外国公司，是指依照外国法律在中华人民共和国境外设立的公司。

第二百四十四条 外国公司在中华人民共和国境内设立分支机构，应当向中国主管机关提出申请，并提交其公司章程、所属国的公司登记证书等有关文件，经批准后，向公司登记机关依法办理登记，领取营业执照。

外国公司分支机构的审批办法由国务院另行规定。

第二百四十五条 外国公司在中华人民共和国境内设立分支机构，应当在中华人民共和国境内指定负责该分支机构的代表人或者代理人，并向该分支机构拨付与其所从事的经营活动相适应的资金。

对外国公司分支机构的经营资金需要规定最低限额的，由国务院另行规定。

第二百四十六条 外国公司的分支机构应当在其名称中标明该外国公司的国籍及责任形式。

外国公司的分支机构应当在本机构中置备该外国公司章程。

第二百四十七条 外国公司在中华人民共和国境内设立的分支机构不具有中国法人资格。

外国公司对其分支机构在中华人民共和国境内进行经营活动承担民事责任。

第二百四十八条 经批准设立的外国公司分支机构，在中华人民共和国境内从事业务活动，应当遵守中国的法律，不得损害中国的社会公共利益，其合法权益受中国法律保护。

第二百四十九条 外国公司撤销其在中华人民共和国境内的分支机构时，应当依法清偿债务，依照本法有关公司清算程序的规定进行清算。未清偿债务之前，不得将其分支机构的财产转移至中华人民共和国境外。

第十四章　法律责任

第二百五十条　违反本法规定，虚报注册资本、提交虚假材料或者采取其他欺诈手段隐瞒重要事实取得公司登记的，由公司登记机关责令改正，对虚报注册资本的公司，处以虚报注册资本金额百分之五以上百分之十五以下的罚款；对提交虚假材料或者采取其他欺诈手段隐瞒重要事实的公司，处以五万元以上二百万元以下的罚款；情节严重的，吊销营业执照；对直接负责的主管人员和其他直接责任人员处以三万元以上三十万元以下的罚款。

第二百五十一条　公司未依照本法第四十条规定公示有关信息或者不如实公示有关信息的，由公司登记机关责令改正，可以处以一万元以上五万元以下的罚款。情节严重的，处以五万元以上二十万元以下的罚款；对直接负责的主管人员和其他直接责任人员处以一万元以上十万元以下的罚款。

第二百五十二条　公司的发起人、股东虚假出资，未交付或者未按期交付作为出资的货币或者非货币财产的，由公司登记机关责令改正，可以处以五万元以上二十万元以下的罚款；情节严重的，处以虚假出资或者未出资金额百分之五以上百分之十五以下的罚款；对直接负责的主管人员和其他直接责任人员处以一万元以上十万元以下的罚款。

第二百五十三条　公司的发起人、股东在公司成立后，抽逃其出资的，由公司登记机关责令改正，处以所抽逃出资金额百分之五以上百分之十五以下的罚款；对直接负责的主管人员和其他直接责任人员处以三万元以上三十万元以下的罚款。

第二百五十四条　有下列行为之一的，由县级以上人民政府财政部门依照《中华人民共和国会计法》等法律、行政法规的规定处罚：

（一）在法定的会计账簿以外另立会计账簿；

（二）提供存在虚假记载或者隐瞒重要事实的财务会计报告。

第二百五十五条　公司在合并、分立、减少注册资本或者进行清算时，不依照本法规定通知或者公告债权人的，由公司登记机关责令改正，对公司处以一万元以上十万元以下的罚款。

第二百五十六条 公司在进行清算时，隐匿财产，对资产负债表或者财产清单作虚假记载，或者在未清偿债务前分配公司财产的，由公司登记机关责令改正，对公司处以隐匿财产或者未清偿债务前分配公司财产金额百分之五以上百分之十以下的罚款；对直接负责的主管人员和其他直接责任人员处以一万元以上十万元以下的罚款。

第二百五十七条 承担资产评估、验资或者验证的机构提供虚假材料或者提供有重大遗漏的报告的，由有关部门依照《中华人民共和国资产评估法》、《中华人民共和国注册会计师法》等法律、行政法规的规定处罚。

承担资产评估、验资或者验证的机构因其出具的评估结果、验资或者验证证明不实，给公司债权人造成损失的，除能够证明自己没有过错的外，在其评估或者证明不实的金额范围内承担赔偿责任。

第二百五十八条 公司登记机关违反法律、行政法规规定未履行职责或者履行职责不当的，对负有责任的领导人员和直接责任人员依法给予政务处分。

第二百五十九条 未依法登记为有限责任公司或者股份有限公司，而冒用有限责任公司或者股份有限公司名义的，或者未依法登记为有限责任公司或者股份有限公司的分公司，而冒用有限责任公司或者股份有限公司的分公司名义的，由公司登记机关责令改正或者予以取缔，可以并处十万元以下的罚款。

第二百六十条 公司成立后无正当理由超过六个月未开业的，或者开业后自行停业连续六个月以上的，公司登记机关可以吊销营业执照，但公司依法办理歇业的除外。

公司登记事项发生变更时，未依照本法规定办理有关变更登记的，由公司登记机关责令限期登记；逾期不登记的，处以一万元以上十万元以下的罚款。

第二百六十一条 外国公司违反本法规定，擅自在中华人民共和国境内设立分支机构的，由公司登记机关责令改正或者关闭，可以并处五万元以上二十万元以下的罚款。

第二百六十二条　利用公司名义从事危害国家安全、社会公共利益的严重违法行为的，吊销营业执照。

第二百六十三条　公司违反本法规定，应当承担民事赔偿责任和缴纳罚款、罚金的，其财产不足以支付时，先承担民事赔偿责任。

第二百六十四条　违反本法规定，构成犯罪的，依法追究刑事责任。

第十五章　附　　则

第二百六十五条　本法下列用语的含义：

（一）高级管理人员，是指公司的经理、副经理、财务负责人，上市公司董事会秘书和公司章程规定的其他人员。

（二）控股股东，是指其出资额占有限责任公司资本总额超过百分之五十或者其持有的股份占股份有限公司股本总额超过百分之五十的股东；出资额或者持有股份的比例虽然低于百分之五十，但依其出资额或者持有的股份所享有的表决权已足以对股东会的决议产生重大影响的股东。

（三）实际控制人，是指通过投资关系、协议或者其他安排，能够实际支配公司行为的人。

（四）关联关系，是指公司控股股东、实际控制人、董事、监事、高级管理人员与其直接或者间接控制的企业之间的关系，以及可能导致公司利益转移的其他关系。但是，国家控股的企业之间不仅因为同受国家控股而具有关联关系。

第二百六十六条　本法自2024年7月1日起施行。

本法施行前已登记设立的公司，出资期限超过本法规定的期限的，除法律、行政法规或者国务院另有规定外，应当逐步调整至本法规定的期限以内；对于出资期限、出资额明显异常的，公司登记机关可以依法要求其及时调整。具体实施办法由国务院规定。

参考文献

[1] 艾春荣，张奕，崔长峰．债券流动性与违约风险相关性溢价及实证研究［J］．管理科学学报，2015，18（05）：87－94.

[2] 敖小波，林晚发，李晓慧．内部控制质量与债券信用评级［J］．审计研究，2017（02）：57－64.

[3] 步丹璐，屠长文．外资持股、制度环境与审计质量［J］．审计研究，2017（04）：65－72.

[4] 蔡春，李明，和辉．约束条件、IPO盈余管理方式与公司业绩——基于应计盈余管理与真实盈余管理的研究［J］．会计研究，2013（10）：35－42＋96.

[5] 蔡春，朱荣，和辉，谢柳芳．盈余管理方式选择、行为隐性化与濒死企业状况改善——来自A股特别处理公司的经验证据［J］．会计研究，2012（09）：31－39＋96.

[6] 曹强，胡南薇，王良成．客户重要性、风险性质与审计质量——基于财务重述视角的经验证据［J］．审计研究，2012（06）：60－70.

[7] 曹亚勇，王建琼，于丽丽．公司社会责任信息披露与投资效率的实证研究［J］．管理世界，2012（12）：183－185.

[8] 曹勇，李孟刚，李刚，洪雅惠．基于信用利差与Logistic回归的公司违约概率测算模型与实证研究［J］．运筹与管理，2016，25（06）：209－223.

［9］常莹莹，曾泉．环境信息透明度与企业信用评级——基于债券评级市场的经验证据［J］．金融研究，2019（05）：132－151.

［10］陈关亭，高晓明．审计意见及其变通行为分析——来自2001—2002年的经验证据［J］．审计研究，2004（03）：27－33.

［11］陈汉文，周中胜．内部控制质量与企业债务融资成本［J］．南开管理评论，2014，17（03）：103－111.

［12］陈玲．基于“存贷双高”视角的上市公司财务舞弊分析——以K公司为例［J］．商场现代化，2022（24）：138－140.

［13］陈胜蓝，马慧．竞争压力、规模经济性与会计师事务所行业专长溢价［J］．会计研究，2015（05）：87－93＋95.

［14］陈信元，夏立军．审计任期与审计质量：来自中国证券市场的经验证据［J］．会计研究，2006（01）：44－53＋93－94.

［15］陈运森，谢德仁．网络位置、独立董事治理与投资效率［J］．管理世界，2011（07）：113－127.

［16］陈运森，郑登津，李路．民营企业发审委社会关系、IPO资格与上市后表现［J］．会计研究，2014（02）：12－19＋94.

［17］程新生，谭有超，刘建梅．非财务信息、外部融资与投资效率——基于外部制度约束的研究［J］．管理世界，2012（07）：137－150＋188.

［18］戴璐，汤谷良．长期“双高”现象之谜：债务融资、制度环境与大股东特征的影响——基于上海科技与东盛科技的案例分析［J］．管理世界，2007（08）：129－139.

［19］戴璐．“双高”现象、银企博弈与转型经济融资环境的影响［J］．中国软科学，2010（02）：40－52＋168.

［20］窦超，原亚男，白学锦．上市公司“存贷双高”异象与股价崩盘风险［J］．中国工业经济，2022（04）：174－192.

［21］杜雨烟．企业“存贷双高”的成因与财务风险分析——以东旭光电债权违约为例［J］．商业会计，2020（11）：27－32.

［22］方红星，施继坤，张广宝．产权性质、信息质量与公司债定价——来自中国资本市场的经验证据［J］．金融研究，2013（04）：170－182.

［23］方军雄，洪剑峭，李若山．我国上市公司审计质量影响因素研究：发现和启示［J］．审计研究，2004（06）：35－43.

［24］方政，徐向艺，陆淑婧．上市公司高管显性激励治理效应研究——基于“双向治理”研究视角的经验证据［J］．南开管理评论，2017，20（02）：122－132.

［25］顾小龙，施燕平，辛宇．风险承担与公司债券融资成本：基于信用评级的策略调整视角［J］．财经研究，2017，43（10）：134－145.

［26］韩剑，严兵．中国企业为什么缺乏创造性破坏——基于融资约束的解释［J］．南开管理评论，2013，16（04）：124－132.

［27］韩鹏飞，胡奕明．政府隐性担保一定能降低债券的融资成本吗？——关于国有企业和地方融资平台债券的实证研究［J］．金融研究，2015（03）：116－130.

［28］韩维芳．审计风险、审计师个人的经验与审计质量［J］．审计与经济研究，2017，32（03）：35－45.

［29］何平，金梦．信用评级在中国债券市场的影响力［J］．金融研究，2010（04）：15－28.

［30］何威风，陈莉萍，刘巍．业绩考核制度会影响企业盈余管理行为吗？［J］．南开管理评论，2019，22（01）：17－30.

［31］黄静如，刘永模．媒体关注对企业债务融资成本的影响研究——基于会计稳健性的中介效应检验［J］．投资研究，2020，39（02）：113－133.

［32］黄小琳，朱松，陈关亭．债券违约对涉事信用评级机构的影响——基于中国信用债市场违约事件的分析［J］．金融研究，2017（03）：130－144.

［33］贾秀彦，吴君凤．“存贷双高”异象与审计师决策——基于审计意见的实证检验［J］．审计与经济研究，2023，38（04）：23－31.

［34］姜付秀，蔡文婧，蔡欣妮，李行天．银行竞争的微观效应：来自融资约束的经验证据［J］．经济研究，2019，54（06）：72－88.

［35］金鹏辉．公司债券市场发展与社会融资成本［J］．金融研究，

2010 (03): 16 – 23.

[36] 金宇超，靳庆鲁，宣扬．“不作为”或“急于表现”：企业投资中的政治动机 [J]. 经济研究，2016，51 (10): 126 – 139.

[37] 寇宗来，盘宇章，刘学悦．中国的信用评级真的影响发债成本吗？[J]. 金融研究，2015 (10): 81 – 98.

[38] 冷奥琳，张俊瑞，邢光远．公司对外担保违约风险传递机理和影响效应研究——基于上市公司债券利差数据的实证分析 [J]. 管理评论，2015，27 (07): 3 – 14.

[39] 李彬，张俊瑞．实际活动盈余管理的经济后果研究：来自销售操控的证据 [J]. 管理评论，2010，22 (09): 84 – 92.

[40] 李广子，刘力．债务融资成本与民营信贷歧视 [J]. 金融研究，2009 (12): 137 – 150.

[41] 李留闯，李彬．真实活动盈余管理影响审计师的风险决策吗？[J]. 审计与经济研究，2015，30 (05): 44 – 54.

[42] 李明明，秦凤鸣．担保机制、信用评级与中小企业私募债融资成本 [J]. 证券市场导报，2015 (09): 56 – 62.

[43] 李娜，邵剑兵．数字化转型与企业“存贷双高”[J]. 经济体制改革，2023 (02): 121 – 129.

[44] 李楠，陈暮紫．中国分行业违约概率的顺周期性研究——基于非线性因果的动态实证分析 [J]. 数理统计与管理，2018，37 (05): 815 – 827.

[45] 李琦，罗炜，谷仕平．企业信用评级与盈余管理 [J]. 经济研究，2011，46 (S2): 88 – 99.

[46] 李寿喜．产权、代理成本和代理效率 [J]. 经济研究，2007 (01): 102 – 113.

[47] 李焰，秦义虎，张肖飞．企业产权、管理者背景特征与投资效率 [J]. 管理世界，2011 (01): 135 – 144.

[48] 李增福，郑友环，连玉君．股权再融资、盈余管理与上市公司业绩滑坡——基于应计项目操控与真实活动操控方式下的研究 [J]. 中国

管理科学，2011，19（02）：49－56.

［49］李志辉，杨思静，孟焰．独立董事兼任：声誉抑或忙碌——基于债券市场的经验证据［J］．审计研究，2017（05）：96－103.

［50］李志军，王善平．货币政策、信息披露质量与公司债务融资［J］．会计研究，2011（10）：56－62＋97.

［51］林擘．CEO权力寻租、“存贷双高”与企业财务违规风险［J］．财会通讯，2021（16）：30－35.

［52］林晚发，李国平，王海妹，刘蕾．分析师预测与企业债券信用利差——基于2008—2012年中国企业债券数据［J］．会计研究，2013（08）：69－75＋97.

［53］林晚发，刘颖斐，杨琴．高管财务经历与企业信用评级：基于盈余管理的视角［J］．管理科学，2019，32（04）：3－16.

［54］林晚发，刘颖斐，赵仲匡．承销商评级与债券信用利差——来自《证券公司分类监管规定》的经验证据［J］．中国工业经济，2019（01）：174－192.

［55］林晚发，钟辉勇，李青原．高管任职经历的得与失？——来自债券市场的经验证据［J］．金融研究，2018（06）：171－188.

［56］林钟高，丁茂桓．内部控制缺陷及其修复对企业债务融资成本的影响——基于内部控制监管制度变迁视角的实证研究［J］．会计研究，2017（04）：73－80＋96.

［57］刘娥平，施燕平．盈余管理、公司债券融资成本与首次信用评级［J］．管理科学，2014，27（05）：91－103.

［58］刘凤委，李琳，薛云奎．信任、交易成本与商业信用模式［J］．经济研究，2009，44（08）：60－72.

［59］刘海明，曹廷求．信贷供给周期对企业投资效率的影响研究——兼论宏观经济不确定条件下的异质性［J］．金融研究，2017（12）：80－94.

［60］刘慧龙，王成方，吴联生．决策权配置、盈余管理与投资效率［J］．经济研究，2014，49（08）：93－106.

［61］刘莉．上市公司存贷双高的风险分析与识别［J］．商业会计，2019（16）：72－75.

［62］刘启亮，李蕙，赵超，廖义刚，陈汉文．媒体负面报道、诉讼风险与审计费用［J］．会计研究，2014（06）：81－88＋97.

［63］刘少波，马超．经理人异质性与大股东掏空抑制［J］．经济研究，2016，51（04）：129－145.

［64］刘艳霞，祁怀锦．管理者自信会影响投资效率吗？——兼论融资融券制度的公司外部治理效应［J］．会计研究，2019（04）：43－49.

［65］柳建华，卢锐，孙亮．公司章程中董事会对外投资权限的设置与企业投资效率——基于公司章程自治的视角［J］．管理世界，2015（07）：130－142＋157.

［66］卢嘉欣．存贷双高企业违约风险及舞弊风险研究［J］．中国集体经济，2020（35）：78－79.

［67］卢盛峰，陈思霞．政府偏袒缓解了企业融资约束吗？——来自中国的准自然实验［J］．管理世界，2017（05）：51－65＋187－188.

［68］陆建桥．中国亏损上市公司盈余管理实证研究［J］．会计研究，1999（09）：25－35.

［69］陆贤伟，王建琼，董大勇．董事网络、信息传递与债务融资成本［J］．管理科学，2013，26（03）：55－64.

［70］陆正飞，杨德明．商业信用：替代性融资，还是买方市场？［J］．管理世界，2011（04）：6－14＋45.

［71］逯东，万丽梅，杨丹．创业板公司上市后为何业绩变脸？［J］．经济研究，2015，50（02）：132－144.

［72］罗朝阳，李雪松．金融周期、全要素生产率与债券违约［J］．经济管理，2020，42（02）：5－22.

［73］罗琦，王悦歌．真实盈余管理与权益资本成本——基于公司成长性差异的分析［J］．金融研究，2015（05）：178－191.

［74］罗炜，朱春艳．代理成本与公司自愿性披露［J］．经济研究，2010，45（10）：143－155.

[75] 吕怀立，杨聪慧．承销商与审计师合谋对债券发行定价的影响——基于个人层面的经验数据 [J]. 审计研究，2019 (03)：111 - 119.

[76] 吕峻．股权性质、管理层激励和过度投资 [J]. 经济管理，2019，41 (09)：160 - 174.

[77] 马榕，石晓军．中国债券信用评级结果具有甄别能力吗？——基于盈余管理敏感性的视角 [J]. 经济学（季刊），2016，15 (01)：197 - 216.

[78] 马永强，赖黎，曾建光．盈余管理方式与信贷资源配置 [J]. 会计研究，2014 (12)：39 - 45 + 95.

[79] 麦志安，于成学，陈远麟等．药业上市公司财务风险及内控研究——以康美药业财务造假为例 [J]. 现代商业，2021 (30)：142 - 147.

[80] 毛建辉．企业数字化转型与“存贷双高”异象——来自文本解读的证据 [J]. 当代财经，2023 (08)：95 - 107.

[81] 欧阳才越，谢妍，熊家财．控股股东股权质押与新发行公司债券定价 [J]. 山西财经大学学报，2018，40 (01)：26 - 38.

[82] 潘爱玲，刘昕，吴倩．跨所有制并购、制度环境与民营企业债务融资成本 [J]. 会计研究，2019 (05)：3 - 10.

[83] 潘敏，金岩．信息不对称、股权制度安排与上市企业过度投资 [J]. 金融研究，2003 (01)：36 - 45.

[84] 彭叠峰，程晓园．刚性兑付被打破是否影响公司债的发行定价？——基于“11 超日债”违约事件的实证研究 [J]. 管理评论，2018，30 (12)：3 - 12.

[85] 钱雪松，唐英伦，方胜．担保物权制度改革降低了企业债务融资成本吗？——来自中国《物权法》自然实验的经验证据 [J]. 金融研究，2019 (07)：115 - 134.

[86] 邱静，高冉．存贷双高背后的大股东掏空与债券违约 [J]. 产业与科技论坛，2021，20 (02)：220 - 222.

[87] 权小锋，陆正飞．投资者关系管理影响审计师决策吗？——基于 A 股上市公司投资者关系管理的综合调查 [J]. 会计研究，2016 (02)：

73 - 80 + 96.

[88] 权小锋，尹洪英．中国式卖空机制与公司创新——基于融资融券分步扩容的自然实验 [J]．管理世界，2017 (01)：128 - 144 + 187 - 188.

[89] 邵敏，包群．出口企业转型对中国劳动力就业与工资的影响：基于倾向评分匹配估计的经验分析 [J]．世界经济，2011，34 (06)：48 - 70.

[90] 申慧慧，黄张凯，吴联生．股权分置改革的盈余质量效应 [J]．会计研究，2009 (08)：40 - 48 + 95 - 96.

[91] 覃家琦．战略委员会与上市公司过度投资行为 [J]．金融研究，2010 (06)：124 - 142.

[92] 陶盛皿．如何应用大数据技术对上市企业进行审计——以康美药业案例为例 [J]．现代商业，2022 (30)：161 - 164.

[93] 万良勇．法治环境与企业投资效率——基于中国上市公司的实证研究 [J]．金融研究，2013 (12)：154 - 166.

[94] 汪莉，陈诗一．政府隐性担保、债务违约与利率决定 [J]．金融研究，2015 (09)：66 - 81.

[95] 王安兴，解文增，余文龙．中国公司债利差的构成及影响因素实证分析 [J]．管理科学学报，2012，15 (05)：32 - 41.

[96] 王兵，鲍圣婴，阚京华．国家审计能抑制国有企业过度投资吗？[J]．会计研究，2017 (09)：83 - 89 + 97.

[97] 王兵，李晶，苏文兵，唐逸凡．行政处罚能改进审计质量吗？——基于中国证监会处罚的证据 [J]．会计研究，2011 (12)：86 - 92.

[98] 王兵，吕梦，汪振坤．审计总监兼任监事、专业能力差异与企业投资效率 [J]．会计研究，2018 (09)：88 - 94.

[99] 王福胜，吉姗姗，程富．盈余管理对上市公司未来经营业绩的影响研究——基于应计盈余管理与真实盈余管理比较视角 [J]．南开管理评论，2014，17 (02)：95 - 106.

[100] 王皓非，钱军．大股东股权质押与债务融资成本 [J]．山西财

经大学学报，2021，43（02）：86－98.

［101］王宏博．违约事件影响信用债风险溢价吗？——来自交易所债券市场的证据［J］．投资研究，2020，39（01）：134－154.

［102］王克敏，廉鹏．保荐制度改善首发上市公司盈余质量了吗？［J］．管理世界，2010（08）：21－34＋43.

［103］王克敏，刘静，李晓溪．产业政策、政府支持与公司投资效率研究［J］．管理世界，2017（03）：113－124＋145＋188.

［104］王亮亮．真实活动盈余管理与权益资本成本［J］．管理科学，2013，26（05）：87－99.

［105］王茂林，何玉润，林慧婷．管理层权力、现金股利与企业投资效率［J］．南开管理评论，2014，17（02）：13－22.

［106］王霞，徐晓东．审计重要性水平、事务所规模与审计意见［J］．财经研究，2009，35（01）：37－48.

［107］王夏．企业“存贷双高”现象的成因、经济后果及治理策略［J］．中国总会计师，2021（05）：43－45.

［108］王向荣，周静宜．中国上市保险公司风险度量适用性研究——基于 Z 模型与 KMV 模型的应用比较［J］．会计之友，2018（23）：84－88.

［109］王雄元，高开娟．客户集中度与公司债二级市场信用利差［J］．金融研究，2017（01）：130－144.

［110］王叙果，沈红波，钟霖佳．政府隐性担保、债券违约与国企信用债利差［J］．财贸经济，2019，40（12）：65－78.

［111］王亚平，吴联生，白云霞．中国上市公司盈余管理的频率与幅度［J］．经济研究，2005（12）：102－112.

［112］王仲兵，王攀娜．放松卖空管制与企业投资效率——来自中国资本市场的经验证据［J］．会计研究，2018（09）：80－87.

［113］魏志华，王贞洁，吴育辉，李常青．金融生态环境、审计意见与债务融资成本［J］．审计研究，2012（03）：98－105.

［114］吴建华，张颖，王新军．信息披露扭曲下企业债券违约风险量

化研究［J］. 数理统计与管理，2017，36（01）：175－190.

［115］吴联生，薄仙慧，王亚平. 避免亏损的盈余管理程度：上市公司与非上市公司的比较［J］. 会计研究，2007（02）：44－51＋91.

［116］吴先聪，罗鸿秀，张健. 控股股东股权质押、审计质量与债务融资成本［J］. 审计研究，2020（06）：86－96.

［117］吴育辉，翟玲玲，张润楠，魏志华. “投资人付费”vs. “发行人付费”：谁的信用评级质量更高？［J］. 金融研究，2020（01）：130－149.

［118］武龙. 我国企业“存贷双高”异象及其信贷留存本质研究［J］. 会计之友，2022（03）：2－8.

［119］夏立军，杨海斌. 注册会计师对上市公司盈余管理的反应［J］. 审计研究，2002（04）：28－34.

［120］谢获宝，丁龙飞，廖珂. 海外背景董事与债务融资成本——基于董事会咨询和监督职能的中介效应［J］. 管理评论，2019，31（11）：202－211.

［121］幸丽霞，陈冬，林晚发. 企业避税行为与债券信用评级关系研究——基于避税风险观的中介效应视角［J］. 中国软科学，2017（12）：169－177.

［122］幸丽霞，陈冬，林晚发. 企业避税行为与债券信用评级关系研究——基于避税风险观的中介效应视角［J］. 中国软科学，2017（12）：169－177.

［123］徐光，赵茜，王宇光. 定向支持政策能缓解民营企业的融资约束吗？——基于民营企业债务融资支持工具政策的研究［J］. 金融研究，2019（12）：187－206.

［124］徐浩萍，杨国超. 股票市场投资者情绪的跨市场效应——对债券融资成本影响的研究［J］. 财经研究，2013，39（02）：47－57.

［125］徐虹，林钟高，芮晨. 产品市场竞争、资产专用性与上市公司横向并购［J］. 南开管理评论，2015，18（03）：48－59.

［126］徐思，何晓怡，钟凯. “一带一路”倡议与中国企业融资约束［J］. 中国工业经济，2019（07）：155－173.

[127] 徐忠．中国债券市场发展中热点问题及其认识 [J]. 金融研究，2015 (02)：29－35.

[128] 闫焕民，王浩宇，张文．审计师任期交错与审计意见决策——基于项目团队与业务团队的双维视角 [J]. 审计研究，2019 (05)：112－119.

[129] 杨丹. 新股长期价格行为的实证研究——基于壳资源价值的假说和证据 [J]. 财经科学，2004 (05)：72－76.

[130] 杨德明，胡婷．内部控制、盈余管理与审计意见 [J]. 审计研究，2010 (05)：90－97.

[131] 杨国超，盘宇章．信任被定价了吗？——来自债券市场的证据 [J]. 金融研究，2019 (01)：35－53.

[132] 杨李娟，熊凌云，方远．“存贷双高”异象的审计监督——基于审计意见的实证检验 [J]. 审计研究，2023 (04)：67－80.

[133] 杨濛，刘嫦，李庆德．抑制还是促进：上市公司“存贷双高”现象与企业创新 [J]. 安徽大学学报（哲学社会科学版），2023，47 (04)：145－156.

[134] 杨鑫，李明辉，程海艳．地方官员变更对审计费用的影响 [J]. 审计研究，2018 (05)：89－97.

[135] 余海跃，康书隆．地方政府债务扩张、企业融资成本与投资挤出效应 [J]. 世界经济，2020，43 (07)：49－72.

[136] 袁振超，饶品贵．会计信息可比性与投资效率 [J]. 会计研究，2018 (06)：39－46.

[137] 詹雷，王瑶瑶．非效率投资动机、影响因素及后果研究 [J]. 财会通讯，2013 (12)：58－60.

[138] 张成思，刘贯春．中国实业部门投融资决策机制研究——基于经济政策不确定性和融资约束异质性视角 [J]. 经济研究，2018，53 (12)：51－67.

[139] 张春强，鲍群，盛明泉．公司债券违约的信用风险传染效应研究——来自同行业公司发债定价的经验证据 [J]. 经济管理，2019，41

(01)：174－190.

［140］张敦力，李四海．社会信任、政治关系与民营企业银行贷款［J］．会计研究，2012（08）：17－24＋96.

［141］张会丽，陆正飞．现金分布、公司治理与过度投资——基于我国上市公司及其子公司的现金持有状况的考察［J］．管理世界，2012（03）：141－150＋188.

［142］张俊瑞，余思佳，程子健．大股东股权质押会影响审计师决策吗？——基于审计费用与审计意见的证据［J］．审计研究，2017（03）：65－73.

［143］张瑞丽，刘中华．"存贷双高"、会计信息质量与公司治理［J］．会计之友，2020（24）：118－124.

［144］张素英，刘伟建．建设投资集团"存贷双高"问题研究［J］．中国总会计师，2020（03）：108－110.

［145］张伟华，毛新述，刘凯璇．利率市场化改革降低了上市公司债务融资成本吗？［J］．金融研究，2018（10）：106－122.

［146］张昕．中国亏损上市公司第四季度盈余管理的实证研究［J］．会计研究，2008（04）：25－32＋93.

［147］张新民，张婷婷，陈德球．产业政策、融资约束与企业投资效率［J］．会计研究，2017（04）：12－18＋95.

［148］张奕，艾春荣，洪占卿．信用评级与银行风险管理［J］．金融论坛，2014，19（01）：50－59＋72.

［149］张悦玫，张芳，李延喜．会计稳健性、融资约束与投资效率［J］．会计研究，2017（09）：35－40＋96.

［150］张悦玫，张芳．会计稳健性、投资效率与外部融资方式的实证研究［J］．管理评论，2019，31（04）：175－186.

［151］张宗益，黄新建．我国上市公司首次公开发行股票中的盈余管理实证研究［J］．中国软科学，2003（10）：37－39.

［152］赵建华，宋金，夏越冰，陈艳青，王雨鹏，慎少东．货币政策、金融发展水平与债务融资成本［J］．投资研究，2020，39（04）：

65 - 76.

[153] 赵选民，张旭霞．从“存贷双高”看企业财务舞弊——以康美药业为例 [J]．经营与管理，2019 (12)：54 - 56.

[154] 钟辉勇，钟宁桦，朱小能．城投债的担保可信吗？——来自债券评级和发行定价的证据 [J]．金融研究，2016 (04)：66 - 82.

[155] 周宏，建蕾，李国平．企业社会责任与债券信用利差关系及其影响机制——基于沪深上市公司的实证研究 [J]．会计研究，2016 (05)：18 - 25 + 95.

[156] 周宏，林晚发，李国平，王海妹．信息不对称与企业债券信用风险估价——基于2008—2011年中国企业债券数据 [J]．会计研究，2012 (12)：36 - 42 + 94.

[157] 周宏，徐兆铭，彭丽华，杨萌萌．宏观经济不确定性对中国企业债券信用风险的影响——基于2007—2009年月度面板数据 [J]．会计研究，2011 (12)：41 - 45 + 97.

[158] 周宏，周畅，林晚发，李国平．公司治理与企业债券信用利差——基于中国公司债券2008—2016年的经验证据 [J]．会计研究，2018 (05)：59 - 66.

[159] 周中胜，陈汉文．大股东资金占用与外部审计监督 [J]．审计研究，2006 (03)：73 - 81.

[160] 朱春艳，伍利娜．上市公司违规问题的审计后果研究——基于证券监管部门处罚公告的分析 [J]．审计研究，2009 (04)：42 - 51.

[161] 朱红军，王迪，李挺．真实盈余管理动机下的研发投资决策后果——基于创新和税收的分析视角 [J]．南开管理评论，2016，19 (04)：36 - 48 + 86.

[162] 朱凯，陈信元．金融发展、审计意见与上市公司融资约束 [J]．金融研究，2009 (07)：66 - 80.

[163] 朱莲美，王青贺，成竹君．上市公司“双高现象”的影响因素研究 [J]．财会通讯，2017 (14)：35 - 39.

[164] 朱湘忆．真实盈余管理、产权性质与创新绩效 [J]．中央财经

大学学报，2020（05）：53 -64.

[165] Acharya V V，Bharath S T，Srinivasan A. Does industry - wide distress affect defaulted firms? Evidence from creditor recoveries [J]. Journal of Financial Economics，2007，85（3）：787 -821.

[166] Acharya V，Davydenko S A，Strebulaev I A. Cash holdings and credit risk [J]. The Review of Financial Studies，2012，25（12）：3572 -3609.

[167] Adams M，Burton B，Hardwick P. The determinants of credit ratings in the United Kingdom insurance industry [J]. Journal of Business Finance & Accounting，2003，30（3 -4）：539 -572.

[168] Aghion P，Bolton P. An incomplete contracts approach to financial contracting [J]. The review of Economic Studies，1992，59（3）：473 -494.

[169] Altman E I. Financial ratios，discriminant analysis and the prediction of corporate bankruptcy [J]. The Journal of Finance，1968，23（4）：589 -609.

[170] Altman E I. Measuring corporate bond mortality and performance [J]. The Journal of Finance，1989，44（4）：909 -922.

[171] Altman E I. Why businesses fail [J]. Journal of Business Strategy，1983.

[172] Anderson R C，Mansi S A，Reeb D M. Board characteristics，accounting report integrity，and the cost of debt [J]. Journal of Accounting and Economics，2004，37（3）：315 -342.

[173] Armstrong C S，Blouin J L，Larcker D F. The incentives for tax planning [J]. Journal of Accounting and Economics，2012，53（1 -2）：391 -411.

[174] Arrow K J. The organization of economic activity：issues pertinent to the choice of market versus nonmarket allocation [J]. The analysis and evaluation of public expenditure：the PPB system，1969，1：59 -73.

[175] Ayers B C，Laplante S K，McGuire S T. Credit ratings and taxes：The effect of book - tax differences on ratings changes [J]. Contemporary Accounting Research，2010，27（2）：359 -402.

[176] Bai J. Panel data models with interactive fixed effects [J]. Econometrica, 2009, 77 (4): 1229 - 1279.

[177] Berglöf E, Von Thadden E L. Short - term versus long - term interests: Capital structure with multiple investors [J]. The Quarterly Journal of Economics, 1994, 109 (4): 1055 - 1084.

[178] Bergstresser D, Philippon T. CEO incentives and earnings management [J]. Journal of Financial Economics, 2006, 80 (3): 511 - 529.

[179] Bharath S T, Shumway T. Forecasting default with the Merton distance to default model [J]. The Review of Financial Studies, 2008, 21 (3): 1339 - 1369.

[180] Bharath S T, Shumway T. Forecasting default with the Merton distance to default model [J]. The Review of Financial Studies, 2008, 21 (3): 1339 - 1369.

[181] Bhojraj S, Sengupta P. Effect of corporate governance on bond ratings and yields: The role of institutional investors and outside directors [J]. The Journal of Business, 2003, 76 (3): 455 - 475.

[182] Biddle G C, Hilary G, Verdi R S. How does financial reporting quality relate to investment efficiency? [J]. Journal of Accounting and Economics, 2009, 48 (2 - 3): 112 - 131.

[183] Biddle G C, Hilary G. Accounting quality and firm - level capital investment [J]. The Accounting Review, 2006, 81 (5): 963 - 982.

[184] Bonsall S, Koharki K, Neamtiu M. The effectiveness of credit rating agency monitoring: Evidence from asset securitizations [J]. The Accounting Review, 2015, 90 (5): 1779 - 1810.

[185] Bonsall S, Koharki K, Neamtiu M. The effectiveness of credit rating agency monitoring: Evidence from asset securitizations [J]. The Accounting Review, 2015, 90 (5): 1779 - 1810.

[186] Boone, J. P., Khurana, I. K., & Raman, K. K. Did the 2007 PCAOB disciplinary order against Deloitte impose actual costs on the firm or improve

its audit quality? [J]. The Accounting Review, 2015, 90 (2): 405 -441.

[187] Brandt L, Li H. Bank discrimination in transition economies: ideology, information, or incentives? [J]. Journal of Comparative Economics, 2003, 31 (3): 387 -413.

[188] Caton G L., Chiyachantana C. N, Chua C. T, Goh J. Earnings Management and Seasoned Bond Offerings: Do Managers Mislead the Bond Market? [J]. Journal of Financial and Quantitative Analysis, 2011, 46 (3): 687 -708.

[189] Chan L H, Chen K C W, Chen T Y, et al. Substitution between real and accruals - based earnings management after voluntary adoption of compensation clawback provisions [J]. The Accounting Review, 2015, 90 (1): 147 -174.

[190] Chava S, Livdan D, Purnanandam A. Do shareholder rights affect the cost of bank loans? [J]. The Review of Financial Studies, 2009, 22 (8): 2973 -3004.

[191] Chen D, Liu X, Wang C. Social trust and bank loan financing: Evidence from China [J]. Abacus, 2016, 52 (3): 374 -403.

[192] Chen F, Hope O K, Li Q, et al. Financial reporting quality and investment efficiency of private firms in emerging markets [J]. The Accounting Review, 2011, 86 (4): 1255 -1288.

[193] Chen R, El Ghoul S, Guedhami O, et al. Do state and foreign ownership affect investment efficiency? Evidence from privatizations [J]. Journal of Corporate Finance, 2017, 42: 408 -421.

[194] Cheng M, Neamtiu M. An empirical analysis of changes in credit rating properties: Timeliness, accuracy and volatility [J]. Journal of Accounting and Economics, 2009, 47 (1 -2): 0 -130.

[195] Cheng M, Neamtiu M. An empirical analysis of changes in credit rating properties: Timeliness, accuracy and volatility [J]. Journal of Accounting and Economics, 2009, 47 (1 -2): 0 -130.

[196] Claessens S, Tzioumis K. Ownership and financing structures of listed and large non - listed corporations [J]. Corporate Governance: An International Review, 2006, 14 (4): 266 -276.

[197] Cohen D A., Dey A., Lys T Z. Real and accrual - based earnings management in the pre - and post - sarbanes - oxley periods [J]. The Accounting Review, 2008, 83 (3): 757 -787.

[198] Cohen D. A., Zarowin P. Accrual - based and real earnings management activities around seasoned equity offerings [J]. Journal of Accounting and Economics, 2010, 50: 2 -19.

[199] DeAngelo, L. E. Auditor size and audit quality [J]. Journal of Accounting and Economics, 1981, 3 (3): 183 -199.

[200] DeBoskey D G, Gillett P R. The impact of multi - dimensional corporate transparency on us firms' credit ratings and cost of capital [J]. Review of Quantitative Finance and Accounting, 2013, 40 (1): 101 -134.

[201] Dechow P M, Kothari S P, Watts R L. The relation between earnings and cash flows [J]. Journal of Accounting and Economics, 1998, 25 (2): 133 -168.

[202] DeHaan E. The financial crisis and corporate credit ratings [J]. The Accounting Review, 2017, 92 (4): 161 -189.

[203] DeHaan E. The financial crisis and corporate credit ratings [J]. The Accounting Review: 2017, 92 (4): 161 -189.

[204] Delianedis G, Geske R L. Credit risk and risk neutral default probabilities: information about rating migrations and defaults [C]. EFA 2003 annual conference paper. 2003, No. 962.

[205] Demirtas K O, Cornaggia K R. Initial credit ratings and earnings management [J]. Review of Financial Economics, 2013, 22 (4): 135 -145.

[206] Dewatripont M, Tirole J. A theory of debt and equity: Diversity of securities and manager - shareholder congruence [J]. The Quarterly Journal of Economics, 1994, 109 (4): 1027 -1054.

[207] Dickinson V. Cash Flow Patterns as a Proxy for Firm Life Cycle [J]. The Accounting Review, 2011, (86): 1969-1994.

[208] Dionne G, Gauthier G, Hammami K, et al. Default risk in corporate yield spreads [J]. Financial Management, 2010, 39 (2): 707-731.

[209] Dionne G, Gauthier G, Hammami K, et al. Default risk in corporate yield spreads [J]. Financial Management, 2010, 39 (2): 707-731.

[210] Duffie D, Lando D. Term structures of credit spreads with incomplete accounting information [J]. Econometrica, 2001, 69 (3): 633-664.

[211] Elton E J, Gruber M J, Agrawal D, et al. Explaining the rate spread on corporate bonds [J]. The Journal of Finance, 2001, 56 (1): 247-277.

[212] Fisman R, Love I. Trade credit, financial intermediary development, and industry growth [J]. The Journal of Finance, 2003, 58 (1): 353-374.

[213] Francis B., Hasan I., Li L. A cross-country study of legal-system strength and real earnings management [J]. Journal of Accounting and Public Policy, 2016, 35 (5): 477-512.

[214] Giesecke K, Longstaff F A, Schaefer S, et al. Corporate bond default risk: A 150-year perspective [J]. Journal of Financial Economics, 2011, 102 (2): 233-250.

[215] Goyal V K, Wang W. Debt maturity and asymmetric information: Evidence from default risk changes [J]. Journal of Financial and Quantitative Analysis, 2013: 789-817.

[216] Graham J R, Harvey C R. The theory and practice of corporate finance: Evidence from the field [J]. Journal of financial economics, 2001, 60 (2-3): 187-243.

[217] Guiso L, Sapienza P, Zingales L. Trusting the stock market [J]. the Journal of Finance, 2008, 63 (6): 2557-2600.

[218] Gunny K A. The relation between earnings management using real activ-

ities manipulation and future performance: Evidence from meeting earnings benchmarks [J]. Contemporary Accounting Research, 2010, 27 (3): 855 - 888.

[219] Hart O, Moore J. Debt and seniority: An analysis of the role of hard claims in constraining management [R]. National Bureau of Economic Research, 1994.

[220] Hennessy, C. A. Tobin's Q, debt overhang, and investment [J]. The Journal of Finance, 2004, 59 (4), 1717 - 1742.

[221] Holthausen R W, Larcker D F, Sloan R G. Annual bonus schemes and the manipulation of earnings [J]. Journal of Accounting and Economics, 1995, 19 (1): 29 - 74.

[222] Hsu J C, Saa - Requejo J, Santa - Clara P. Bond Pricing with Default Risk [D]. University of California at Los Angeles, Anderson Graduate School of Management, 2003.

[223] Hu J, Li A Y, Zhang F F. Does accounting conservatism improve the corporate information environment? [J]. Journal of International Accounting, Auditing and Taxation, 2014, 23 (1): 32 - 43.

[224] Huang J Z, Huang M. How Much of the Corporate - Treasury Yield Spread Is Due to Credit Risk? [J]. Review of Asset Pricing Studies, 2012, 2 (2): 153 - 202.

[225] Ivashina V. Asymmetric information effects on loan spreads [J]. Journal of Financial Economics, 2009, 92 (2): 300 - 319.

[226] Jayaraman S, Milbourn T. CEO equity incentives and accounting manipulation: the role of auditor expertise [J]. The Accounting Review, 2015, 90 (1): 321 - 350.

[227] Jiang J. Beating earnings benchmarks and the cost of debt [J]. The Accounting Review, 2008, 83 (2): 377 - 416.

[228] Kanagaretnam K, Lobo G J, Whalen D J. Does good corporate governance reduce information asymmetry around quarterly earnings announcements? [J]. Journal of Accounting and Public Policy, 2007, 26 (4): 497 - 522.

[229] Kasznik R, McNichols M F. Does meeting earnings expectations matter? Evidence from analyst forecast revisions and share prices [J]. Journal of Accounting Research, 2002, 40 (3): 727 -759.

[230] Kim J B, Sohn B C. Real earnings management and cost of capital [J]. Journal of Accounting and Public policy, 2013, 32 (6): 518 -543.

[231] Kim J B, Song B Y, Zhang L. Internal control weakness and bank loan contracting: Evidence from SOX Section 404 disclosures [J]. The Accounting Review, 2011, 86 (4): 1157 -1188.

[232] Kisgen D J. Credit ratings and capital structure [J]. The Journal of Finance, 2006, 61 (3): 1035 -1072.

[233] Klock M S, Mansi S A, Maxwell W F. Does corporate governance matter to bondholders? [J]. Journal of Financial and Quantitative Analysis, 2005: 693 -719.

[234] Kuang Y F, Qin B. Credit ratings and CEO risk - taking incentives [J]. Contemporary Accounting Research, 2013, 30 (4): 1524 -1559.

[235] Lennox, C. Do companies successfully engage in opinion - shopping? Evidence from the UK [J]. Journal of Accounting and Economics, 2000, 29 (3): 321 -337.

[236] Liao H H, Chen T K, Lu C W. Bank credit risk and structural credit models: Agency and information asymmetry perspectives [J]. Journal of Banking & Finance, 2009, 33 (8): 1520 -1530.

[237] Loughran T, Ritter J R. The new issues puzzle [J]. The Journal of Finance, 1995, 50 (1): 23 -51.

[238] Lu C W, Chen T K, Liao H H. Information uncertainty, information asymmetry and corporate bond yield spreads [J]. Journal of Banking & Finance, 2010, 34 (9): 2265 -2279.

[239] McLean R D, Zhao M. The business cycle, investor sentiment, and costly external finance [J]. The Journal of Finance, 2014, 69 (3): 1377 -1409.

[240] Merton R C. On the pricing of corporate debt: The risk structure of interest rates [J]. The Journal of Finance, 1974, 29 (2): 449 -470.

[241] Modigliani F, Miller M H. The cost of capital, corporation finance and the theory of investment [J]. The American Economic Review, 1958, 48 (3): 261 -297.

[242] Mojon B, Smets F, Vermeulen P. Investment and monetary policy in the euro area [J]. Journal of Banking & Finance, 2002, 26 (11): 2111 -2129.

[243] Nagy, A. L. PCAOB quality control inspection reports and auditor reputation [J]. Auditing: A Journal of Practice & Theory, 2014, 33 (3): 87 -104.

[244] Narayanan M P. Managerial incentives for short - term results [J]. The Journal of Finance, 1985, 40 (5): 1469 -1484.

[245] Nejadmalayeri A, Nishikawa T, Rao R P. Sarbanes - Oxley Act and corporate credit spreads [J]. Journal of Banking & Finance, 2013, 37 (8): 2991 -3006.

[246] Nilsen J H. Trade credit and the bank lending channel [J]. Journal of Money, Credit and Banking, 2002: 226 -253.

[247] Petersen M A, Rajan R G. Trade credit: theories and evidence [J]. The Review of Financial Studies, 1997, 10 (3): 661 -691.

[248] Petersen M A. Estimating standard errors in finance panel data sets: Comparing approaches [J]. The Review of Financial Studies, 2009, 22 (1): 435 -480.

[249] Pittman J A, Fortin S. Auditor choice and the cost of debt capital for newly public firms [J]. Journal of Accounting and Economics, 2004, 37 (1): 113 -136.

[250] Poon W P H, Chan K C. An empirical examination of the informational content of credit ratings in China [J]. Journal of Business Research, 2008, 61 (7): 790 -797.

[251] Richardson S. Over - investment of free cash flow [J]. Review of

Accounting Studies, 2006, 11 (2 -3): 159 -189.

[252] Roll R. The hubris hypothesis of corporate takeovers [J]. Journal of Business, 1986: 197 -216.

[253] Rosenbaum P R, Rubin D B. The central role of the propensity score in observational studies for causal effects [J]. Biometrika, 1983, 70 (1): 41 -55.

[254] Roychowdhury, S. Earnings management through real activities manipulation [J]. Journal of Accounting and Economics, 2006, 42: 335 -370.

[255] Scherr F C, Hulburt H M. The debt maturity structure of small firms [J]. Financial Management, 2001: 85 -111.

[256] Schwert M. Municipal bond liquidity and default risk [J]. The Journal of Finance, 2017, 72 (4): 1683 -1722.

[257] Simunic, D. A. The Pricing of Audit Services: Theory and Evidence [J]. Journal of Accounting Research, 1980, 18 (1): 161 -190.

[258] Skinner D J, Sloan R G. Earnings surprises, growth expectations, and stock returns or don't let an earnings torpedo sink your portfolio [J]. Review of Accounting Studies, 2002, 7 (2): 289 -312.

[259] Spiceland C P, Yang L L, Zhang J H. Accounting quality, debt covenant design, and the cost of debt [J]. Review of Quantitative Finance and Accounting, 2016, 47 (4): 1271 -1302.

[260] Stein J C. Agency, information and corporate investment [J]. Handbook of the Economics of Finance, 2003, 1: 111 -165.

[261] Sufi A. Information asymmetry and financing arrangements: Evidence from syndicated loans [J]. The Journal of Finance, 2007, 62 (2): 629 -668.

[262] Teoh S H, Welch I, Wong T J. Earnings management and the underperformance of seasoned equity offerings [J]. Journal of Financial Economics, 1998, 50 (1): 63 -99.

[263] Tirole, J. Incomplete contracts: Where do we stand? [J]. Econo-

metrica, 1999, 67 (4): 741 - 781.

[264] Vorst P. Real earnings management and long - term operating performance: The role of reversals in discretionary investment cuts [J]. The Accounting Review, 2016, 91 (4): 1219 - 1256.

[265] Wang, J. The economic impact of special economic zones: evidence from chinese municipalities [J]. Journal of Development Economics, 2013, 101 (1), 133 - 147.

[266] Watts R L. Conservatism in accounting part I: Explanations and implications [J]. Accounting Horizons, 2003, 17 (3): 207 - 221.

[267] Wilson T C. Portfolio credit risk [J]. Economic Policy Review, 1998, 4 (3) .

[268] Wilson, J. , Kelling, G. Broken Windows: the Police and Neighborhood Safety [J]. The Atlantic Monthly, 1982, (3): 29 - 38.

[269] Yu F. Accounting transparency and the term structure of credit spreads [J]. Journal of Financial Economics, 2005, 75 (1): 53 - 84.

[270] Zang, A. Y. Evidence on the Trade - off between Real Activities Manipulation and Accrual - Based Earnings Management [J]. The Accounting Review, 2012, 87 (2): 675 - 703.

[271] Zhang Huili, Zhengfei Lu, Ran Zhang, Guohua Jiang. Insider Ownership, Subsidiary Cash Holdings, and Economic Consequences: Evidence from Listed Chinese Companies [J]. Emerging Markets Finance and Trade, 2015, (51): 1 - 2.